스마트
무역입문

저자 **조원길**

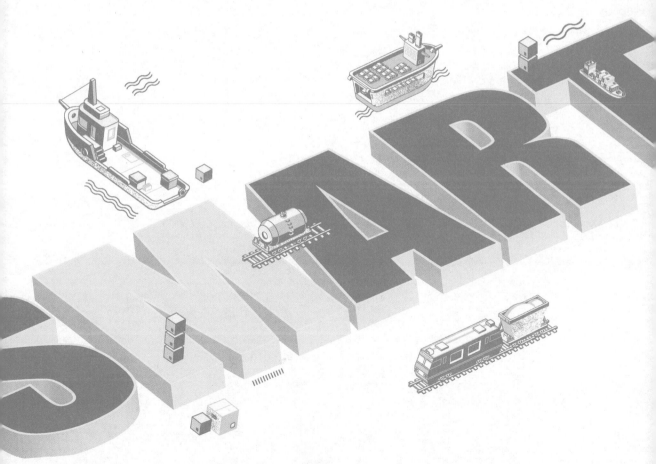

책연
CHAEK
YEARN

최근 세계 경제환경은 저성장, 수출시장의 감소, 브렉시트 가결, 4차 산업혁명의 도래, 보호무역주의 확산, 한진해운 사태, 정치적인 혼란 등으로 불확실성이 확대되면서 재도약과 새로운 성장 동력이 필요한 시점이다.

전 세계 보호무역주의 확산은 미·중 무역전쟁으로 새로운 냉전시대를 만들어내고 있으며, 무역의존도가 높은 우리나라는 고래등 싸움에 새우등 터지는 형태의 모양새를 보이고 있다. 그러나 이러한 어려운 시기에 기회가 온다고 중소·중견기업의 수출경쟁력 강화와 선진화된 무역기반 조성으로 수출 패러다임 전환하고, 불확실성 시대에 신시장 개척을 선도할 무역인력이 필요한 시점이기도 하다.

특히 Cross Border E-Commerce 등으로 강소기업과 스타트업 기업들이 해외마케팅을 통한 수출 판로개척과 수입을 직접 진행하여 바이어와 실시간으로 만날 수 있는 시간이 늘어나고 있다. 이에 최신의 빅데이터 플랫폼 기반의 무역정보를 지원받아 스마트폰으로 업무를 바로 진행할 수 있는 4차 산업혁명 시대에 걸맞는 무역인력이 양성되어야 한다.

이에 따라 무역과 IT융합하여 4차산업혁명 시대에 기여할 3T(Trade, Trend, Technology) 역량을 갖춘 무역전문가를 키워내고자 하는 소명의식이 거듭 싹트는 현실이다.

이와 같은 인식으로 본 「스마트무역 입문」을 출간하게 되었는데 그 구성체계와 특징을 종합하여 정리하면 다음과 같다.

우선, 세계 무역의 패러다임을 이해할 수 있는 통상환경의 변화부분을 시작으로 국제간 무역거래에서 필요한 부문을 주제별 문답식으로 하나씩 이해하도록 구성 하였다.

총 17 Part로 구성하여 수출절차와 수입절차, 그리고 수출원가계산까지 무역을 입문하는 차원에서 전체적으로 학습할 수 있도록 구성하였으며 무역학을 새롭게 입문하는 학생들이 어느 정도 학습해야 하는지 가늠할 수 있도록 교재의 내용을 의도하였다.

　이에 본 저서가 무역학의 모든 영역과 불변진리의 학문적인 완성도를 모두 제시했다기 보다는 가볍게 읽어가면서 무역학의 분야별 필요한 지식을 습득해 나가면서 무역학의 체계를 이해하고 완성해 나가기를 기대해 본다.

　따라서 본 서를 접하게 된 독자님들의 계획된 출발에 자그마한 보탬이 되기를 간절히 기대하면서 실시간 애정어린 질타와 관심을 가지고 의견을 주시면 더욱 발전하는 학습서가 되리라 희망한다.

　아무쪼록 어려운 환경과 시대에도 불구하고 출판에 열의와 정성을 다해 준 도서출판 책연 임직원 여러분께 감사의 말씀을 드린다.

2019년 2월
성산골에서
저자씀

PART
01

글로벌무역환경과
무역의 개요

무역을 해야 하는 이유

> 개요 우리나라에서 휴대 전화 한 대를 만드는 데 1만 원, 옷 한 벌을 만드는 데 2만 원이 든다고 가정하자. 반면에 중국에서 휴대 전화 한 대를 만드는 데 2만 원이 들고, 옷 한 벌을 만드는 데 1만 원이 든다고 가정하자.
> 두 나라 모두 필요한 물건들을 직접 만들 수는 있지만, 만드는 데 드는 돈이 다르다. 우리나라에서는 휴대 전화만 만들고, 중국에서는 옷만 만들어 서로 사고팔면 두 나라 모두 직접 만드는 것보다 더 싼값에 필요한 물건을 얻을 수 있다.

무역이 발생하는 이유는 자국과 외국에서의 '가격이 다르기 때문'이다. 수출에서는 국내에서 판매할 때보다 외국에 판매할 때 더 높은 상대가격 받는다. 그리고 수입할 때에는 국내에서 구입할 때보다 외국에서 구입할 때 더 낮은 상대가격을 지불한다. 교역조건(Terms of Trade)에 따라 후생이 증가하거나 손실될 가능성이 있다. 이에 무역은 첫째, 왜 세계 각국은 서로 무역을 하는가(trade pattern). 둘째, 무역을 통해 얻는 이익은 얼마나 되는가?(gains from trade)라는 질문을 던진다.

영국의 경제학자인 리카도는 한 나라에서 모든 물건을 다 만들 수 있다 하더라도 모두 만들지 말고, 다른 나라와 무역을 해야 한다. 나라마다 자원과 기술이 다르기 때문에 만들 수 있는 물건이 모두 다르다는 것이다. 그래서 다른 나라보다 더 값싸게 만들 수 있는 물건을 만들어야 한다고 했다. 세계에서 인구가 가장 많은 중국은 일할 사람이 많이 필요한 섬유, 신발, 전자제품과 같은 물건을 싸게 만들 수 있어요. 또, 농작물이 자라기에 좋은 기후를 가진 대만, 베트남 등은 쌀과 같은 농작물이 풍부하다. 이렇게 나라마다 주어진 조건과 환경이 다르기 때문에, 각 나라에 맞는 물건을 만들어 무역을 하면 서로 이익을 얻을 수 있다. 무역은 하면 첫째, 자기 나라에서 만든 물건을 다른 나라에 팔아 외화를 벌 수 있다. 둘째, 나라의 경제가 발전한다. 셋째, 자기 나라에서 생산되지 않는 원료나 구하기 힘든 물건을 구할 수 있다. 넷째, 소비자들은 같은 물건을 더 싸게 살 수 있다.

따라서 무역은 상품의 상대가격이 국내와 외국에서 다르고 자급자족일 때의 가격과 국제무역시의 가격이 얼마나 다르냐가 무역의 이익을 결정한다. 즉, 국가간 상품 교환에 사용되는 세계시장 가격이 국내가격과 똑같다면 우리나라가 얻게 될 무역의 이익은 없으며 무역을 할 이유도 없다.

우리나라처럼 부존자원이 부족하고 국토가 작은 스위스가 무역을 통하여 부지런한 국민성과 선진기술을 받아들이고 스위스가 잘 하는 부분을 개발 개선하여 이웃나라에 팔게 됨으로써 오늘날 시계, 화학, 금융 등의 산업에서 기술부국으로 자립잡고 있는 것이다.

>> Question 01-2
글로컬리즘(Glocalism)은 무엇인가?

> 개요 글로컬리즘은 세계화, 개방화, 현지화의 의미로 세계화와 지역화를 결합한 형태의 개념을 말한다. 즉 글로컬리즘은 역내국가간 경제협력이 강화되면서 유럽의 EU, 북미의 NAFTA 등 지역별 경제통합이 진전되어 세계경제의 블록화도 더욱 심화되어 세계무역을 자유화하는 것이다.

글로컬리즘을 이해하기 위해서는 세계경제의 흐름을 이해하여야 하는데 그 중에서 세계무역이 자유주의 원칙하에서 자유롭게 거래가 이루어지도록 지원하는 국제기구들을 이해하는 것이 필요하다. 그중에서 GATT체제에서 WTO체제로의 확대 개편된 국제기구와 그 기구들을 통하여 여러 국가들의 자국의 이익을 확보하기 위하여 협상한 내용을 이해하는 것이 더욱 필요한 부분이다. 이것은 역내국가간 경제협력이 강화되면서 유럽의 EU, 북미의 NAFTA 등 지역별 경제통합으로 이어지면서 현재의 보호무역주의까지 진행되고 있다.

이에 따라 글로컬리즘을 이해하기 위하여 글로벌과 로컬라이제이션을 합성한 것으로 지구촌 국가들이 시장은 글로벌하게 자유무역을 하면서 역내국하고는 서로 협력하는 형태로 진행되는 것을 추진하고 있다. 대표적으로 기존의 UR(우루과이라운드)가 있고, 2001년 11월 카타르 도하에서 개최된 WTO 제4차 각료회의 결과 뉴라운드가 출범한 (일명 "DDA")가 있다. 이러한 DDA는 2005년 이전에 협상을 일괄타결방식[1]으로 종료한다는 것이었다. 그러나 농산물에 대한 수입국과 수출국의 대립 등으로 선진국과 개도국간의 대립 등으로 인해 아직까지도 협상이 마무리 되지 않고 있다. 즉, DDA는 우루과이 라운드 협상에 이어 제2차 세계대전이후 시작된 9차 다자간 무역협상이며, WTO 출범 이후 첫 번째 다자간 무역협상이다. 즉, DDA 협상은 제9차 다자간 무역협상 라운드로서, 의제도 우루과이 라운드에 버금가는 대규모 통상협상이며, 관세·비관세 장벽의 철폐로 제품 및 서비스 교역의 자유화가 확대되고 다자체제의 강화로 양자간 통상압력은 감소되는 효과가 있다. 그리고 관세인하 및 유통체제 개선을 통한 소비자가격의 하향 안정으로 보다 저렴하고 다양한 제품 및 서비스 공급을 통해 소비자의 효용이 증대될 것으로 보인다. 이러한 글로컬리즘은 향후 세계경제 질서는 누가 글로벌 스텐다드(Global Standard)로 설정할 것인가에 따라 크게 좌우될 것이다.

---

1) 일괄타결방식 : 최종적으로 모든 분야에 대해 동시에 합의를 추구하는 방식(Nothing is agreed, until everything is agreed)

보호무역주의 확산과 우리의 대응방안

개요 보호무역주의는 무역수지의 개선이나 국제수지의 보호 등을 목적으로 수입을 제한하는 것을 말한다. 수입제한의 방법으로는 수입금지나 수입할당 등의 직접적인 방법과 관세율의 인상 등 간접적인 방법이 여러 가지가 있다. 보호무역주의가 출현하면 수출입국 사이에 무역마찰이 발생하게 되고 무역량은 축소하는 경향이 있다.

미국의 통상정책은 보호무역을 주장하는 미국의 트럼프정부 등장으로 한미 자유무역협정(FTA)의 재협상 등과 관련하여 한국경제에 적지 않은 손실을 발생할 것이다. 즉 미국을 비롯한 각국의 보호무역주의 강화는 우리 수출환경에 불확실성을 높이고 있다. 원·달러 환율 흐름도 우리 수출 여건을 결정짓는 요인으로 트럼프의 공언대로 달러화 약세가 이어질 경우 원화 절상 압력이 강화되고, 이는 한국 제품 경쟁력을 떨어뜨려 우리 수출에 부정적인 영향을 줄 수 있다.

그러나 우리나라 수출기업들은 한국제품의 경쟁력을 높이기 위해 수출국 경기, 수출상품 제조원가, 수출채산성 등은 나아지도록 노력하고 있다. 2018년 12월 1일 G20정상회담에서 합의된 트럼프와 시진핑의 관세 부과 유예(90일)에 대한 기대감으로 수입규제·통상마찰 지수가 상승하고 있다. 그리고 주요국의 추가금리 인상, 브렉시트 리스크, 중국의 금융규제강화 등으로 세계 경기둔화 조짐이 반영되어 수출국 경기 지수는 낮아지는 등 영향을 주고 있다. 무엇보다도 최근에 원화가 절상됨에 따라 플라스틱 및 고무제품과 자동차 및 부품 등을 중심으로 수출채산성이 낮아지고 있다.

미국은 이미 체결한 모든 자유무역 협정(북미자유무역협정(NAFTA), 환태평양경제동반자협정(CPTPP)) 등에 대한 전면 재검토하면서 한국과 일본에 대해서도 '미국 국익 최우선주의(America First)'를 강조하고 있다. 최근 미국과 중국의 무역분쟁으로 인해 국내 중소기업과 대기업이 피해를 입고 있으며, 대중국 수출 감소 같은 직접효과보다는 내수 침체로 인해 섬유·가죽 제품 수출이 감소하는 간접효과가 장기적으로 커지고 있다.

따라서 보호무역주의가 확산됨에 따라 경쟁이 치열해진 동남아 시장에서 선방할 수 있도록 미·중이 상호 관세 제재를 부과한 품목을 중심으로 기술력을 강화해 시장을 전략적으로 공략해야 한다. 또한 보호무역주의에 대응하는 주변국들과 협력을 확대해 중국의 지적재산권 침해나 EU나 일본, 아세안 등과 공조하고 WTO를 통해 중국의 지재권 침해에 적극 대응해야 할 필요가 있다. 환태평양경제동반자협정(CPTPP)이나 역내 포괄적 경제동반자협정(RCEP)에 적극 참여해 메가 FTA를 보호무역 방어기제로 활용해야 한다.

>> Question 01-4

FTA, CPTPP(점진적 TPP) 등 세계무역질서의 변화

[개요] 세계무역질서는 보편성과 비차별성을 특징으로 하는 WTO 중심의 다자주의, 지리적 인접성에 기초하여 통합을 지향하는 지역주의, 그리고 지역을 초월하여 맺어지는 자유무역협정과 같은 양자주의의 세 축이 각각의 동력을 형성하며 복합적으로 진행되고 있다.

자유무역협정(FTA ; Free Trade Agreement)은 협정을 체결한 국가간에 상품/서비스 교역에 대한 관세 및 무역장벽을 철폐함으로써 배타적인 무역특혜를 서로 부여하는 협정이다. 협정국으로 수출 할 경우, 해당 FTA에 따른 현지 수입 관세율을 확인하여 수입자가 관련 혜택이 있는지 여부를 분석할 수 있다. 특히 미국과의 협정의 경우 실행세율이 0%라고 하더라도 통관시 부과되는 물품취급수수료(Merchandise Processing Fee)를 면제받을 수 있으므로 확인하도록 한다.

FTA는 그 동안 유럽연합(EU)이나, 북미자유무역(NAFTA)등과 같이 인접 국가나 일정한 지역을 중심으로 이루어졌기 때문에 흔히 지역무역협정(RTA : Regional Trade Agreement)이라고도 한다. 이에 지역 무역 협정은 체결국간 경제통합의 심화 정도에 따라 5단계로 크게 구분할 수 있다. 첫째, 자유무역협정은 회원국간 무역자유화를 위해 관세를 포함하여 각종 무역제한조치 철폐한다. (예 : NAFTA) 둘째, 관세동맹(Customs Union)은 회원국간 역내무역 자유화 외에도 역외국에 대해 공동관세율을 적용하여 대외적인 관세까지도 역내국들이 공동보조를 취하는 것이다. (예 : 남미공동시장(MERCOSUR)) 셋째, 공동시장(Common Market)은 관세동맹 수준의 무역정책외에도 회원국간 노동, 자본 등 생산요소의 자유로운 이동 가능하다. (예 : 구주공동체(EC), 중앙아메리카 공동시장(CACM)) 넷째, 경제동맹(Economic Union)은 회원국간 금융, 재정정책, 사회복지 등 모든 경제정책을 상호 조정하여 공동의 정책 수행한다. (예 : 유럽연합(EU)) 다섯째, 완전경제통합(Complete Economic Union)은 회원국들이 독립된 경제정책을 철회하고, 단일경제체제하에서 모든 경제정책을 통합/운영, 회원국간에 단일 의회 설치와 같은 초국가적 기구 설치한다.

아시아·태평양 지역의 관세 철폐와 경제통합을 목표로 추진 중인 협력체제이다. 미국과 일본이 주도하다가 보호주의를 주창하는 도널드 트럼프 대통령이 미국 탈퇴를 선언하면서 총 11개국이 명칭을 포괄적·점진적 환태평양경제동반자협정(CPTPP : Comprehensive and Progressive Agreement for Trans-Pacific Partnership)로 변경한 후 2018년 3월 8일 공식서명 절차를 마쳤다. 11개국의 공식서명을 거친 CPTPP는 각국의 의회 비준 등의 절차를 거쳐 과반수인 6개국이 비준하면 발효된다.

FTA확산과 자유무역 규범의 진화

> 개요 FTA 확산은 지역주의(Regionalism)와 함께 오늘날 국제 경제를 특징짓는 뚜렷한 조류가 되고 있으며, WTO 출범 이후 확산 추세에 있다. FTA는 협정을 체결한 2개국 이상의 복수국가 혹은 지역 간 상품 및 서비스교역과 투자 자유화 등을 위해 관세 및 무역장벽을 철폐하여 배타적인 무역특혜를 서로 부여한다.

FTA의 목적은 개방을 통한 경쟁을 심화하여 자국생산성 향상에 기여한다는 측면과 외국인 직접투자로 인한 자국산업의 발전과 고용창출을 달성하고자 한다. 특히 지역주의 확산에 따라 역외국가로부터 받는 반사적 피해를 줄일 필요가 있다. 이러한 FTA 체결은 47년간의 GATT 시대에 체결된 지역무역협정이 124건인 데 비해, WTO 초기 9년간 이보다 많은 수가(176개)의 지역무역협정이 체결되었다. 이와 같은 지역무역협정이 확산되고 있는 이유를 크게 다음과 같이 들 수 있다. 첫째, WTO 다자협상의 경우 장시간이 소요되고, 회원국 수의 급속한 증가로 합의 도출이 어렵다는 데 대한 반작용으로 나타났다. 둘째, FTA는 개방을 통해 경쟁을 심화시킴으로써 생산성 향상에 기여한다는 측면에서 무역부분의 중요한 개혁 조치로 부상하고 있다. 셋째, 무역 및 외국인 직접 투자의 유입이 경제성장의 원동력이라는 인식 확산과 FTA체결이 외국인 직접투자 유치에 큰 도움이 된 사례가 있다. (예 : NAFTA 이후 멕시코)가 교훈으로 작용한다. 넷째, 특정국가간의 배타적 호혜조치가 실익 제고, 부담 완화 및 관심사항의 반영에 유리할 수 있다는 측면을 고려한다. 다섯째, 지역주의 확산에 따라 역외 국가로 부터 받는 반사적 피해에 대한 대응이 필요하다.

구분	GATT (1948 ~ 1994)	WTO (1995 ~ 2000)	FTA (2000 ~)
주요 목적	다자간 관세인하로 국제무역 확대	다자간 관세 및 비관세 장벽 제거	WTO체제를 바탕으로 뜻 맞는 나라끼리 주기적으로 대폭 관세 및 비관세 장벽 제거
법인 여부	법인격 있는 기구조직 없이 협정체제로 운영	스위스(제네바)에 본부를 둔 법인격 있는 국제기구	협정 당사국 관련부처 간에 협의하에 운영
주요 대상	주로 공산품	공산품, 농산물, 서비스, 지재권 정부조달, 환경, 노동, 규범 등으로 적용 확대	공산품, 농산물, 서비스, 지재권 등 기본으로 하고 환경, 노동 등 논란 분야 회피
기본 원칙	최혜국대우의 원칙 + 내국민대우의 원칙	- 좌 동 -	최혜국대우 원칙의 예외 허용 + 상호이익 균형 / 민간성 존중
무역 구제	긴급수량제한 (Safeguard) 허용	Safeguard 허용 + 반덤핑관세, 상계관세 부과	- 좌 동 - + 세관당국에 의한 원산지 검증

※ 최혜국대우의 원칙 : 어떤 상품에 적용되는 최저관세율이 있을 경우, 이를 다른나라 제품에도 동일하게 적용해야 한다는 원칙을 말한다.
※ 내국민대우의 원칙 : 외국인에게만 적용되는 별도 관세부과 절차를 만들지 않고, 내국인에게 적용되는 절차를 그대로 적용 자유무역 규범의 진화와 주요 특징이다.

>> Question 01-6

아시아·태평양 무역협정(APTA) 협상타결

개요   APTA는 아시아 회원국들이 1975년 합의한 '방콕협정'으로 불리던 것이 2006년 9월 '아시아-태평양 무역협정(Asia-Pacific Trade Agreement)'으로 개칭되어 시행중이다. 이후 양허품목이 대폭 확대됨으로써 아시아·태평양 지역의 경제공동체 구축을 위한 실질적인 계기가 되고 있다

APTA는 수출입 할때 더 유리한 세율 적용이 가능하도록 아시아 회원국 각료들은 태국 방콕에서 열린 제4차 각료회의에서 2007년부터 진행해 온 APTA 제4라운드 협정 개정문에 최종 서명하고 APTA 발전방향 등을 담은 각료선언문을 채택했다. APTA 제4라운드는 지난 2016년 9월 제49차 상임위원회에서 모든 회원국이 관세양허안에 최종 합의하였다. APTA는 아시아태평양의 개도국 간 무역자유화와 교역 확대로 회원국의 경제 발전을 위한 무역협정으로 회원국은 한국, 중국, 인도, 스리랑카, 방글라데시, 라오스, 몽골이 가입하고 있다. APTA 협상타결로 관세양허가 개선될 것이며, 한국, 중국, 인도는 전체 품목 중 약 30% 품목의 관세를 평균 33% 감축했고, 스리랑카, 몽골 등 기타 국가는 이보다 낮은 수준으로 양허하기로 했다.

APTA는 최초 발효(1976) 이후 3차례 추가 자유화를 거쳐 양허대상과 관세인하폭을 확대해 왔으며, 2007년 협상을 개시한 후 10여년 만에 4라운드가 발효(2018.7.1.일)되었다. 2016.12월 4라운드 협상이 타결된 이후 각국의 국내 비준절차가 완료되어 2018.7.1.일부터 4라운드 발효되고, 4라운드 서명 이후 5라운드 협상이 진행됨에 따라 향후 추가 개방될 전망이다. 협정이 발효되어 기업들은 APTA와 한중 FTA 세율 중 유리한 세율을 선택할 수 있다.

〈APTA 주요 경과〉

날 짜	내 용
1975.7.31	방콕협정 채택
1976.6.17	방콕협정 발효(제1라운드 시행)
1984 ~ 1990	제2라운드 협상 및 시행
2001.10 ~ 2005.11	제3라운드 협상, 중국가입('02.1.1 가입 발효)
2006.9.1	아시아태평양 무역협정으로 명칭 변경 및 제3라운드 발효
2007.10.26	제4라운드 협상 개시(무역원활화, 서비스, 투자 및 비관세조치로 협상범위 확대)
2009.12.15	몽고 가입신청서 제출
2017.1.13	제4차 각료회의, 제4라운드 타결 선언 및 서명, 제5라운드 협상개시 준비
2018.7.1	제4라운드 발효

WTO 출범에 따른 보조금과 상계관세

> [개요] 보조금(Subsidies)이란 정책당국이 특정한 정책목표를 달성하기 위하여 산업 및 기업활동에 제공하는 각종 지원을 의미한다. 이러한 보조금의 사용은 원칙적으로 각국 정부의 고유한 권한이라고 할 수 있으나 어떤 종류의 보조금은 기업의 경쟁력 구조를 인위적으로 변화시키며 그 결과 상당한 정도의 수출촉진이나 수입억제 등의 무역왜곡효과를 초래함으로써 타국의 경쟁 산업이나 기업에게 피해를 준다는 점에서 국제적인 규제 대상이 되고 있다.

보조금으로 수출국이 특정 수출산업에 대한 장려금이나 보조금을 지급해 수출상품의 가격 경쟁력을 높일 경우 수입국이 그 수입상품에 대해 보조금액에 해당하는 만큼 관세를 추가 부과할 수 있다

상계관세(Countervailing Duties)는 생산물의 제조, 생산 또는 수출에 직·간접으로 부여된 보조금으로 인해 피해를 입히거나 입힐 우려가 있거나 또는 국내산업의 확립을 지연시킨다고 인정되는 상황이 발생할 때 부여하는 관세이다. 그 동안 보조금지원과 상계관세 발동을 둘러싼 국제적 분쟁이 심화되어 왔다. 즉, 주요선진국들은 상계관세 제도를 자국산업의 보호수단으로 남용하여 왔고, 많은 국가들이 각종형태의 산업지원금 등을 계속 지급하고 있으며 규제 대상 보조금의 범위와 상계관세 조치의 기준 및 절차 등이 불명확한 경우가 많아 국가간 분쟁이 증가하여 왔다.

이러한 배경과 문제의식 속에서 추진된 『보조금 상계관세 협정』은 보조금의 범위와 기준을 명확히 하고 상계관세의 발동절차를 분명히 규정함으로써 각국의 보조금 지급과 관련된 분쟁을 완화하고자 한다. 즉, 정부가 특정산업 또는 기업에 지원해 준 보조금액이 물품가액의 5%를 넘는 경우 무역 상대국이 상계관세를 부과할 수 있다는 국가간 협약이다.

보조금에 대한 다자적 규율은 1947년 GATT 체제에서도 있었지만 현재 우리나라를 포함한 모든 WTO 회원국에 적용되는 보조금협정은 1986년부터 1994년 동안 진행된 우루과이라운드(UR : Uruguay Round) 협상에서 합의한 결과물이다. 정부의 보조금이 기업의 경쟁력에 영향을 미쳐 국제무역을 왜곡하는 것을 막기 위한 것으로 우루과이라운드(UR)에서 체결됐다. WTO 보조금협정이 기존 GATT 보조금 규약에 비해 개선된 부분으로는 다음 세 가지를 들 수 있다. 먼저 보조금의 정의를 최초로 도입하였고 보조금의 종류를 이른바 교통신호등 접근방식(traffic-light approach)에 따라 체계적으로 분류하였다. 끝으로 상계관세 부과 요건에서 실질적 산업피해라는 요건을 규정하는 등 상계관세부과의 기준 및 절차가 더 명확해졌다.

WTO 보조금 협정에서는 보조금이 존재하기 위해 다음의 두 가지 요건이 필요하다고 규정하고 있다. 첫째, WTO 회원국의 영토 내에서 "정부 또는 공공기관의 재정적인 기여(a financial contribution by a government or any public body)"가 있어야 한다. 둘째, 그러한 재정적 기여가 "혜택(benefits)"을 부여해야 한다. WTO 보조금 협정은 보조금을 3 종류로 분류하고 있는데 허용보조금, 상계가능보조금, 금지보조금으로 분류하고 있다

허용보조금은 특정성이 없어 조치가 불가하거나, 혹은 특정적이지만 연구개발보조금, 낙후지역개발보조금, 환경보조금 등의 조건을 충족하여 조치가 불가한 보조금이다. 회원국들의 상이한 입장차이로 연장적용에 대한 합의에 도달하지 못하여 2000년 1월 1일에 만료되었고, 이에 현재는 조치불가보조금에 대해서도 상계관세 조사를 부과 및 실시하고 있다.

조치가능보조금을 부정적 효과를 초래하는 보조금과 심각한 손상을 주는 보조금으로 구분하고 있다.

금지보조금은 수출보조금과 무역왜곡 효과가 큰 수입대체보조금에 한정되며 원칙적으로 사용할 수 없다. WTO 보조금 협정에서는, 법률상 또는 사실상 수출실적에 따라 지급되는 보조금, 수입품 대신 국내 상품의 사용을 조건으로 지급되는 보조금(수출보조금, 수입대체보조금)을 금지하고 있으므로 상계조치의 대상이다. 이에 『보조금 상계관세 협정』문의 주요 내용 중에서 수출보험과 연관성이 가장 큰 보조금의 종류를 살펴보면 아래와 같다.

〈WTO에서 규정한 보조금의 종류〉

구 분	보조금 종류	비 고
금융지원	무역금융 무역어음 수출산업설비금융 연불수출금융	마찰소지 있음 마찰소지 없음 마찰소지 있음 마찰소지 없음
세제 지원	수출손실준비금 손입자금 해외시장개척준비금 손입자금 해외사업손실준비금 손입자금 해외사업소득공제 외화획득용 자산에 대한 특별감가 해외접대비손금인정 수출용원자제 관세환급	금지보조금 금지보조금 금지보조금 금지보조금 금지보조금 금지보조금 마찰소지 없음
보험 지원	수출보험	마찰소지 없음

OECD체제하에서의 무역환경변화

> 개요 OECD(Organization for Economic Cooperation and Development)는 회원국들의 경제성장을 촉진하고, 개도국들에 대한 원조와 다자주의에 의한 세계무역의 확대를 위하여 1961년 9월에 설립된 선진국들 중심의 국제기구이다. 18개 유럽국과 미국, 캐나다 등 20개국이 회원국이 되었고 그이후 일본, 호주, 멕시코, 폴란드 등이 가입하였고, 한국은 1996년 10월 19일에 29번째 회원국이 되었다.

우리나라는 OECD가입으로 여러 부문에서 국제화·선진화를 위한 변화가 나타났으며 대표적으로 자본자유화 부문이다. 자본자유화가 진행됨에 따라 우리나라 민간상업은행뿐만 아니라 기업들의 국제화가 빠르게 진행되고 있다. 아울러 단기자본유입을 효율적으로 통제할 수 있는 경협차원의 자금유출도 늘어나고 있으며, 우리나라의 금융기관, 기업들의 해외 진출이 확대되고 있다.

이에 따라 우리나라의 금융기관과 기업들은 필연적으로 더 큰 해외위험에 노출되게 되며 이러한 위험을 제거해 줌으로써 보다 적극적으로 국제무대에서 활동할 수 있는 여건을 만들어 줄 수 있는 간접수출지원 정책인 수출보험의 역할이 커지고 있는 것이다.

OECD회원국이 되는 것은 우리나라도 세계경제의 공존번영을 위해 힘을 나누어야 하며, 교역분야에 있어서도 과거와 같은 제품수출을 통한 일방적인 부의 축적만을 추구할 수 없음을 의미하는 것이다. 이에 OECD에서 논의된 모든 사항(세계무역전쟁, 이산화탄소배출, 환경협약 등)에 대한 지속적인 관심과 연구가 필요하며, 국제적인 마찰을 피하면서 우리의 무역이념 실현을 뒷받침해 줄 수 있는 간접수출지원 수단을 활용하기 위한 노력도 함께 이루어 져야 한다.

최근의 무역의 변화는 상품이나 서비스의 생산단계가 여러 단계로 분화되고 있으며, 각각의 단계가 한 국가가 아니라 여러 나라에서 비용 경쟁력이 있는 국가에서 발행하고 있다. 이에 따라 각각의 단계별로 가치창출이 되고 있으며, 이러한 가치사슬 안에서 국제무역이 더 이상 상품의 교역이 아니라 역할의 교역으로 변화하고 있는 것이다. 예를 들어 한국은 휴대폰을 수출하고 베트남은 농산물을 수출하는 것이 아니라 한국은 메모리 칩 등 핵심부품을 수출하고 베트남은 조립하는 식으로 역할의 교역과 기업의 특화가 심화되는 양상을 보이고 있다.

>> Question 01-9
한국의 수출경쟁력

> **개요** 수출경쟁력은 국제시장에서 수출상품이 다른 경쟁국들의 상품과 경쟁할 수 있는 정도이며, 가격경쟁력과 비가격경쟁력 두 가지 요소로 구분한다. 첫째 가격경쟁력은 상품의 품질이 동일하다고 가정할 때 그 상품의 가격에 따라 경쟁력이 결정되는 것을 뜻한다. 둘째, 비가격경쟁력은 가격이 비슷한 경우 품질이 얼마나 좋은가에 따라 결정된다.

수출상품의 경쟁력은 임금수준, 기술격차, 경영능력 등 여러 요인에 의해 영향을 받는데 특히 노동집약적인 상품일수록 임금수준에 의해 크게 영향을 받는다. 최근 전 세계적으로 경제성장의 부진 속에서도 해외바이어가 바라 본 한국 제품의 수출경쟁력 및 이미지는 우호적으로 평가하고 있다. 한국제품의 수출경쟁력은 생활소비재, 섬유류, 기계류의 품목을 중심으로 경쟁력이 개선되고 있다. 특히 **브랜드이미지는** 기계류, 생활소비재, 운송기기, 의료기기 등을 중심으로 한국제품에 대한 이미지가 과거에 비해 많이 개선되었다. 이에 한국제품의 수입을 진행하고 있는 지역은 대양주·아프리카·중동·유럽을 중심으로 더욱 우리나라 수출이 확대되고 있다. 한편 중국은 우리의 최대 수출경쟁국으로 꼽힌 가운데 유럽, 미국 순으로 뒤를 이어가고 있으며, 시장별로는 중동·중남미·아시아에서, 품목별로는 반도체, 운송기기, 전자기기, 철강제품에서 중국과 경쟁이 치열하다. 이러한 수출상품의 경쟁력이 중국과의 경쟁에서는 높은 가격이 가장 큰 문제로 대두되고 있으며, 품질 면에서도 중국 등 경쟁국과 경합이 치열해지고 있어 국내 수출기업은 품질, 브랜드 등 종합적인 제품경쟁력 강화 및 산업의 고부가가치화 노력이 시급하다.

4차산업혁명 시대 우리나라는 수출에 특화되고, 시장점유율이 높은 고수출경쟁력 품목은 전기자동차, 리튬 2차전지, 시스템 반도체, 차세대 디스플레이 등 4개 분야이다. 미국은 전기자동차와 첨단의료기기, 시스템반도체, 항공우주 등 4개 품목에서 수출경쟁력이 있고 독일은 지능형 로봇, 항공우주, 전기자동차, 첨단의료기기, 차세대 디스플레이 등 5개 품목에서 경쟁력을 갖추고 있다. 일본은 지능형 로봇, 전기자동차, 리품 2차전지, 차세대 디스플레이, 시스템 반도체 등 5개 품목이며, 중국은 리튬 2차전지와 차세대 디스플레이 등 2개 품목이 각각 경쟁력을 지니고 있다.

따라서 우리나라가 전기자동차에서 수출경쟁력을 갖고 있으나 독일, 미국, 일본 등과 경쟁하고 있어 자율주행 관련 핵심기술개발 분야의 R&D 투자를 강화하고 관련법 규제를 완화해 제품의 질을 높여야 한다. 또한 일본, 중국과 경쟁하는 리튬 2차전지에서는 에너지 밀도를 향상하기 위한 기술개발 투자를 집적화하여야 하며, 중국, 미국과 경쟁하는 시스템 반도체에서는 저전력·초경량·초고속 반도체 개발 투자를 강화하여야 수출경쟁력을 지닐 수 있다.

11

새롭게 부상하는 신흥경제국 시장

개요 신흥경제국이란 공업화를 바탕으로 급속한 경제발전을 이루어 선진국과 후진국의 중간에 해당하는 국가들을 가리키며, 현재 산업화가 진행 중에 있는 국가로서, 높은 경제성장율을 기록하고 있는 경제적으로 유망한 국가를 말한다. 즉, 수출지향적 공업화정책 또는 수입대체 공업화정책 등을 통하여 세계의 공업생산과 공산품 수출에서 차지하는 비율을 급속히 확대하는 지역으로써 BRICs, 동유럽, 동남아시아, 중앙아시아, 남미지역이 신흥시장으로 구분하고 있다.

급속한 글로벌화의 확산과 개발도상국들의 적극적 경제개방으로 국경을 초월한 무한경쟁 시대가 도래함에 따라 기업들은 포화상태에 이른 선진시장에서 무한한 성장 가능성이 잠재되어 있는 신흥시장으로 관심을 옮겨가고 있다.

향후 10년 동안 세계경제 성장의 50%를 신흥시장이 담당하게 되고, 7억 명에 이르는 인구가 중산층에 진입하게 될 것이며, 기업들은 신흥경제국들을 반드시 개척해야 할 매력적인 시장임이 분명하다. 세계 중산층 인구의 64퍼센트가 아시아 지역에 거주하며, 이 지역의 중산층 소비액이 세계 중산층 소비액의 40퍼센트를 차지한다는 것이다. 이러한 신흥 세력들이 세계의 판도를 바꾸고 서방 국가에 집중돼 있던 세력의 축을 분산시키면서 경제발전을 가속화시키면서 형성된 중국, 인도 등이 대표적인 신흥시장(BRICs)이다.

신흥시장이 나오기 전에 이 지역은 '제 3세계(the third world)'나 '개발도상국(the developing world)'으로 불렸다. 신흥시장은 뚜렷한 기준을 가진 말은 아니며, 보통 빠른 속도로 성장하면서 세계 경제에 편입된 국가들을 일컫는 말로 쓰인다.

브릭스는 2000년대 들어 급속히 발전하고 있는 신흥경제국인 브라질(Brazil)·러시아(Russia)·인도(India)·중국(China) 등 4국의 영문 머리글자를 따고, 뒤에 복수를 의미하는 s를 붙여 만들어낸 용어다. 2003년 미국의 증권회사인 골드만삭스그룹 보고서에서 처음 등장하여 사용하고 있다.

마빈스는 멕시코(Mexico), 호주(Australia), 베트남(Vietnam), 인도네시아(Indonesia), 나이지리아(Nigeria), 남아프리카공화국(South Africa) 등 6개 신흥시장을 일컫는 말이다. 미국의 경제매체인 〈비즈니스 인사이더(Business Insider)〉가 앞으로 10년간 주목해야 할 시장으로 꼽는 용어로 처음 사용되기 시작했다.

또한 신흥국그룹들에 속한 21개국의 신흥국을 R21 즉 새롭게 떠오른다는 의미로 Rising21로 지칭하기도 한다.

>> Question 01-11
신흥시장의 핵심 트랜드

> **개요** 신흥시장의 산업화와 도시화는 가속화되고 있으며 성장에 더욱 힘을 실어 주고 있으며, 신흥시장의 중산층이 성장하면서 소비재 부문의 수요도 증가하고 있다. 중산층의 연령대가 다소 낮은 편으로 새로운 트렌드에 민감하여 빠른 구매 회전율을 보이고 있다.
> 또한 중산층의 수익이 증가함에 따른 소비 패턴 변화하고 있으며, 가공식품 판매 증가, 엔터테인먼트, 서비스 부문 관심 및 수요가 증가하고 있다. 특히 소비재와 자동차 소비가 증가 추세에 있으며, 급성장 시장의 성장이 향후 글로벌 경제가 지속적으로 성장하는 데 큰 역할을 하고 있다.

신흥시장들은 향후 10년 후에는 신흥시장 중산층이 글로벌 소비 시장의 2/3를 차지할 것이며, 중산층의 가계 소득 증가 ➜ 2030년에는 소득 3만불 이상 가계 수 2배 이상 증가하여 유럽, 미국을 추월할 것이다.

최근 글로벌 경제의 큰 화두는 리밸런싱으로 신흥시장에서 생산하고, 선진국에서 소비하는 이원화의 불균형 극복이 이슈화되고 있다. 지속가능한 균형 성장을 위해 신흥시장이 리밸런싱 주도하여 신흥시장은 지속가능하고 장기적인 성장을 위한 노력이 지속적으로 필요하다. 새로운 산업 분야에 시장 점유율을 높이기 위한 투자 증대하거나 숙련된 노동자를 고용하기 위한 높은 임금 제공해야 한다. 거시적으로 보면 외국인직접투자(FDI)는 주춤할 것이지만 신흥시장에 대한 장기투자는 증가 추세에 있다. 중산층의 소비가 증가하면서 설비부문에서 수출 및 내수용 제조업으로 투자 이동하고 있다. 중산층의 서비스 부문에 대한 소비 증가하고 서비스 부문의 투자가 증가할 것이다.

그러나 최근의 신흥국들이 중국 의존도가 높았던 만큼 중국의 성장지체와 미·중 간의 무역 전쟁으로 고도성장을 할 수 없는 시점에서 신흥국들의 지속적인 성장을 할 수 있는 원동력을 준비해야 할 것이다.

R21에 속한 21개 국가들의 공통적인 특징은 서방선진국들보다 빠른 속도로 경제침체에서 탈피했고 향후 경제 성장 속도도 선진국들에 비해 빠를 것으로 예상되는 곳이다. 이러한 빠른 경제 성장률을 보이고 있는 R21국가들은 풍부한 잠재 내수시장 및 활발한 인프라 구축 계획, 우수한 인적자원, 풍부한 지하자원 보유와 같은 성장요인들 중 적어도 한 가지 이상 보유하고 있는 것으로 나타났다.

우리나라의 무역환경변화 - 수출대상국가의 변화

개요 우리나라는 자유무역협정(FTA) 활용도 제고, 지속적인 신시장 개척 노력을 통해 중국 수출비중이 낮아지는 등 중국·미국 등에 대한 수출의존도가 점차 완화되고 있으며, 연간 6%이상 성장하고 있는 아세안·인도 등 신흥시장의 수출비중을 확대되고 있다. 또한 새로운 수출방식으로 급성장하고 있는 전자상거래 수출도 세계적인 온라인 쇼핑몰 입점·판매 지원 등을 통해 2017년 수출액이 전년대비 82% 증가하였다. 이에 따라 미국, 중국 등 일부 수출시장에 대한 의존도가 높아 이들 주요 수출국의 경제상황, 통상정책 변화에 전체 수출이 크게 영향을 받는 구조이므로 이에 대한 다변화 시장 확보가 필요한 부분이다.

새로운 시장의 등장으로 신흥국가, 중국, 인도, 아프리카 지역이 치열한 국제경쟁 속에서 선진국과 대응하여 지속적인 수출증대를 도모하기 위해서는 특정지역에 한정되었던 수출시장을 더욱 다변화하여 비상위험이 높은 개발도상국가을 포함하여 비적성 국가에까지도 진출할 필요성이 있다.

지역별로는 중국과 중남미, EU로의 수출이 부진한 반면, ASEAN, 중동, 미국, 일본 등에 대한 수출은 비교적 높은 증가세를 보이고 있다. 특히 대중국 수출은 글로벌 경기 둔화로 인한 중국의 수출 부진과 중국경제의 성장 둔화로 증가세가 크게 둔화되고 있다.

대 EU 수출은 유로권 재정위기 확산에 따른 성장 둔화와 최대 수출품목인 선박의 대폭 감소로 올 들어 큰 폭으로 감소하고 있다. 대미 수출은 소비심리 개선, 제조업 경기 상승 등 미국경제의 회복세와 자동차(부품 포함), 선박 수출 호조에 힘입어 호조를 보이고 있다.

대ASEAN 수출은 역내 제조업 경기 회복과 중산층 증가 등에 힘입어 석유제품, 반도체, 철강판, 자동차 등을 중심으로 호조세를 보이고 있다. 대중동 수출은 고유가의 영향과 한국산 제품 인지도의 확산, 현지 프로젝트 참여 확대에 따른 기자재 수출 증가로 두 자릿수 증가하고 있다. 무엇보다도 중동, 남미, 아프리카 동부유럽 등의 개발도상국 및 후진국에 대한 수출이 총 수출의 많은 비중을 차지하고 있다.

이러한 선진국에 대한 수출비중의 감소 즉 수출의존도의 하락과 여러 지역으로의 수출대상국의 변화는 국가간 무역마찰을 줄이고 안정적 수출시장을 확보하게 하는 등 전반적으로 우리나라의 수출경쟁력에 바람직한 영향을 줄 것으로 기대된다.

세계 각국의 경쟁적인 통화 전쟁으로 수출지향적인 우리나라는 꽤 어려운 상황이며, 세계 각국의 평가절하와 보호무역 조치로 수출 비중이 높은 우리나라에는 안 좋은 경쟁상태를 보이고 있다.

>> Question 01-13

우리나라의 무역환경변화 - 수출입품목의 변화

> **개요** 1981년 우리나라의 수출액은 213억 달러에 불과하였지만 7년이 지난 88년에는 3배 가까이 증가한 607억 달러를 기록하였고, 다시 7년이 지난 1995년에는 수출 1,000억 달러를 돌파하면서 2002년에는 약 1,600억 달러에 이르러 1981년에 비해 7.5배나 증가하였다. 이렇게 비약적으로 수출규모가 커지면서 우리나라의 수출품목 구성도 크게 변화하였다.

수출규모측면에서 중화학공업의 경우 1981년에 총수출의 10.8%를 차지하던 전기전자제품의 비중이 2002년에는 34.5%에 이르러 3배 넘게 비중이 커졌고 기계류, 자동차 등도 총수출에서 차지하는 비중이 4배 가까이 증가하였다. 반면에 경공업제품은 1981년 30%에 달하던 섬유제품의 비중이 2002년에 이르러서는 7.4%로 낮아지는 등 총 수출에서 차지하는 비중이 크게 줄어들고 있다.

이렇게 주력 품목의 수출 비중이 하락하면서 수출 품목의 다변화도 필요하다. 2016년 기준으로 주력 5대 품목의 수출 비중은 지난해 23.9%에서 22.3%로 1.6%p 하락하였으며, 20대 품목은 46.2%에서 45.5%로 0.7%p 하락 하였다.

또한 주력품목 수출비중('14년 ➜ '15.1~10월, %)은 (5대 품목) 23.9 ➜ 22.3 (10대품목) 35.1 ➜ 34.3 (20대품목) 46.2 ➜ 45.5 낮아졌다. 그리고 화장품, 식료품, 의료용기기 등의 수출이 호조를 보이면서 유망품목으로 부상하고 있다. 수출증감률('15.1~10월, %)은 (화장품) 58.2 (가공식품) 1.9 (의료용기기) 9.5로 나타내고 있으며 10대 품목이 전체 수출의 58.0% 차지하고 있다.

수출의 경우 2014년에는 반도체가 수출액 기준 1위를 기록했고, 2015에도 반도체가 1위를 기록하였으며, 『10대 수출입 품목』은 수출의 경우 반도체가 1위를 차지한 가운데 자동차, 선박해양구조물 및 부품, 무선통신기기 순으로 나타났다.

2018년 10월 기준으로 13개 주력 품목 중 10개 품목의 수출이 줄었다. 선박류, 무선통신기기, 일반기계, 석유화학, 철강제품, 반도체, 자동차, 석유제품, 디스플레이, 섬유류, 가전, 자동차부품, 컴퓨터를 말한다. 선박(55.5%) 철강(43.7%) 자동차(22.4%)의 수출이 급감했으며 디스플레이(12.1%)와 석유화학(5.2%), 일반 기계(2.7%)도 감소했다. 반도체는 사상 최대치인 124억 3000억 달러를 기록하며 호조세를 이어갔고, 석유제품과 컴퓨터의 수출이 증가했다. 나머지 주력 품목 대부분의 수출이 감소해 취약한 수출 구조에 대한 우려부분이다.

우리나라의 무역환경변화 - 대금결제 수단의 변화

> **개요** 무역에서 대금결제방법은 크게 송금결제방식, 추심결제방식, 신용장결제방식, 기타결제방식이 있으며, 지난 10여 년간 신용장(L/C) 거래가 43.2% → 15.6%로 감소한 반면, 전신환(T/T) 등 송금거래 비중은 29.4% → 60.2%로 증가해 수출결제방식이 크게 변화하였다. 특히 수출규모가 작은 중소기업을 중심으로 송금거래가 크게 늘고, 주요수출품목 중에서는 반도체 등 IT제품의 결제방식 변화가 두드러지고 있다. 특히 e-Commerce가 온라인 검색기술 및 페이팔 등 국제 결제 시스템의 발달로 새롭게 진화하고 있다.

이러한 변화의 요인은 수출업계의 결제방식 선택 기준이 과거 '리스크 관리'에서 현재 '비용 및 시간적 효율'로 변화한 것에 기인하고 있다. L/C거래는 은행의 지급보증을 통해 안전하게 대금을 회수할 수 있는 장점이 있으나, 복잡한 결제단계에서 파생되는 갖가지 수수료와 긴 결제시간으로 인해 수출업계가 점점 기피하는 경향이 강해지고 있다.

송금 비중이 높은 중소 수출업체의 경우 더욱 적극적으로 수출보험을 이용할 필요가 있고, 수출미수금을 사전에 예방하기 위한 철저한 사전 바이어 신용조사가 활성화 되어야 한다. 또한 선적 전 50% 이상의 선수금확보, L/C 복합결제, 해외지사를 통한 동시결제방식(COD/CAD) 등도 리스크를 최소화할 수 있는 방법이다. 이외 소액의 경우, 신용카드로 신속한 결제가 가능하고 수출보험 혜택이 있는 **소액결제제도**(KOPS) 등을 활용하고 있다.

2010년 기준으로 현재 우리나라 전체 수출액 중 송금(T/T, M/T, COD/CAD) 결제 비중이 약 60%를 차지하고 있으며, 신용장(Letter of Credit)방식과 추심(D/A, D/P)방식은 각각 15.6%, 7.3%에 그치고 있다.

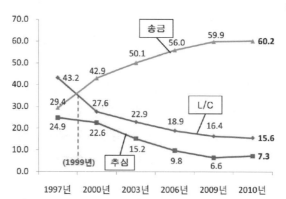

<1997년-2010년 수출결제방식 변화 추이>

(단위 : 비중 %)

주 : 송금(T/T,M/T,COD/CAD), 신용장(at Sight,Usance), 추심(D/A,D/P)
자료 : www.kita.net

>> Question 01-15

우리나라의 무역환경변화 - Cross Border E-Commerce

개요 Cross-Border e-Commerce는 중간단계(바이어)를 생략해 해외 소비자에게 직접 수출하는 것을 의미하는 한다. 인접국 소비자로의 직접 수출하고, 온라인 활용하여 소비재를 수출하는 특징을 지닌 Cross-Border e-Commerce는 현재 완만하고 꾸준히 성장하고 있으며, 기존 바이어 중심의 B2B 무역을 대체하진 않더라도 향후 새로운 수출 방식의 보완재로성장하고 있다.

정보통신기술의 급속한 발전은 무역거래 방식의 근본적인 변화를 가져와 통관은 물론 외환·상역, 물류 등이 사이버공간을 통해 진행되어 시간과 비용을 대폭 절감하게 되었다. 우리나라의 전자무역은 1991년 관련법 제정으로 무역자동화시스템을 개통하고 상역 및 외환부문 서비스를 본격적으로 개시하였으며, 2004년 전자무역 혁신계획에 따라 단일창구 전자무역 서비스인 u-Trade 포털을 구축하였다.

무역에서 거래선을 확보하는 채널의 경우 전통적인 무역에서는 무역업자가 개입하는 경우가 많았지만, 전자무역에서는 인터넷 및 새로운 정보통신기술(인터넷, 스마트폰) 환경에 익숙한 새로운 수출입 에이전트가 개입하거나 수출기업과 수입기업 또는 기업과 소비자가 바로 직접 거래를 하는 형태가 많아지게 되었다. 거래대상지역도 과거 한 기업이 상대할 수 있는 지역이 인력 및 정보의 제한 등으로 인해서 일부지역에 한정되어 있었으나, 전자무역 방식에서는 인터넷의 활용을 통해서 전세계 지역으로 확대될 수 있게 되었다. 거래시간도 전자무역 방식에서는 24시간 가능하지만 기존 방식의 경우 영업시간이 하나의 큰 제약요인이었다.

거래처 발굴과 거래처의 요구사항 파악 및 대응, 거래 협의를 위한 의사교환 등의 마케팅활동에 있어서도 전자무역은 보다 강화된 고객관계관리(customer relationship management)를 통하여 마케팅채널의 확보와 기존 고객의 수요창출, 표적고객에게 적합한 마케팅활동 등을 가능하게 해준다. 즉 고객의 요구변화를 보다 신속하게 반영하여 즉시 대응할 수 있도록 해준다.

특히 최근의 인터넷을 통한 화상대화기술이 발전함에 따라 직접적인 대면없이 협상 및 거래체결이 이루어지게 되어 전자무역의 효율성을 더욱 증진시키고 있다. 최근의 스마트폰의 확대로 인하여 바이어와의 수시형태로 업무를 진행하고 있다.

이러한 무역의 변화는 해외직접판매(해외직판=수출), 해외직접구매(해외직구=수입), 해외역직구(=수출)의 형태로 진행하고 있으며, 관세청에서는 관련법에 따라 통관 및 반품 등을 처리할 수 있도록 제도적 지원을 하고 있다.

우리나라의 무역환경변화 - 무역보험환경의 변화

> **개요** 무역보험은 무역, 기타의 해외거래에는 국내거래와는 다른 많은 위험이 수반된다. 그러한 위험 중에는 전쟁, 정치변화, 법령의 개폐로 인한 수입제한 등과 같이 당사자의 책임과는 관계없는 사유로 이행을 불가능하게 하는 비상위험(emergency risk)과 외국에 있는 상대방 당사자의 파산 등과 같은 신용위험(credit risk)이 있으며, 환율의 급격한 변동에 따른 환위험 등이 있는데 이들 위험은 일반의 사보험(私保險)으로는 구제되지 않는다.

과거의 수출 비중이 높은 나라에서 중국 및 중동, 남미, 아프리카, 동부유럽 등의 개발도상국 및 후진국에 대한 수출이 늘어남으로 인해 전반적인 수출경쟁력에는 바람직한 영향을 미친 것으로 나타나고 있다. 하지만 이런 개도국에 대한 수출이 증가함으로 인해 수출대금 미회수의 위험 또한 증가한다고 볼 수 있다.

선진국에 대한 수출의 경우 바이어의 신용평가도 용이하고 여러 국제협약을 이용한 대금회수가 용이한 반면, 개도국은 바이어가 자금면에서도 불안전하고 대금미지급시 이를 회수할 방법이 선진국에 비해 떨어지는 것이 사실이다.

수출품목은 과거 경공업 제품에서 중공업 제품 특히 전기·전자 제품의 수출 비중이 증대함으로써 소자본에 의한 수출이 아니 자본재 등의 대형자본에 대한 수출이 증가한 것을 의미한다.

현재 전세계적으로 진행되고 있는 국제화(Globalization)의 추세에 수출에서 차지하는 신용장 거래의 비중이 감소하는 대금결제 방식의 변화 즉 무신용장 방식의 증가는 현재 수출입보험의 운영 종목이 신용장 방식의 거래 시에 주로 이용할 수 있는 종목에서 다양한 무역대금결제 방식의 변화에 대응하는 수출입보험으로 더 많이 개발되고 운영되고 있다.

수출보험은 수입자의 계약 파기, 파산, 대금지급지연 또는 거절 등의 신용위험과 수입국에서의 전쟁, 내란 또는 환거래 제한 등의 비상위험 등으로 수출자 또는 수출금융을 제공한 금융기관이 입게 되는 손실을 보상하는 것이다. 이것은 궁극적으로 우리나라의 수출을 촉진하고 진흥하기 위한 수출지원제도이다.

또한 수입보험은 원유, 철, 시설재 등 국민경제에 중요한 자원이나 물품을 수입하는 경우 국내기업이 부담하는 선급금 미회수 위험을 담보하거나 국내기업에 대한 수입자금 대출지원이 원활하도록 지원하는 제도이다.

>> Question 01-17

제4차 산업혁명시대의 도래와 글로벌 무역환경의 변화

개요 2015년부터 제4차 산업혁명시대가 도래함으로써 기업가와 창업가들에게는 새로운 도전의 기회를 맞이 하고 있다. 제 4차 산업혁명은 2016년 1월, 다보스포럼에서 '클라우드 슈밥' 회장이 제창한 아젠다(agenda)로 기술융합의 시대로 정의하고 있다.
4차 산업혁명인 생각의 시대에는 IoT(Internet of Things), AI(Artificial), Mobile, Cloud computing, Big data 등이 유기적으로 결합해서 새로운 사업모델을 만들어내는 연결 모델(connected model)을 추구하며, 산업간 융합이나 협업을 통해 전세계 산업구조 및 비즈니스모델에 크게 영향을 미치고 있다.

'클라우드 슈밥'이 제창한 산업혁명의 단계별 특성은 제 1차 산업혁명은 18세기에 증기기관 발명으로 수공업에서 기계공업으로 전환되어 소품종 대량생산을 이끌었고, 제 2차 산업혁명은 19세기~20세기 초, 전기 에너지 생산으로 인해 공장에 전력이 공급되어 컨베이어를 활용한 다품종 대량생산 시대를 열었다. 제 3차 산업혁명은 20세기 후반, 하드웨어와 정보기술을 기반으로 지식정보산업으로 전환된 시기를 말한다. 이에 비해 2015년을 기점으로 시작된 제 4차 산업혁명은 산업간 융합과 연결, 그리고 생각의 유형화를 기반으로 한 지능정보산업으로 규정하고 있다.

제 4차 산업혁명의 다른 해석으로는 제 1,2차 산업혁명은 '제품의 시대', 제 3차 산업혁명은 '서비스의 시대'로, 그리고 제 4차 산업혁명은 '생각의 시대'로 구분할 수 있다. 제 1차 산업혁명과 제 2차 산업혁명은 제품을 대량으로 생산하는 자원혁신인 반면에 제 3차 산업혁명은 상향평준화된 제품 경쟁력보다 컴퓨터와 같은 하드웨어와 정보기술을 기반으로 하는 서비스가 경쟁력을 갖게 된 시기이다.

제 4차 산업 혁명과 연관성이 큰 12대 신산업 중 9개 분야는 전기차, 로봇, 바이오헬스, 항공-우주, 프리미엄 소비재(부가가치가 높은 소비재), 에너지 신산업(탄소에너지 대체에너지), 첨단신소재(기존 소재의 단점을 보완한 신소재), 차세대 디스플레이, 차세대반도체 등이다.

차세대 디스플레이, 바이오헬스, 항공-우주 분야는 최근 4년간 연 평균 10%내외의 증가율을 보이고 있으며, 연간 수출액이 20억 달러 이상이며, 로봇, 에너지신산업, 차세대 디스플레이, 차세대반도체는 수출특화 상태가 지속되고 있다.

4차 산업혁명의 이슈는 수출중소기업들에게는 불확실성 요인이 많기 때문에 수출을 지원하는 차원에서 관련 정책을 강화할 필요가 있다. 특히 수출중소기업들이 4차산업 혁명의 비즈니스 환경에 적합한 수출환경 구축 및 수출활용 전략 수립 등을 지원하는 방향과 블록체인과 같은 기술을 수출지원 인프라 구축에 활용하는 방안도 고민할 필요가 있다.

무역환경변화 -탄소배출권

> **개요** 탄소배출권(certified emission reduction, CER, 인증감축량 또는 공인인증감축량)이란 CDM 사업을 통해서 온실가스 방출량을 줄인 것을 유엔의 담당기구에서 확인해 준 것을 말한다. 이러한 탄소배출권은 배출권거래제에 의해서 시장에서 거래가 될 수 있다.
> 선진국이 개발도상국에 가서 온실가스 감축사업하면 유엔에서 이를 심사·평가해 일정량의 탄소배출권 (CER)을 부여한다. 이 온실가스 감축사업을 청정 개발 체제(CDM : Clean Development Mechanism) 사업이라고 한다. 선진국뿐 아니라 개도국 스스로도 CDM 사업을 실시해 탄소배출권을 얻을 수 있는데, 한국은 이에 해당한다.

환경규범과 무역규범은 기본적인 논의구조가 다르기 때문에 협의에 다다르기 어렵다. 이런 이유는 다자간 통상규범과 기후변화협약은 서로 다른 영역에 속하기 때문이다. 이에 기후변화가 환경규제의 핵심으로 떠오르면서 다수의 기후변화 대응상품 품목들이 협상대상에 포함되어 있으며, 이러한 환경규범은 지구 온난화를 막기 위한 기후 변화 협약에 따라 교토 의정서에서 '온실가스 배출권 거래 제도'가 도입되었다. 이것은 국가별로 경제 규모와 상황을 고려하여 온실가스 배출 허용량을 할당받고, 허용량보다 적게 배출할 경우 남은 배출권을 팔아 이익을 누릴 수 있게 한 제도를 말한다. 즉, 온실가스를 줄이기 쉬운 다른 나라에서 청정개발에 투자함으로써 온실가스 배출을 줄이고 그 값으로 탄소배출권을 얻을 수 있는 것이다.

우리나라 역시 산업경쟁력 및 기술 수준을 고려해 LED 조명, 탄소섬유, 가스보일러, 가스온수기, 손 건조기, 리튬이온축전지, 메탈실리콘 등을 포함한 43개 협상대상품목으로 제안하는 등 적극적으로 대응하고 있다. 온실가스 문제를 다루는 기후변화협약은 명시적 무역규제 규정을 갖고 있지는 않지만 온실가스를 줄이기 위해 국내적으로 취하는 조치가 무역차별 효과를 초래할 수 있다.

〈배출권 거래시장의 분류〉

배출권 성격에 따른 분류	할당량 시장	크레딧시장	
		발행시장	유통시장
배출권 거래 방식에 따른 분류	장내시장	장외시장	

* 할당량시장은 총량제한 배출권 거래제도를 채택한 의무 감축국가 또는 지역 내에 형성되는 시장
* 크레딧시장은 교토의정서에서 규정한 CDM시장과 JI시장이다. CDM시장의 크레딧을 CER(Certified Emission Reduction), JI시장의 크레딧을 ERU(Emission Reduction Unit)라 한다.
* 발행시장은 온실가스 감축 프로젝트로부터 발생되는 크레딧을 프로젝트로 부터 직접 구매하는 시장이다.
* 유통시장은 프로젝트 참여자가 구매한 후 재판매한 크레딧을 매매하는 시장을 말한다.

요약

- 세계 경제는 글로컬리즘과 디지털경제로 자유무역화 되고 있으며, 미국의 최우선주의로 보호무역주의로 역행하는 현상도 있다. 또한 BRICs 등 신흥시장의 대두와 무역업무의 과학적기반 확대에 따라 신기술과 새로운 시장의 융화작업이 급속도로 진행되고 있다.
- WTO체제에 의해 보조금, 상계관세 등 무역환경에 큰 변화를 가져오고 있으며, 이에따른 미국의 관세부여 및 무역금융에 대한 재편이 시도되고 있다.
- 인터넷의 무역에 활용한 스마트 무역으로 새로운 형태의 무역거래와 무역업무 프로세스에 의해 무역에 대한 포괄적인 새로운 개념이 대두되고 있다.
- 글로벌 시장의 환경변화는 (1)글로벌시장의 대극화, (2)글로벌 경쟁 치열, (3)IT혁명, (4) 글로벌 생산네트워크 확산의 4가지 특징을 가지고 있다.
- 다른 나라들도 특정 수출 산업·제품에 대한 재정적 보조정책을 펴고 있으며, 세계무역기구 보조금 협정은 수출 촉진을 위한 직·간접적 재정기여 보조금을 '공정 시장경쟁 원칙' 위반으로 규제하면서 공공목적(연구·지역개발, 환경보호)의 보조금은 허용하고 있다.

 용어

- FTA
- 전자무역
- 보조금
- 4차산업 혁명

- OECD
- 디지털경제
- 상계관계
- 탄소배출권

- WTO
- 수출보험
- BRICs
- 전자상거래 무역

 설명문제

1. FTA에 대하여 설명하시오.
2. 보호무역주의에 대하여 설명하시오
3. 상계관세에 대하여 설명하시오.
4. 신흥 시장 형성에 따른 우리의 대응방안에 대하여 논하시오.
5. 무역 환경변화와 무역보험에 대하여 설명하시오.
6. 4차 산업혁명과 무역에 대하여 설명하시오.
7. 탄소배출권에 대하여 설명하시오.

PART
02

무역의 기본원리

무역의 정의

> **개요** 무역은 고대에서 중세, 근대, 현대로 끊임없이 이어지는 국제간의 서비스, 물자의 이동을 의미한다. 즉, 무역은 한 나라에서 국민경제에 필요한 자원과 물자, 서비스를 수출과 수입에 통하여 필요한 것들을 조달하는 중요한 역할을 한다. 이러한 무역을 위해서 대금 결제는 외화로 이루어지기 때문에 외화를 확보하는 것이 무엇보다 중요하다.

전 세계 어느 나라를 막론하고 완전한 자급자족의 경제 형태를 이루고 있는 국가는 없다. 즉, 다른 나라와 무역거래를 하지 않고서는 그 나라의 경제를 유지·발전시킬 수 없을 뿐만 아니라 국민들의 생활수준도 향상시킬 수 없다.

인간은 재화(goods)와 용역(service)의 생산과 소비, 그리고 매매와 교환활동을 통하여 경제생활을 영위하고 있다. 물품은 제품 등과 같은 유형물(visible goods)과 자본과 같은 무형물(invisible goods)을 말하며, 기술·노동·운임·보험 등과 같은 용역도 무형물(invisible services)에 속한다.

이러한 무역은 대별하여 국내무역(home trade, domestic trade)과 국제무역(international trade, foreign trade)으로 구분된다. 즉, 무역은 외국과의 사이에 이루어지는 대외거래를 의미한다고 하여 외국무역(foreign trade) 또는 대외무역(overseas trade)이라고도 부르며, 전 세계 국가들이 국제상거래에 참여한다는 의미에서 국제무역(international trade) 또는 세계무역(world trade)이라 혼용하여 표현되고 있다.

대외무역법상의 정의는 수입은 매매, 교환, 증여, 사용대차, 임대차의 목적으로 물품을 외국에서 들여오는 행위나 유상으로 외국에서 외국으로 물품의 이동이 일어나는 경우 모두를 포괄한다. 수출의 경우는 수입과 반대로 국내에서 외국으로, 외국에서 외국으로 물품의 이동이 일어날 경우를 일컫는다.

관세법상 무역의 정의는 수입과 수출로 이루어져 있는데 간단하게 **외국물품이 내국물품화**되는 것이 **수입**이고 **내국물품이 외국물품화되는 것**이 **수출**이다. 수입은 보세구역에서 수입통관절차를 밟고 정상적인 유통경로를 거칠 경우를 말하고, 수출은 수출통관절차를 밟은 이후에 외국으로 나가는 경우에 한정하고 있다.

따라서 국제무역은 서로 다른 무역환경과 정책하에서 이루어진다. 오늘날 모든 국가들은 각국 나름대로의 무역제도를 형성하고 있을 뿐 아니라 그들이 무역정책을 추진함에 있어서도 1차적으로는 자국의 이익을 고려하므로 외국의 무역당사자에 대한 차별적인 간섭과 제한을 두게 된다.

>> Question 02-2

무역의존도

> 개요 오늘날 세계 대부분의 국가들은 규모 또는 비중의 크고 작은 차이는 있지만 무역에 의존하는 국민경제생활을 영위해 나가고 있다. 이 때 국민경제생활에서 무역이 차지하는 비중을 무역의존도 (dependence on foreign trade)라고 한다. 즉, 한 나라의 국민경제가 어느 정도 무역에 의존하고 있는가를 표시하는 지표를 무역의존도라 한다.

한 나라의 국민경제는 다른 나라의 국민경제와 관련을 맺지 않고는 존립할 수 없으며, 특히 무역의존도가 높은 우리나라의 국민경제는 무역의 건전한 발전여부가 그 나라 국민경제에 중요한 요인이 되고 있다. 즉, 무역을 통한 경제개발전략은 국가에 따라 정도의 차이가 있지만, 수출이 신장되고 필요한 원자재 등의 수입이 증가되면 이에 따라 국민경제가 성장하기 마련이다. 또한, 수출제품의 생산이 증가하면 고용이 증대되며 비교우위제품을 생산하기 위하여 산업구조도 재정비되게 된다. 뿐만 아니라 대량생산에 의한 비용의 절감과 국제경쟁력의 강화로 산업합리화가 촉진되며, 수출의 증대로 국제수지의 개선도 도모할 수 있다. 따라서 무역은 한 나라의 경제발전을 촉진시키는 기본적인 전략이 되는 동시에 국민경제의 발전에 지대한 영향을 미치게 된다.

만일 교역조건이 악화되어 무역이 위축된다면 수출둔화 ➜ 생산성 저하, 투자 마인드의 위축 ➜ 실업증대 ➜ GNP의 감소 ➜ 국민경제 파탄 등의 악순환을 갖게 된다. 반대로 무역이 잘 이루어지면, 즉 교역조건이 개선되면 반대의 결과를 초래하여 국민총생산이 증대되어 유효수요가 창출되게 되므로 국민후생복지가 증대되게 되어 국민경제와 깊은 연관을 갖게 된다.

그렇다면 무역의존도는 얼마나 중요한지 살펴보자. 무역의존도는 해당 국가에서 무역의 중요성의 정도를 나타내는 지표이다. 이 지표는 무역이 그 나라의 국민경제에 대해 어떠한 역할을 하며, 어느 정도의 영향을 주고 있는가를 보여준다.

일반적으로 국토가 광대하고 천연자원이 풍부한 국가는 국내분업에 의한 자급자족도가 높아서 무역의존도가 낮으며, 국내시장이 협소하면서도 소득수준이 높은 국가는 무역의존도가 높다. 무역의존도가 높다는 것은 그 나라 경제가 외국경제와 밀접한 관계를 맺고 외국경제에 의존하는 정도가 크다는 것을 의미한다. 무역은 외국의 경기변동 및 기타 경제사정에 따라서 좌우될 수 있으므로 무역의존도가 높은 것은 그 나라 경제가 그만큼 불안하다는 것을 의미할 수도 있다. 한편 무역의존도는 정부의 경제정책 및 관련 국가들의 경제전략에도 크게 영향을 받는다.

수출과 국민경제의 관계

> 개요 수출은 한 국가의 국민경제 유지·발전에 필요한 외화획득 수단이며, 국제수지의 안정적 균형을 달성하기 위한 효과적인 방안이다. 뿐만 아니라 수출은 어떤 재화의 생산에서 선적에 이르기까지 관련 산업 전반에 걸쳐 광범위한 파급효과를 유발하고 이를 통하여 경제성장에 이바지함은 물론 생산증대 그리고 고용기회의 창출과 신기술의 도입으로 인한 국제경쟁력 향상에 크게 도움을 준다.

1. 외화공급의 원천

국민경제에서 수출은 경제력의 확대에 필요한 원자재 및 기계시설 등의 수입을 위한 외화를 획득함으로써 경제성장을 측면에서 외화공급원 역할을 하고 있다. 일반적으로 경제성장은 생산증가로 인한 노동투입량의 증가나 유휴설비의 가동화 등에 의해 진행되기도 하지만, 장기적으로는 시설투자의 공급능력의 확대를 통해서 이루어지며, 시설투자는 생산증가로 이어진다.

2. 산업구조의 고도화 추진

수출은 생산활동 및 소득을 증대시키고 나아가 대량생산에 의한 규모의 경제를 실현 가능하게 하는 방대한 해외시장을 공급함으로써 산업구조의 고도화에 기여한다. 「수출증대 ➡ 생산증대 ➡ 규모의 경제 실현 ➡ 경쟁력강화 ➡ 수출증대」로 이어지는 선순환이 계속되며, 대량생산에 의한 경쟁력의 강화효과를 유발한다. 이는 따라서 수출이라고 하는 해외수요에 의해 산업구조의 고도화(4차 산업혁명시대의 산업구조)에 따라 확장되고 경쟁력이 강화되는 발전효과가 있다.

3. 경기조절의 기능

수출은 내수 감퇴기에는 위축된 국내시장을 보완하여 대폭적인 생산수준의 저하와 실업의 증가를 방지하는 안정장치로서의 기능을 한다. 즉, 내수가 급격히 증가할 경우에는 수출이 어느 정도 둔화되고, 내수가 매우 부진할 경우에는 수출이 상대적으로 활발해져 이를 상계(상쇄)하는 것이다.

4. 생산유발의 효과

수출은 당해 수출산업의 수출품 생산을 유발하고, 수출품 생산과 관련되는 모든 산업의 생산을 연쇄적으로 유발함으로써 전 산업에 걸쳐 생산을 증대시키게 된다.

예를 들어 수출의 생산유발과정은 일정액의 선박을 수출하는 경우, 이는 직접적으로 동일한 수주금액의 완성품인 선박생산을 가져오는 동시에 간접적으로는 선박생산에 필요한 각종 기기·강판·페인트 등 중간재의 생산을 유발시키며(1차 후방파급효과), 이는 다시 강괴·철강석 등 관련 산업의 생산을 불러일으켜(2·3차 후방파급효과). 총체적으로는 처음 수출액의 몇 배에 달하는 생산을 유발하게 된다.

5. 고용유발의 효과

일반적으로 수출의 증가는 관련 산업의 생산활동을 직접·간접으로 증대시켜 고용을 창출하게 된다. 그러나 고용창출의 효과는 노동이나 자본의존도 등에 따른 그 나라 산업의 성격에 따라 크게 달라진다.

6. 수입유발의 효과

수출의 수입유발효과란 수출제품의 생산과 직접·간접으로 관련된 원자재나 기자재 등의 수입유발액이 어느 정도인가를 나타내는 효과이다.

7. 소득유발의 효과

수출은 그 제품의 생산 활동과 관련된 여러 산업의 생산을 유발시켜 여기에 투입된 노동·자본·토지 등의 생산요소에 대해 소득을 실현시켜 준다. 따라서 수출의 소득유발액은 수출산업은 물론이고 수출과 관련된 관련 산업들의 생산과정에서 발생한 부가가치의 합계로 산출되는 효과이다.

수출과 국민경제의 관계에서 수출을 통한 고용유발, 인프라 확충 등 여러 가지 직접적인 효과들도 있지만 경기조절 등 간접적인 효과도 있다. 이러한 측면에서 직접적으로 2018년 수출입 동향을 살펴보면 수출은 6,054.7억 달러(5.5%), 수입은 5,349.9억 달러(11.8%)로 무역액 사상 최대(1조 1,405억 달러) 무역수지는 704.9억 달러로 10년 연속 흑자를 기록하고 있다. 즉, 최단기 2년 연속 무역 1조 달러 달성, 사상 최초 수출 6,000억 달러(세계 7번째) 돌파, 반도체 일반기계 석유화학 품목 사상 최대 실적이다. 그리고 무역 1조 달러 달성 국가는 한국 포함 10개국, 최근 10년간 무역흑자를 기록함과 동시에 무역 1조 달러 달성국은 4개국(한국, 중국, 독일, 네덜란드)이며, 반도체는 세계 최초로 단일부품 기준 1,000억 달러 수출 돌파하였다.

수입과 국민경제의 관계

> **개요** 일반적으로 수입은 누출요인이므로 유효수요의 감소, 소득과 고용의 축소 효과를 나타냄으로써 나쁘다고 생각할 수 있다. 그러나 수입품이 국산품과 경쟁재가 아니라 국내에서 생산할 수 없는 비경쟁적인 원료·자재·자본 시설재 등과 같은 수입이라면 국내생산을 직접적으로 기여한다고 할 수 있다. 즉, 수입의 경제성장 및 국민소득증대의 효과를 무시할 수 없는 것이다.

1. 비경쟁원자재의 공급원

한 나라가 경제발전을 도모하기 위해서는 공업화과정을 거치게 되는데, 공업화를 추진하는 대부분의 국가는 수입을 선별적으로 억제하는 경향이 있다. 특히 **완제품수입을 제한**함으로서 수출과 내수를 중심으로 하는 국내산업의 공업화를 진행하고 있다. 이러한 과정에서 수입은 공업화에 필수 불가결하고 **국내에서 생산이 불가능한 원자재의 공급원**으로서 중요한 역할을 하고 있다.

예컨대, **비경쟁 자본재**가 수입되면 선진국의 국내투자가 증대되어 경제성장을 촉진하게 되고, **비경쟁 원료**의 수입은 국내원료의 **투입기회를 창조**하는 등 국내원료와 보완적으로 결합되어 생산설비의 가동을 촉진시킨다. 더욱이 그 생산품이 다른 산업의 중간재로 사용될 경우 투입·산출관계에 의한 연쇄적인 생산 및 고용효과를 낳게 되는 수입승수(import multiplier)효과를 갖는다.

2. 시설의 확대 및 합리화 추진

경제의 공급력 확충을 위해서는 시설확대·기술혁신·생산근대화를 위한 합리화투자가 활발해짐으로 시설재에 대한 수요가 왕성해진다. 이러한 수요는 **선진자본재의 수입**으로 충당되며, 선진자본재의 수입은 시설의 확대와 합리화를 추진하여 국제환경변화에 대응해 나갈 수 있도록 **산업체질을 강화**시켜 **경쟁력을 제고**시키고, 내재적 성장잠재력을 증대시켜 지속적이고 안정적인 경제성장을 유도해 나가게 된다.

3. 경제능률과 소비자 후생의 증대

수입을 억제하는 보호정책은 소비자의 희생으로 생산자를 보호하는 결과를 가져온다. 특히 독과점 품목들의 경우는 더욱 그러하다. 그러나 수입이 이루어짐으로써 단기적으로는 국내시장의 가격구조가 국제화되어 물품의 가격인하 효과를 얻을 수가 있고, 장기적으로는 국내산업의 체질이 강화되고 기술수준이 제고됨으로써 우수한 제품을 생산할 수 있는 이익을 얻게 된다. 즉, 수입은 국내생산자로 하여금 외국기업과의 경쟁을 유도시켜 기술개발을 통한 품질의 고급화, 생산성향상을 통한 원가절감 등 기업경영의 합리화를 도모하게 하여 경제능률이 증대된다.

한편, 소비자 입장에서는 수입이 개방됨으로써 보다 싼 외국제품의 사용으로 후생증가는 물론 국내제품의 품질 및 가격조건이 개선됨으로써 소비자의 후생이 증대되는 효과를 기대할 수 있다.

4. 재정수입의 원천

수입을 진행하게 되면 부분의 국가에서는 일부 면세품 수입의 경우를 제외하고는 수입품에 대하여 관세를 부과하게 되고 이러한 관세수입을 국고에 환수한다. 따라서 수입은 정부재정수입의 원천이 되기도 한다. 관세는 법률에 따라 관세영역을 통과하는 물품에 대하여 징수하기 때문에 다른 어떤 조세보다 징수가 용이하며, 사용료나 수수료와는 달리 납부자에 대한 어떤 반대급부를 공여할 필요도 없다.

따라서 이러한 관세의 부과를 시작한 중세이후 오늘에 이르기까지 정부 재정수입 확보의 주요한 원천이 되고 있으며 후진국일수록 관세가 재정수입에서 차지하는 비중이 크다.

〈주요 에너지자원 수입 추이〉

(백만 달러, %)

구 분	'16	'17		'18			증감률 (%)		
			'17.12		'18.11	'18.12	전년비	전년동월비	전월비
원 유	44,295	59,603	6,223	79,958	7,536	5,964	34.2	△4.2	△20.9
석유제품	11,744	14,693	1,425	20,929	1,956	1,517	42.4	6.5	△22.4
가 스	14,884	18,794	2,105	26,964	2,655	2,886	43.5	37.1	8.7
석 탄	9,232	15,065	1,227	16,446	1,459	1,239	9.2	1.0	△15.1
합 계	80,156	108,155	10,980	144,297	13,605	11,606	33.4	5.7	△14.7

자료 : 산업부(2019.1.1.)

따라서 주요에너지원을 수입하여 국민의 삶의 활동과 경제적인 생산에 도움을 주고 있으며, 생산용 원자재 확보, 국내 산업 체질 개선, 소비 생활 개선, 해외 신기술 습득하며, 정부의 재정확충에도 도움을 주고 있다.

>> Question 02-5

수출의 필요성

> 개요   수출은 한 국가에서 다른 국가로 재화나 서비스의 실질적인 이동으로 수출은 국제무역 활동의 핵심이며, 수출의 편익이 보장되는 시발점이다. 수출은 국가 및 기업들에게 글로벌한 감각으로 수출시장을 개척해야 하며, 상업적·정치적 이해관계와 무역불균형 현상 등 직·간접적인 압력을 행사하는 등의 보호정책을 이해하여야 한다.

1. 정치적 활동

국제무역은 지속적인 관계, 로열티, 영향력의 의존성 및 세력권의 구축에 중요하다. 예를 들어 서구의 주요 산업계는 무역을 통하여 자신들의 영향력을 확대하고, 자본주의적 생활방식에 반대되는 위험한 요소에 대응하기 위한 매체로 활용한다. 예를 들면 개도국에서 식량지원프로그램을 통하여 대중들에 대한 식량지원문제를 다루는 것과 기술, 교육훈련 및 국가안보 관련 장비 혹은 에너지 자원과 같은 필수적인 자원의 지속적으로 공급하는 문제를 다루는 것과 관계가 있다.

2. 경제적인 활동

생산지역이 특화된 상태에 있는 제품의 경우 제품 생산을 위해 특별한 기후나 환경이 필요하지만 생산지역에서 시장을 형성할 수 없다. 그래서 이들 제품의 산업수요 때문에 비생산지역에서 거대한 시장이 형성되는 커피, 와인이나 유류 등과 같은 생활필수품의 경우는 무역으로 제품생산에 따른 엄청난 경제적 이익을 가져다 주며, 재화나 서비스의 국가간 이동의 경제적인 활동이 나타난다.

3. 사회적 활동

무역은 기술, 서비스 및 제품을 선진경제에서 비 선진경제로 이동시킴으로써 변화와 진보를 가져온다. 개도국의 입장에서는 보다 부유하게 될 것이며, 장기적으로는 산업화와 소비사회와 관련된 것으로 간주되는 **사회적 변화** 및 각종 문제없이 장기적으로는 더욱 행복하게 될 것이다. 이에 국제무역은 각국의 국민과 국가 모두를 개발하는 역할을 수행한다. 그러므로 무역은 새로운 기회를 제공하고 국제적인 상호의존성을 창출하며, 세계평화에 대한 교전위협을 줄임으로써 개도국의 발전에 도움을 준다. 하지만 유류 위주의 에너지 자원의 지속적인 수요증가에 따른 비산유국이 겪게 되는 경제적인 압력을 줄이는 사회적 활동이 있다.

>> Question 02-6
무역의 위험들

> 개요 무역은 서로 다른 나라에 거주하는 상인(무역업자)간에 행해지는 물품의 매매로서 수출업자는 특정 물품을 외국에 있는 수입업자에게 인도하고, 수입업자는 이에 대해 대금을 지급하는 것이다. 따라서 국내 상거래에 비해 상품의 이동거리가 멀고, 언어·관습·법률·화폐제도 등이 서로 달라 **무역거래에 따른 위험이 국내 상거래에 비해 훨씬 크고 복잡·다양하다.**

1. **운송위험** : 거래 상품을 수송하는 도중 발생할 수 있는 해상에서의 사고와 관련된 위험을 말한다. 우리나라에서 **무역 상품의 운송**은 대부분 선박이나 항공기에 의존하는데, 대량의 상품을 값싸게 수송할 있는 선박에 의한 해상운송이 압도적으로 많다.

2. **신용위험** : 수출자의 가장 큰 리스크는 **수입자의 물품 대금결제 여부**이다. 수입업자의 파산이나 일방적인 계약 파기 등으로 인한 수출 불능 및 대금 회수 불능, 수입업자의 재정 상태 악화로 인한 대금 결제지연 등 수입업자가 당연히 이행해야 할 채무를 이행하지 않거나 태만히 할 때 발생하는 위험이다. 대금회수 리스크를 줄이기 위해서는 수입자의 신용도를 사전에 조사할 필요가 있다.

3. **비상위험** : 전쟁·내란·천재지변, 수입국에서의 수입 금지 또는 수입 제한, 환거래의 제한 또는 금지 조치 등과 같이 계약 당사자에게 책임을 물을 수 없는 **불가항력적인 사유**로 인해 계약이행이 불가능해지거나 대금을 회수할 수 없게 되는 위험을 말한다.

4. **환위험** : 자국화폐와 타국화폐의 교환율 즉, **환율의 변동**에 따른 위험으로 우리나라 수입업자가 미국에서 어떤 상품을 미화5만 달러에 수입하기로 계약했고, 계약 당시의 환율이 1달러 당 1,000원이었다고 하자. 계약 후 수입 대금 결제일의 환율이 1달러당 1,200원으로 상승하였다면, 수입업자가 지급해야 할 원화는 계약 당시보다 1천만 원이 늘어나 큰 손해를 보게 되는 것이다.

5. **경영위험** : 기업 활동 과정에서 발생하는 위험으로, 판매 예측이 맞지 않거나 경영상의 예측이 어긋남으로써 발생하는 위험을 말한다.

6. **배상책임위험** : 기업 활동 과정에서 타인에게 입힌 손해에 대한 배상책임을 짐으로써 발생하는 위험을 말한다. 무역업자가 수출시 생산물 배상책임에 대한 이해와 대책이 없으면 손해배상 청구에 의해 큰 손실을 입을 수 있다. **(제조물책임)**

무역의 특수성

개요 무역은 서로 다른 국가간에서 매매하기 때문에 국내거래와 비교하여 여러 가지 차이가 있다. 계약 교섭에 있어서의 언어차이, 통화차이, 법률에 의한 규제 차이, 문화적 차이에 의한 물품 선호도 차이, 종교적으로 금기된 물품의 차이 등을 들 수 있다.

1. 거래교섭의 복잡과 위험발생

무역은 언어, 법률, 제도 및 제반환경이 상이한 당사자 간에 이루어지기 때문에 계약내용의 이행에 있어 물품운송이 매우 중요하며 해상운송으로 장기간 동안 원거리를 운송하는 데 따른 물품손상의 위험, 상대방에 대한 신용상태의 불확실로 인한 수출대금의 회수불능위험, 수입업자가 수출업자에게 정확한 계약물품의 수취위험, 국제시장에서의 가격변동이나 통화의 환율변동 등으로 인하여 발생하는 위험이 있다. 최근에서 화물의 속성과 구매자의 욕구에 따른 항공 운송에 따른 위험이 발생하고 있다.

2. 정형화된 상관습의 적용

무역은 국가마다 언어가 서로 상이하고, 공간적으로 멀리 떨어져 있으므로 당사자들은 자신의 상관습을 중시하는 경향이 있으므로 분쟁이 발생되었을 때 준거법의 적용문제가 발생한다. 따라서 당사자들은 명시계약을 보완하기 위하여 상관습을 정형화한 정형거래조건(Incoterms)을 사용하고 있다.

3. 다수복합계약의 체결

무역거래의 성립에는 우선 목적물에 대한 품질, 수량, 가격이 중심적인 조건이 되며, 그 다음에 물품인도를 위한 선적, 보험, 대금결제 등이 부수적인 조건이 된다. 또한 무역거래의 이행에는 수출입업자, 제조업자, 금융업자, 보험업자 등 여러 관련 당사자가 필연적으로 존재하며, 매매계약을 주 계약으로 하고 운송계약, 보험계약, 신용장계약, 환계약 등을 종속계약으로 하여 다수 복합적으로 이행되게 된다.

4. 산업관련 효과의 발생

무역거래는 국제분업을 통하여 국제적 공급 및 수요를 충족시킬 뿐만 아니라 당사국의 국내산업을 육성·발전시켜 국민경제의 수준을 향상시켜 준다.

>> Question **02 - 8**

무역의 대상

> 개요 무역의 대상은 국제간 물자교환을 하는 제품거래와 기술거래, 용역(서비스)거래, 자본거래, 전자적 무체물거래로써 개인이나 법인이 이익을 얻기 위하여 행해진다.

1. 제품거래

제품거래는 오늘날 무역거래의 대무문이며, 제품서래를 중심으로 이루어지고 있다. 원료, 공업제품 및 식료품 등이며, "눈에 보이는 무역" 또는 유형무역(visible trade)이라고도 한다.

2. 기술거래

기술거래는 외국과 기술원조 및 기술제휴 계약을 체결하고, 제공한 기술의 대가를 받게 되는 특허권, 실용신안권, 상표권, 의장권 등과 같은 공업소유권의 양도 및 노하우의 제공 등의 형태로 거래된다.

3. 용역(서비스)거래

용역(service)거래는 유체물인 제품거래와는 달리 상대방에 대한 노무 등의 유상제공이나 유상거래를 말하는데 제품을 외국에 운송하는 수송서비스, 운송 중의 화물에 보험을 부보하는 보험서비스에서 보험료 및 수수료 등을 의미한다. 이러한 기술 및 서비스와 같은 용역제공은 눈에 보이지 않는 무역으로서 무형무역(invisible trade) 또는 무역외거래라고도 한다.

4. 자본거래

자본거래는 단기자본 또는 장기자본이 국제적으로 이동하는 것을 말한다. 즉, 서비스의 제공이나 제품의 판매와는 직접적인 관계없이 외국에 자본을 대여해 주거나 투자를 한 후에 이자·배당금 등을 받는 행위 또는 제품대금을 대여해 주는 신용공여 등이다.

5. 전자적 무체물 거래

전자적 무체물 거래는 Internet에 의해 무관세로 거래되는 무체물로서 소프트웨어, 부호·문자·음향·이미지·영상 등을 디지털 방식으로 제작하거나 처리한 자료 또는 정보 등을 다운로드함으로써 거래되는 것을 말한다. 무역에서는 기존의 물리적 재화를 디지털화하고 있으며, 또한 수순한 디지털 재화(K-PoP 등)를 창조하여 전세계로 수출·확산시키고 있다.

무역의 종류

개요 무역의 종류는 물품의 이동 방향, 형태, 거래주체 등에 따라 다양하게 나뉜다. 즉 물품의 이동 방향에 따라 수출무역과 수입무역으로 나뉘며, 물품의 형태에 따라 보통 상품의 수출입을 말하는 유형무역과 기술·노동·용역 등의 형체가 없는 수출입을 말하는 무형무역으로 나뉜다. 또한 무역의 거래 주체가 누구냐에 따라 민간무역·공공무역·국영무역·정부무역으로 구분된다.

1. **중계무역** : 간접무역의 형태로써 중계국이 수출할 것을 목적으로 물품을 수입해 원형 그대로 제3국에 수출하는 것을 말한다. 즉, 거래화물이 수출국에서 수입국에 직행하지 않고 제 3국에 양륙되며 원형 그대로 또는 약간 가공해서 수입국에 재수출하는 경우를 의미한다.

2. **중개무역** : 제3국의 중개업자가 수출국과 수입국의 중간에서 거래의 주체가 되어 수출입을 중개하는 것을 말한다. 이때 실제 물품의 이동은 수출국에서 수입국으로 이루어지기 때문에 중개인은 물품의 소유 또는 점유와는 관계가 없다.

3. **통과무역** : 수출 물품이 수출국에서 수입국으로 직접 송부되지 않고 수송과정에서 제3국을 통과할 경우에 제 3국의 입장에서 보는 경우의 무역형태이다. 통과무역은 화물이 수출지에서 적출(積出)될 때부터 수출지가 정하여지게 되고 원형 그대로 운송과정에서 중간국을 경유하게 된다.

4. **연계무역** : 수출·수입이 연계된 무역거래로서 물물교환(Barter Trade), 구상무역(Compensation Trade), 대응구매(Counter Purchase)의 형태에 의해 이루어지는 수출입을 말한다. 수출을 조건으로 수입을 허용하는 **무역거래 방식, 대응무역 또는 조건부 무역**이라고도 한다. 연계무역은 일반적으로 상품이나 플랜트를 수출하는 대신 이와 비슷한 금액의 상품을 수입하는 대응구매, 타이어 공장을 수출하고 여기서 생산되는 타이어를 수입하는 것과 같은 제품구매, 미리 합의된 금액만큼 서로 상대국으로부터 수입하는 청산계정 등으로 분류된다. 연계무역의 대응구매와 유사한 것으로 구상무역(compensation trade ; 바터무역)이 있으나 구상무역은 그 필요성이 결제수단을 강하게 나타내고 연계무역은 수출 증대의 필요성을 정책적 의지로 나타내는 것으로 접근 방식에서 차이가 있다.

5. **구상무역(compensation trade, barter trade)** : 수출입균형을 유지하기 위하여 수출입 물품의 대금을 그에 상응하는 수입 또는 수출로 상계하는 방식의 수출입 거래로서 수출입 균형을 위한 무역거래 방식이다. 이러한 구상무역은 대금결제시 환의 개입이 있느냐 없느냐에 따라 무환구상무역과 유환구상무역으로 구분된다.

6. **상계무역(절충교역 Off–set Trade)** : 수입국에서 생산한 부품과 자재를 수출국이 수입해 수출품에 결합시킴으로써 수출품 대금의 일부를 상계시키는 거래를 말하며, 수출입시 별도의 계약서가 작성·교환된다(항공기, 고속전철, 첨단기술제품 등의 거래). 즉, 절충교역이란 국제 무기거래에서 무기를 판매하는 국가가 사가는 나라에 기술이전이나 부품발주 등의 반대급부를 제공하는 일종이 구상무어을 말한다.

7. **수탁가공무역** : 원자재의 전부 또는 일부를 **거래상대방에게서 수탁받아** 이를 제조·가공한 후 위탁자나 그가 지정하는 제3자에게 수출하는 것으로, 가공수수료를 얻기 위해 행하는 거래이다. 위탁을 하는 쪽에서 보면 위탁가공무역이라 한다. 이 위탁가공무역은 능동적 가공무역(통과적 가공무역 포함)이고 가공수출무역이기도 하다.

8. **보세창고인도(BWT ; Bonded Warehouse Transaction)** : 우리나라 수출업체가 외국의 일정 지역에 지점·대리점을 두고 거래 상대국의 정부로부터 허가받은 보세창고에 상품을 무한으로 반입한 후 현지에서 매매계약을 통해 판매하는 것을 말한다.

9. **OEM과 녹다운(Knock down) 방식** : OEM(Original Equipment Manufacture)방식의 수출은 주문자상표부착 생산방식으로서 수입상으로부터 제품생산을 의뢰 받아서 주문물량에 상대방 상표를 부착하여 인도하는 방식이다. knock down방식은 생산 시설 기계류를 수출하는 경우 부품을 수출한 후 수입국 현지에서 조립해 완제품을 만드는 것을 말한다. 녹다운 방식 수출에는 부품 전체를 그대로 수출해 조립하는 완전 녹다운 방식과 일부는 부품으로 수출하고 일부는 상대국에서 생산된 부품으로 조달해 완제품을 만드는 반 녹다운 방식이 있다.

10. **플랜트수출(plant exporting)** : 각종 대규모 공장건설을 위한 주요 설비, 기계, 부품 등을 수출하는 자본재 수출 등과 선박, 철도, 차량 등 공장건설에 소요되는 기자재의 수출이다. 플랜트는 설계에서부터 제작, 공장, 배치, 시공까지 끝낸 후 현지생산자에게 양도하는 턴키베이스(turnkey base)방식이 일반적이다. 그러나 가동 후에도 상당기간까지 기술지도와 기술훈련을 담당하는 경우가 많다.

11. **기술무역(technology trade)** : 기술의 거래로서 그 대상은 주로 특허권, 상표권, 노하우, 제조기술, 경영기술 등이다. 오늘날에 대종을 이루고 있는 상품교역은 관세장벽(tariff barrier)에 의하여 많은 제약을 받지만 이 기술무역은 수용자의 필요에 의하여 거래가 이루어지므로 이러한 제약은 거의 없다.

무역의 절차

개요 무역의 절차를 이해하고 무역 실무능력을 높이기 위해서는 '업무의 흐름', '서류의 흐름', '화물의 흐름', '돈의 흐름'을 확실하게 파악해야 한다. 이러한 흐름은 각 단계별 업무 내용을 파악하는 데 매우 중요하다. 업무의 흐름은 수출입 업무 각각에 어떠한 일을 행하는지, 수출입 업무의 '기승전결(起承轉結)'을 이해하면서 업무 당사자를 확인하고, 수출입업자가 어떤 회사나 기관과 관계를 맺고 있는지를 비롯하여 업무내용을 정확히 확인하여야 한다. 서류의 흐름은 무역서류에는 어떠한 것이 있는지, 서류는 누가 작성하고 그 후에 어떻게 흐르는지 등의 서류의 특징도 이해하여야 한다. 화물의 흐름은 수출과 수입에서는 화물의 흐름이 반대가 되는데 화물이 어떻게 흐르는지 정확하게 이해하면서 현장에서 실제의 화물을 확인하는 것도 매우 중요하다. 돈의 흐름은 대금을 지불하는 사람, 대금을 받는 사람, 돈의 흐름은 서류와 밀접한 관계가 있다.

무역거래는 상관습에 따라 다소 차이가 있지만 일정한 순서에 의해서 이루어진다. 무역의 거래절차는 크게 3단계로 나누어서 진행하게 된다.

1. **협상단계** : 수출할 상품과 바이어(수입상)발굴, 바이어 신용조회 등 계약을 체결하는 단계가 가장 먼저 이루어지며,

2. **운송단계** : 계약내용에 따라 수출제품을 수입상에게 인도하는 운송절차 단계

3. **대금결제단계** : 제품의 운송과 반대방향으로는 수입상이 수출상에게 대금의 결제단계로 이루어진다. 대금결제는 계약조건에 따라 달라지는데 통상적으로 제품의 선적(기) 전후에 한번, 또는 여러 번에 나누어 진행되기도 한다.

무역의 거래절차는 수출할 상품을 선정하고, 거래상대방의 발굴을 위한 해외시장조사로부터 시작하여 무역계약체결과 이행 및 종료로 이어지고 있으며, 무역거래에서 가장 먼저 아이템을 선정하고 바이어 발굴하여 계약내용을 정하는 단계에서 스마트폰을 활용한 스마트무역이 급속히 진전되어 시간과 비용을 대폭 절감하는 추세이다. 전자상거래 무역으로 많은 제품들을 직접 판매하거나 직접 구매하고 있다. 이러한 흐름 속에서 많은 무역업체들은 거래가 성사될 확률이 가장 큰 것은 역시 해외출장이나 해외전시회를 통해 바이어를 발굴하고 있다.

또한 운송절차에서는 화물의 데이터 전송 및 통관절차를 신속하게 도와주는 형태로 원거리 운송이 필수적인 무역의 특성상 물류비 절감과 신속한 배달을 통해 바이어의 만족도를 제고하려는 노력이 어느 때보다 치열하게 진행되고 있어 인터넷을 활용한 효율적인 물류시스템 구축여부가 제품과 기업의 경쟁력을 좌우하고 있다.

Question 02-11

수출절차

> **개요**   수출 절차는 수출상품결정 – 시장조사 – 거래선 발굴 – 신용조회 – 매매계약 – 운송 – 보험 – 결제 – 환급 – 사후관리의 순서로 이루어진다.

1. 상품의 결정

수출사는 가격과 품질, 디자인, 색상, 포장 등을 신중하게 검토해서 수출상품을 결정한다.

2. 시장조사 및 거래선 발굴

수출자는 해외시장을 조사·연구하며, 운송물류, 무역관리제도, 통관방법, 금융, 외환제도, 유통, 판매, 경쟁제품까지 다양한 사항을 조사하여야 한다. 또한 거래선을 발굴하기 위하여 On-OFF line의 채널을 활용한다. Inquiry를 보내고 Circular Letter를 보내며, 해외 박람회를 통하여 바이어와 직접상담을 통하여 거래선을 발굴하기도 한다.

3. 협상개시

판매자인 수출자는 구매자에게 희망조건을 명기한 오퍼(Offer)를 제출한다. 이에 대해서 구매자는 오퍼의 내용을 검토하고, 승낙(Acceptance)할지의 여부를 정한다.

협상경우에 따라 여러 번의 카운터 오퍼(Counter Offer)를 거쳐서 계약이 성립된다.

4. 수출(매매)계약 체결

판매자와 구매자 간에 협상이 행해지고 수출계약이 체결된다. 수출계약을 맺을 때는 거래조건에 관해서 주의하여야 한다. 매매계약의 체결은 해외시장조사를 통해 선정된 거래상대방에게 거래제의서(circular letter)을 보내고 거래상대방의 제품에 대한 조회(inquiry)에 대한 답신으로 수출업자는 오퍼(offer)를 보내게 된다. 수출업자의 오퍼에 대하여 거래상대방이 승낙(acceptance)을 하게 되면 거래는 성립하게 된다.

5. 신용장 수령 및 내도

수출자는 수출계약을 체결하면 수입자에 대해 신용장(L/C, Letter of Credit) 발행을 의뢰한다. 신용장(L/C : Letter of Credit)이란 수입업자의 거래은행이 수출업자에게 대금지급을 보장해 주는 서류로서 수출업자는 신용장을 수취하면 신용장조건대로 이행하는 경우에는 틀림없이 수출대금을 회수할 수 있다는 보장이 되므로 안심하고 제품제작에 들어갈 수 있다.

6. 신용장의 내용 확인

수출업자가 신용장을 수취할 때 신용장의 내용과 계약서의 내용과 일치하는가를 확인하여야 하고 도착한 신용장이 취소불능신용장인가 그리고 신용장의 개설은행의 신용상태를 확인하여야 한다. 또한 신용장상에 수출업자가 지키기 어려운 특수한 조건이 기재되어 있지는 않은가와 오자·탈자의 여부 및 계약당시의 제품가격과 차이가 있는지 등을 확인하여야 한다.

수출자는 수령한 신용장을 읽어보고 신용장의 내용과 계약내용을 비교, 확인한다. 신용장에 적혀 있는 금액이나 선적기한, 유효기한, 상품명세, 수량 등을 체크한다. 만약 계약내용과 다르게 되어있을 경우 즉시 수입자에게 신용자의 변경(Amendment)을 의뢰한다.

7. 수출물품의 확보

수출업자가 수출하고자 하는 제품을 확보하는 방법은 여러 가지가 있다. 먼저 국내외시장에서 완제품을 구입하여 수출하는 방법이 있고 또 하나는 직접 제품을 생산하는 방법이 있다. 제품을 직접 생산하는 경우에는 원료를 조달하는 방법에 따라 두 가지로 나뉘는데 하나는 원자재를 국내에서 구매하여 제품을 만들 수도 있고 또 다른 하나는 원자재를 수입하여 제품을 확보할 수 있다.

8. 선복(船腹) 예약

수출자는 수출상품을 준비하고, 선박회사에 선복예약을 한다. 이것을 부킹(Booking of Ship's Space)이라 불리며, 특별한 조건이 있을 때는 사전에 선박회사와 상담할 필요가 있다.

9. 해상보험 예약

수출자는 CIF 조건 등의 경우 해상보험에 가입해야 하며, 해상보험증권을 입수한다. 보험증권의 내용에도 충분히 주의할 필요가 있다.

10. 선적서류 작성

수출자는 선적수속에 필요한 서류를 작성한다. 신용장의 내용에 따라 인보이스(I/V, Invoice), 패킹 리스트(P/L, Packing List, 포장명세서) 등을 정확하게 작성한다.

11. 해상화물 운송업자에게 의뢰

수출자는 선적준비에서부터 통관수속, 본선에의 선적까지를 전문운송업자에게 의뢰한다. 수출자는 선적의뢰서(S/I, Shipping Instructions)를 작성한다. 해상화물 운송업자는 S/I 지시에 따라 다양한 수속을 밟아서 선적절차를 진행한다.

12. 통관서류 작성

수출품이 완성이 되면 통관업자는 수출신고서(E/D, Export Declaration)를 작성한다. 인보이스에 명기되어 있는 수출상품을 수출통계 목표에 따라서 해당하는 통계품목 번호를 결정하고, 관세사의 확인을 얻은 후 수출품에 대하여 검사를 받고 수출검사가 완료가 되면 수출물품을 보세구역에 반입하여 수출신고를 한다.

수출업자가 수출신고(E/D : Export Declaration) 한 물품에 대하여 세관장은 수출물품을 확인한 후 수출면장(E/P : Export Permit)을 교부하여 준다. 수출면장을 받으면 수출품은 내국물품에서 외국물품으로 바뀌게 되고 보세구역에서 반출하여 선적하게 된다.

13. 신고·심사·승인

수출신고 된 서류는 세관에서 내용을 충분히 심사하고, 필요에 따라서 세관검사를 한다. 심사·검사를 거쳐서 문제가 없으면 수출승인서가 세관으로부터 교부된다.

수출업자가 수출하고자 하는 제품이 수출입공고와 별도공고에 의해 수출이 제한되는 품목이 아닌가를 확인하고 자동승인품목의 경우에는 수출승인이 면제되며 제한 승인 품목의 경우에는 승인을 얻어야 한다.

14. 배닝(Vanning)

해상화물 운송업자는 선적수속을 개시한다. FCL(Full Container Load)선적의 경우는 CY(Container Yard)로부터 빈 컨테이너를 픽업(Pick Up)하여 수출화물을 컨테이너에 싣고 CY에 반입한다.

15. 서류작성

해상화물 운송업자는 선적수속에 필요한 서류를 작성한다. FCL의 경우는 화물수취서(D/R, Dock Receipt), 컨테이너 명세서(CLP, Container Load Plan)를 작성하고, 수출허가서와 컨테이너 화물 반입표를 함께 CY에 제출한다. LCL(Less than Container Load)의 경우는 D/R과 화물을 CFS(Container Freight Station)에 반입하게 된다.

16. 본선에 선적

해상화물 운송업자가 배닝한 컨테이너는 컨테이너 야드에 반입된다. CY에서는 컨테이너의 외장상태나 실(Seal)을 확인한다. 반입된 컨테이너는 스트래들 캐리어나 갠트리 크레인 등의 대형기기를 사용해서 본선에 선적된다.

수출통관이 완료된 제품을 계약체결시 정해진 선적일자와 운송에 관련된 계약의 내용에 따라 선박을 확보하여 제품을 선적하고 가격조건이 CIF조건이나 CIP조건인 경우에는 해상보험에 부보하게 된다.

17. 선적의 통지

수출자는 선적이 완료되면 수입자 앞으로 선적을 통지(S/A, Shipping Advice)한다. 선명, 수량, 입항예정일, 출항일, 상품명 등을 적는다.

18. 선하증권 수령

수출자는 선적이 완료되면 선박회사에 연락해서 선하증권(B/L, Bill of Lading)의 발행을 확인하고 선불(Prepaid)일 경우 운임을 지불한 후 B/L을 수령한다.

19. 매입서류 작성

수출자는 대금회수를 위해 환어음 등 매입서류를 작성한다. 신용장 거래의 경우는 신용장의 지시에 따라 요구하는 서류를 필요한 매수로 작성한다.

20. 매입 의뢰 및 수출대금의 회수

수출물품의 선적을 완료하면 수출업자는 신용장상에서 요구하는 선적서류를 준비하여 대금회수를 하여야 한다. 수출대금회수를 위하여 수출업자는 신용장을 조건으로 하여 환어음을 발행하고 신용장상에 특별한 규정이 없는 한 수출업자의 거래은행을 통하여 대금회수를 하게 된다. 수출자는 대금회수를 위해 환어음 등 매입서류를 작성한다. 신용장 거래의 경우는 신용장의 지시에 따라 요구하는 서류를 필요한 매수로 작성한다.

은행은 제출된 서류에 관해서 충분히 체크하고, 문제가 없으면 수출자에게 대금을 지불한다. 수출자는 수출한 상품의 대금을 무사히 수령할 수 있다.

21. 관세환급 및 사후관리

수출대금의 회수가 끝나면 수출업자는 수출용제품을 만들기 위하여 원자재를 수입할 때 납부한 관세를 돌려받게 되는데 이를 관세환급이라고 한다. 관세환급 제도는 수출업자의 가격 경쟁력을 높여주기 위하여 **수출물품의 생산에 사용되는 원자재의 수입**시 납부한 관세를 돌려주는 제도이다.

수출절차의 가장 마지막 단계로 사후관리가 있는데 사후관리란 수출업자가 수출승인을 받은 내용대로 수출물품을 선적하고 수출대금을 회수하였는가에 대하여 최종 확인하는 절차이다.

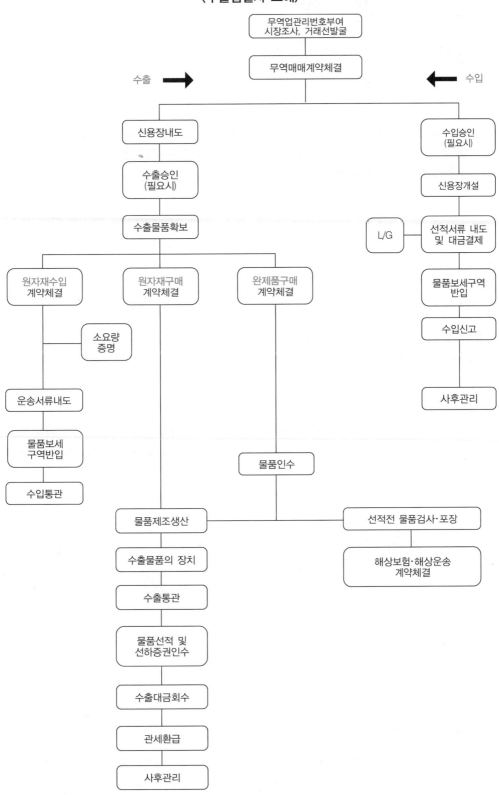

〈수출입절차 도해〉

수입절차

수입 절차는 수입상품결정 – 거래선 발굴 – 신용조사 – 수입교섭 – 매매계약 – 인허가신청 – LC개설의뢰 – 해상보험 – 선적통지 수령 – 화물도착안내 – 수입결제 – 통관업자의뢰 – D/O교환 – 보세지역 – 수입신고 – 통관 – 국내판매의 순서로 이루어진다.

1. 수입상품 결정

어떠한 상품이 소비자의 구매의욕을 불러일으킬 것인가, 소비자를 즐겁게 해줄 것인가를 끊임없이 생각하고 수입상품을 결정한다. 시장조사 등의 사전 의식조사가 필요하다.

2. 거래선 발굴

수입할 상품을 결정했으면 수입자는 해외의 유력한 거래처를 찾는다. 좋은 거래처가 될 만한 회사를 찾기 위한 방법으로 인터넷도 자주 이용되고 있다.

3. 신용조사

거래처를 정하면 그 거래처에 대해 신용조사를 한다. 신용조사는 전문기관에 의뢰하는 경우가 많다. 충분한 신용조사를 하여 거래처의 신용상태에 문제가 없고 상거래를 하기에 적당하다고 판단되면 수입교섭에 들어간다.

4. 수입교섭

수출자와 교섭을 한다. 교섭은 양자 간에 반복하여 이루어진다. 수입자는 가격에 주의해야 한다. 수입자는 가격 이외에 수량, 품질, 납기, 지불조건 등에 관해서도 상세하게 정한다.

5. 매매계약 체결

여러 번의 교섭 후 쌍방이 합의하면 계약이 성립되고, 매매계약이 체결된다. 계약이 성립되면 수입자는 주문서(P/O, Purchase Order)를 발행하여 수출자에게 송부한다. 수입자, 수출자 쌍방이 서명해서 각각 1부씩 보관한다.

6. 인·허가 등을 신청

수입자는 수입에 관한 규제나 허가·승인에 관해서 충분한 지식이 필요하다. 수입할 상품이 인허가의 수속을 필요로 할 경우는 신속하게 처리해두는 것이 중요하다.

7. L/C 개설 의뢰

수입자는 신용장 조건으로 수입계약을 체결했을 경우 자사의 거래은행에 신용장 개설을 의뢰한다. 신용장이란 수입지의 은행이 수입자를 대신해서 수출자에게 대금을 지불할 것을 보증하는 것이기 때문에 은행은 수입자의 신용상태를 충분히 조사하고 신용장을 개설하여 수출업자에게 신용장을 보내주게 된다.

8. 해상보험 예약

수입계약이 FOB(Free On Board, 본선 인도조건)나 CFR(Cost And Freight, 운임포함 인도조건)일 경우는 수입자측에서 해상보험에 가입해야 한다. 해상보험의 보험범위나 조건은 수입상품에 따라서 크게 다르기 때문에 신중하게 보험 종류를 확인하고 가입해야 한다. 수입상품에 데미지 (Damage) 등의 트러블이 발생했을 경우에는 보험이 큰 의미를 가진다.

9. 무역보험 가입

외국환 시세는 항상 변동하므로 위험이 있다. 외국환의 시세변동은 수입자에게도 큰 리스크가 된다. 그래서 외국환 거래일 경우에는 무역보험공사의 환변동보험에 가입한다.

10. 선적통지 수령

선적 종료 후 수입자는 수출자로부터 선적통지를 받는다. 수입자는 선적지를 받으면 선적의 상세 내용을 파악하고 수입준비에 들어간다.

11. 화물도착안내

선박회사로부터 화물도착안내(A/N, Arrival Note)가 화물 수령인인 수입자 앞으로 송달된다. 화물도착안내에는 선박 이름, 입항예정일, 수입자 이름, 수출자 이름, 화물명세, 해상운임, 제반 비용, B/L 번호 등 필요한 정보가 적혀 있다.

12. 수입결제

수입업자는 신용장을 개설하여 수출업자에게 보내주고 제품이 도착할 때까지 기다리면 된다. 신용장의 수익자인 수출업자는 대금회수를 위하여 신용장의 조건대로 이행하고 수입업자에게 대금회수를 위하여 선적서류와 환어음을 보내게 된다. 이때 수입업자는 도착한 서류와 신용장의 내용을 확인한 후 대금을 지급하고 물건을 대표한 서류인 선하증권(B/L : Bill of lading)을 인도 받게 된다. 수입자는 선하증권을 수령하기 위해 수입결제를 한다. 신용장 발행은행으로부터 선적서류의 도착 통지를 받으면 결제를 준비한다. 수입대금을 지불하고 선적서류를 수령한다.

13. 해상화물 운송업자·통관업자에게 의뢰

수입자는 통관에서부터 구내 배송까지 필요한 수속을 전문업자인 해상화물 운송업자, 통관업자에게 의뢰한다. 수입자가 수령한 인보이스 등의 필요서류를 확인하고 전문업자에게 제출한다.

14. D/O 교환

수입화물을 받으려면 화물인도지시서(D/O, Delivery Order)가 필요하다. 수입자 또는 해상화물 운송업자는 선박회사에서 B/L과 D/O를 교환한다. D/O란 화물의 인도를 선장 또는 CY, CFS의 오퍼레이터에게 지시한 서류이다.

15. 화물을 배에서 내림

본선이 입항하면 선박회사 대리점이 화물을 배에서 내린다. FCL Cargo의 경우는 본선에서 내려진 컨테이너를 CY로 가져간다. LCL Cargo일 때는 CFS로 가져간다.

16. 보세지역 반입

수입하려고 하는 화물은 원칙적으로 보세지역에 반입되고, 화물의 개수, 화물의 상태를 확인한다.

17. 수입통관 서류 작성

수입을 하는 데는 통관수속이 필요하다. 통관수속은 관세청에 등록된 통관업자(관세사)가 수입자의 위임을 받아 대행한다. 통관업자는 수입자로부터 수령한 서류를 참고하여 수입신고서(I/D, Import Declaration)를 작성한다.

18. 신고·심사·검사·허가

수입신고는 통관자동화 시스템을 이용해서 처리된다. 신고내용은 세관에서 충분히 심사하고 필요에 따라서 세관검사가 행해진다.

19. 수입신고수리

수입신고수리를 받기 전/후에 관세, 부가가치세를 납부한다. 관세, 소비세(우리나라의 경우 부가가치세)의 납부가 확인되면 세관으로부터 수입신고필증이 교부된다.

20. 신고수리 후 작업

수입화물은 수입신고수리 후 상품의 재포장이나 라벨을 붙인다. 이어 설명서의 삽입 등과 같은 작업이 이루어지고, 국내에 유통, 판매된다.

21. 사후관리

수입절차의 가장 마지막 단계로 사후관리를 수입업자는 하여야 하는데 사후관리란 처음 수입승인 받은 내용대로 제품이 수입되었는가와 수입품에 대한 대금지급이 정확하게 이루어져 있는가를 확인하는 작업이다.

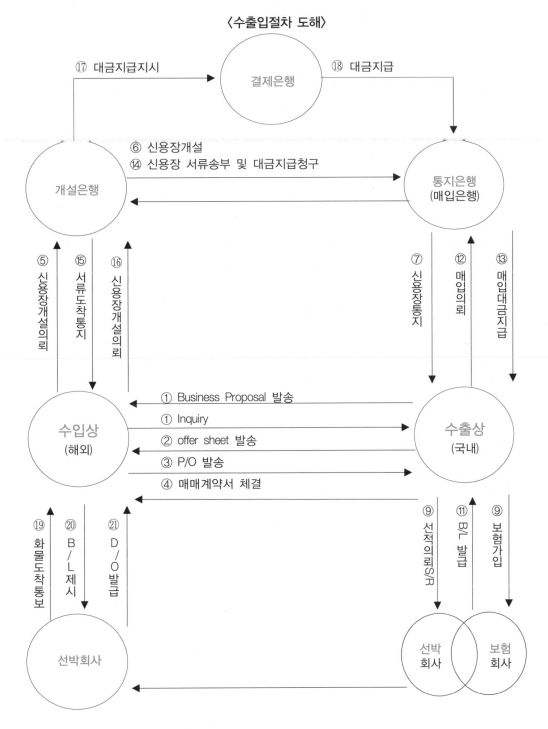

〈수출입절차 도해〉

► 수출입절차 단계별 설명

① 수출상이 해외 시장조사 등을 통해서 바이어에게 회사소개서 발송

① 수입상이 먼저 수출상에게 제품 조회(inquiry)

② 수입상의 요청에 의하여 수출상이 청약(offer)

③ 수입상이 수출상에게 구매오더(P/O : purchase order)

④ 수입상과 수출상간의 매매계약서 체결

⑤ 수입상이 개설은행에 신용장 개설요청

⑥ 개설은행이 신용장 개설

⑦ 통지은행이 수출상에게 신용장 통지신용장 내도 후 수출상 생산

⑧ 수출상이 보험회사에 보험가입

⑨ 수출상이 생산완료 후 선박회사에 선적예약(S/R 발송)

   * S/R : Shipping Request

⑩ 수출상의 물품 통관(세관) 후 선적

⑪ 선적완료 후 선박회사로부터 B/L수취

⑫ 수출상이 자신의 거래은행(매입은행)에 신용장 네고(nego)

⑬ 매입은행이 수출상에게 매입대금 지급

⑭ 매입은행이 개설은행으로 신용장 네고서류 발송

⑮ 개설은행이 수입상에게 서류도착 통지

⑯ 수입상이 개설은행에게 수입신용장 대금 입금

⑰ 개설은행이 결제은행에게 대금지급 지시

⑱ 결제은행이 매입은행으로 대금송금

⑲ 선박회사가 수입상에게 화물도착 통보

⑳ 수입상이 선박회사에게 B/L을 제시하고 선박회사는 수입상에게 D/O 발급

   ※ 신용장결제방식에 의한 가장 기본적인 수출입 절차임.

>> Question 02-13

무역업자가 알아야 할 기초 지식 - 무역상품과 운송방법

> **개요.** 무역업에 종사하려는 사람은 개인(SOHO, 소규모 자영업자)이든, 중소무역회사든, 종합무역상사든 규모의 대소를 불문하고 가장 중요하게 알아야 하는 것은 수출입 하고자 하는 상품에 대한 지식이다. 무역실무 담당자는 상품의 기능·품질·시장성 등에 대한 특성 및 장단점을 알고 있어야 한다.

무역외 담당자로써 상품의 중요성은 강조해도 지나치지 않다. **상품성**은 무형의 서비스 상품을 포함하여 해당 상품을 정확히 알고 있고 얼마나 잘 구현할 수 있는지에 대한 검토이다. 즉, 제품 및 서비스의 용도와 기능, 화학적 또는 물리적인 특징, 아울러 소비자 욕구와 필요성, 사용고객의 효익과 부가가치도 같이 검토하여야 한다.

무역거래에서 상품은 매도인으로부터 매수인의 방향으로 진행된다. 예를 들면 원유 등의 원료는 그 생산국에서 가공공장이 있는 수입국으로, 기계나 일반잡화 등의 제품은 제조국에서 소비국으로 이동한다.

무역업자가 제조업자인 경우에는 자사의 제품을 수출하면 되지만, 전문적으로 다른 회사제품을 해외시장 개척을 도와주는 무역회사인 경우에는 해외의 거래처로부터 조회를 받아야 한다. 만약 거래 홈페이지에 올려놓은 판매 오퍼를 보고, 이메일로 조회가 들어오면 그 상품의 제조업자를 찾아야 한다.

그리고 **시장성 분석**이다. 즉, 시장이 크고 매력적이어야 하며, 시간이 지남에 따라 커지기도 하고 줄어들기도 한다. 검토하려는 사업의 시장 규모가 크고 고객의 수가 증가하는 사업이 매력적인 사업이다. 이러한 시장에 상품을 운송하는 방법에는 해상운송, 항공운송, 육상운송 등이 있으며, 제품 특성에 적합한 운송수단을 이용하는 것이 중요하다. 운송 도중에 물품이 국경을 지나는 경우 수출입통관의 실무가 발생하게 된다.

1. **해상운송** : 일반적인 화물선 외에 컨테이너화 된 화물을 운반하는 컨테이너선이나 액체화물을 운반하는 탱커 등이 있다. 운송루트는 화물의 특성에 맞게 바다뿐만 아니라 하천이나 운하 등이 사용된다.

2. **항공운송** : 여객기와 화물전용기가 있다. 여객기의 동체 아랫부분의 공간에 화물을 적입하며, 화물전용기는 동체 전부를 화물공간으로 사용된다.

3. **육상운송** : 철도나 트럭이 사용되며, 컨테이너운송의 경우에는 컨테이너 그대로 트레일러로 견인하여 운송한다.

무역업자가 알아야 할 기초 지식 – 무역대금결제

> **[개요]** 무역에서 중요한 것은 무역결제대금을 받는 것이다. 결제대금은 매수인으로부터 매도인의 방향으로 진행되며, 통상 은행을 개입시켜 대금결제를 한다. 이렇듯 현금의 이동을 수반하지 않고 제3자인 금융기관을 중개자로 하여 자금을 이동하는 형태를 '환'이라 부르며, 수입국에서는 매수인의 은행에 대금을 지급하고 수출국에서는 매도인이 은행으로부터 대금을 수취한다.

무역대금결제는 크게 신용장(SWIFT에 의한 신용장 등)에 의한 대금 결제, CAD, COD, D/P(Documents against payment, 지급인도조건)m D/A(Documents against Acceptance, 인수인도조건), O/A(open account, 오픈 계정) TT(Telegraphic Transfer, 전신에 의한 송금 제도) 등의 대금결제 방법에 대한 지식을 지니고 있어야 한다. 이러한 대금결제는 수입국과 수출국의 은행간의 결제도 현금은 이동되지 않고 은행이 서로 보유하고 있는 구좌금액을 증감시켜서 결제한다.

1. **송금환(Bill of Remittance , 순환)** : 대금을 **지급하는** 측이 은행을 통해 송금하는 것을 말하며, 무역거래에서는 매수인이 수입지은행에 송금을 의뢰한다. 수입지은행은 수출지에 있는 은행과 결제를 하고, 매도인은 수출지은행으로부터 대금을 수취한다.

2. **추심환(Collection Exchange, 역환)** : 대금을 **수취하는** 측이 은행을 통해 대금을 추심하는 방법을 말하며, 매도인은 '**환어음(Clean Bill of Exchange)**' 이라 하는 **매수인에 대한 지급지시서**를 이용하여 수출지은행에 추심을 의뢰한다. 수출지은행은 환어음을 수입지은행에 보내고 매수인으로부터의 추심을 의뢰한다. 매수인으로부터의 추심이 완료되면 은행간의 결제가 이루어지고 수출지은행은 매도인에게 대금을 지급한다. 무역거래에서는 환어음에 선적서류를 첨부한 '화환어음'이 널리 사용되고 있다.

이 밖에 **전자상거래, 수출입계약, 무역거래조건(INCOTERMS 2010), 화물 이동(물류), 수출입 규제(비관세장벽·긴급수입제한조치·반덤핑관세)** 및 각국의 통관제도, FTA 등도 꼭 알아야 한다. 또한 상대국의 관습, 법률, 통신, 무역 관계, 국제 규칙 등도 중요한 실무 지식 분야이다.

또한 **전자상거래 무역**을 효과적으로 활용하기 위해서는 스마트폰, 전자통관시스템, 무역거래알선사이트 등 정보기술의 활용이 필수적이다. 전자카탈로그를 작성하고 수정하기 위해서 HTML을 어느정도 이해함으로 판매하고자 하는 상품을 온라인으로 등록할 수 있다.

그리고 해외 바이어의 관심을 끌기 위한 **이메일의 이용**을 활성화하여 해외 바이어와의 의사소통을 신속·정확하게 할 수 있는 **어학능력**을 갖추고 있어야 한다.

>> Question 02-15

무역업자가 알아야 할 기초 지식 – 서류들

> 개요 무역에서 중요한 것은 거래절차별로 사용되는 서류들을 이해하는 것이다. 서류들을 이해함으로 각 단계별 용도에 맞는 내용을 이해하고 업무를 진행할 수 있다.

서류는 기본적으로 매도인으로부터 매수인의 방향으로 진행되며, 물품이나 대금의 각 단계별 용도에 맞게 작성된다. 주요 서류로는 매수인에 대한 대금청구나 선적에 대해 상세히 기재한 송장, 선적의 증거서류인 선하증권(B/L) 등을 들 수 있으며, 이들 서류는 매도인이 매수인에게 직접 송부하기도 하고 은행을 경유하여 송부하기도 한다.

1. **서류의 기능** : 무역 거래는 대부분은 서면으로 이루어지는데 그 목적은 권리나 지시, 인허가, 증명, 확인, 통지, 보증 등 여러 가지가 있다. 예를 들면 매도인이 계약상의 물품을 선적한 것을 증명하는 일련의 서류를 '선적서류'라 하는데, 선적서류에 있어 중요한 '선하증권(B/L)'은 선적된 화물의 인도청구권을 가진 유가증권이다. 소유권을 매도인으로부터 매수인에게 이전할 때 사용된다.

2. **선적서류의 기능** : 선적서류는 매도인이 매수인에게 직접 혹은 은행을 경유하여 송부한다. 은행을 경유하여 **화환어음**과 함께 송부된 경우 매수인은 은행에 어음결제를 한 후에 받은 선적서류로 화물을 인수한다. 운송서류라고도 불리는 선적서류는 대금결제의 도구로써 화물을 대신하여 유통되는 기능을 가진다.

선적서류는 SALES CONTRACT(매매계약서), B/L(BILL OF LADING·선하증권), COMMERCIAL INVOICE(상업송장), PACKING LIST(포장명세서)가 기본서류를 구성하고, 기타 제품의 통관 특성상 요구되는 원산지 증명서, 검역위생증 등의 서류가 있다.

매매계약서는 무역 양 당사자가 작성하는 것이고, INVOICE(송장), PACKING LIST는 수출자가 수출화물을 수입자에게 선적하면서 매매계약서를 근거로 작성하며, 선사는 이를 근거로 B/L을 발급한다. 수출자는 위 서류들을 수입자에게 발송하며, 수입자는 INVOICE를 근거로 수입대금을 수출자에게 송금해 선하증권의 권리를 양도받고, B/L, INVOICE와 PACKING LIST를 근거로 세관에 수입신고를 한다. COMMERCIAL INVOICE에는 매매계약 내용 중에 제품명, 대금결제, 품질, 수량, 가격, 선적, 보험 등에 관한 조건들이, PACKING LIST에는 화물포장, 중량, 포장수량 등이 기재된다

무역업자가 알아야 할 기초 지식 – 무역거래 당사자

> 개요 무역거래의 당사자는 물품을 판매하는 매도인과 물품을 구입하는 매수인이다. 무역 노하우가 풍부한 상사가 당사가 되어 계약을 체결하는 것이 대세지만, 최근에는 생산자와 제조자사 직접 해외의 거래처와 매매계약을 체결하는 경우도 많다.

무역거래 당사자를 운송업자의 입장에서 보면 수출자에서 화물의 선적을 하는 매도인을 '화주(shipper)'라고 부르며, 화물을 인수하는 매수인을 '수화주(consignee)'라고 한다. 일반적으로 **매도인과 화주, 수출자**는 동일하며, **매수인과 수화주, 수입자**는 동일하다.

계약상의 '본인'은 무역거래 계약의 의무와 책임을 부담하는 계약당사자를 말하며, 매매로 발생하는 이익이나 손실이 본인에게 귀속된다. 즉, 매도인과 매수인이 계약상의 본인에 해당한다. 계약상의 '대리인'은 본인의 위탁을 받아 매매행위를 하는 대리점 등을 말한다. 대리인은 매매의 리스크는 부담하지 않고 계약상의 본인으로부터 위탁료를 받는다.

무역거래를 할 때는 계약을 체결하는 당사자가 누구인지가 매우 중요하다. 누가 계약상의 의무와 책임을 지는지 **반드시 확인해야 한다.**

〈무역거래의 기본 당사자〉

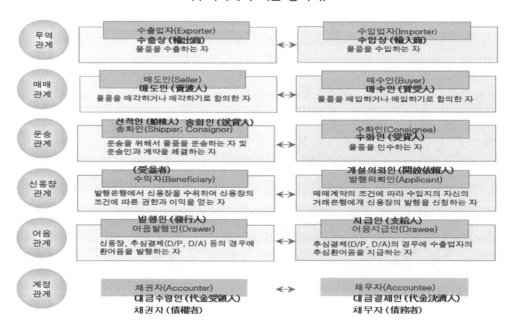

>> Question 02 − 17

무역업자가 알아야 할 기초 지식 – 운송 당사자

> 개요 무역거래에서 상품을 운반하는 유형에 따라 운송당사자들의 역할이 중요하다. 해상운송은 해상운송업자, 항공은 항공운송업자, 육상은 육상운송업자, 복합운송은 복합운송인, 복합운송주선인에 대한 이해가 필요하다.

해상운송업자란 자기 소유의 선박으로 운항하여 수송을 담당하는 선박회사를 말한다. 무역거래에 사용되는 선박의 종류는 매우 다양하며 화물의 성질이나 상태, 거래량에 맞는 적합한 선박을 선정한다. 고체를 운반하는 선박에는 일반화물선, 벌크화물선, 컨테이너선, RORO선(Roll On – Roll off), 페리선과 같이 램프웨이가 있는 화물선 등이 있으며, 액체를 운반하는 선박에는 원유탱커, LPG탱커(액화석유가스 수송선), LNG탱커(액화천연가스 수송선) 등이 있다.

항공운송업자에는 항공회사 외에도 소량의 화물을 모아 운송하는 혼재업자가 있다. 사용되는 항공기는 여객기와 화물전용기가 있다.

육상운송에는 철도회사나 트럭운송회사가 있으며, 화차나 트럭을 이용해 내륙지점간을 운송한다. 해상이나 항공 운송과 연계하여 창고나 공장까지 일괄운송수단으로 이용하며, 일괄운송을 담당하는 '복합운송인'이 있다.

>> Question 02 − 18

무역업자가 알아야 할 기초 지식 – 통관 당사자

> 개요 세관의 역할은 질서 있는 무역관리에 있다. 주 업무인 수출입화물의 통관뿐만 아니라 수입화물에 대한 관세 및 소비세 징수, 보세 지역 관리 감독, 밀수단속, 무역통계작성 등의 업무를 하고 있다.

통관업자는 수출입화물의 세관신고 수속을 대행하여, 관세법에 기초하여 관할세관장의 허가를 취득해야 한다. 수출입신고는 수출입업자가 직접 하기도 하지만, 통상적으로는 관세사가 있는 통관업자에게 대행을 의뢰한다. 항만지역에서의 하역이나 운송을 담당하는 해상화물업자의 대부분은 통관 수속은 물론 종합적으로 의뢰받아 처리하고 있다.

무역업자가 알아야 할 기초 지식 - 결제와 보험당사자

개요 무역에서 은행은 자금의 흐름이나 조달을 원활하게 하는 역할을 담당한다. 예를 들면 물품 대금의 송금·추심 등의 대금결제 업무와 물품 대금의 지급을 보증하는 신용장 발행 등의 업무가 있다.

수출입상대국에 해외지점이 없는 경우에는 결제 업무나 신용장 송부 등의 외국환 업무를 상대국의 은행에 위탁한다. 이 계약을 '**코레스계약**'이라 하며, 상대 거래처 은행을 '**코레스은행**'이라 한다. 거의 모든 국내 은행이 세계 각국의 은행과 코레스계약을 맺고 있다.

무역거래 진행 중 화물사고에 의한 손해나 제품 결함에 따른 배상책임 보상을 목적으로 **손해보험회사** 등이 보험 업무를 진행하고 있다.

화물보험에는 운송 중 사고로 물품에 손해를 입었을 경우에 이를 보상하는 '**해상적하보험**'이 있으며, 배상책임보험에는 제품 결함이 원인으로 사고가 발생한 경우 소송의 손해를 보상하는 '**PL(제조물배상책임)보험**'이 있다.

대금보험에는 매수인으로 부터 대금을 받지 못했을 경우와 환차손에 의한 손해를 보상하는 '**무역보험**'등이 있다. 무역보험에는 수출보험, 수입보험, 환변동 보험 등 수출입을 지원하기 위한 장단기 보험종류가 다양하다.

〈수출입 화물에 관한 기본적인 약어〉

FCL	Full Container Load	컨테이너 단위의 큰 화물
LCL	Less Than container Load	컨테이너에 여러 소량의 화물을 혼적하는 것
CY	Container Yard	컨테이너 야드
CFS	Container Freight Station	선박회사나 그 대리점이 선적할 화물을 화주로부터 인수하거나 양륙된 화물을 화주에게 인도하기 위해 지정한 장소

▶ 용어설명

컨테이너 야드(CY, Container Yard)란 선박회사 또는 그 대리점이 화주가 화물을 내재(內在)한 컨테이너를 선적하기 위해 화주로부터 컨테이너를 인수하거나, 양륙된 컨테이너를 화물이 적재된 채로 화주에게 인도해주기 위해 지정된 장소를 말한다. 그리고 빈 컨테이너를 집결하여 장치 보관하는 장소와 동일하며 선적항의 항계 내에 위치해 있는 보세장치이다.

>> Question 02-20
무역거래에 사용되는 중요한 서류들

영 어	한국어	약 어
Invoice	인보이스(송장)	I/V
Bill of Lading	선하증권	B/L
Insurance Policy	보험증권	I/P
Letter of Credit	신용장	L/C
Bill of Exchange	환어음	B/E
Purchase Note*	구매발주서	P/N
Packing List	포장명세서	P/L
Export Declaration	수출신고서	E/D
Import Declaration	수입신고서	I/D
Air Waybill	항공화물 운송장	AWB
Letter of Guarantee	보증서	L/G
Dock Receipt	화물수취서	D/R
Delivery Order	화물인도지시서	D/O
Shipping Order	선적지시서	S/O
Arrival Notice	화물도착안내	A/N
Shipping Advice	선적의 통지	S/A
Certificate of Origin	원산지 증명	C/O
Container Load Plan	컨테이너 명세서	CLP
Export License	수출승인서	E/L
Import Licence	수입승인서	I/L
Letter of Indemnity	파손화물보상장	L/I
Shipping Instructions	선적의뢰서	S/I
Mate's Receipt	본선수취서	M/R

* 우리나라에서는 Purchase Order(P/O)라고 말한다.

위에 제시된 표는 무역거래에 사용되는 주요 서류의 일람표이다. 앞으로 무역거래의 흐름을 이해하는 데 위의 서류가 등장하므로 이들 서류를 누가 작성하고 어떻게 흘러가는지 꼭 확인하여야 한다.

요약

- 무역의 정의
  - 대외무역법상 : 수출(국내에서 외국으로, 외국에서 외국으로 물품의 이동), 수입(매매, 교환, 증여, 사용대차, 임대차의 목적으로 물품을 외국에서 들여오는 행위나 유상으로 외국에서 외국으로 물품의 이동이 일어나는 경우 모두를 포괄)
  - 관세법상 : 외국물품이 내국물품화 되는 것이 수입이고 내국물품이 외국물품화 되는 것이 수출이다.
- 국민경제생활에서 무역이 차지하는 비중을 무역의존도(dependence on foreign trade)라고 한다. 통상적으로 무역의존도를 계산할 때에는 그 나라의 무역총액(수출액+수입액)을 GDP로 나누어서 계산한다.
- 해외거래선 확보와 수출입 계약체결 과정은 해외시장조사 ➜ 거래선 명단 입수 ➜ 자기소개서 발송 ➜ 물품에 대한 문의/답신 ➜ 신용조사 ➜ 거래제의 ➜ 청약 및 주문 ➜ 반대청약 ➜ 계약체결 등의 절차로 진행된다.
- 수출절차 : 매매계약의 체결 ➜ 신용장의 내도 ➜ 수출승인 ➜ 수출물품의 확보 ➜ 수출통관 ➜ 물품의 선적과 해상보험 ➜ 수출대금의 회수 ➜ 관세환급 및 사후관리
- 수입절차 : 수입계약의 체결과 수입승인 및 수입신용장 개설 ➜ 선적서류의 도착 및 대금결제 ➜ 수입통관 ➜ 사후관리

 용어

- 무역
- 무역의존도
- 상계무역
- 해외신용조사

- 수출
- 중계무역
- 수탁가공무역
- 운송당사자

- 수입
- 중개무역
- 해외시장조사
- 통관당사자

 설명문제

1. 무역의 정의를 대외무역법과 관세법상의 기준으로 설명하시오.
2. 수출의 필요성에 대하여 논하시오.
3. 수출입 절차에 대하여 설명하시오.
4. 무역거래의 기본당사자에 대하여 설명하시오.

PART
03

무역마케팅

무역마케팅

> **개요** 무역마케팅은 해외시장 조사를 통하며 아이템을 발굴하거나 특정품목을 구입할 의사가 있는 바이어를 발굴하고 신용조사를 하여 매매계약을 체결하고 해당 수출제품을 확보하여 선적한 후 대금을 회수하는 일련의 절차를 의미한다.

협의의 의미로는 수출 유망 아이템을 발굴하는 동시에 바이어를 찾아 계약을 맺을 때까지의 단계만을 무역마케팅으로 지칭하지만 광의로는 계약 후 진행되는 제품의 직접 생산이나 로컬 제품확보, 선적, 대금회수, 클레임과 사후관리 등을 포함한다.

또한 마케팅을 단순히 판다는 것으로만 국한하지 않고 회사와 제품의 경쟁력 향상을 위해 필요한 원·부자재 등을 가장 효율적으로 구입하기 위한 행위도 넓은 의미의 마케팅에 포함시켜 구매마케팅이라는 용어를 사용하는 것이 업계의 현실이다. 최근에는 구매시스템을 인터넷 입찰로 전환하여 원가절감은 물론 양질의 제품을 신속히 구입하여 경쟁력 향상을 도모하는 기업들이 늘고 있다.

이와 함께 기존처럼 단순히 제품만을 대상으로 하지 않고 기술, 소프트웨어, 용역 등 서비스 분야와 무형제품으로 마케팅 영역을 확대하고 있어 마케팅의 거래대상과 방식이 복잡하고 다양화되고 있다.

따라서 무역마케팅은 접근하는 방향에 따라 매우 다양하게 정의되고 있어 통일된 의미로 사용되는 것은 아니지만 다음과 같은 공통점이 있다.

첫째, **국제적인 비즈니스를 전제**로 한다. 항상 국적이 다른 거래상대방을 전제로 하기 때문에 문화와 제도적 차이를 극복해야 하는 과제를 안고 있다.

둘째, **대부분 유상거래**다. 특정국간 무역수지의 균형을 위해 연계무역이라는 수단을 동원하여 금전적 가치가 동일한 제품을 서로 교환하기도 하지만 대부분 일방이 금전적인 대가를 얻기 위해 결제가 일어난다.

셋째, 국내 거래와 마찬가지로 **반드시 거래상대방이 따로 있으며 양측이 합의**해야만 거래가 성사되는 낙성거래다.

넷째, **달러 등 외국통화를 통해 결제**한다. 따라서 항상 환리스크에 노출되어 있으며 자국통화로 환산된 수출입 가격과 달리 환율의 변동에 따라 거래당사자의 수익과 손실이 결정된다. 원화 가치의 변동으로 제품의 가격이 천당과 지옥을 오가기도 하며 흑자수출이 적자로 전환되기도 한다.

>> Question 03-2
무역마케팅의 진행 절차

> 개요 수입 시에 국내시장을 조사하는 것을 '수입마케팅', 수출 시 상대국시장을 조사하는 것을 '수출 마케팅'이라 한다. 수입마케팅에서 주로 조사하는 항목은 법규제, 국내시장의 규모, 소비자 동향, 경합제품 등으로, 이러한 사항들을 조사한 후에 수입품의 유통경로나 가격설정을 한다. 수출마케팅에서는 상대국의 풍토나 기후, 정치 및 법제도, 경제와 금융제도, 유통 및 통신 등의 기본적인 정보뿐만 아니라 각 지역의 시장, 수출물품의 경합제품, 판매루트 등 물품의 판매전략을 고려한 정보를 폭넓게 수집하여 가격을 설정한다.

무역마케팅의 첫 단계인 해외시장 조사는 바이어와 아이템 발굴이라는 기본적인 내용 외에 **해당국가의 결제동향, 무역관리제도, 시장특성과 유통구조, 항만 및 통신시설, 기후 등을 광범위하게 알아보는 것**을 말한다. 해외시장을 개척할 때 단순하게 시장조사를 하여 낭패를 본 기업이 있다. 가습기를 만드는 중소기업 있는데 대만에 아파트가 많다는 이유로 가습기를 들고 대만시장에 발을 들여 높은 기업이었다. 아파트 등 소형 주거공간이 있으면 습기가 없어 가습기가 필수적이라는 생각이 지배적이었다, 그러나 상황은 완전히 다르게 나타났다. 이유는 대만은 습기가 많은 기후 탓에 가습기가 아닌 제습기가 필요하였던 것이다. 이러한 경우가 해외시장을 자세히 조사하지 않고 평범하게 일반적인 조사를 함으로써 시장개척에 실패한 부분이다. 이에 시장조사를 할 경우는 일반적인정보와 상품특유의 정보까지도 확보하여야한다. **일반적인 정보**는 지리, 문화, 사회, 정치, 경제, 법제도, 금융, 외환, 통상정책, 유통, 물류, 통신 등을 조사하여야 하며, **상품특유의 정보**는 소비자, 공급자, 시장, 수급정보, 제품, 가격, 경쟁제품, 구입 판매조건 등을 조사하여야 한다.

이에 따라 시장조사가 마무리되면 보다 구체적으로 바이어를 발굴하기 위한 기초조사를 진행하게 되는데 그 수단으로는 **무역거래알선사이트 활용, 카탈로그(종이와 전자매체), CD롬 등 자체 홍보물, 국내외 광고매체, 수출입 유관기관 방문, 사절단 및 전시회참가, 해외출장** 등을 손꼽을 수 있다.

최근처럼 인터넷을 통해 특정국가나 아이템에 대한 시장조사를 진행할 수도 있다. 이처럼 인터넷 등을 이용한 **간접적인 시장조사 방식**은 비용이 적게 들어간다는 장점이 있는 반면 신뢰도가 낮을 수도 있다. 이를 방법을 통해 바이어 명단을 입수하고 거래성사 가능성이 높은 기업들을 대상으로 비즈니스 **거래제안서(C/L)**를 발송한 후 관심을 보인 기업과 단가와 선적일자들에 대한 기초협상을 진행한다.

인터넷을 이용한 수출마케팅의 특징

> **개요** 인터넷을 이용한 수출시장개척과 기업의 경쟁력을 제고하는 방법은 오늘날 해외시장개척 방법에 필수적인 부분이다. 중소기업 입장에서 인터넷을 활용한 수출마케팅은 제품, 가격, 유통, 촉진 전략을 중심으로 활용되고 있으며, 잠재고객 관리, 홍보효과의 극대화, 비용절감, 조직의 효율화, 신규사업진출에 따른 전략 활용 등 다양한 목적으로 이용되고 있다. 이러한 마케팅환경 분석이 중소기업의 수출성과를 제고하기 위해서는 인터넷을 활용한 마케팅 전략 수립과 바이어별로 차별화된 서비스와 맞춤형제품이 공급되어야 한다.

인터넷을 이용한 수출 마케팅은 몇 가지의 특징을 갖고 있다. 첫째, **시간적·공간적 제약이 없다는 점**이다. 인터넷은 개방형 네트워크이기 때문에 인터넷을 할 수 있는 환경만 갖추어져 있다면 전세계 어디에서나 24시간 언제든지 접속이 가능해지므로 인터넷을 활용하여 수출 마케팅이 가능하다는 것이다.

둘째, **표적집단에 대한 접근이 용이**하며, 매우 세분화된 시장을 표적으로 할 수 있고, 개인 맞춤형으로 시장세분화가 가능함으로써 **차별화된 고객관리**를 하는 데 편리하다.

셋째, **비용이 절약**된다. 전통적인 수출마케팅을 진행하기 위해서는 해외시장에 대한 조사와 거래기업의 신용조사 등에 들어가는 비용과 바이어와의 접촉을 위해 사용된 커뮤니케이션 비용의 비중이 컸다. 그러나 인터넷을 이용하면 양질의 해외시장 정보와 기업의 신용정보를 저렴하게 획득할 수 있으며, E-mail과 화상통화 등을 이용하여 거래선과의 커뮤니케이션 비용을 획기적으로 줄일 수가 있다.

넷째, **쌍방향 커뮤니케이션이 가능**하다는 것이다. 온라인 채팅이나, 토론그룹, SNS, 사이트 게시판을 통해 바이어의 욕구가 무엇인지 자사의 신뢰도나 시장의 동향에 대해서 거래 당사자들끼리의 대화가 가능해 지며 제품에 대한 불만, 기업에 대한 불만 등에 대한 견해도 쉽게 수집할 수가 있다.

다섯째, **광고비가 저렴**하다. 인터넷의 웹사이트는 회선사용료만 부담하면 되므로 자사의 제품에 대한 광고를 매우 저렴한 비용으로 진행할 수가 있다. 또한 무역관련 거래, 지원 사이트 등록하는 배너 광고, SNS, 유튜브, 자사 사이트 링크된 다양한 인터넷 채널을 활용할 수 있다 이것은 기존의 4대매체 신문, TV, 라디오, 잡지에 비하여 저렴한 비용으로 사용할 수 있어 효과적인 측면에서 뛰어나다고 볼 수 있다.

인터넷을 활용한 수출마케팅의 활용범위

> 개요 **수출마케팅은 인터넷을 통해 Buyer와 seller 모두에게** 시장경험을 촉진하는 다양한 기능을 **가지고 있으며,** 광범위한 시장영역을 제공하여 **새로운 거래 채널을 확보하여 자동화된 거래처리 및 정보제공 등의 역할을 수행한다.**
> 수출마케팅의 기능은 고유한 판매활동과 수요의 창출, 바이어의 선정 및 관리, 구매에 관한 조언 등이 있고, 수출마케팅의 범위는 거래선 발굴에서부터 판매, 사후관리까지 매우 범위가 넓다고 할 수 있다.

인터넷이 무역에서 가상수출채널로서 수행하는 **무역업무의 범위**는 첫째, **거래처를 선정하는 작업**이다. 거래처 선정을 위해서는 기초적인 것부터 시장 상황까지 아주 상세한 해외시장 조사가 이루어진다. 기존의 무역거래에서 거래처를 선정하는 것보다 매우 간편하고 효율적으로 거래처를 선정할 수 있다.

둘째, 인터넷을 이용한 해외시장조사는 기존에 무역을 할 때 진행했던 해외시장조사보다 **쉽고 세밀하게 시장조사**를 할 수 있다.

넷째, 거래처를 선정할 때 **구매권유를 위한 권유장(C/L)을 발송**하게 된다. 스마트 무역의 경우 권유장은 발송은 e메일 등을 이용한다.

인터넷을 이용한 거래선 발굴 방법 중에 가장 많이 알려진 것이 거래알선 사이트를 이용하는 것이다. **거래알선 사이트(e-MP)**는 인터넷 상에 가상의 거래 공간을 만들어 놓고 그곳을 이용하여 구매자 혹은 판매자가 자신이 판매하고자 하는 제품의 오퍼(**Selling offer**) 또는 구매자가 자신이 구매하고자 하는 제품의 오퍼(**Buying offer**)를 등록하고 그 오퍼에 관심이 있는 거래 대상을 직접적으로 연결시켜준다.

다섯째, **Inquiry(문의)를 받게 되는 경우**를 대비하여 **권유장(C/L)**을 보낼 때 자사의 웹 주소와 이메일 주소를 기재하는 것은 필수적인 사항이다.

여섯째, **오퍼나 승낙을 진행**할 수 있다. 인터넷을 통한 신용조회를 마친 경우 인콰이어리(문의)에 대한 오퍼를 e메일로 하게 된다. 오퍼에 대하여 상대편에서 e메일로 승낙이 이루어지면 매매계약이 성립하게 된다.

일곱째, **사후관리**과정이다. 인터넷을 이용한 매매계약은 아주 신속하게 이루어지는 속성이 있다. 이와 같은 방법으로 인터넷을 이용하면 무역매매 계약까지 걸리는 시간과 비용이 매우 절감된다. 이러한 채널을 활용하는 것이 스마트무역에서 **수출마케팅의 활동범위**라고 본다.

>> Question 03-5
무역거래시 마케팅의 중요 요소

> **개요** 무역거래를 원활하게 진행하기 위하여 준비해야 할 것을 준비하지 않으면 절대 성공할 수
> 없다. 이에 준비된 자만이 살 수 있다라는 말처럼 겉으로만 보이는 현상만을 보며 희망과 의지를 불태
> 우는 일이 없어야 한다. 무역은 오직 피와 땀, 눈물 등의 노력으로 이루어지 것이다. 이에 성공적인
> 무역거래를 위해서는 상품에 대한지식, 상대방을 설득할 수 있는 지식, 비즈니스 전반에 대하여 관리
> 할 수 있는 능력이 있어야 한다.

마케팅의 요소는 대략적으로 상품력, 영업력, 관리력, 정보력의 4가지 항목으로 대별될 수 있으며, 4가지 요소가 잘 조합되고 유기적으로 연동하여 강한 추진력을 발휘할 때 시장경쟁에서 우월적인 지위를 유지 할 수 있다.

첫째, **상품력**은 성능, 디자인, 가격, 브랜드, 품질, 용도 상품 수요의 일치 정도, 경쟁상품과의 차별성 등이 주요한 평가 요소이며, 고객은 이들을 조합하여 상품을 평가하는 것이다.

둘째, **영업력**은 상품과 서비스를 고객에게 판매하기 위하여 전개하는 광고 홍보, 유통 촉진 그리고 거래시 제공되는 제반 서비스 능력을 말한다. 해외 시장에서 상품을 파는 수출 역시 수출 담당자가 현지 시장을 조사 분석하여 시장의 요구를 생산에 잘 반영 시켜야 한다.

셋째, **관리력**은 모든 판매활동에 있어 관리부문은 중요하게 작용하고 있다. 예를 들면 제조 및 개발에 필요한 인력을 적시에 지원하는 것, 재료 및 부품을 저렴하고 신속하게 조달하는 구매관리 등 결국 상품의 품질과 판매능력을 뒷받침하는 관리력에 있다.

많은 수출기업들이 오더를 받는 데만 급급하고 그 이후 문제를 철저히 파악하지 못하여 어렵게 확보한 오더를 망치는 경우를 많이 볼 수 있다. 오더를 받는 것이 문제가 아니라 아무리 작은 오더라도 철저히 관리하여 바이어가 원하는 품질의 제품을 납기 내에 선적하는 것이 장기적인 비즈니스 관계를 설정하는 길이다.

넷째, **정보력**은 현재의 4차산업혁명 시대에 정보는 대단히 중요한 기능을 한다. 특히 기업이 성장하고 급변하는 환경에서 살아남기 위해서는 보유 정보의 양과 활용 능력에 따라 기업의 발전 가능성이 좌우된다. 수출은 원거리 시장을 상대로 하기 때문에 신속하고 정확한 정보수집 및 적절한 활용은 성공을 결정짓는 중요한 요소 중 하나이다.

>> Question 03-6
무역거래시 마케팅 담당자가 지녀야 할 3가지 요소

> **개요** 무역거래를 할 때는 마케팅 담당자들은 강인한 정신력을 바탕으로 자신만의 장점과 독특한 가치를 바탕으로 스스로의 방식을 만들어 나가야 한다. 즉 열정적인 자세를 바탕으로 상대방을 이해하고 배려할 수 있는 자세가 있어야 하며, 무엇보다도 경쟁자들보다 차별화된 전략이 있어야 성공할 수 있다.

1. passion

마케팅 담당자는 자신이 담당하고 있는 업무에 대한 열정을 가져야 한다. 특히 무역업에 종사하는 사람들은 무역행위를 생활을 영위하기 위한 하나의 직업으로만 생각해서는 안 된다. 프로근성을 가지고 자신의 일에 몰입하여야 한다. 무역은 국내가 아닌 원거리의 외국사람들과 거래하는 것이기 때문에 국내거래보다 더 많은 노력이 요구된다. 현지 어학능력, 상관습의 이해, 국제매너, 정교한 오더 진행능력 등이 필수적이다.

2. Consideration

국제간의 무역행위는 결국 상대 거래선에 대한 서비스라고 생각한다. 특히 수출의 경우는 수입상에 대한 충분한 서비스가 이루어져야 한다. 이것이 상대를 위한 배려이다. 진정 그들이 원하는 것이 무엇인지 한 발 앞서서 생각하고 행동하는 자세가 중요하다. 수출에 있어서 제품의 품질과 가격이 제일 먼저 고려되는 사항이라면 상대방에 대한 배려는 이에 못지 않게 중요한 요소가 된다. 특히 장기적인 거래관계를 위해서는 상대에 대한 배려가 절실히 요구된다.

3. Differentiation

마케팅 담당자에게 있어서 차별화는 먼저 자사의 제품이 경쟁사 제품과 성능, 디자인 등과 같은 면에서 차별화 되어야 하며 둘째는 담당자 자신의 업무적인 면에 있어서 남과 차별화 되어야 한다. 업무 차별화란 남과 다른 독특한 오더 진행기법이 될 수 있을 것이다. 충분한 훈련이 된 담당자에게는 시간이 지날수록 거래 상대방은 수출기업 그 자체보다는 담당자의 이름만을 머리 속에 생각하게 될 것이며 이런 사람은 어디를 가든지 바이어를 몰고 다니는 사람이 될 수 있다.

무역거래알선사이트의 효과

> **개요** 무역거래알선사이트는 경제적이면서도 효율적이라는 점에서 현재 활발히 이용되고 있다. 거래알선사이트는 인터넷상에서 무역거래의 활성화를 위해서 바이어와 셀러를 연결시켜주어 국제간의 제품거래를 증진시켜주는 역할을 수행하고 있다.

이러한 거래알선 사이트는 다음과 같은 효과를 얻을 수 있다.

첫째, **비용절감**이다. 인터넷 거래 알선사이트를 이용할 경우 가장 큰 혜택은 비용 절감 효과이다. 인터넷 거래 알선 사이트를 이용하여 무역 계약을 체결할 경우 기존의 무역방식을 이용한 방법과 비교하여 상당한 비용 절감 효과를 거둘 수 있다. 비용절감 항목은 기존의 무역방식을 통하여 거래 상대방을 찾기 위해 직접 권유장을 작성하여 다수의 미지 고객들에게 우편이나 팩스를 통한 서류 송부비용, 그러한 작업에 소요되는 인건비, 그리고 거래 성사 가능성이 저조한 다수의 잠재 거래처로부터의 샘플 송부 요청시 송부 비용 및 샘플 자체 비용 등이 있다.

둘째, **시간단축**이다. 무역거래알선 사이트를 이용하여 무역매매 계약의 성립에 소요되는 시간을 단축시킬 수 있다. 이는 소비자들과 즉각적인 상호작용과 주문이 가능할 수 있기 때문에 기존의 무역 매매 방식에 비하여 시간을 월등히 절약할 수 있다.

셋째, **잠재고객의 창출**이다. 거래알선 사이트는 중소 무역업체가 전 세계를 대상으로 글로벌 마케팅을 할 수 있게 만들어 준다. 기존의 무역 매매 방식은 거래 상대방이 국한되어 있다. 왜냐하면 거래 상대방에게 송부되는 권유장의 송부비용으로 인하여 송부할 상대방을 국한시킬 수밖에 없었지만, 거래 알선 사이트에 한번 등록을 해두면 언제든지 다시 볼 수 있고 세계 어느 곳에서도 인터넷을 통해 접속하여 열람해 볼 수 있기 때문에 잠재적인 고객수가 증가되고 지속적인 광고 효과를 거둘 수가 있다.

넷째, **중소 무역업체의 국제화가 보다 쉽게 이루어질 수 있다는 점**이다. 거래알선 사이트를 이용한 거래는 기업의 크기나 유명도보다 어떤 기업이 소비자의 욕구를 얼마나 충실히 반영해 주는가가 중요한 요소이므로 양질의 제품과 서비스 능력만 갖추고 있다면 어느 기업이라도 국제적 수준의 기업이 될 수 있다.

코트라 www.kotra.or.kr	코트라의 수출지원 사업을 통하여 거래선을 발굴할 수 있으며, 유망시장관련정보와 무료로 해외기업정보를 검색할 수 있다.

Question 03-8
국내의 대표적인 무역거래알선사이트

> 개요 수출업체는 무역거래알선 사이트를 통해 자사의 회사정보 및 제품정보를 전 세계 바이어에게 알리고 동시에 웹사이트에 등록되어 있는 오퍼정보 검색을 통해 거래선을 발굴하고 있다.

국내에서는 무역협회 kmall24, EC21, ECPLAZA, KOTRA의 Buykorea, 중소기업진흥공단의 GoBIZkorea 등의 전문업체들이 국내에서 적극적으로 활동하고 있다.

운영기관, 홈페이지		주요 내용
국내 거래알선 사이트	EC21 www.ec21.com	한국무역협회에서 분사하여 거래알선, 주문까지 대금지급까지 무역의 전과정을 온라인으로 지원하기 위해 삼성물산, 현대화재 등 국내업체와 중국 기업연합회 등과 제휴를 맺고 있음
	ECPlaza www.ecplaza.net	한국무역정보통신에 분사하여 글로벌 B2B 마켓플레이스, 오퍼등록 검색, 전자카탈로그, 기업정보, 신용조사, 수출입대행 및 XML-EDI방식에 의한 전자무역 서비스도 제공
	Buykorea www.buykorea.org	우리나라 제조/공급업체를 전세계 바이어와 연결해주기 위해 KOTRA가 운영하는 글로벌 B2B e-마켓플레이스 임. 한국 상품의 해외홍보, 해외 구매정보 중개는 물론이고 국내 B2B e-마켓플레이스 최초로 온라인 거래 대금결제, EMS 국제 배송 할인 서비스를 도입하는 등 우리나라 중소기업의 수출을 위한 원스탑 온라인 수출마케팅 솔루션을 제공하고 있음
	무역협회 www.kmall24.com	Kmall24는 한국무역협회에서 운영하는 해외판매 전용 온라인 쇼핑몰이며, 현재 영/중 쇼핑몰 및 아마존, 이베이 등 글로벌 쇼핑몰을 통해 전세계 판매 중이며, 국내 기업의 온라인 수출 확대를 지원하고 우수한 한국 상품을 해외에 알리고 있음
	무역협회 www.tradekorea.com	한국무역협회 회원사의 온라인 글로벌 시장 개척을 지원하고 국내 수출 중소기업과 해외기업과의 거래를 활성화하기 위한 e-Marketplace이며, 글로벌 무역의 e-비즈니스 시대를 선도하고 있음
	중소기업진흥공단 http://kr.gobizkorea.com/	국내 글로벌 대중소 쇼핑몰 기반 중소기업의 해외시장 진출지원 및 수출 경쟁력 강화, GobizKOREA는 국제 바이어와 한국 공급업체를 연결하는 글로벌 B2B 전자마켓플레이스임. 고비즈코리아는 지원제품 검색, 온라인 거래(PayPal, T/T), 출하(EMS, DHL)등이며, GobizKOREA는 한국 무역 회사와 판매자 및 해외 바이어에게 가장 신뢰할 수 있는 온라인 플랫폼

63

Question 03-9

해외의 주요 무역거래알선 사이트 및 쇼핑몰

> **개요** 해외 민간기업들의 경우, 디렉토리 및 검색 서비스를 기본적으로 제공하고 있는 것은 물론 웹사이트 상에서 실제 거래가 이루어지고 대금 결제가 가능한 수준까지 고도의 서비스를 제공하고 있다.

해외 주요 무역거래 알선사이트는 Global Sources, 알리바바, Tmall 등의 유명 해외 무역포탈 사이트들은 이용하기 쉽다는 평가와 함께 특정국내 서비스를 벗어나 글로벌 서비스를 제공하고 있다. 또한 무역거래알선 사이트에서는 인콰이어리, 상품카탈로그 및 기업 디렉토리정보를 검색하거나 자사의 정보를 등록할 수 있으며, 오퍼타입(Buy/Sell)별, 품목별 및 업체명 등 다양한 형태로 검색할 수 있다.

	운영기관 홈페이지	주요 내용
해외의 거래알선 사이트	Global-sources www.globalsources.com	25년간 아시아지역의 수출입경험과 정보를 바탕으로 제품, 오퍼 및 기업 디렉토리 검색을 세분화하여 검색기능을 강화하였으며, 재고제품의 경매 서비스 등도 제공하고 있다.
	ALIBABA www.alibaba.com	인터내셔날·중국·중화권 등 3개의 사이트를 중심으로 한 세계적인 기업 간(B2B)전자상거래 업체로서, 오퍼등록 검색, 뉴스, 업체 현황 등에 관한 정보를 제공해 주고 있다.
	www.diytrade.com	세계에서 유명한 B2B온라인 거래플랫폼으로 카테고리별 5백만개 이상의 제품정보를 제공한다.
	www.all.biz	세계26개 언어를 지원하고 카테고리별 무역정보와 국제시장 정보를 제공하고 있다.
	www.tradeb2b.net	글로벌 B2B마켓 플레이스디렉토리 사이트로 무역 B2B웹사이트 등의 정보를 제공하고 있다.
	동남아·아시아 www.qoo10.com	일본, 싱가포르, 인도네시아, 말레이시아, 중국, 홍콩의 6개 지역에 인터넷 쇼핑몰을 운영하고 있다.
	동남아 www.lazada.com	2012년 3월에 판매 개시한 LAZADA는 동남아시아 최고 온라인 쇼핑몰로서 인도네시아 말레이시아 필리핀 싱가폴 태국 및 베트남을 대상으로 활동 중이다. 또한 홍콩, 한국, 영국 및 러시아에도 마켓플레이스 오피스가 위치하고 있다.

>> Question 03 - 10

기업정보를 검색할 수 있는 대표적인 사이트

> 개요 해외 거래선을 발굴하기 위해서는 최신의 기업정보가 필요하다. 또한 거래선을 발굴 하였다 하더라도 무역에서 발생할 수 있는 리스크를 최대한 줄이기 위해서는 기업정보를 파악하고 신용도가 좋은 기업을 선택할 필요가 있다. 기업정보는 대체적으로 동향정보와 기업현황 및 영업실적에 대한 정보로 구성된다. 기업현황 정보에는 접촉 포인트를 비롯하여 매출액규모, 회계연도, 대표자명, 종업원수, 자회사 현황, 주요 생산품, 회사연혁 등이 포함된다

기업의 재무정보는 일반적으로 재무제표를 나타내지만 대차대조표, 손익계산서, 분기별 보고서와 같은 일부 보고서만을 제공하는 경우도 있다.

〈해외기업정보 검색〉

사이트 명	내 용
Kompass www.kompass.com	전 세계 61개국에 위치한 150만개 기업체의 일반현황과 제품정보를 제공한다. 기업의 프로필 및 제품정보를 제공하는 인터넷 데이터베이스 중 가장 큰 규모라 할 수 있다.
Thomas Register www.thomasnet.com	미국 및 캐나다 약 15만개 기업에 대한 일반현황 및 제품정보를 제공한다.
Company Link www.businessfactory.com	뉴스페이지 서비스업체인 Individual사에서 운영하는데, 6만여 개의 미국 기업 정보를 제공하고 있으며, Hoover's와 같은 유사 DB와도 연동하여 다양한 기업정보를 제공한다.
Company Online www.companiesonline.com	세계적으로 유명한 신용조사기관인 Duns & Bradstreet에서 운영하고 있는데, 미국 10만여 개의 기업정보를 제공한다. 산업분류를 통한 디렉토리 형태의 메뉴검색과 산업분류, 기업명, 지역분류 등을 통한 주제어 검색을 지원한다. 무료로 검색할 수 있으나 기업별 상세 보고서는 유료로 서비스한다.
Keidanren www.keidanren.or.jp	일본 경단련에서 운영하고 있으며 경단련에 가입한 500여 개 업체의 일반형황을 영문과 일본어로 제공한다.

〈국내기업정보 검색〉

사이트 명	내 용
한국기업정보 www.kedkorea.com	국책기관 및 금융기관으로 부터 제공된 약 800만 기업정보 데이터 베이스, 250여명의 신용조사 전문가·전국지사 네트워크 기반으로 개별 기업신용조사·평가 실시하며, 모든 중소기업 신용정보를 제공한다.

무역마케팅을 위한 해외전시회 정보사이트

> **개요** 무역전시회 웹사이트가 중요한 인터넷마케팅 도구로 사용되면서 전시회 시장은 특정 산업의 회사들이 자사의 최신 제품, 서비스, 라이벌의 연구 활동을 보여 주고 최근의 경향과 기회를 살펴볼 수 있도록 마련한 박람회이다. 견본시(見本市, 무역박람회, 전시회)라고 하며, 전시장비(견본)을 통해 거래를 촉진시키기 위해 열리는 시장이다.

일부 전시회들은 대중에게 공개되어 있고 어떤 전시회들은 회사 대표와 언론의 입장만 허가하기도 하며, 미국에서는 2,500개가 넘는 전시회가 해마다 열린다. 대표적 해외전시회 정보사이트로는 https://tradeshow.tradekey.com/를 들 수 있다. Trade Show Directory에서는 관람자수, 참가업체수 등 전시회 정보를 제공한다.

1. 글로벌 전시포털(https://www.gep.or.kr/overseas-exhibition/)

코트라의 글로벌전시포털(www.gep.or.kr)은 한국전시산업진흥회(http://www.akei.or.kr)와 공동으로 국고지원 해외전시회 통합 검색 및 국내·외 전시회와 전시교육자료, 전시주최자 등 다양한 정보도 추가로 제공한다. 이것은 해외 틈새시장 개척을 위해 전문업종 위주의 해외전시회 참가지원을 통한 수출저변 확대 및 수출 촉진을 위한 것이다.

2. 중소기업중앙회 중소기업 해외전시포털(www.sme-expo.go.kr)

중소기업 중앙회의 중소기업 해외전시포털은 코트라의 글로벌전시포털과 함께 상호 검색기능을 통해 양 기관이 지원하는 330차례의 전시회와 함께 서울·부산·인천·대구·광주 등 17개 지자체에서 지원하는 전시회의 통합 검색이 가능하다.

3. 코엑스(wwww.coex.co.kr)

코엑스는 글로벌 전시회와 국제회의 개최를 통한 국제교류의 장을 마련하고 글로벌 비즈니스 인프라를 두루 갖춘 최고의 전시 문화, 관광의 명소로서 아시아 마이스 비즈니스의 중심으로 진화, 발전하고 있다.

>> Question **03－12**
무역마케팅 진행 단계

[개요] 무역마케팅의 실무적인 5단계는 시장조사, 제품홍보, 거래선 발굴, 신용조사, 계약체결의 순으로 이루어진다. 또한 시장조사에서는 무역정보를 수집하며, 아이템을 선정하고 시장 및 고객정보를 수집한다. 그리고 제품홍보는 기본적으로 홈페이지를 구축하여 제품의 카탈로그를 제작 후 홈페이지를 통해 홍보를 시작하며 온 오프라인의 전시회에도 지속적으로 참석을 한다. 이를 통해 거래선을 확보하고 신용조사를 통해서 계약을 체결함으로써 무역마케팅의 실무적인 단계를 마무리 된다.

〈무역마케팅 진행 단계〉

1 해외시장조사 (Market Research)
상식적인 판단 및 문헌을 통하여 자기회사 제품이 팔릴 수 있는 기후, 문화, 시장 여건 등을 파악하여 판매지역을 선정하는 등 바이어 명단입수를 위한 기초조사

2 거래선명단 입수
무역유관기관(무역협회,상공회의소, 무역투자진흥공사, 은행…)에 비치된 거래선명부(Directory)나 수탁조사를 통해 거래가능성이 높은 거래선의 명단 및 주소 입수

3 자기소개서 발송 (Circular Letter)
거래상대방에게 자신을 알리는 편지(인쇄된 편지)발송하여 거래가능성을 타진하는 단계

4 품목에 관한 문의, 답신 (Inquiry)
자기소개서를 받고 답장을 보낸 거래처를 상대로 거래하고자 하는 품목에 관한 상세한 정보를 전달하여 구매의욕 고취, 자기소개서보다 구체적인 거래정보를 제공하고, 때에 따라서는 샘플도 제공

5 신용조사 (Credit inquiry)
계약으로 연결된 가능성이 있다고 판단되는 거래처의 신용을 신용조사 전문기관에 의뢰하여 조사함. 계약체결 전에 실시하여 사기를 미리 예방하고 지급불능 가능성을 낮추는 것으로 시간적인 여부를 갖고 대응해야 함.

6 거래제의 (Business Proposal)
신용조사 결과 거래가능업체로 판정된 상대방에게 구체적인 사항을 제시하는 등 구체적인 협상단계로 들어섬.

7 청약 및 주문 (Offer and Order)
수출상이 수입상에게 판매조건을 서면으로 작성하여 제시하는 것이 청약(Offer)이라면, 수입상이 수출상에게 구매조건을 서면으로 작성하여 제시하는 것이 주문(Order)이다. 그 주문서를 P/O(Purchase Order)이라고 한다.

8 수정제의 (Counter Offer)
청약을 받은 자가 청약제의자에게 청약사항을 수정하여 다시 제의하는 등 최초의 청약에 수많은 조건부청약이 왕래하므로 거래조건 하나하나에 대한 의사의 합치과정을 밟게 됨. 많은 조건을 두고 서로 논의를 하는데 대부분 가격을 두고 줄다리기하는 경우가 대부분임.

9 거래합의 (Contract)
거래조건에 대한 최종합의가 이루어지면 당사자 일방이 이를 서면으로 작성하여 양당사자가 서로 서명함. 계약서에는 가격, 품질, 운송, 보험 등 기초적인 거래조건은 물론 중재조항 등 분재예방을 위한 노력도 중요함.

67

해외시장조사 준비

개요 무역거래를 시작할 때 제일 먼저 하여야 하는 일이 해외시장조사(Overseas Marketing Research)이다. 외국과 무역거래를 함에 있어 비용과 위험을 최소화하고 극대화하기 위해서는 사전에 신속·정확한 해외시장조사가 필수적인 전제조건이다.
그 방법에 있어 우선 대상 시장의 전반적 개황(정치, 경제, 사회, 풍토, 기후, 언어 등)을 조사한 다음 취급제품에 대한 세부적인 내용(무역관리제도, 시장특성, 수요와 공급, 유통구조, 경쟁상대, 거래처 등)을 조사하는 일련의 단계를 거치게 된다.

해외시장조사는 마케터가 제품 및 시장에 대해 지적인 결정을 내릴 수 있도록 하는 다양한 정보를 수집하는 과정으로 정의할 수 있다. 시장조사 및 시장 환경 관련 지식의 핵심은 불확실성을 측정하고 관리할 수 있는 위험으로 전환시키는 것을 목표로 하고 있다.

먼저 대상 국가를 선정하기 위하여 각국의 정치, 경제, 사회적 여건을 조사하고, 거래 상대방을 선정하기 위하여 품질, 가격 및 인도기일 등의 적응력을 조사하는 것이다. 국제적인 마케터는 시장지식과 관련된 포트폴리오를 개발하고, 관련 사이트와 자료 등을 바탕으로 기본적으로 많은 시장정보를 입수하는 방법을 취해야 한다.

상품수출을 하려면 먼저 목적하는 수출시장을 조사해야 한다. 조사내용으로는 수출시장의 수요동향, 기호, 경쟁업자, 가격수준, 이용하는 판매업자, 광고 매개체 등을 조사하게 된다. 개별기업은 기업이 단독으로 하는 경우도 있으나 수출조합에서 진행하기도 한다. 먼저 조사를 위해서는 무역관련 부서(산업통상자원부, 대한무역투자진흥공사, 대한상공회의소, 각종 무역관련 단체 등)의 자료를 이용한다.

해외 시장을 파악하기 위해서는 시장조사 외에 장기적 관점의 전략적 요인과 단기적 관점의 전술적 결정에 필요한 부분을 정하여야 한다. 즉, 무역에서 필요한 해외시장조사는 첫째, 어느 곳에 구매 잠재력을 가진 고객이 있는가를 발견하는 것이고 둘째, 외국고객들은 어떤 상품을 원하고 있는지, 그리고 바이어들의 기호에 맞는 상품을 창조 개발하는 것이다.

따라서 바이어 욕구를 충족시키고 특정 목적에 대한 성과를 내기 위해서는 수집되는 그것에 맞춘 시장정보 프로그램을 개발하여야 한다.

사이트 명	내　　　　용
대한무역진흥공사 www.kotra.or.kr	KOTRA의 해외시장조사사업은 KOTRA 전 세계 해외무역관(85개국 127개 무역관)을 통해 해외 잠재 파트너 발굴, 시장조사 등을 지원하는 서비스이다. 유료로 하기 전에 무료 KOTRA 해외기업 DB 검색 서비스를 먼저 해 보도록 한다.

>> Question 03-14
해외시장조사 내용

> 개요 해외시장조사는 해외의 새로운 시장 기회를 파악하고, 적절한 진입방법을 결정하고, 마케팅
> 믹스 전략을 적절하게 수립하는 것이다. 즉, 해외의 여러 시장에서 수행되는 마케팅 활동을 통합, 조정
> 하면서 변화하는 환경에 대응하기 위한 마케팅 성과와 반응의 측정하여 비용과 위험을 줄이고 이익
> 극대화를 위해 꼭 필요한 활동이다.

  해외시장을 조사하기 위해서는 정부기관 사이트, 무역 거래 알선 사이트, 기업의 웹사이트
등을 이용하여 진행한다.

아시아 트레이드 (http://www.asiatrade.com)	싱가폴, 홍콩, 말레이시아, 인도네시아, 대만의 산업, 기업, 금융동향, 무역전시회 등의 자료를 제공한다.
일본 해외무역기구 JETRO (http://www.jetro.go.jp)	일본과의 거래와 수출에 관심 있는 기업들을 위한 정보와 자료, 안내서를 유료로 제공한다.
미국 상무부 (http://www.doc.gov)	미국 기업의 수출 거래를 촉진시킨다는 상무부 설립목적에 따라 기업의 국제비 즈니스에 초점을 맞추고 전자상거래와 국제무대 진출에 관심을 갖고 있는 다양 한 규모의 기업에게 유용한 정보를 제공한다.

  이러한 해외 시장조사는 주로 다음과 같은 질문의 설명에 초점이 맞춰져야 한다.

- 시장의 실제적 혹은 잠재적인 (판매)량은 얼마인가?
- 어느 정도의 판매량 혹은 시장점유율을 자사 제품으로 확보할 것으로 기대할 수 있는가?
- 자사제품 유형의 제품을 누가 구입할 것인가?
- 제품의 용도를 누가 확정하는가? 혹은 (기술적 산업재 제품에 대한 엔지니어와 연구부서 직원의
  경우와 같이 제품의 구매과정에의 투입요소로서) 구매결정에 영향을 미치는 사람은 누구인가?
- 그들의 제품 구입처는 어디인가?
- 그들의 제품 구입이유는 무엇인가?
- 그들이 제품을 구입/사용하는 시기는 언제인가?
- 그들이 구입하는 제품의 품목은 무엇인가?
- 제품의 구매를 위한 선택에 영향을 미친 것은 무엇인가?
- 자사가 직면할 위협요인은 어떤 것인가?
- 부상하는 기회요인은 어떤 것이 있는가?

>> Question 03-15

해외시장조사 진행 절차 - 문제의 정의와 조사목적 규명

> 개요 일반적으로 해외시장조사는 문제의 정의와 조사목적의 규명, 조사계획수립 및 자료수집, 자료 분석 및 결과보고의 과정을 거친다.
> 문제의 정의와 조사목적에 따라 시장조사의 범주가 결정된다. 예컨대 조사목적이 수출거래선발굴이냐, 신제품개발에 관한 건이냐에 따라 해외시장 조사 범위가 달라진다.

단순히 거래선 발굴이 시장조사의 주요 목적이라면 바이어 소스(source)에 대한 조사만 하면 되지만 현지 시장에 대한 마케팅 계획 수립이 목적이라면 더 상세한 조사가 요구된다. 수출마케팅계획 수립을 위한 일반적 시장조사 자료 베이스는 다음과 같다.

〈일반적 시장조사 자료내용〉

구 분	내 용
시장수요	• 시장잠재력조사 • 시장동향(수요, 수입, 생산 등)조사 • 시장성장률 예측 • 시장발전단계조사
소비자조사	• 소비자의 년령별, 지역별, 소득별 분포 • 소비자의 구매동기, 구매행동, 구매태도, 구매능력 • 자사제품과 경쟁사 제품에 대한 소비자 이미지조사
경쟁자조사	• 경쟁구조 • 경쟁업체의 취급품목 • 경쟁자의 마케팅 전략 • 경쟁자의 강점과 약점
제품조사	• 현지국 생산량, 판매량 및 수출입량의 비율 • 현지산품과 외국산품과의 품질 비교 • 주요 외국산품의 색상, 디자인, 규격, 스타일, 포장, 성능 등에 대한 조사
가격조사	• 가격추세와 근황 • 현지산품과 외국산품과의 가격 비교 • 계절 등에 따른 가격변동 추세
유통경로조사	• 유통지역조사 • 현지 유통구조 및 구성원에 대한 조사 • 해당제품의 거래관습에 대한 조사
촉진조사	• 현지의 고아고, 판매촉진, 홍보 등에 관한 조사 • 판매원이나 대리점에 대한 판매지원의 여부, 비용, 효과 등에 관한 조사

>> Question 03-16

해외시장조사 진행 절차 - 인터넷 해외시장조사 방법

개요 인터넷 해외시장조사란 수출자가 어떤 수출품을 어느 해외시장으로 수출할 것인가를 조사하기 위하여 수출품이 수출국의 생산자 또는 공급자로부터 세계의 어떤 시장의 수입자에게 유통되고 있는가를 온라인 정보원인 인터넷 무역전문 데이터베이스, 해외상용데이터베이스 등을 통하여 인터넷 상에서 정보를 수집, 분석 및 평가하는 것을 말한다.

인터넷을 이용하여 해외시장 조사를 하는 것은 아주 쉬운 작업 중의 하나이다. 이는 인터넷의 매체는 다양하고, 많은 정보를 가지고 있는 바다이기 때문이다. 인터넷은 수출을 하려는 지역에 관한 모든 자료와 정보, 예를 들어, 수출입의 통제, 무역 거래 관습 및 수출 능력 등을 각국의 정부기관 사이트나 기업의 웹사이트를 통해 자신의 제품을 수출하기에 가장 적합한 국가와 수요지를 물색하고 적당한 거래처들을 선정하는 작업을 해야 한다.

인터넷에 의한 시장조사의 내용도 기존의 방법과 마찬가지로 목적제품을 먼저 선정하든 목표시장을 먼저 선정하든 수출을 효과적으로 진행하기 위해서는 목표시장의 일반적 사항과 제품의 특수사항(구체적, 개별적)을 조사해야 한다.

수출상대국 시장에 진출하기 위해서는 당해 시장의 시장성을 분석해야 한다. 즉 목적제품의 수출입실정, 경쟁제품과의 비교우위성, 국내외의 경쟁자의 동태, 품질, 판매경로, 결제조건, 광고의 방법, 가격, 잠재시장 및 소비자에 대해서도 조사해야 한다. 또한 수출대상국 시장에서의 수입규제 즉, 비관세장벽 및 관세장벽에 대해서도 조사해야 한다.

인터넷 시장조사를 통하여 얻을 수 있는 정보로는 거래알선정보, 기업정보, 시장동향정보, 경쟁자정보, 무역관련 정책, 법률정보, 수출입통계정보, 기술특허정보, 전시회정보, 시장보고서, 무역관련 제도 등의 정보가 있다. 이러한 정보를 기존의 마케팅 4P를 가지고 해외시장에 대한 조사와 전략을 수립하면 다음과 같다.

첫째, Product(제품)전략은 소비자들의 Needs를 충족시키면서 경쟁사 대비 제품경쟁력을 갖추기 위한 상품 전략을 수립하여 경쟁사와는 차별화된 제품을 어떻게 개발할 것인지 고민할 필요가 있다. 둘째, Price(가격)전략은 경쟁사 대비하여 저가 또는 고가로 어떻게 시장에 진입할 것인가를 고민하고 결정하도록 한다. 통상적으로 후발업종들은 저가전략을 적용하고 있다. 셋째, Place(유통)전략은 본사에서 직영점을 운영할 것인지, 아니면 대리점을 운영할 것인지, 오프라인을 운영할 것인지, 온라인 쇼핑몰을 이용할 것인지 고민하도록 한다. 넷째, Promotion(촉진)전략은 자사제품 촉진을 위하여 광고 / 인적판매 / 판매촉진(POP 활용) / Direct Mail 발송 등의 방법들을 활용하도록 해외시장조사를 실시한다.

해외시장조사 진행 절차 - 해외시장조사 계획수립 및 자료수집

> [개요] 해외시장조사의 두 번째 단계는 자료의 원천, 조사방법, 표본계획, 접촉방법 등의 조사계획을 수립하는 일이다. 필요한 자료는 데스크 리서치(desk research)에 의한 2차적인 자료원과 현지조사 (field research)에 의한 1차적인 자료원을 통해 획득할 수 있다.

데스크 리서치를 통해 얻을 수 있는 2차적 자료는 다른 용도를 위해 이미 발행되어져 있으므로 비교적 적은 비용으로 손쉽게 입수할 수가 있다. 그러나 당해 시장조사목적에 부합되는 데스크 리서치를 통해 구하기 힘든 경우가 보통이다. 빈번히 활용되는 2차적 자료원을 들면 다음과 같다.

- 국제경제기구의 통계자료(UN 무역통계월보, IMF 발간 원보, OECD 통계월보 등)
- 국내외 경제단체 및 유관기관(무역협회, 대한무역투자진흥공사 등)의 정기 간행물
- 국내외은행, 국제광고회사 및 경영자문사의 정기간행물
- 국내외 해외정보서비스기관의 자료베이스

현재 해외에서 제작된 해외정보의 자료원으로 국내에서 이용할 수 있는 것으로는 [한국신용 평가도 30여 개국 275개 지점의 정보네트워크를 통해 전세계 2억2천만개 이상의 기업정보 서비스를 제공하는 세계적 신용조사회사인 [나이스 Dun & Bradstreet]와 해외기업정보의 DB를 통해 조회, 회사에 대한 신용등급, 재무제표와 이에 대한 주석, 계류 중인 소송사건, 회사연혁, 경영진 프로필, 대금지급추이, 영업요약 등의 정보를 제공하고 있다.

인터넷에 의한 해외시장조사방법으로는 UN 무역통계연보(Yearbook of International Statistics, IMF 발간연보(International Financial Statistics) 등의 국별 수출입통계 자료를 이용하거나, KOTRA나 한국무역협회 등의 국내외 경제단체 및 유관기관 이용, 주한 외국공관의 이용, 국내외 광고회사의 이용, 현지를 직접 방문하여 조사하는 기본적인 조사기관을 이용하여 조사한다. 그리고 각국의 제공 사이트를 이용한 해외시장 조사를 한다.

사이트 명	내 용
나이스 Dun & Bradstreet http://www.nicednb.com/	세계최고 기업정보전문기업인 D&B와 일본최대 신용조사기관인 TSR의 합작법인으로 국내최대의 글로벌 기업신용정보 제공업체이다. 전세계 2억 2천만 기업의 살아있는 기업신용정보를 제공한다.

Question 03-18

해외시장 조사의 초점

개요 전형적으로 시장조사는 대상 시장, 제품 수요, 구매습관 및 제품인식 등과 관련되는 문제에 대한 해답으로서 고안되는 것이다. 일부 조사 프로젝트는 '임시'조사라고 명명하는 것처럼 특정의 관심사나 쟁점을 설명하기 위해 고안된다. 다른 것들은 보통 '지속적'인 조사로 언급되는 모니터링 속성, 시장의 감독, 각종 추세 및 성과의 파악 혹은 평가 등에 가깝다.

해외시장조사는 시장조사 기관에 공식적으로 수수료를 지불한 대가로서의 조사가 될 수도 있으며, 혹은 수출 마케터가 자체적인 예비조사, 현지감사 혹은 대리점의 현장성과 자료의 분석 등을 통해 수행된 결과가 될 수도 있다. 분석을 위한 정보원을 제공할 수 있는 자료는 흔히 단지 외부적으로 확보되는 것이 아니라 내부적으로 획득될 수 있다.

그러나 시장조사가 착수될 경우에 전략계획에서의 제반 가정이 타당성이 있고 활동의 산출이 계획에 비추어 측정될 수 있다면, 마케팅 기획 단계에서 어떤 조사연구가 필요하고 또 어떻게 수행할 것인지 등의 주제가 중요한 문제로 작용한다. 얼마나 실제적으로 정교하게 이루어지든 간에 시장조사는 풍문과 가정보다는 지식을 기반으로 의사결정을 할 수 있게 할 것이므로 수출 마케터의 주요한 기능이다.

흔히 시장조사를 생각하면, 우리는 먼저 잠재적인 응답자들을 사로잡을 시장조사팀을 구성하여 설문조사를 하는 것을 생각하게 된다. 그것은 단지 하나의 유형일 뿐이며, 모든 정보수요 및 제품유형과 항상 관련되는 것은 아니다. 마케터가 확보하려는 정보의 유형에 따라 적극적·대응적 시장조사와 소극적·수동적(non-respondent) 시장조사의 두 가지 주요 접근법을 설명하고 있다. 그래서 연구조사의 출발점은 다음과 같은 질문에서 비롯된다. 첫째, 시장조사를 통해 알고자하는 것이 무엇인가? 둘째, 그 정보를 어떻게 확보할 것인가? 일부 정보는 설문지를 활용하여 고객이나 기타 응답자들을 대상으로 광범한 설문조사를 할 필요가 있으며, 다른 경우에는 대상시장 및 유용한 투입기능을 수행하는 사람들(제품의 바이어나 최종사용자 집단)의 대표 몇 사람으로 소규모 토론회를 개최하는 것만으로도 충분하다. 다른 경우에는 적당한 사람과 함께 1대 1의 심층면접을 통해 풍부한 정보를 확보하는 것이 가능하다. 질적·양적 자료수집에 대해 언급하고 있는데, 다음과 같이 정의할 수 있다. 첫째, 양적 조사는 지출, 구매 혹은 사용 빈도, 시장규모, 제품가격, 대량유통업자의 수 등에 관한 자료와 같이 숫자로 나타낼 수 있는 것이 포함된다. 둘째, 질적 조사는 사람들의 구매동기, 제품 선택에 대한 영향요인, 고객 만족도 조사, 미디어 커뮤니케이션 양식 및 메시지의 효과 및 반응, 사용자/소비자 행태 및 생활방식 요인 등과 같이 계량화할 수 없는 자료와 관계된다.

무역마케팅에서 상관습이 중요한 이유

개요 무역은 외국과의 거래이기 때문에 거래시 상대국의 상관습과 국내법을 제대로 파악하지 못하면 난처한 상황에 처할 수 있다. 따라서 해당 지역의 전문가를 통해 제반 거래 관행은 물론, 상대국의 법률·제도상 규제 사항들을 미리 파악해야 한다.

무역 상관습의 대표적인 사례들을 살펴보자. 첫째, 포장을 할 때에는 색깔이나 숫자를 고려해야 한다. 우리나라에서는 빨간색이 죽음을 의미하지만 대부분의 국가에서는 오히려 생명을 상징한다. 그리고 빨간색은 일장기를 연상시키므로 반일 감정이 있는 지역에서는 특히 주의해야 한다. 숫자와 관련해 '4'는 한자 '死'를 연상시켜 한자 문화권인 아시아, 특히 한국과 일본에서는 악마와 죽음을 의미한다. 한편 성서에서는 '6'이 악마의 숫자다.

둘째, 상품 변형시 주의를 요해야 한다. 상품 변형은 소비자의 기호·유행 등과 밀접한 관계가 있다. 특히 음식류·맥주·담배 등 기호식품에서는 반드시 고려해야 할 사항이다. 필립모리스사는 남미의 폼잡기 좋아하는 사람들을 위해 니코틴 없는 담배를 시판했으나, 애연가들로부터 외면당했다.

셋째, 언어장벽에 따른 의미 변형 문제를 고려해야 한다. 언어 간 의미의 차이와 발음에 따라 오해를 불러일으킬 소지가 있으므로 조심해야 한다. 1920년대 코카콜라사가 처음 중국에 진출했을 때 코카콜라를 중국어로 하니 '커커컨라'라고 발음되고, 이는 암말이나 올챙이를 의미했다. 그래서 이와 비슷하게 발음되는 '가구가락(可口可樂, 입안의 행복)'으로 상품명을 바꾸었다.

넷째, 광고와 유통망의 시기 조절을 잘해야 한다. 소나타 자동차의 경우 광고를 통해 미국시장에서의 판매 분위기를 조성했으나, 유통망을 제때 갖추지 못함에 따라 물품을 인도하지 못하는 일이 발생하기도 했다.

다섯째, 현지 관습을 잘 파악해야 한다. 파키스탄에서는 고개를 끄덕끄덕하는 것이 일반 지역에서 고개를 살래살래 흔드는 것을 의미한다.

여섯째, 현지어로 번역할 때는 현지 전문가로부터 다시 번역을 받아 만전을 기하는 것이 좋다. 특히 번역시 관용적인 표현과 방언에 주의해야 한다. 그 예로 'Come alive with Pepsi(펩시와 함께 활력을)'가 독일어로 잘못 번역되면 'Come alive out of the grave with Pepsi' 또는 'Bring your ancestors back from the dead(무덤 밖으로 나오라)'가 된다.

>> Question 03-20
제품을 홍보 하는 방법

> 개요 무역에서 제품을 홍보하는 방법은 광고, B2B거래알선사이트의 거래제의 서신, 조회, 무역박람회 참여, 오프라인 무역홍보지, 유튜브 등의 다양한 매체와 방법으로 진행하게 된다.

1. 거래제의 및 조회

제품홍보의 경우는 수출입업체의 아이템을 효율적으로 알리기 위한 수단과 방법을 활용하여야 한다. 이를 위한 다양한 커뮤니케이션 활동이 필요하다. 그 가운데 가장 일반적으로 많이 쓰이는 방법이 국제적으로 우편홍보와 인터넷 웹사이트의 오퍼게재, 메일, 광고 판촉자료(영문지), 언론매체 등이다. **해외 배포용 catalog등은 세심하게 계획하여 제작하되 전문가에게 의뢰하여 제작하는 것이 바람직하며, 홍보물의 내용은 제품의 설명에 주안점을 둔다.**

2. 광고

광고는 개인별로 정리된 주소나 특정 개인의 명부에 토대를 두고 전개되는 것이 아닌 장래 예비고객(prospects)과 고객들의 비대인적 커뮤니케이션 수단의 하나이며, 언론매체를 통해 제품판촉 메시지를 전달하는 것이다.

3. 판촉자료

판촉자료는 어떤 특정 개인을 겨냥하는 것이 아니므로 비대인적 커뮤니케이션에 속한다. 하지만 도매 대리점이나 소비재 제품을 전시하는 매장에서 이루어지는 거래 등 판매 및 거래 행위가 일어나는 곳에서의 장래의 단골고객들에게 영향을 미치기 위한 시도이다. **국내에서 발간되는 해외배포용 매체는 Korea Export, Korea Trading Post, Korea Trade, Buyers Guide 등이 있다.**

4. 매체의 관련내용(media mentions)

기업들은 제품에 대해 기존 고객의 초기결정이 중요한 영향을 미칠 수 있기 때문에 다양한 매체에서 우호적인 형태로 홍보하게 된다. 매체의 관련 내용(media mentions)을 확보하는 것은 보통 입소문을 잘 낼 수 있도록 마케팅 커뮤니케이션을 지원하는 브랜드 홍보활동의 일환이다. 수출시장에서 핵심적인 고객의 열의가 없으면 어떤 제품이나 기업은 덜 알려질 수도 있지만, 입소문과 같은 홍보매체관련 내용은 해당 제품이나 기업의 시험적 판매와 신뢰를 증진하는 강력한 도구가 될 수 있다.

권유장(Circular Letter)

> **개요** 수출자가 국내외 무역거래알선사이트에 자사의 웹사이트를 등록하면 해외바이어들이 자사 웹사이트에 올린 offer to sell이나 전자카탈로그를 보고 거래조건을 문의하는 조회(Inquiry)를 보내온다. 또는 선정된 거래처에 구매 권유를 위한 권유장을 발송하게 된다. 권유장 발송은 이메일 등을 이용하여 발송하게 된다.

Inquiry를 받게 되는 경우를 대비하여 권유장을 보낼 때 자사의 웹 주소와 e메일 주소를 기재하는 것은 필수적인 사항이다. 선진국 시장을 목표로 권유장을 보내는 경우 대부분의 선진국 기업들이 이메일 주소를 가지고 있으므로 매우 편리하고, 권유장에 대한 답장을 빨리 받을 수 있다는 장점이 있다.

- 상대방을 알게 된 경위
- 거래제의 상사의 업종, 취급제품, 거래국가 등
- 거래제의 상사의 자국내에서의 지위, 경험, 생산규모 등
- 거래조건(특히 결제 및 가격조건 등)
- 신용조회처(주로 거래은행명 및 주소)
- 정중한 결문

이메일을 보낼 때는 첫째, 상대방(바이어)을 알게 된 경위 즉, 상대방의 웹 사이트를 방문하여 상대방이 자사 제품을 수입하겠다는 것을 알았다는 것을 기재한다. 둘째, 거래개시의 희망 셋째, 당사의 업종 및 취급제품, 넷째, 당사의 영업상의 지위 또는 거래실적 및 거래능력, 다섯째, 거래조건 특히 가격, 결제 조건의 개요, 여섯째, 당사의 신용조회처, 일곱 번째 자사의 e-mail주소, 웹사이트 주소 및 팩스번호 등을 기재한다. 우선 신용조사를 하고 거래처를 선정한 다음에 거래를 제의해야 하지만 실제적으로는 거래의 신속성 등을 감안하여 거래의 제의와 신용조사를 병행하는 경우가 많다. 특히 사이버 공간에서 거래가 이루어지는 비대면성 및 익명성 때문에 악질의 해외바이어를 선정할 우려가 많다. 거래처를 발굴한 후 다음 요령에 따라 거래제의 서신을 보낸다.

- 간단명료한 문장으로 매 문장마다 30자 이내로 5~6 문단 이내로 쓴다.
- 해당 시장은 처음이므로 상대회사를 통하여 개척하고자 한다는 점을 강조한다.
- 한국에서 제일 큰 회사라는 말 등 과장된 회사 소개는 삼가한다.
- 회사규모를 표현하려면 생산량이나 연간 매출액 등으로 표시한다.
- 품질의 우수성과 경쟁적인 가격을 제시할 수 있는 회사라고 언급한다.
- 처음부터 오퍼나 견본을 보내지 않으며, 상대방이 관심을 표명할 때 즉시 송부한다.
- 거래관계가 성립되면 상호이익을 바탕으로 하고자 한다는 점도 명시한다.

Question 03 – 22
조회(Inquiry)

> **개요** 무역에서는 조회(Inquiry)메시지를 e메일을 이용하여 전송한다. 수출자는 해외바이어에게 거래제의장이나 판매권유장을 보내는 경우 해외바이어의 조회에 대비하여 자사의 웹사이트 주소 및 이메일 주소를 기재하는 것이 좋다.

무역에서 다음과 같은 경우에 수입자가 수출자에게 이메일로 조회(inquiry)를 보낸다.

① 수입자가 수출자의 홈페이지에 올려놓은 Offer to sell이나 전자카탈로그 및 가격표를 보고, 보다 더 자세한 거래조건 및 자료를 보내달라고 이메일 조회를 보낸다. 홈페이지에는 상세한 정보가 게재되어 있다. 따라서 이메일 조회를 보내기 전에 홈페이지 내용을 점검하는 것이 좋다.

② 수출자로부터 이메일 거래제의를 받은 수입자는 상대방의 신용상태를 조사하고 신뢰할 수 있는 상대방이면 수출자에게 카탈로그, 가격표 및 견본의 발송을 요구하면서 무역거래조건을 조회(Inquiry)한다.

③ 수입자가 광고 및 제품목록 등에서 제품을 보고 수입하고 싶은 제품이 있으면 수출자에게 이메일을 보내 그 제품의 가격, 품질, 대금지급, 선적 등의 거래조건을 조회한다.

그리고 조회에 대한 회답은 회답 내용이 길면 가장 중요한 부분은 이메일로 전하고 상세한 것은 attachment(첨부파일)로서 파일을 첨부하거나 자료를 항공우편으로 보내거나 홈페이지를 방문하도록 권유한다. 가격을 제시할 때는 FOB 가격인지, CIF가격인지 명확히 해야 한다. 수입업자로부터 조회서신을 받으면 그 내용을 검토하여 즉시 회신할 수 있는 점은 지체없이 하고, 시간을 요하는 사항은 언제까지 조치해 주겠다고 통보한다.

- 조회에 대해 감사의 표시를 하고, 조회 내용의 골자를 기술함으로써 상대방의 기억을 새롭게 한다.
- 자기 제품의 설명 또는 특징을 설명할 때에는 지나친 과장을 하지 않고 간결하게 표현한다.
- 조속한 주문이 유리하다면 그 점을 강조한다.
- catalog나 price list를 보낼 경우 필요한 사항이 있으면 서신으로 보충해 준다.
- 견본 수배가 안될 때에는 별봉으로 곧 송부한다고 언급한다.
- 조속한 시일내에 주문이 있기를 바란다고 언급하고, 가까운 시일내에 직접 만나서 상담하기를 희망한다고 언급한다.

>> Question 03-23

해외거래처 발굴 방법

> **개요** 해외거래처발굴이란 인터넷을 이용하여 자사 및 자사 수출품의 정보를 해외바이어들에게 홍보하고 국내외 무역거래알선 웹사이트에 등록된 offer to buy 정보를 검색 또는 열람하여 해외거래처(바이어)를 발굴하는 것을 말한다. 따라서 무역에서는 신속하고 저렴하게 해외거래처를 발굴할 수 있다. 국내의 무역거래알선사이트와 세계 각국의 정부, 무역관련기관, 개별기업의 웹사이트, WTO, UN, OECD 등의 국제기구 및 유명한 해외무역거래알선사이트를 방문하면 쉽게 해외바이어를 발굴할 수 있다.

사전 시장조사에 의하여 자사 제품의 시장성이 있는 대상 시장을 선정한 후 잠재력 있는 유능한 거래처를 발굴하는데, 거래처 발굴에는 보다 신중하고 효과적인 방법이 동원되어야 한다. 인터넷을 통한 해외거래선 발굴의 유형에는 국내외 무역거래알선 사이트, 인터넷 무역전문업체 웹사이트, 국내외 검색엔진, 해외홍보업체 웹사이트, 해외전문 카탈로그 디렉토리 및 인터넷 기업 디렉토리 등을 활용하는 방법이 있다.

① 거래관계업자의 소개 : 이미 무역거래를 하고 있는 경우 상대국의 거래처나 국내의 동업자, 혹은 지인으로부터 거래처를 소개받는 방법이다.

② 공공기관에 문의 : KOTRA(대한무역투자진흥공사) 및 KITA(한국무역협회), 대사관 등에 문의하는 방법이다.

③ 잡지나 인터넷 정보 : 특정물품의 업계지 또는 전문지를 이용하거나, 인터넷 검색으로 거래처를 찾는 방법이 있다. 최근에는 인터넷 검색사이트가 잘 구축되어 있어 일본의 JETRO(일본무역진흥회)에서 제공하는 TTPP(Trade Tie-up Promotion Program, 국제적인 비즈니스 파트너 발굴을 지원하는 서비스)를 이용해서 쉽게 해외 정보를 검색할 수 있다. 무역거래알선 사이트의 장점으로는 시간적, 공간적인 제약이 없이 언제, 어디서나 사용이 가능, 목표시장의 표적집단에 대한 접근이 용이하며, 쌍방향 통신이 가능함에 따라 실시간 정보를 공유한다. 또한 멀티미디어 정보의 유통도 가능하며, 전통적인 거래알선 방법에 비하여 소요경비를 절감할 수 있고, 오퍼정보의 효과측정 및 피드백도 가능하다는 것이다.

④ 국제박람회, 전시회 참가 : 국제박람회나 전시회에는 다수의 매도인과 매수인이 참여하기 때문에 거래처 발굴이나 물품 정보의 수집에 용이하다. 수출기업은 부스를 설치하여 자사 제품의 샘플을 전시하거나 상담 코너를 두어 전시회장에서 상담을 진행한다.

>> Question 03-24

신용조회(Credit Inquiry)

> **개요** 무역거래에서 거래대상 업체에 대한 신용상태를 확인하는 것은 향후 거래가능성을 진단하고 위험요소를 사전에 예방한다는 면에서 매우 중요하다.

거래처 신용조사는 크게 나눠서 업계정보, 은행정보, 신용조사 전문기관정보의 3가지 방법이 있다. 업계정보는 상대 기업과 거래경험이 있는 회사나 그 업계를 잘 아는 전문가로부터 조사 상대의 비즈니스 매너나 업계의 평판 등을 조사하는 방법이다.

은행정보는 상대 기업의 거래은행이나 국내의 거래은행으로부터 재무내용이나 지급상태 등의 정보를 얻어 조사하는 방법이다.

그리고 신용조사 전문기관정보는 전문조사기관에 신용조사를 의뢰하는 방법으로 비용은 들지만 객관적인 평가를 단기간에 얻을 수 있다. 한국무역보험공사 및 던 리포트로 유명한 세계적인 신용평가회사 나이스 던 앤드 브래드스트리트(NICE Dun & Bradstreet, D&B)가 대표적이다. 이에 신용조회에 있어 필수적으로 조사해야 할 내용에는 character, capital, capacity 등 3C's(three C's)가 있다.

① 성격(Character)은 상대방의 신뢰성, 영업태도, 업계의 평판, 계약이행에 대한 열의나 인격 등을 조사하여 비즈니스에 대한 성실성을 조사하는 중요한 항목이다

② 능력(Capacity)은 기술력이나 영업능력, 거래량 등 상대방의 거래능력을 조사한다. 상대 방의 재정상태(financial status), 즉 수권자본(authorized capital)과 납입자본(paid-up capital), 자기자본과 타인자본의 비율, 기타 자산상태 등 지급능력에 관한 내용이다.

③ 자산(Capital)은 자본이나 지급능력 등 상대방의 재무 상태를 조사한다. 상대방의 영업형태, 연간매출액 및 생산능력, 연혁 내지 경력 등 영업능력(business ability)에 관한 내용도 포함 된다.

이외에 country와 currency, 즉 상대국의 정치·경제적 상황과 통화상태를 추가하여 5C's라 고도 한다. 또한 거래조건(Condition), 담보능력(Collateral)을 포함하여 7C's라고 한다. 무역거 래에서는 무엇보다 신용이 중시되어야 하므로 위와 같은 신용조회의 내용 중 가장 중요한 것은 character라고 할 수 있다.

신용 조회 사이트

개요　수출입을 진행하기 위해서는 거래선의 신용정보가 매우 중요하다. 수출자 입장에서는 수입자가 대금결제에 대한 위험이 있을 수 있고, 수입자 입장에서는 수출자의 상품공급능력에 대한 문제가 있을 수 있다. 따라서 무역을 진행할 때는 상대방의 능력을 파악 할 수 있어야 한다.

수입자에 대한 신용조사는 수입자의 파산, 지급불능, 일방적 계약파기, 채무이행 지체 등 신용위험의 발생 가능성에 대해 초점을 맞추고 있다.

1. 나이스 Dun& Bradstreet(https://global.nicednb.com)

나이스디앤비는 국내 최대 금융인프라 그룹 NICE와 세계 최대 기업정보사 D&B의 합작으로 설립된 신용정보 조회사업자이다. 국내 650만개 기업정보, 해외 2.7억개 기업정보를 제공하는 국내 최대의 Global Commercial Credit Bureau이다. Dun& Bradstreet는 240개국 이상에 소재한 네트워크(D&B Worldwide Network)를 통해 전세계 모든 기업에 대한 직접조사가 가능하다.

기업정보 분야에서는 독보적인 위치에 있으며, 보고서에는 해외기업/국가정보에는 해외상장사 기업정보, 재무정보, 국가별주요 통계자료, 국가위험도(country risk)신용등급, 주요 국가 리포트 등이 포함되어 있다.

2. 한국무역보험공사(www.ksure.or.kr)

한국무역보험공사는 해외신용정보 자료를 수집하여 국내수출업체에게 제공하고 있다. 회원 가입자에게는 K-SURE의 해외지사 및 전 세계 신용조사기관과 연계하여 해외소재 기업의 기본정보, 재무정보 등의 신용조사를 KOTRA 등과의 업무 제휴를 통하여 실시한 후 의뢰인에게 외수입자 및 해외 금융기관에 대한 신용조사 보고서를 제공한다.

3. 대한무역투자진흥공사(www.kotra.or.kr)

KOTRA는 전 세계 해외무역관(85개국 127개 무역관)을 통해 해외 잠재 파트너 발굴, 시장조사 등을 지원하는 서비스를 진행하고 있다. 특히 해외수입업체 연락처 확인과 기업 존재여부, 대표 연락처 확인 등을 실시하여 유/무료로 제공하고 있다.

요약

- 무역마케팅은 협의의 의미로는 수출 유망 아이템을 발굴하는 동시에 바이어를 찾아 계약을 맺을 때까지의 단계만을 무역마케팅으로 지칭하지만 광의로는 계약 후 진행되는 제품의 직접 생산이나 로컬제품확보, 선적, 대금회수, 클레임과 사후관리 등을 포함한다.
- 무역마케팅 전략을 세울 때는 마케팅의 4P인 제품(product), 가격(Price), 판매촉진(Promotion), 유통(Place)을 잘 살펴봐야 하는데 4P를 조합하여 판매·구매전략을 세우는 것을 '마케팅 믹스'라 한다.
- 무역마케팅의 성공요인
  - 경영전략차원에서 인터넷 활용
  - 홈페이지 및 적극적인 e-mail 이용
  - 전자무역에 적합한 상품개발
  - 사내에 전자무역을 담당하는 전문인력 적극 육성
  - 적극적인 인터넷 마케팅
- 시장조사는 어느 곳에 구매잠재력이 있는 고객이 있는지를 발견하고 어떤 상품을 그들의 기호에 맞게 상품을 개발하는 것을 말한다.
- 거래제의는 발굴된 거래 후보처에 자사가 매매하고 싶은 물품이나 거래조건을 잘 파악하여 교섭을 이끌어내는 것을 말한다. 자사의 거래제의에 상대방이 관심을 가지고 있다면 계약을 위한 구체적인 사항(예를 들어, 물품의 수량이나 가격 등)을 교섭하는 단계로 이행한다.

용어

- 시장조사
- 거래제의
- 마케팅 믹스

- 신용조회
- 권유장
- 무역거래알선사이트

- 조회
- 상관습
- 1차 & 2차 자료

설명문제

1. 거래제의 서한(C/L)의 작성시 유의점에 대하여 설명하시오.
2. 해외시장조사방법에 대하여 설명하시오.
3. 해외시장에 상품을 홍보하는 방법에 대하여 설명하시오.

PART
04

무역계약

>> Question 04-1
무역계약의 의의와 범위

> **개요** 무역계약은 국제간에 이루어지는 매매계약(contract of sale of goods)으로서 매도인(seller)이 매수인(buyer)에게 계약물품의 소유권(property in goods)을 양도하여 제품을 인도할 것을 약속하고 매수인은 이를 받아들이고 그 대금을 지급할 것을 약정하는 계약이다.

무역계약은 매 건별로는 수출자의 청약(Offer)에 대한 수입자의 승낙(Acceptance)에 의하거나, 수입자의 주문(Purchase Order : P/O)에 대한 수출자의 주문승락(Acknowledgement)으로 의해 무역계약이 체결된다. Offer에 대한 Acceptance가 이루어지면 계약은 성립된 것으로 간주되므로 불이행시에는 Claim이 제기될 수 있다.

무역거래는 물품의 국제적인 이동을 수반하는 수출·입 거래로서 국제간의 물품의 매매를 언급하고 있다. 하지만 넓은 의미로 무역거래는 물품의 거래를 포함하여 대리점계약, 플랜트계약, 합작투자 등 국제간에 이루어지는 계약 전반을 의미한다.

그리고 무역계약의 범위는 무역거래에서 다루는 문제는 넓은 의미로 무역거래의 범위를 포함하는 경우 국제적인 물품매매계약을 제외하고, 기타의 무역계약은 그 특성상 일반화된 정형계약으로 인식하기 보다는 상황에 따라 많은 변수가 존재하게 된다. 이와 같은 변수로는 국제통상의 문제, 정치적 이해관계, 국제 경제적인 연계성, 문화적인 차별성에 따라 정형화하기에는 곤란한 문제가 발생하게 된다. 국제간에 성립되는 무역은 주로 물품매매가 중심이기 때문에 무역계약에 관한 개념은 계약에 관한 본질적인 개념과 국제간에 이루어지는 물품매매를 중심으로 설명된다.

따라서 무역계약은 국제간에 이루어지는 매매계약으로서 매도인(Seller)이 물품의 소유권(Property in Goods)을 양도하고 매수인(Buyer)은 이를 수령하고 그 대금을 지급할 것을 약정하는 국제매매계약을 의미한다.

국제물품매매계약은 매도인의 대금이라는 금전적인 대가를 받고 매수인에게 물품의 소유권을 이전하거나 이전하기로 약정하는 계약을 말하며 매매계약을 이행하기 위한 일련의 종속계약으로서 물품이 매도인으로부터 매수인에게 도달하기 위해서 운송인과의 운송계약, 물품의 운송 중의 위험을 담보하기 위하여 보험자와의 보험계약 및 매도인이 물품대금을 회수하기 위하여 은행을 통하여 관련 서류를 받는 환거래계약이 수반된다.

>> Question 04-2
무역계약의 특징

> 개요 **무역계약은 국제물품매매계약이다. 본질적으로 유상계약(Remunerative Contract)이고 쌍무계약(Bilateral Obligation Contract)이며 낙성계약(Consensual Contract)으로 이루어진다는 점에서는 국내 매매계약과 동일하나 국제 상관습이 적용되고 격지자간의 거래계약이며 국가별 무역관리에 수반되는 내용상 절차상의 제약이 가해지는 점에서 국내매매계약과 구별된다.**

1. 유상계약(有償契約 : Remunerative Contract)

유상계약은 계약당사자들이 서로 대가적 채무를 부담하는 계약을 말한다. 무역계약이 인도와 대금지급을 본질로 하므로 대금지급과 인도는 동시에 발생해야 할 조건들이다. 즉, 매도인이 계약물품을 인도하는 급부행위에 대해서 매수인은 대금을 지급하는 반대급부가 동시에 발생해야 하는 본질이 무역계약의 중요한 요소이다.

2. 쌍무계약(雙務契約 ; Bilateral Contract)

쌍무계약은 매매당사자들 사이에 계약이 성립되면 양 당사자들이 서로 상대방에 대해서 일정한 의무를 부담하는 것이다. 매도인(Seller)은 계약물품(제품인도)을 인도해야 할 의무, 매수인(Buyer)은 계약물품에 대한 대금지급을 해야 할 의무 즉, 쌍무적인 성격을 갖는다.

3. 합의계약(合議(諾成)契約 : Consensual Contract)

합의계약은 낙성계약이라고 하며, 청약자(offeree)의 청약(offer)에 대해서 피청약자(Offeree)가 이를 승낙(Acceptance) 함으로써 무역계약이 성립하는 것이다. 즉, 일방의 청약(offer)에 대하여 상대방의 승낙(acceptance)함으로서 성립한다.

4. 불요식계약(不要式契約 : Informal Contract)

불요식계약은 단순계약(Simple Contract)이라도 하며, 계약의 체결을 특별한 형식에 구애받지 않고 서면, 구두 또는 언어에 의한 명시계약이나 또는 행동에 의한 묵시계약에 의해서 무역계약이 성립된다는 것이다. 즉, 무역계약은 불요식계약이기 때문에 원칙적으로 계약서 없이 구두·전화·전보문 등의 의사전달만으로도 성립된다.

>> Question 04-3
무역계약의 특수성

> **개요** 무역거래시에는 최초 거래 시 또는 매건 별로 장래 여러 가지 거래를 전개하기 위한 포괄적 준칙으로서 General Terms and Conditions(정형거래조건)를 약정한다.
> 매 건별로는 수출자의 청약(Offer)에 대한 수입자의 승낙(Acceptance)에 의하거나 수입자의 주문(Order, Purchase Order : P/O)에 대한 수출자의 주문수락(Acknowledgement)에 의해 무역계약이 체결된다.

이에 따라 수출입업자의 당사자간 무역계약은 다음과 같은 특수한 성격을 지니고 있다.

첫째, 주권국가의 법이 복합적으로 적용되며, 통일된 기준이 존재하지 않기 때문에 법적용상의 불확실성이 있다. 따라서 당사자들은 어느 특정국가의 법을 수용하기로 합의를 하든지 혹은 기타의 준거법을 합의해야 한다. 만약 합의가 없는 경우에는 준거법에 대한 국제사법의 규정에 의하여 규율될 수 있다.

둘째, 당사자의 상관습을 존중해야 한다. 국제거래의 특성상 통일법의 적용이 곤란하기 때문에 경험적인 상관습 내지 관행을 상호 존중하게 된다.

셋째, 분쟁이 발생하였을 경우 재판관할권의 장소문제가 제기된다. 특정당사자국의 법정에서 재판이 이루어질 경우 타당사자는 시간적 장소적으로 많은 곤란이 처하게 되기 때문에 국제거래의 재판관할권의 문제는 중요한 사안이다.

넷째, 통일적인 성문법이 없음으로 국제거래를 주도하는 선진국의 법원칙이 다분히 수용된다.

다섯째, 국제적인 정형계약의 통일화 노력이 지속되고 있다. 국제적인 통일화 노력은 국제거래의 활성화와 분쟁의 해결을 위한 법적 안정성과 그 적용의 형평성에 근간한 중요한 사안이다. 이에 세계무역관리기구를 중심으로 통일적인 해석과 적용의 노력과 규칙내지 협약의 제정 및 개정작업이 활발하게 이루어지고 있다.

따라서 무역계약은 거래내용을 이행하는 데 있어서 여러 가지 부대적인 조치가 필요하다. 즉, 국경을 넘어 물품이 이동하기 위하여 주로 항공기나 선박의 운송수단을 이용할 때는 운송계약 필요하다. 그리고 운송 계약이 체결되고 운송중의 불의의 사고에 대비하거나 결제조건에 따르는 위험 등을 담보하기 위해 보험계약을 체결한다. 또한 국제간의 자본이동에 따르는 부대적인 관계는 금융기관을 통하여 해결하기 때문에 금융계약도 필요하게 된다.

무역계약 = 주계약(매매계약) + 종속계약(운송계약, 보험계약, 금융계약)

>> Question 04 - 4

무역계약의 종류

> [개요] 무역계약은 청약(offer)과 승낙(acceptance)을 통한 당사자간의 합의에 의하여 성립하므로 계약서의 작성이 반드시 필요한 것은 아니다. 그러나 매매당사자간에 이러한 분쟁을 방지하기 위해서 무역계약의 조건을 명백히 할 필요가 있으며, 또한 이를 문서화하여 서명한 매매계약서(sales contract)를 상호 교환하여 보관하는 것이 필요하다.
> 무역계약서는 원본과 사본(original & duplicate) 2통을 작성해 서명한 후 각각 한 통씩 보관한다. 무역계약서는 여러 가지 형태로 존재하는데, 수출 업자가 작성할 때는 매도계약서·매약서·주문서(order sheet)라 한다.

1. 개별계약(Case by Case Contracts)

개별계약은 매거래시마다 양당사자가 거래조건에 합의하면 계약이 성립되는 것으로 매약서(Sales Note)나 매입서 또는 구매서(Purchase Order)가 이 범주에 속한다.

개별계약	• 계약서를 2통 작성하여 서명후 상대방에게 송부하고 상대방은 이를 검토, 서명한 후 1통 반송 • 매도인측 작성 : Sales Note, Sales Contract, Confirmation of Order • 매수인측 작성 : Purchase Note, Purchase Contract, Order

2. 포괄계약(Master Contract)

포괄계약은 지정품목에 대해서 일반거래조건을 협의한 후 상호합의점에 도달하였을 경우 그 내용을 문서화하여 교환하게 되는데, 이를 일반거래협정서라 한다. 이는 매거래시마다 제 조건 등을 재확인 내지 계약하는 번거로움을 없애고 문제발생시 그 책임이 분명해진다.

포괄계약	• 무역거래 일반약정(General Terms and Conditions) 체결 • 매도인 발행 Offer(청약)에 매수인이 Acceptance(승락) 서명(혹은 매수인 발행 Order에 매도인이 Acknowledgement 서명)한 후 각기 1통 보관 • 매도인의 확정오퍼에 대해 수락의 표시를 전신이나 서신으로 발송

3. 독점계약(Exclusive Contract)

독점계약은 수출입을 전문으로 하는 특정상사간의 매매를 국한시키는 계약으로 이 경우도 독점계약서를 작성 교환한다.

무역계약서의 기재내용과 기본조건

> **개요** 매매계약서의 기재내용은 거래상대방, 제품의 내용, 제품의 목적지 등에 따라 달라지지만, 결국 매매 당사자간에 합의된 사항을 빠짐없이 정확히 기재해야 한다.
> 매매계약서에 기재될 사항은 일반적으로 거래시마다 결정하여야 할 사항 즉, 품명, 품질, 규격, 수량, 가격, 선적 등에 관한 사항과 일반적으로 모든 거래에 공통되는 사항 즉, 불가항력, 무역조건, 권리침해, 클레임조항, 중재, 준거법 등에 관한 사항으로 나눌 수 있다.

무역계약의 기본조건은 상관습이 서로 다른 국가간에 이루어지는 무역거래에서는 매매당사자간에 거래내용에 따른 상세한 사전합의가 다시금 필요하고 후일 야기될지 모르는 분쟁 (Claim)에 대비하여 법적 구제조항 등을 망라하여 무역계약서를 작성하여 두어야 한다.

물품매매에서 일반적이고 기본적인 거래조건의 내용을 협정하여 문서로 교환하는 「일반무역조건협정서」(Agreement on General Terms and Conditions of Business ; Memorandum of Agreement)를 계약기준으로 한다. 일반무역조건협정서의 내용은 계약의 본질 즉, 거래형태에 대한 조건, 청약과 승낙에 의해 계약이 성립되는 조건, 품질·수량·선적·지급·보험·포장 등 계약물품에 대한 조건 그리고 분쟁의 해결 및 법적 구제조건 등을 협정하게 된다. 실무적으로는 매매당사자간에 정형화된 매매계약서를 이용하고 있다.

〈무역계약 체결시 기본 조건〉

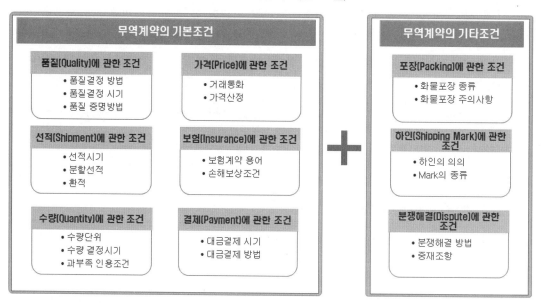

>> Question 04 – 6

품질조건(Quality terms)

> 개요 품질조건(Terms of Quality)은 거래대상물품과 관련된 사항을 약정하는 조건으로서 계약체결시에 향후에 발생될 수 있는 사고와 분쟁이 가장 많이 야기되는 경우가 품질조건이다. 따라서 무역계약 당사자는 ① 품질을 결정하는 방법 ② 품질을 결정하는 시기 ③ 품질을 증명하는 방법 등을 명확히 약정해야 한다.

1. 품질조건의 결정방법

① 견본매매(Sale by Sample) : 견본에 의해 상품의 품질을 결정하는 것. 실제로 거래되는 상품의 품질과 견본의 품질이 일치해야 한다.

② 사양서 매매(Sale by Specification) : 도면 등의 사양서를 가지고 품질을 결정하는 것. 무거운 선박, 항공기 등의 거래에 이용된다.

③ 상표매매(Sale by Trade Mark or Brand) : 트레이드 마크나 브랜드를 지정해서 품질을 결정하는 것이다.

④ 규격매매(Sale by Grade or Type) : 규격을 조건을 품질을 결정하는 것. 일본공업규격의 JIS규격품이나 국제표준화기구의 ISO규격품을 이용한다.

⑤ 표준품 매매(Sale by Standard) : 사전에 표준품을 설정하고 그것에 따라 품질을 결정하는 것이다.

2. 품질결정시기

품질의 결정시기는 선적시점의 품질을 보증하는 '선적 품질조건(Shipped Quality Terms)'과 양륙할 때 품질을 보증하는 '양륙 품질조건(Landed Quality Terms)'이 있다. 물품의 품질은 선적시의 품질과 양륙(揚陸)시의 품질이 달라 분쟁이 발생할 소지가 있기 때문에 어느 시점의 품질 상태를 기준으로 할 것인지를 결정해야 한다.

• 선적품질조건 : 품질의 결정 시기를 선적 완료 시점으로 하는 조건으로, FOB·CFR·CIF 조건에 의한 거래에서 주로 사용한다.

• 양륙품질조건 : 도착항에서 물품을 양륙한 시점에 인도 물품의 품질이 계약과 일치하는 지의 여부를 판정하는 조건으로, 수출업자가 운송 도중 상품의 변질에 대한 모든 책임을 지고 배상해야 한다. 무역거래 조건에서 주로 D조건이 여기에 해당된다.

수량조건(Quantity Terms)

개요 수량조건에 관해서도 품질의 경우와 같이 FOB, CIF등의 선적지 조건으로 매매하는 경우에는 원칙적으로 선적지 수량조건(shipped quantity terms)이지만, 특약에 의해 양륙지 수량조건(landed quantity terms)으로 할 수 있다. 제품의 성질과 형상에 의하여 중량(Weight), 용적(Measurement), 갯수(Piece), 길이(Length) 등의 단위에 의해 거래된다. 포장된 제품을 매매하는 경우에는 포장재료의 중량을 포함한 총중량(gross weight)인가, 포장재료의 중량을 포함하지 않은 순중량(net weight)인가를 명기한다. 생산, 포장 등 기타의 사정으로 계약수량 대로의 수량을 인도하기가 곤란할 경우에는 약간의 과부족을 용인하는 조항(More or Less Clause)을 두어야 한다.

1. 수량단위

- 무게(Weight)
- 측량(measurement)
- 개별품목개수(Piece)
- 포장단위개수(package)
- 길이(length)
- 평방(square)
- 총중량(gross weight)
- 순량(net weight)
- 다스(dozen)
- 톤(Ton)의 경우 나라별 사용 기준이 다르기 때문에 정확한 단위를 사용해야 한다.
  - 1English ton : 1,016kg(영국톤, long ton)
  - 1American ton : 907kg(미국톤, Short ton)
  - 1Metric ton : 1,000(우리나라 톤)

2. 수량 결정 시기

품질조건과 마찬가지로 수량조건에서도 선적 완료 시점과 양륙 완료 시점으로 구분된다. 공산품일 경우에는 수량 조건 협의에 큰 문제가 없지만, 광물·곡물 등과 같이 포장되지 않은 상태로 운송되는 살화물(bulk cargo)일 경우에는 중량이나 수량에 있어 과부족을 인정하는 조항을 넣는 것이 불필요한 분쟁을 예방할 수 있는 방법이다.

3. 과부족용인 조항(M/L clause : More or Less clause)

살화물에 한해서 약정된 기본 수량과 비교해 약간 과잉되거나 부족한 수량을 인도해도 계약 위반으로 보지 않는 수량표시 조항을 말한다. 신용장 방식에 의한 거래에서는 과부족이 생기기 쉬운 살화물에 대해 금액이나 수량, 단가 앞에 '약'이라는 의미에 'about·circa·approximately' 등과 같은 용어를 사용하면 10%를 초과하지 않는 과부족을 용인하는 것으로 본다. 또한 위와 같은 용어를 쓰지 않더라도 신용장상에 과부족 금지문언이 없는 한 5%까지의 과부족은 용인된다.

>> Question 04-8

가격조건(Price Terms)

> 개요 무역거래에서 발생되는 여러 가지 비용을 수출업자와 수입업자 중 누가 부담하느냐를 나타내는 거래조건으로 무역가격조건이라고도 한다. 국가마다 조건이 다를 수가 있어 분쟁이 발생할 수도 있으므로 국제적으로 통일된 규칙이 사용된다. 국제상업회의소가 채택한 INCOTERMS 2010에 따르면 11개 조건을 다루는데, 수출입상의 최소한의 의무와 소유권·비용·위험의 한계를 규정하고 있다.

국제무역에는 가격의 구성원리가 국내거래와 많이 다르므로 무역에서의 가격에는 국내거래에서 발생하지 않는 부대비용(운송비, 보험료, 행정비용, 관세…)이 필연적으로 수반되는데 이러한 부대비용의 부담자를 수출상, 수입상 중에 누구로 할 것인지는 매매당사자가 계약에서 채택하는 INCOTERMS상의 정형거래조건에 따라 달라지게 된다. 즉, 가격조건을 무엇으로 결정했느냐에 따라 비용의 부담자, 위험의 이전시기, 소유권의 귀속여하가 모두 달라지기 때문에 이것을 알아야 가격협상 및 상담이 가능해지는 것이다.

수출입에 따라 발생하는 제요소비용부담의 분기점 내지 비용부담의 귀속(한계)을 나타내는 정형화된 약관으로서 거래목적물의 가격견적(quotation, estimation)을 의미한다.

물품에 대한 위험부담이 어느 시점 어느 장소에서 이전되는지의 문제, 비용부담의 분기점, 수출업자가 수입업자에게 제공해야 할 서류의 종류와 그 적격요건 등이 포함된다. 또한 운송계약 체결과 선박지정, 선적일과 구체적 선적지정의 결정, 부보 등에 관한 의무, 의무를 위반한 경우에 대한 조치 및 위반자의 추가의무 등이 포함된다.

인코텀스에서는 11개 조건을 E그룹·F그룹·C그룹·D그룹으로 구분하고 있다. 공장인도(EXW), 운송인인도(FCA), 선측인도(FAS), 본선인도(FOB), 운임포함인도(CFR), 운임보험료포함인도(CIF), 운송비지급인도(CPT), 운송비보험료지급인도(CIP), 터미널인도(DAT), 지정장소인도(DAP), 관세지급인도(DDP) 등이 이에 해당한다. 이 중 우리나라에서 가장 많이 사용되는 것은 본선인도와 운임포함인도 및 운임보험료포함인도의 세 가지이다.

가격조건의 문제는 곧 매매가격의 산정을 어떻게 하느냐, 어느 국가의 통화로 매매가격을 표시하느냐의 문제다. 가격조건을 약정하는 데 있어서 무엇보다 중요하고 핵심적인 것은 단가의 산정이다. 단가를 산정할 때에는 수출입에 수반되는 거래 비용을 물품의 원가와 이윤에 추가적으로 가산해야 한다. 대금 결제와 관련해서는 표시통화의 교환성·안정성·유용성을 고려해야 하며, 특히 환위험을 회피할 수 있는 안정된 통화를 선택하는 것이 중요하다.

결제조건(Terms of Payment)

> 개요 무역거래에서 대금지급에 관한 조건으로 매매당사자가 장소적으로 원격지간에 떨어져 있으
> 므로 계약자유의 원칙에 따라 매매당사자간 편리한 조건을 임의로 정할 수 있기 때문에 무역계약을
> 체결할 때 대금지급의 시기·방법·장소·결제통화 등에 대하여 조건을 약정한다. 무역대금의 결제에는
> ① 신용장(L/C)에 의한 결제, ② 추심결제(D/P, D/A) 방식에 의한 결제, ③ 송금환에 의한 결제, ④
> 기타의 결제 등의 방법이 있다. '지급조건(terms of payment)'이라고도 한다.

무역 매매계약에서는 보통 결제조건으로서 화환어음(documentary bill of exchange)을 이용한
다. 즉 선적서류가 첨부된 환어음을 매수인이 결제하게 된다. 또한 매수인의 대금지급을 보다
확실히 하기 위해 취소불능신용장(irrevocable L/C)의 개설이 전제조건이 되기도 한다.

쌍무계약의 성격을 갖는 무역계약은 수출업자의 물품 인도와 수입업자의 대금 결제로 이루
어지므로, 선적 조건과 더불어 대금결제조건이 핵심적인 사항이다. 이에 **대금결제 시기**에 따라
선지급·현금지급·후지급 방식으로 나뉜다.

① 선지급 : 주문과 동시에 대금을 지급하는 주문불(CWO : Cash With Order) 방식이다.
　　이 방식은 수출업자의 신용이 확실하거나 견품과 같은 소량 주문시 사용된다.

② 현금지급 : 물품 인도와 동시에 현금으로 지급하는 현금상환지급(COD : Cash On Delivery)
　　방식과 선적서류 등을 제시하면 대금을 지급하는 서류상환지급(Cash Against Documents)
　　방식이 있다. 사실상 물품의 인도와 동시에 대금을 지급받기는 어렵기 때문에 일반적으로
　　CAD에 의한 현금지급이 이루어지고 있다.

③ 후지급 : 물품을 인도하고 나서 일정 기간이 지난 후에 대금 결제를 하는 것으로 일종의
　　외상거래라 할 수 있다.

**대금 결제 방식으로는 대표적으로 신용장 방식에 의한 결제, 추심 방식에 의한 결제, 송금 방식에
의한 결제 등이 있다.**

① 화환결제 방식 : 수출업자가 수입업자 앞으로 대금 지급을 요청하는 환어음을 발행하고
　　선적 서류를 첨부해 수입업자에게 제시하면 대금을 지급하는 방식으로, **추심결제 방식과
　　신용장결제 방식**이 있다.

② 송금 방식 : 송금환에 의해 결제하는 것으로 은행송금과 우편송금이 있다. 은행송금은
　　보통송금과 **전신송금(T/T : Telegraphic Transfer)**으로 분류되며 외국환의 경우 주로 은행
　　송금에 의존하고 있다.

>> Question 04-10

선적조건(Shipment terms)

> **[개요]** 무역거래에서, 본선적재는 물론 수탁과 발송의 개념까지 포함하는 무역계약의 기본조건이다. 선적시기, 분할선적이나 환적, 선적지연과 선적일의 증명 등에 관해 거래 당사자간 약정하고 그에 따라 선적하는 것을 말한다. 선적(Shipment)이란 선박을 이용한 해상운송은 물론, 항공기의 적재나 운송인에게 인도하는 것까지 포함하는 개념이다. 무역계약시에는 거래 대상 물품의 인도 시기, 인도 장소, 인도 방법, 분할선적 및 환적 가능 어부, 그리고 불가항력 등에 대한 내용을 명확히 결정해야 한다.

선적시기의 결정은 단월조건과 연월조건·특정일 이전 조건 등이 있다. 단월조건은 정해진 1달 내에 선적하는 조건이며, 연월조건은 연이은 2달 이내에, 특정일 이전 조건은 특정하게 정해진 날 이내에 선적하는 조건이다. 예를 들면 10월 선적(shipment in October)인 경우에 10월 1일부터 10월 말일 사이에 선적하면 된다. 10/11월 선적(Shipment in October/November)인 경우는 10월 1일부터 11월 말일 사이에 선적하면 된다.

선적방법으로는 분할선적과 환적의 가능여부를 정하는 것을 이른다. 다량 거래나 수입업자의 요청에 따라서는 **분할선적**이 가능하다. **보통 신용장이나 계약서에 명시되어 있지 않으면** 분할선적할 수 있다고 간주된다. **환적**은 다른 선박이나 다른 운송수단으로 이적이나 재선적을 하는 것을 말하며, 복합운송에서는 당연시된다. 또한 **신용장에 금지조항이 없을 경우에는** 가능한 것으로 간주된다.

선적지연은 약정된 선적일 내에 선적되지 않는 경우이며, 매도인의 귀책사유로 발생되면 계약위반이 발생하여 매수인이 계약을 해지할 수 있다. 불가항력에 의한다면 매도인이 이를 증명하는 서류를 갖추어 매수인에게 통지한다. 이때는 보통 면책사항이 되며, 3주에서 1개월의 선적시기가 자동으로 연장된다. 한편 **선적일의 증명**은 신용장을 개설한 날이 기준이 된다. **선적품질조건**은 품질의 결정시기를 선적완료시점으로 하는 조건으로 FOB, CFR 또는 CIF 조건에 의한 거래, FAQ조건, 런던곡물거래에 흔히 쓰여지는 TQ(Tale Quale, Tel Quel) 등에 활용된다.

선적수량조건은 선적항에서 화물을 선적할 때 선적수량이 계약수량이면 매도인은 자기의 책임을 완수하는 조건이다. 따라서 수송중의 감량은 매수인의 부담이며, CIF 계약에서는 특약이 없는 한 선적수량조건을 원칙으로 한다. Shipped Weight Final 이라고도 부른다. 조건부 **선적품질조건(Sea Damaged Terms)**은 SD Terms곡물류의 거래에 있어서, 선적할 때와 양륙할 때의 품질에 대해서 어느 당사자가 품질을 책임질 것인가의 조건부 선적품질조건을 말한다. 이는 해상운송 중에 발생한 바닷물 등의 조류 또는 응고(condensation) 등에 기인하는 품질손해에 대해서는 매도인이 부담하는 조건을 말한다.

>> Question 04-11

보험조건(Insurance Terms)

> **개요** 보험조건은 보험을 가입할 때 보상이 되는 조건이다. 1982년 협회적하약관(ICC)이 개정되기 전까지는 구약관에 적용받아 기본조건과 부가위험담보조건·확장담보조건으로 구분했으나, 이후부터는 신약관에 따라 기본조건, 부가조건으로 구분한다. 해상적하보험에 가입하고자 하는 경우에는 반드시 기본조건 중에 하나를 선택해야만 하는데 기본조건의 종류에는 구약관상 전위험담보(A/R), 분손담보(W.A), 단독손해부담보(F.P.A)가 있으며 신약관상으로는 구약관의 A/R와 담보범위가 같은 ICC(A), W.A와 유사한 ICC(B), F.P.A와 유사한 ICC(C) 3가지 조건이 있다.

기본조건 ICC(A)는 보험자의 보상범위가 가장 큰 조건으로 구약관 기본조건의 전위험담보 (A/R)에 해당된다. 보험자의 일반면책, 전쟁 및 동맹파업, 선박의 불내항성(不耐航性)의 위험을 제외하고는 대부분의 손해를 보상한다. **ICC(B)**는 구약관의 분손담보(W/A)에 해당된다. 즉, 전손과 공동해손은 물론 일부의 손해로서 하주의 단독해손을 담보한다. **ICC(C)**는 보험자의 보상범위가 가장 좁은 조건으로 구약관 기본조건의 분손부담보(FPA)에 해당된다. 전손과 공동해손은 보상되나 특정 분손 이외의 단독해손은 담보되지 않는다.

부가조건은 추가보험료를 내고 부보하는 조건으로, ICC(A)는 대부분의 위험을 부보하나 ICC(B)나 ICC(C)의 경우 화물의 성질에 따라 필요한 부가조건을 부보하여 위험에 대비할 수 있다. 부가조건으로는 전쟁위험과 동맹파업 위험, 도난·발하·불착의 위험, 파손의 위험, 굴곡의 위험, 누손의 위험, 기름의 위험, 빗물 및 담수위험, 갈고리의 위험, 혼합의 위험 등이 있다.

보험금액(insured amount)은 보험사고 또는 소정의 손해가 발생한 경우 보험자(insurer ; assurer)가 지급해야 하는 금액 또는 그 최고한도의 금액으로 보험자와 피보험자(insured ; assured)간에 상호협의 하여 정하도록 되어있다. 실무에서로는 **상업송장 금액에 희망이익**(expected profit)을 가산한 금액을 보험금액으로 정하고 있다.

적하보험에서의 보상범위는 계약에서 명시한 보험조건에 따라서 발생한 멸실이나 손상에 한정되어 있기 때문에 **보험에 부보하고자 하는 화물의 성질, 포장상태, 운송방법** 등을 충분히 고려한 후 가장 경제적이면서도 화물의 안전운송에 효과적으로 대체할 수 있는 가장 적합한 보험조건을 선택하여야 한다. **운송화물에 대한 보험은 무역거래조건에 따라** 수출업자 또는 수입업자가 본인의 보험에 귀속되는 구간, 즉 **본인의 책임하에 있는 구간에 대해** 부보의 책임을 지며, 어떤 무역거래조건을 이용하는가에 따라 보험계약을 체결할 사람이 결정된다.

>> Question 04-12
포장 및 화인(Packing and Mark)

> **개요** 포장(packing)은 내용물을 보호하는 견고성과 포장비용 자체의 절감 그리고 운임절감을 고려한 경제성을 감안하여 포장조건을 결정하는데, 그에 적합한 포장을 해야 할 의무를 수출상이 부담하여야 한다. 만일, 운송도중 물품에 사고가 발생했을 경우 그 사고의 원인이 포장불량 때문인 것으로 판명되면 이에 대한 책임은 전적으로 수출상에게 있으며 보험회사나 선박회사에게 책임을 물을 수 없는 경우가 된다.

통상 포장조건을 약정할 때는 간단히 '수출용 표준포장(Export Standard Packing)'이라고 명시한다. 이는 수출 포장시 가볍고, 부피가 작고, 튼튼하며, 값싸고, 보기 좋은 것으로 하되 수출 상품의 종류·성질, 도착지와 운송 도중의 기후, 환적의 횟수, 도착국의 화물 포장 등에 관한 법규·상관습·포장비·운임 등을 충분히 고려해 가장 합리적이고 안전한 포장을 할 것을 포괄적으로 나타내는 문구라 할 수 있다. 무역계약시 포장조건의 내용에서는 포장(재)의 종류, 포장의 외부에 표시되는 특정한 기호와 번호, 목적지 등을 명확히 약정해야 한다.

포장의 종류는 **외장·내장·개장**으로 나뉜다. '**외장**'은 물품의 외부 용기에 관한 포장으로 포장 작업 중 가장 중요한 부분이다. '**내장**'은 소포장한 물품 몇 개를 한 개의 수송용 용기에 넣을 때의 수용물 포장과 물품을 용기에 넣을 때의 수분·광열·충격 등을 고려해 예방적 조치로 행하는 보호적 포장을 말한다. '**개장**'은 개개의 물품을 보호하기 위해 적절한 용기를 사용하는 소포장을 말한다.

화인(shipping mark)은 화물의 분류를 원활히 수행하고 화물의 운송 및 보관시 필요한 화물 취급상의 지시, 주의를 포장에 표시하기 위하여 **매수인이 매도인에게 요구하는 경우**가 많다. ① **주화인(Main Mark)**은 특정한 기호(Symbol)를 표시, 그 안에 수입자의 상호 등의 약자를 표시 ② **부화인** 공급자의 약자를 표시 ③ **화번(Case Number)**은 송장, 적하목록, 기타 운송서류와 대조하여 식별, 확인하기 위해서 외장에 표시하는 일련번호 ④ **착항표시(Port Mark)**는 화물의 오송 방지를 위한 필수적인 화인으로써 복수항로의 경우 New York via Seattle 등으로 표시 ⑤ **중량표시(Weight Mark)**는 운임계산, 통관, 하역작업등을 용이하게 할 수 있도록 순중량(Net Weight)과 총중량(Gross Weight)을 표시 ⑥ **원산지표시(Origin Mark)**는 생산국을 외장의 맨아래 표시 ⑦ **주의표시(Care Mark Side Caution Mark)**는 화물취급상 특히 주의할 점(This side up, Freight, Keep dry)을 통상외장의 측면에 표시 ⑧ **기타의 표시**로는 수입자의 요청에 따라 주문표시(Order No.), 지시표시(Attention Mark), 물품의 등급(Grade) 또는 품질표시(Quality Mark)가 있다.

클레임 및 중재(Claim and Arbitration)

> [개요] **무역클레임**이란, 당사자간의 수출입계약에 따라 이행하면서 그 계약의 일부 또는 전부의 불이행으로 말미암아 발생되는 손해를 상대방에게 청구할 수 있는 권리를 말한다. 주로 매도인이 공급한 상품이 품질불량, 포장불량, 규격상위, 수량부족, 가격, 인도조건의 상위, 인도시기 지연 등으로 매매계약을 위반하였을 때 매수인은 입은 손해에 대하여 매도인에게 클레임(Claim)을 제기한다.

무역거래에서는 **클레임은** 상대방에게 단순한 불평을 넘어 권리 회복을 요구하거나 손해배상을 청구하는 것으로 불가항력(Force Majeure)에 의한 손해는 면책되지만, 손해를 입은 측에서는 여러 가지 명목으로 클레임을 제기할 가능성이 있다. 특히 수출상의 공급불능이 있을 경우 그 원인이 당사국의 수출규제, 천재지변, 전쟁, 내란 등에 의한 것일 때는 면책된다는 조항을 두는 것이 좋다. 이밖에 환율이 크게 평가절하되거나 절상되는 경우에도 환차손을 둘러싸고 분쟁이 발생할 수 있으므로 환율적용에 대하여 별도로 약정하여 두는 것이 좋다.

무역클레임에는 ① 품질불량이나 수량부족에 관한 것 ② 선적에 관한 것이 있고, ③ 수입자 측에 기인하는 클레임으로서는 마켓클레임(Market Claim) 등이 있다.

품질클레임은 약속된 제품의 품질불량, 품질상위, 파손 및 불완전 포장 등으로 인해 발생되는 것이다. **수량클레임**은 수량에 관한 계약위반으로 발생하는 클레임으로 직접적 원인에는 ① 선적부족(Short Shipment) ② 착하부족(Short Landing) 외에 거래의 기준수량에 대한 해석상의 차이 또는 개산수량조항(approximate terms), **과부족용인조항(M/L clause)** 등의 해석상의 차이 등이 있다. **보험클레임**은 해상수송에서 발생한 손상 중 보험사고에 기인된 것은 그 손상을 보험회사에 구상한다. **운송클레임**(Transportation Claim)중 선박회사가 면책을 규정하고 있는 해상위험은 보험클레임으로서 보험회사로부터 보상받는다. **Market Claim**이란 매수인에게 거의 손해를 입히지 않는 정도이거나 또는 그 손상이 경미하여 평소 같으면 클레임이 되지 않을 정도의 적은 과실을 감가의 구실로 하는 클레임이다.

무역클레임의 해결방법으로는 **당사자간의 해결방법과 제3자가 개입하여 해결하는 방법**이 있다. 첫째, 당사자간의 해결방법은 당사자가 직접 교섭하여 해결하는 것이고, 해결방법으로는 ① 청구를 포기하는 해결방법 ② 당사자간 자주적인 교섭과 양보로 해결하는 방법인 화해가 있다. 둘째, 당사자간 미해결, 쌍방 주장대립, 쌍방 혹은 일방의 감정 악화, 제3자의 냉정한 판단 필요, 상대방의 무성의로 타협이나 양보가 힘들 때 전문가인 제3자를 개입시켜 분쟁을 해결하는 방법으로 **알선, 조정, 중재, 소송** 등이 있다.

>> Question 04-14

계약 체결 방법

개요 | 계약체결은 무역거래일반약정(General Terms and Conditions)을 체결하고, 매도인 발행 Offer(청약)에 매수인이 Acceptance(승락) 서명(혹은 매수인 발행 Order에 매도인이 Acknowledgement 서명)한 후 계약서를 2통 작성하여 서명 후 상대방에게 송부하고 상대방은 이를 검토 서명한 후 1통 반송하고 각기 1통 보관한다.

해외바이어가 수출자의 웹사이트에 올려놓은 offer to sell이나 전자카탈로그나 가격표(price list)를 보고 보다 더 자세한 거래조건 및 자료를 보내달라는 이메일 조회(inquiry)를 보내오면 수출자는 해외바이어에게 이메일로 판매오퍼(selling offer)를 보낸다. **해외바이어가 보내온 오퍼를 승낙하는 경우 매매계약이 성립된다.** 그러나 해외바이어가 가격인하를 요구하는 Counter offer(반대청약)를 보내오는 경우 수출자가 Counter offer(반대청약)를 승낙해야만 매매계약이 성립된다. **해외바이어가 수출자의 웹사이트를 방문하거나 수출자로부터 받은 견적서를 보고 이메일로 수출자에게 주문하여 수출자가 주문을 승낙하는 경우** 매매계약이 성립된다. 무역에서 수출자가 e-mail offer에 대하여 해외바이어가 승낙 e-mail을 발신할 때 계약이 성립한다. **무역계약은 발신주의를 채택하고 있다.** 해외바이어가 수출자의 offer를 승낙하는 경우 e-mail 승낙과 함께 **구매계약서(purchase note)**를 수출자에게 보내고, 해외바이어가 수출자에게 보낸 Counter offer를 수출자가 승낙하는 경우 매도계약서(**sales note**)를 **수입자**에게 보낸다. 무역계약은 온라인 신용조사기관에 해외공급처에 대한 신용조사를 의뢰하고 유리한 신용조사보고서를 받은 후 체결하면 된다.

〈계약체결 업무 프로세스〉

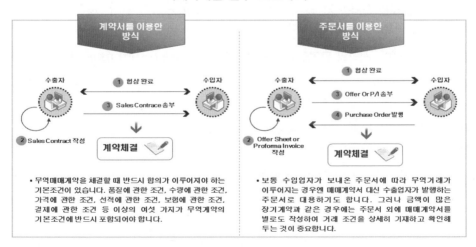

● 무역매매계약을 체결할 때 반드시 합의가 이루어져야 하는 기본조건이 있습니다. 품질에 관한 조건, 수량에 관한 조건, 가격에 관한 조건, 선적에 관한 조건, 보험에 관한 조건, 결제에 관한 조건 등 이상의 여섯 가지가 무역계약의 기본조건에 반드시 포함되어야 합니다.

● 보통 수입업자가 보내온 주문서에 따라 무역거래가 이루어지는 경우엔 매매계약서 대신 수출업자가 발행하는 주문서로 대용하기도 합니다. 그러나 금액이 많은 장기계약과 같은 경우에는 주문서 외에 매매계약서를 별도로 작성하여 거래 조건을 상세히 기재하고 확인해 두는 것이 중요합니다.

>> Question 04-15

청약

개요 Offer(청약)란 offerer(청약자)가 Offeree(피청약자)와 일정한 조건으로 계약을 체결하고 싶다는 의사표시로서 청약자가 승낙과 결합하여 특정한 내용을 가지는 계약을 성립시키려는 것을 목적으로 하는 일방적이고 확정적인 의사표시를 말한다. 다시 말해서 청약이라 함은 거래 당사자가 법적관계를 갖기 위해서 한 당사자가 다른 당사자에게 거래를 제의(Propose)하는 것을 말한다. 일방은 약속을 제공하고 타방이 이러한 약속에 대해서 다른 약속을 제공하거나 어떤 행위를 기대하고 약속을 제공하거나 또는 어떤 행위를 제공함으로서 상대방으로부터 약속을 제공 받는 것을 의미한다.

청약은 원칙적으로 별도의 형식을 필요로 하지 않으므로 서면뿐만 아니라 구두로도 행할 수 있는데, 다만 **요식계약**의 경우에는 청약도 보통 그 형식을 필요로 한다. 청약자는 위법이 아닌 한 **오퍼발행의 여부 또는 오퍼의 형식**을 자유로이 정할 수 있다. 따라서 신청자는 승낙의 방법에 대해서도 오퍼 중에 자유로이 지정할 수 있다. E-mail,전화, FAX, 우편, 택배 등 **어떤 승낙방법도 자유로이 지정할 수 있다**. 피신청자는 오퍼 중에 승낙의 방법이 지정되어 있는 경우 승낙할 때는 그 방법을 채택해야 한다. 그렇지 않으면 그 계약은 무효이고 계약은 성립하지 않는다. 인터넷을 통한 신용 조회를 마친 경우 Inquiry에 대한 Offer를 전자 메일로 하게 된다. Offer에 대하여 상대편에서 전자 메일로 Acceptance가 이루어지면 매매계약이 성립하게 된다. 여기까지의 과정 중에서 문제의 소지는 **전자 메일에 의한 거래 청약과 승낙의 법적 효력**이다.

그리고 **무역계약에 있어서 청약과 청약의 유인(Invitation to Offer)**을 명확히 구별해야 한다. 왜냐하면 의사표시가 청약인지 아닌지 또는 청약이라면 어느 단계의 의사표시가 청약인지를 명확하게 하는 것은 계약의 성립 여부를 결정하는 요소가 되기 때문이다. **청약과 청약의 유인을 명확하게 구분하는 것은 쉽지는 않다**. 거래당사자의 의사와 거래의 관습, 계약내용의 명시유무, 상대방을 대상으로 하는 매매인가의 여부를 기준으로 판단하게 되는데 이 또한 판단기준으로써 확정적인 것은 아니다. **청약의 유인으로 사용되는 것**은 Inquiry, Circular Letter, Booklet, Catalogue, Sample, Pattern, Specimen, Description, Proposal, Price-list, Estimate, Quotation 등 청약의 예비교섭를 표시하는 청약의 유인으로 볼 수 있다.

청약은 상대방의 승낙이 있으면 즉시 합의를 성립시키는 의사표시이다. 이에 반하여 **청약의 유인**은 상대방의 무조건으로 그것에 응하여 승낙의 의사표시를 하여도 그것은 승낙이 아니라 청약이 되며, **청약의 유인을 표시한 당사자의 승낙에 의하여** 계약이 성립된다.

Question 04-16
offer(청약)의 종류

개요　무역계약의 당사자는 물품의 매도인이거나 매수인이므로 청약도 매도청약(Selling Offer)과 매수청약(Buying Offer)이 있으며 실무상으로는 단순한 가격의 통지(Quotation of Price)와 오해를 피하기 위하여 모두가 "We offer…"라고 Offer라는 단어를 사용하는 편이다. Offer는 일반적으로 피청약자 즉, 상대방에 도달할 때에 그 효력이 발생한다. 즉, 도달주의를 원칙으로 하고 있다.

청약의 주체에 따라 판매청약(selling offer)와 매입청약(buying offer)으로 구분한다. 판매청약은 매도인이 매도인에게 거래를 하고 싶다는 판매의사 표시이며, 무역거래에서 오퍼라고 하면 판매오퍼를 말한다. **매입청약**은 매수인이 매도인에게 거래를 하고 싶다는 매입의사표시이며, 일종의 **조회(Inquiry)**와 비슷하며 매입주문서(**purchase order**) 등의 형식으로 이루어진다.

청약의 발행지에 따라 국내발행오퍼와 국외발행오퍼로 구분한다. **국내발행오퍼**는 거래상대국의 물품공급업자 및 본사를 대리하여 이들과 대리점계약(agency agreement)을 체결한 국내의 **물품매도확약업자가 발행한 오퍼**이다. **국외발행 오퍼**는 거래상대국의 물품공급업자나 제3자가 외국에서 발행한 오퍼이다. 현재 우리나라는 외국제품을 수입시 발행되는 오퍼로 국외발행오퍼는 대외무역법상 인정하지 않고 있으나 외화획득용 원료·기계수입, 미화 만달러 상당액 미만의 물품 수입시, 방위산업체가 방위 산업용으로 수입 등은 인정해 주고 있다. 그리고 청약의 확정력에 따라 효력을 기준과 청약 유효성 측면에서 **자유청약(Free Offer), 반대청약(Counter Offer), 확정청약(Firm Offer)** 등이다. **확정오퍼**는 청약자가 청약내용에 대하여 승낙(acceptance) 회답의 유효기간(validity of offer)을 지정하고 그 기간 내에 승낙하면 계약이 성립되는 offer이다. 유효기간을 정하지 아니한 경우라도 청약이 확정적(firm) 또는 취소불능(irrevocable)이라는 표시가 있거나, 승낙·회답의 유효기간과 확정적 또는 취소불능이라는 표시가 동시에 있는 청약도 확정청약이 된다.

반대청약은 피청약자가 청약에 대해서 그 조건을 변경하거나 혹은 새로운 조항을 추가한 청약을 청약자에게 한 것을 말하며, 반대 청약은 원청약의 거절임과 동시에 피청약자가 청약자에게 행하는 새로운 청약으로 보아야 한다.

자유오퍼는 offer의 유효기간이 정해져 있지 않은 offer로서 보통 circular letter와 함께 보내며, 피청약자가 승낙을 하여도 청약자의 재확인이 필요하다. 또한 청약자의 자유의사에 따라 언제든지 오퍼내용을 변경하거나 취소가 가능하다. 이를 불확정 오퍼 또는 **conditional offer(조건부청약)**라고 한다.

청약의 효력 발생시기와 유효기간

> 개요 청약이 효력을 발생하기 위해서는 청약의 내용이 상대방에 전달되어야만 그 효력이 발생하며, 특정시기에 효력을 발생하여 일정기간의 유효기간을 거쳐 특정시기에 효력이 종료된다.
> 청약의 효력발생 시기는 우리나라 및 영미법 모두 도달주의 원칙을 채택하고 있다. 즉, 상대방이 있는 의사표시는 그 통지가 상대방에 도달한 때로부터 그 효력이 생긴다.

한국 민법은 '상대방 있는 의사표시는 그 통지가 상대방에게 도달한 때로부터 그 효력이 생긴다'(111조 1항)고 규정하여 **도달주의를 원칙**으로 하고 있다. **도달의 시기와 장소**는 상대방에게 배달된 때와 그 장소, 영업소나 우편주소에 배달된 때와 그 장소, 우편주소가 없는 경우에는 **통상적인 거처에 배달된 때**에 그 장소에 도착의 시기와 장소로 본다.

우편이 수신함에 투입된 때, 동거하는 친족·가족이나 **고용인이 수령한 때**에는 비록 상대방이 직접 받지 않았더라도 **도달한 것으로 그 효력이 생긴다.** 이러한 도달주의의 결과, 표의자는 발신 후라도 도달하기 전에는 그 **의사표시를 철회할 수 있다.** 그러나 철회의 의사표시는 늦어도 먼저 발신한 의사표시와 동시에 도달하여야 한다. 의사표시가 도달해 버리면 비록 상대방이 요지하기 전이라도 표의자가 이를 철회하지 못한다.

또한 청약의 조건으로 **승낙기간을 정하고 있는 경우**에는 그 기간 내에 승낙이 있어야만 효력이 발생한다. **승낙기간을 정하지 않았을 경우**에는 상당한 기간(reasonable period of time)내에 승낙하면 계약을 성립시킬 수 있다. 다만 피청약자가 승낙의 의사표시를 발신하기 전에 청약 내용의 철회 또는 조건변경의 통지가 피청약자에게 도달할 경우에는 철회 또는 조건변경을 인정한다.

청약을 받은 상대방은 승낙여부(承諾與否)를 결정하기 위하여 준비를 하는 것이 보통이므로 **청약자가 임의로 철회하는 것을 인정하면** 상대방에게 부당한 손해를 입히게 되므로 한국**민법**은 **승낙기간(承諾期間)을 정한 청약**은 철회할 수 없으며(제528조 1항), **승낙기간을 정하지 않은 청약**은 승낙을 얻는 데 상당한 기간 동안은 철회할 수 없는 것으로 하였다(제529조). 이것을 **청약의 구속력(拘束力)**이라고 한다.

>> Question 04 – 18

청약의 효력상실

> 개요 청약은 승낙에 의하여 합의가 성립하기 때문에 그 효력을 상실한다. 또한 청약의 거절 또는 반대 청약(rejection of offer or counter offer) 청약의 효력은 소멸하며 그 후에는 그 청약을 승낙하여도 계약을 성립시킬 수 없다. 한편 청약의 내용에 조건을 붙여 그 일부만의 승낙하는 부분적 승낙(partial acceptance)은 반대 청약이 되어 최초의 청약에 대하여 거절하는 효과를 가지므로 최초의 청약의 효력은 상실된다.

피청약자가 청약자에 대하여 청약의 내용을 바꾸어 주기를 바라거나 문의하는 의뢰부 승낙 (acceptance accompanied by request)은 반대청약이 아니기 때문에 청약의 효력에 영향을 미치지 않는다. 그리고 **청약의 철회(revocation of offer)**는 청약의 **효력을 소멸**시키는 의사표시이다. 이것은 **반드시 상대방에게 통지**되어야 하고, 그 통지는 상대방이 청약을 승낙하기 전에 상대방에게 도달해야 한다. 그리고 피청약자나 청약자가 청약이나 반대 청약의 승낙 이전에 어느 일방이 사망했을 경우(death of parties)은 청약이나 반대 청약은 그 효력을 상실한다. 또한 **시간의 경과(lapse of time)에 따라 청약**은 그 내용에 승낙기간이 정해져 있을 경우에는 그 기간이 경과하면, 그와 같은 기간이 정해져 있지 않을 경우에는 상당한 기간(reasonable time)이 경과하면 **효력이 소멸**한다.

청약의 철회	청약이 효력을 발생하기 전에 임의로 의사표시를 회수함으로써 그 효력을 상실시키는 것이다. 우리나라와 일본 등은 확정기간 혹은 상당한 기간 내에 청약의 철회하지 못한다고 규정하고 있다. (피청약자의 손해배상가능) 반면에 영미법은 피청약자에게 청약이 도달하기 이전에 철회가 가능하다. (피청약자의 손해배상청구 사유가 없다.) 유엔 CISG는 청약이 취소불능이라도 그 철회가 청약의 도달 전 또는 그와 동시에 피청약자에게 도달하는 경우에 이를 철회할 수 있다고 규정하고 있다. CISG 제15조 2항
청약의 거절	승낙자가 청약의 내용을 거절하는 것이다. 청약의 거절이 청약자에게 도달하는 때에 그 효력을 상실한다. CISG 제17조
기간의 경과	청약의 유효기간을 경과한 것이다. 확정청약인 경우에는 그 기간이 경과하면 청약은 소멸하며, 자유청약인 경우에는 상당한 기간(상당한 기간이란 사실의 문제이다.)이 경과하면 청약은 소멸한다.
당사자의 사망	영미법에서는 당사자의 사망에 의하여 소멸된다. 즉, 당사자가 합의에 도달할 수 없기 때문이다. 반면에 대륙법계에서는 당사자의 사망은 계약에 영향을 주지 않는다.
후발적 위법	청약이 행하여진 이후 승낙이 이루어지기 전에 계약의 이행이 위법이 되는 경우 그 청약은 효력을 상실한다.
청약의 취소	청약이 유효하게 성립된 후, 승낙을 통해 계약이 성립되기 전 즉, 피청약자가 승낙 통지를 발하기 이전에 유효한 청약의 효력을 소멸시키는 것이다

>> Question 04-19
승낙(Acceptance)

> 개요 Acceptance란 피청약자가 청약자의 청약에 대하여 그 청약의 내용 또는 조건을 모두 수락하고 계약을 성립시키겠다는 의사표시를 말하는 것이다. 계약을 유효하게 성립시키기 위해서는 첫째, 승낙은 청약의 유효기간 내에 행해져야 하며, 둘째, 청약의 모든 내용에 대해 무조건 승낙(unconditional acceptance)하는 완전한 승낙(complete acceptance)이어야 한다.

승낙의 방법이 지정되어 있는 경우에는 지정된 통신수단을 이용하여 승낙하여야 한다. 이때 **다른 통신수단을 이용하게 될 때**는 청약자의 승인이 없다면 그 계약은 무효가 된다. 이와 달리 **지정통신수단이 없는 경우**에는 합리적인 방법으로 승낙하면 된다.

승낙의 기본요건은 승낙의 내용은 청약의 모든 사항 내지 조건의 세부에 걸쳐서 **완전히 일치하여야 한다.** 이를 **경상의 원칙(mirror image rule)**이라 하며, 각국 계약법의 기본원칙이 된다. 청약내용을 **무수정·절대적·최종적·무조건적으로** 하여야 한다. 승낙은 **청약이 그 효력을 가지고 있는 기간 내**에만 할 수 있다. 상대방이 내심으로 청약을 승낙할 결심을 하였더라도 그 결심은 유효한 승낙으로 되지 않으며, **승낙의 의사를 청약자에게 표시해야 한다.** 즉, 청약이 **메일로 된 경우에는** 메일로, 팩스로 된 경우에는 팩스로 승낙하면 된다.

승낙의 효력발생 시기에 관하여 다음의 세 가지 이론이 있다. **발신주의(post-mail rule)**는 피청약자가 승낙의 의사표시를 발신했을 때 계약이 성립한다고 보는 입법주의이다. **도달주의(receipt rule)**는 피청약자의 승낙의 의사표시가 청약자에게 **도달한 때에 계약이 성립**한다고 보는 입법주의이다. **요지주의**는 단순히 물리적으로 승낙의 의사표시가 도달될 뿐만 아니라 현실적으로 청약자가 **그 내용을 인지한 때에 계약이 성립**한다고 보는 입법주의이다.

한국 민법, 일본 및 영미법은 대면, 전화, 텔렉스, 팩시밀리 및 EDI와 같이 거의 동시상황으로 이루어지는 **대화자간에는 도달주의를 채택**하고, 우편, 전보와 같이 시차가 있는 통신수단으로 이루어지는 **격지자간에는 발신주의를 채택**하고 있다.

그러나 **국제물품 매매계약에 관한 UN협약은 도달주의를 채택**하고 있다. 발신주의는 보통 피청약자에게 유리한 반면, 청약자에게는 불리하므로 무역실무상 offer를 할 때 발신주의를 도달주의로 변경하는 것이 일반적이다.

실무적으로는 거래당사국의 법률이나 관례를 잘 모르므로 Offer Sheet상에 "This offer is subject to acceptance reaching(arriving) here (to us) by March 10, 2019" 등으로 명시하여 **도달주의를 채택하는 것**이 일반적이다

>> Question 04 - 20
승낙의 방법과 철회

개요 승낙(Accepatance)은 **피청약자가 청약자의 청약을 수락하여 계약을 성립시키고자 하는 의사표시이다.** 청약에 대하여 승낙이 있어야 비로소 하나의 계약이 성립한다.

승낙의 방법은 청약의 방법과 같이 승낙의 방법이 **별도로 정하여져 있지 않는 한 구두, 서면 또는 행위에 의해서두 가능**하다. 대륙법계는 방법에 대한 특별한 규정은 없다. 반면에 영미법계는 주위의 상황을 고려하여 합리적인 방법으로 행하도록 규정하고 있다.

UCC(미국통일상법전) 동의의 진술에 의한 승낙방법은 전화, 전보, 텔렉스, 팩시밀리, 전자통신문, 우편 등이 가능하다. 행위에 의한 승낙은 관행이나 관습에 의하여 인정되는 경우에 한하여 승낙을 인정하고 있다.

일반원칙으로서 승낙은 청약자에게 통지되지 않았다면 또는 통지될 때까지는 그 효과가 발생하지 않는다. 즉 이러한 원칙은 승낙의 사실이 청약자가 인식하지 않으면 안된다는 것을 의미한다. 즉, 승낙의 철회자체가 승낙이 도달되기 전에 전달되는 한, 승낙의 철회는 가능하다

그러나 영미법의 경우, 우편 또는 전보에 의한 승낙은 발신주의의 입장에서 서신이 우편함에 투함되거나 전보가 전보국의 계원에게 제출된 시점에서 그 효력이 발생되기 때문에, 승낙이 일단 발신되면 계약이 성립되므로 청약의 철회는 불가능하다.

그리고 **승낙의 철회**는 승낙자가 승낙을 발신한 후 그것이 도달하기 전에 그것의 효력을 상실시키는 것이다. 발신에 의하여 승낙이 이루어지는 경우에는 해당되지 않으며, 도달주의의 입법례에 의한 경우가 가능한 환경이라고 할 수 있다.

이에 따라 발신과 수신이 동시에 이루어지는 전화, 텔렉스, 팩시밀리, EDI메시지 등에 의한 경우는 승낙의 철회문제가 생기지 않는다. 따라서 승낙의 철회는 일반적으로 우편이나 전보 등의 발신과 수신의 시차가 생기는 경우에 한한다.

따라서 승낙의 철회가 가능하다면 일단 승낙이 청약자에게 통지된 후에는 청약을 철회할 수 없는 청약자에게 상당히 불리한 결과가 초래되고, 반면에 피청약자는 그 나름대로의 유리한 위치에 설 수 있기 때문에 승낙의 통지가 청약자에게 도달하기 전에 철회하여야 한다. 그렇지 못한 경우에는 계약자체의 취소 또는 해제가 필요한 부문이다.

요약

- 청약이란 청약자가 피청약자와 일정한 조건에서 계약을 체결하겠다는 뜻을 나타낸 의사표시, 즉 계약체결의 의사표시를 말한다.
- 승낙은 피청약자가 계약을 성립시킬 목적으로 청약에 응하여 청약자에 대하여 행하는 의사표시이다.
- 무역계약은 물품이 국제적 이동하는 수출입거래를 포함하여 대리점계약, 플랜트수출계약, 합작투자계약 등의 제반계약을 말한다. 그럼에도 기본적인 계약은 매도인과 매수인사이에 체결되는 국제물품매매계약(Contracts for the International Sale of Goods)를 말한다.
- 무역에서 클레임이 발생하는 원인은 품질 불량, 수량 과부족, 선적 지연 등 여러 가지가 있는데, 원인이 무엇이든 가능한 한 신속하고 합리적으로 해결 할 수 있는 방안을 모색해야 한다.
- 따라서 클레임이 발생할 경우를 대비해 해결 방법을 미리 약정해 둘 필요가 있다. 그렇지 않으면 소송으로까지 이어질 위험이 있다.
- 클레임 조건에는 물품 인도 또는 서류 도착 후 며칠 이내에 클레임 제기를 해야 하는지 클레임 제기기한을 명시해야 한다. 또한 제기한 클레임의 정당성을 입증할 수 있는 공인된 감정인의 감정보고서를 첨부하도록 합의해야 하며, 분쟁해결기관으로 어느 중재기관을 선정할 것인지 계약서상에 명시하는 것이 바람직하다.
- 일반적으로 분쟁이 발생하면 화해·알선·조정·중재·소송 등의 과정을 밟으나, 가급적이면 많은 시간과 비용이 소요되는 소송을 피하고 조정이나 중재로 해결하는 것이 좋다.
- 마지막으로 무역계약시에는 장래에 예견되는 여러 가지 분쟁에 대한 책임 소재를 명확히 정해놓아야 한다. 따라서 계약서에는 불가항력, 권리침해, 계약해석의 근거법규(준거법) 등의 중재조항을 명시해야 한다.

 용어

- 청약
- 발신주의
- 승낙
- 도달주의
- 국제물품매매계약
- 요지주의

 설명문제

1. 무역계약의 특수성에 대하여 설명하시오.
2. 무역계약의 종류에 대하여 설명하시오.
3. 청약과 승낙에 대하여 설명하시오.
4. 무역계약의 성립 시기에 대하여 설명하시오.

PART

05

인코텀즈(Incoterms)

정형무역거래조건

> **개요** 인코텀스(Incoterms)란 각국의 상관습을 국제적으로 통일해 무역업자들이 임의로 사용할 수 있도록 국제상업회의소에서 정형거래조건 해석을 위해 제정한 국제규칙(International Rules for the Interpretation of Trade Terms)이다.
> 인코텀스는 수출업자와 수입업자의 권리 및 의무를 국제적으로 통일해 규정한 규칙으로, 강제력은 없으나 실질적으로 국제 무역에서 보편적으로 사용 되고 있다. 또한 인코텀스에서는 수출업자가 수입업자에게 판매 가격을 견적할 때 혼동하기 쉬운 물품의 각종 비용 범위를 정형화시켜두고 있기 때문에 무역업자들은 이것을 반드시 알고 있어야 한다.

국가나 지역에 따라 각기 **상관습과 실정법이 다르기 때문에** 무역조건의 국제적 통일화를 위해 **국제무역규칙이 제정**됐다. 그 중 세계적으로 가장 보편화된 규칙은 **인코텀스**(Incoterms)와 CIF **조건**(운임 및 보험료포함인도조건)에 관한 단행 법규인 **와르소–옥스포드 규칙**(Warsaw–Oxford Rules, 1932)이다.

와르소–옥스포트 규칙은 서문과 21개 조항으로 구성된 국제 규칙으로, 영국의 CIF 관습과 이에 관한 판례를 토대로 작성됐다. 1928년 국제법협회(ILA)의 와르소 회의에서 채택됐다가, 1932년 옥스퍼드 회의에서 상정됐다.

인코텀스는 일반적으로 무역계약 체결시 거래 당사자는 **가격조건, 선적조건, 보험조건** 등 무역계약의 제반 조건을 보완하기 위해 **정형거래조건**(Trade Terms)을 채택하는데, 이는 매매 당사자 간의 복잡한 법률관계를 해석하는 기준이 되기도 한다.

무역계약에 정형거래조건을 적용하는 것은 2가지 의미가 있다. 좁은 의미로는 비용조건으로서의 **가격조건**(Terms of Price)만을 뜻한다. 즉 물품이 수출업자에서 수입업자에게 인도될 때까지 발생하는 **운송 비용, 보험료, 금융 비용 및 행정 비용** 등에 **제반 비용**을 수출업자와 수입업자 중에서 **누가 부담해야 하는지**에 대한 비용 부담의 한계를 나타낸다.

한편 넓은 의미로는 **인도조건**(Terms of Delivery)을 뜻한다. 이는 가격조건으로서 수출업자와 수입업자 간의 **비용 부담 한계와 위험 부담의 한계**, 수출업자가 제공해야 하는 **서류 및 그 외의 의무** 등 법률적인 관계를 해석하는 기준이 된다.

좁은 의미	넓은 의미
가격조건(Terms of Price)	인도조건(Terms of Delivery)

>> Question 05-2

인코텀즈 2010(INCOTERMS 2010)

> **개요** 인코텀즈(INCOTERMS)는 International Commercial Terms의 약칭이며, 국제무역의 발전과 실무에 맞춰 대략 10주년을 주기로 개정되고 있다. 국제상업회의소는 2010년 9월 16일 [인코텀즈 2000]을 개정한 [인코텀즈 2010]을 발간하고, 2011년 1월 1일부터 발효한다고 공표하였다. 부제(副題)는 ICC Rules for the Use of Domestic and International Trade Terms(국내 및 국제 거래 조건의 사용에 관한 ICC 규칙)이다.

〈인코텀즈 2000〉과 비교하여 〈인코텀즈 2010〉의 주요 **변경사항 및 유의사항**에 대해 알아보기로 하자. **〈인코텀즈 2010〉의 주요 변경사항**은 〈인코텀즈 2000〉에서는 E그룹, F그룹, C그룹, D그룹의 4그룹으로 분류하고 있지만, 2010개정에서는 '**모든 운송 수단에도 적합한 규칙**'과 '**해상 및 내륙수로 운송을 위한 규칙**'의 2클래스로 **분류**하고 있다.

〈인코텀즈 2010〉에서는 DAT(delivered at terminal)와 DAP(delivered at place)라고 하는 2개의 규칙이 **신설**되는 한편, 〈인코텀즈 2000〉의 **13개 조건** 중에서 DDU, DEQ, DES, DAF의 4개 조건이 **폐지**되어 규칙의 수는 합계 **11개** 조건이다.

또한 〈인코텀즈 2000〉에서 FOB, CFR, CIF의 해석은 판매자 측으로부터 구매자 측에게의 '위험의 이전'과 '비용의 분담'의 분기점은 '**on board**'가 아니고 '**본선의 난간(ship's rail)**'을 통과하는 시점으로 되어 있다. 그런데 〈**인코텀즈 2010**〉에서는 "물품의 멸실 또는 손상의 위험은 물품이 본선의 선사에 놓여졌을(**on board**) 때, 또는 그 같이 인도된 물품을 조달(선상매매계약체결)할 때에 이전되고, 구매자는 그 시점 이후의 모든 비용을 부담한다"라고 되어 있다.

목적지인도조건이 DDP(관세지급필 인도조건)와 2개의 새로운 규칙, 즉 DAT(Delivery at Terminal, **터미널인도규칙**) 및 DAP(Delivery at Place, **목적지인도규칙**)의 3개로 집약된다. 목적지인도규칙의 경우 **지정목적지까지의 물품에 대한 모든 위험과 비용을 판매자(Seller)가 부담하는 것**으로 되어 있기 때문에 **지정목적지명을 정확하게 명기할 필요**가 있다.

DAT(Delivery at Terminal) 터미널인도 규칙	DAP(Delivery at Place) 지정목적지인도 규칙
〈인코텀즈 2000〉에서의 DEQ조건의 대용이며, 운송수단에서 하역된 후 구매자의 처분으로 넘어갔을 때에 판매자로부터 구매자에게 물품이 인도되는 것이다.	〈인코텀즈 2000〉에서의 DAF, DES, DDU조건의 대용이며, 운송수단에서 하역준비가 완료된 후 구매자의 처분으로 넘어갔을 때에 판매자로부터 구매자에게 물품이 인도되는 것이다.

EXW 조건과 매매당사자의 주요 의무

> 개요   EXW는 Ex Works의 약칭으로 '공장인도'를 말한다. 화물을 매도인의 작업장 구내 또는 공장 구내 등에서 매수인이 인수 가능하게 하는 것만을 매도인의 유일한 책임으로 하는 매도인의 최소한의 의무를 나타낸 규칙이다. 매도인은 매수인이 준비한 차량에 화물을 적재해야할 책임도 없고, 매수인이 화물을 작업장 내로부터 원하는 목적지까지 운송하는 모든 비용과 위험을 부담해야 한다. 이 규칙은 매도인의 입장에서는 국내매매와 실질적으로 동일하기 때문에 무역에서는 가장 낮은 가격을 구성하는 것으로, 외국무역에 익숙하지 못한 생산자가 직접 수출하는 경우 또는 매수인의 지점이나 출장소가 수출국에 설치되어 있어 수출지의 사정에 능통한 경우에 이용된다.

1. 인도 및 위험의 이전(Delivery & transfer of risks)

매도인은 물품을 **지정된 인도장소에서** 약정된 일자 또는 약정된 기간 안에 매수인에게 인도하며, 매수인은 이 시점에 인수한다. 또한 **매수인이 요청하면** 매수인이 모든 위험 및 비용을 부담하는 조건으로 **매도인은 수출통관에 관한 협조를 제공**하여야 하며, 계약화물을 매수인의 임의처분상태로 인도될 시기와 장소에 대하여 충분히 통지해야 하며, 포장과 적절한 화인(marking)이 필요한 경우 이를 이행하여야 한다.

매수인은 수출입승인과 통관수속절차를 이행하여야 하고, 약정기간 내에 화물의 인수시기와 장소가 유보될 경우에는 매도인에게 충분한 통지를 하여야 한다.

매도인은 매수인에게 화물을 인도할 때까지 화물의 모든 위험을 부담하여야 하고 **인도 이후의 위험은 매수인이 부담하여야한다**. 다만 매수인이 운송인을 지정하지 아니하거나 화물인수를 위한 적절한 통지를 하지 아니함으로써 **매도인이 화물을 인도하지 못하는 경우**에는 매수인은 인도를 위하여 합의된 일자의 만기일로부터 화물의 모든 위험을 부담하여야 한다.

2. 비용의 부담(Allocation of costs)

매도인과 매수인 간의 **비용분기점은** 위험의 이전시점과 **동일하다**. 매도인은 화물을 직접 제조하거나 구매, 조달하는 데 따른 기본원가 포장비, 화물검사비용 등을 부담한다. 매수인은 물품대금을 결제해야 하며, 매도인으로부터 화물을 인수한 이후의 모든 비용 수출국 내륙운송비, 수출통관비, 적재비용, 해상운임, 양륙비용, 수입통관비용, 수입국 내륙운송 비용 등을 부담한다.

>> Question 05-4

FCA조건과 매매당사자의 주요 의무

//

개요 FCA는 Free Carrier의 약칭으로 '운송인 인도'를 말한다. 매도인이 화물을 수출 통관하고, 지정된 장소에서 지정된 운송인에게 인도하는 규칙이다.
인도가 매도인의 영업장 구내에서 이루어지는 경우에는 매도인은 적재의 책임을 부담하며, 기타의 장소에서 이루어지는 경우에는 매도인이 화물 양륙의 책임을 부담하지 아니한다.
FCA 규칙은 운송방식에 관계없이 모든 운송방식(복합운송 포함)에 사용될 수 있도록 한 규칙이다.

1. 인도 및 위험의 이전

매도인은 화물인도를 위하여 합의된 일자 또는 기간 내에 지정된 장소에서 매수인에 의하여 지정되거나 또는 매도인에 의하여 **선택된 운송인 또는 기타의 자에게 화물을 인도**하여야 하며 화물인도에 따른 통지를 하여야 한다.

매도인은 **매도인의 인도의무 규정에 따라** 화물을 인도할 때까지 화물의 모든 위험을 부담하여야 하고 **그 이후의 모든 위험은 매수인이 부담한다.**

매수인은 운송계약을 체결하여 수입국으로 운송하여야 하며, **매수인이 운송인을 지정하지 아니하거나 화물인수를 위한 적절한 통지를 하지 아니함으로써** 매도인이 화물을 인도하지 못하는 경우에는 **매수인**은 인도를 위하여 합의된 일자의 만기일로부터 화물의 모든 위험을 부담하여야 한다.

2. 비용의 부담

매도인과 매수인 간의 비용의 분기점은 위험의 이전시점과 동일하다. 매도인은 화물을 운송인에게 인도할 때까지의 모든 비용(기본원가, 간접원가, 포장비, 검사비용, 수출통관비 등)을 부담한다.

매수인은 화물을 인수하고 그 대금결제를 하여야 하며, **매수인**은 화물을 매도인으로부터 인수한 이후이 모든 비용(해상운임, 양륙비용, 수입통관비용, 수입국내륙운송비용 등), **매수인**이 화물의 인도를 위한 통지를 하지 아니할 때 합의된 일자의 만기일로부터 화물에 발생된 **모든 추가적인 비용을 부담**한다.

CPT조건과 매매당사자의 주요 의무

> 개요 CPT는 Carriage Paid To의 약칭으로 '운송비지급인도'를 말한다 매도인이 지정한 운송인에게 화물을 인도하고 목적지까지 화물을 운반하는 데 필요한 운송비를 지급하여야 하는 조건이다. 이 조건에서는 목적지까지 운송하기 위하여 2인 이상의 운송인이 사용되는 경우에는 위험은 화물이 최초의 운송인에게 인도된 때에 이전된다. CPT조건은 FCA, CIP조건과 더불어 복합운송을 포함하여 운송방식에 관계없이 사용될 수 있다.

1. 인도 및 위험의 이전시점

매도인은 합의된 일자 또는 기간 내에 지정된 장소에서 운송계약이 체결된 운송인에게 화물을 인도하여야 하고, 매수인은 매도인이 인도한 때 인도를 승낙하여야 하며 최종목적지에서 이를 수령하여야 한다.

매도인은 수출승인이나 기타 수출에 필요한 공적 승인을 얻고, 수출통관 등 세관수속절차를 이행하여야 하며, 지정된 목적지까지의 운송계약을 체결해야하며, 화물이 최초의 운송인의 보관하에 인도 완료되었음을 매수인에게 통지하여야 한다.

매수인은 수입승인이나 기타 공적 승인을 얻고, 수입통관 등 수입을 위한 수입국 세관수속절차를 이행하여야 한다. 매도인과 매수인 간의 위험의 이전시점은 FCA조건과 동일하다.

2. 비용의 부담

화물에 대한 위험이전의 시점은 수출국이고 **비용의 분기점**은 수입국까지 운송비를 포함함으로써 양자를 상이하게 분리하고 있다.

매도인은 화물이 매수인에게 인도될 때까지 모든 비용(기본원가, 간접원가, 포장, 검사비, 수출국내륙운송비, 수출통관비, 적재비용, 해상운임을 포함한 목적지까지의 운송비), 양륙비용(운임에 양륙비용을 포함할 경우), **운송계약에 따라 매도인 부담으로 제3국으로의 통과를 위하여 지급되는 모든 관세, 조세 및 기타 부담금을 부담**한다.

매수인은 물품대금을 지급하여야 하며, 화물이 인도된 후 화물에 관련된 모든 비용(보험료, 수입통관비 등), 양륙비용(운임에 양륙비용을 포함하지 않을 경우), 매수인이 인도와 관련된 통지를 하지 아니하여 합의된 일자의 만기일로부터 화물에 발생된 모든 추가적인 비용을 부담한다.

>> Question 05-6

CIP조건과 매매당사자의 주요 의무

> 개요 CIP는 Carriage and Insurance Paid to의 약칭으로 '운송비·보험료지급인도'를 말한다. 매도인은 자신이 지정한 운송인에게 화물을 인도하고 운송비를 지급하여야하며 운송 중에 발생할 위험에 대비한 보험계약을 체결하고 보험료를 지급하여야한다.
> CIP조건도 FCA 및 CPT조건과 더불어 복합운송을 포함한 운송방식에 관계없이 사용될 수 있는 조건이다.

1. 인도 및 위험의 이전시점

매수인은 화물이 인도된 때에 화물의 인도를 승낙하여야 하며 또 지정된 장소에서 운송인으로부터 이를 수령하여야 한다.

매도인은 수출승인이나 기타 수출에 필요한 공적 승인을 얻고, 수출통관 등 세관수속절차를 이행하여야 한다. 지정된 목적지까지의 운송계약을 체결해야하며, 화물이 **최초의 운송인의 보관하에 인도.완료되었음을** 매수인에게 **통지**하여야 하고 아울러 운송위험에 대비한 보험계약을 체결하여야 한다.

매수인은 화물이 인도된 때에 화물의 인도를 승낙하여야 하며 또 지정된 장소에서 운송인으로부터 이를 수령하여야 한다. 매도인의 요청이 있으면 보험 계약체결에 필요한 정보를 매도인에게 제공해 주어야 한다. 위험의 이전시점은 FCA조건과 동일하다.

2. 비용의 부담

CPT조건과 마찬가지로 **화물에 대한 위험이전의 시점**은 **수출국**이고 **비용의 분기점**은 수입국까지의 운송비와 보험료를 포함함으로써 양자를 상이하게 분리하고 있다.

매도인은 화물이 매수인에게 인도될 때까지 화물에 관련된 모든 비용(기본 원가, 간접원가, 포장, 검사비, 목적지까지 운송비, 수출통관비, 적재비용, 양륙비용 보험료 등),제3국으로의 통과를 위하여 지급되는 모든 관세, 조세 및 기타 부담금을 부담한다.

매수인은 화물 대금을 지급하여야 하며, 화물이 인도된 후 화물에 관련된 모든 비용(수입통관비, 관세, 조세 및 부담금 등), **매수인**이 화물인도와 관련된 통지를 하지 아니하여 지정된 일자의 만기일로부터 화물에 발생된 모든 추가적인 비용을 부담한다.

DAT조건과 매매당사자의 주요 의무

> **개요** DAT는 Delivered At Terminal의 약칭으로 '터미널인도'를 말한다. 매도인이 도착지의 지정된 터미널에 물품을 내리지 않은 상태로 인도하는 조건이다. 기존의 국경, 착선, 부두의 개념을 Incoterms 2010을 통하여 DAT와 DAP로 통합하면서, 매도인의 경우에는 **수입국의** 지정된 터미널까지의 위험과 비용을 부담하며, 도착지의 지정된 터미널에서 내린 상태로 물품을 인도하면 **위험과 비용이** 매수인에게 이전된다.
> 또한 지정된 터미널에서 인도되기 때문에 지정된 터미널을 매도인과 매수인은 명확하게 명시하고 통지하여야만 한다. 그리고 수출통관은 매도인, 수입통관은 매수인이 한다. DAT의 경우에는 운송형태에 관계없이 사용될 수 있는 조건이며, 주로 복합운송에 사용되는 조건이다.

1. 인도 및 위험의 이전시점

매도인은 수출승인 등 수출을 위한 공적 승인을 취득하고 수출통관절차를 이행한 후, 수입국내의 터미널까지 운송계약을 체결하고 화물을 **운송하여 양하한 상태에서** 계약에 일치하는 화물을 매수인에게 인도한다. 또한 품질검사와 수량검사 등 필요한 검사를 이행하고, 화물포장과 적절한 화인을 표시하여야 한다. **매도인**은 화물을 인도할 때까지 화물의 모든 위험을 부담하여야 하며, **매수인**은 그 이후의 모든 위험을 부담하여야 한다. 매수인은 인도와 관련한 통지를 하지 아니한 경우에는 인도를 위하여 합의된 일자의 만기일로부터 화물의 모든 위험을 부담하여야 한다. 매수인은 화물이 인도되면 지체 없이 이를 인수하고, 대금결제를 하여야 하며, 운송서류가 제공되면 이를 인수해야 한다. 그리고 수입승인이나 기타 수입을 위한 공적 승인을 취득하고 수입통관절차를 취하여야 한다.

2. 비용의 부담

비용의 분기점은 위험의 이전시점과 같다. **매도인**은 화물이 매도인으로부터 매수인에게 인도될 때까지 화물에 관련된 모든 비용(기본원가, 간접원가, 포장비, 검사비, 수출국내륙운송비, 수출통관비, 해상운임, 양륙비용, 수입국내륙운송비) 제3국 통과시 통과비용(관세, 조세 및 기타 부담금)을 부담한다.

매수인은 화물이 인도된 후 화물에 관련된 모든 비용(수입통관비, 관세, 조세 및 기타 부과금 등), 매수인이 화물인도와 관련된 통지를 하지 아니한 경우에는 지정된 기간의 만기일로부터 발생된 모든 추가적인 비용을 부담한다.

≫ Question 05-8

DAP조건과 매매당사자의 주요 의무

개요　DAP는 Delivered At Place의 약칭으로 '목적지인도'를 말한다. 매도인은 도착지의 매수인이 지정된 장소까지 위험과 비용을 부담하며, 도착지의 지정된 장소에서 내리지 않은 상태로 물품을 인도하면 위험과 비용이 매수인에게 이전된다.
또한 지정된 장소에서 인도되기 때문에 지정된 장소를 매도인과 매수인은 명확하게 명시하고 통지하여야만 한다. 그리고 수출통관은 매도인, 수입통관은 매수인이 한다. DAP의 경우에는 운송형태에 관계없이 사용될 수 있는 조건이며, 주로 복합운송에 사용되는 조건이다.

1. 인도 및 위험의 이전시점

　매도인은 수출승인 등 수출을 위한 공적 승인을 취득하고 수출통관절차를 이행한 후, 수입국내의 지정목적지까지 운송계약을 체결하고 **화물을 운송하여 내리지 않은 상태에서** 계약에 일치하는 화물을 매수인에게 인도한다. 또한 품질검사와 수량검사 등 필요한 검사를 이행하고, 화물포장과 적절한 화인을 표시하여야 한다.

　매도인은 화물을 인도할 때까지 화물의 모든 위험을 부담하여야 하며, 매수인은 그 이후의 모든 위험을 부담하여야 한다. **매수인**은 인도와 관련한 통지를 하지 아니한 경우에는 인도를 위하여 합의된 일자의 만기일로부터 화물의 모든 위험을 부담하여야 한다.

　매수인은 화물이 인도되면 지체 없이 이를 인수하고, 대금결제를 하여야 하며, 운송서류가 제공되면 이를 인수해야 한다. 그리고 수입승인이나 기타 수입을 위한 공적 승인을 취득하고 수입통관절차를 취하여야 한다.

2. 비용의 부담

　비용의 분기점은 위험의 이전시점과 같다. 매도인은 화물이 매도인으로부터 매수인으로 인도될 때까지 화물에 관련된 모든 비용 기본원가, 간접원가, 포장비, 검사비, 수출국내륙운송비, 수출통관비, 해상운임, 양륙비용 수입국내륙운송비, 제3국 통과시 통과 비용관세, 조세 및 기타부담금을 부담한다. **매수인**은 화물이 인도된 후 화물에 관련된 모든 비용 수입통관비, 관세, 조세 및 기타부과금 등 **매수인**이 화물인도와 관련된 통지를 하지 아니한 경우에는 지정된 기간의 만기일로부터 발생된 모든 추가적인 비용을 부담한다.

DDP조건과 매매당사자의 주요 의무

> **개요** DDP는 Delivered Duty Paid의 약칭으로 '관세지급인도'를 말한다. 매도인은 화물을 수입통관하여 관세를 지급하고, 지정된 목적지까지의 운송하여 매수인에게 인도하는 규칙이다. EXW조건이 매도인에게 최소한의 의무를 나타내는 조건이라 한다면 DDP는 최대한의 의무를 나타낸다.

1. 인도 및 위험의 이전 시점

매도인은 수입국의 매수인 창고 등 **매수인이 지정한** 목적지에서 **매수인에게 내리지 않은 상태에서 화물을** 매수인에게 인도한다. **매도인**은 수출승인과 화물의 수출과 수입을 위한 수출국과 수입국에서의 여러 가지 공적 승인을 취득하고, 나아가 수출통관과 수입통관을 포함한 수출국과 수입국에서의 세관수속절차를 이행하여야 한다. 이 밖에 계약에 일치되는 화물제공의무, 운송계약체결 의무, 수출국에서의 화물의 선적통지의무, 화물검사 이행의무, 보험부보 정보제공의무를 부담하여야 한다.

매도인은 화물을 인도할 때까지 화물의 모든 위험을 부담하여야 하며, **매수인**은 그 이후의 모든 위험을 부담하여야 한다. 매수인은 인도와 관련한 통지를 하지 아니한 경우에 인도를 위하여 합의된 일자의 만기일로부터 화물의 모든 위험을 부담하여야 한다.

매수인은 **매도인의 요청이 있을 경우** 매도인의 위험부담과 비용부담으로 수입승인 및 화물의 수입에 필요한 기타의 공적 승인을 취득함에 있어 모든 협조를 제공하여야 하며, 화물인수의무, 대금지급의무 등을 부담하여야 한다.

2. 비용의 부담

비용의 분기점은 위험의 이전시점과 같다. **매도인**은 화물이 매도인으로부터 매수인으로 인도될 때까지 화물에 관련된 모든 비용(기본원가, 간접원가, 포장비, 검사비, 수출국내륙운송비, 수출통관비, 해상운임, 양륙비용, 수입국내륙운송비, 수입관세 등), 제2국 통과시 통과비용(관세, 조세 및 기타부담금)을 부담 한다.

매수인은 화물이 인도된 후 화물에 관련되어 발생할 수 있는 비용, 매수인이 화물 인도와 관련된 통지를 하지 아니한 경우에는 지정된 기간의 만기일로부터 발생된 추가비용을 부담한다.

>> Question 05-10
FAS조건과 매매당사자의 주요 의무

개요 FAS는 Free Alongside Ship의 약칭으로 '선측인도'를 말한다 매도인이 화물을 지정된 선적항의 본선의 선측에 인도하고 그 이후에는 매수인이 화물에 대한 모든 비용과 위험을 부담하는 규칙이다. FAS조건은 해상운송 또는 내수로 운송에만 사용될 수 있고 복합운송에는 사용될 수 없다. 선적비용이 많이 소요 되는 대량의 Bulk Cargo거래에 자주 이용되고 있다.

1. 인도 및 위험의 이전시점

매도인은 합의된 일자 또는 기간 내에 지정된 선적항에서 그 항구의 관습적인 방법에 따라 화물을 **매수인이 지정한 선박의 선측에 적치**하여야 하며, **매수인**은 이 시점에서 화물을 인수하여야 한다. **매도인**은 매수인의 임의처분 상태 하에 화물에 대한 품질검사나 수량검사를 해야 하고, 수출통관 등 기타 수출국에서의 화물의 수출에 필요한 공적 절차를 이행한다. 그리고 Bulk Cargo가 아닌 화물 운송인 경우는 필요한 포장을 한 후 적절한 화인(marking)을 하여야 한다.

매도인은 화물을 선측에 인도하기까지 화물의 모든 위험을 부담하여야 하며, **매수인**은 그 이후의 위험을 부담하여야 한다. 다만 **매수인**이 운송인을 지정 하지 아니하거나 화물 인수를 위한 적절한 통지를 하지 아니함으로써 매도인이 화물을 인도하지 못하는 경우에는 매수인은 인도를 위하여 합의된 일자의 만기일로부터 화물의 모든 위험을 부담하여야 한다.

매수인은 화물을 인수하고 그 대금결제를 하여야 하며, 운송계약을 체결하여 화물을 수입국으로 운송하여야 하고, 수입승인과 수입통관 및 필요한 경우 수입에 관련된 공식적인 수속절차를 이행하여야 한다. 또한 매수인은 별도의 약정이 없는 한 **선적전 검사비용**을 부담하여야 한다.

2. 비용의 부담

비용의 분기점은 위험의 이전시점과 동일하다. **매도인은 본선의 선측**에 화물을 인도할 때까지의 모든 비용(기본원가, 간접 원가, 포장비, 품질·용적·중량·수량의 화물 검사비용, 수출통관비 등을 부담한다.

매수인은 화물이 **선측에 인도된 이후**의 모든 비용(해상운임, 양륙비용, 수입통관비용, 수입국 내륙운송비) 등을 부담한다.

FOB조건과 매매당사자의 주요 의무

> 개요 FOB는 Free On Board의 약칭으로 '본선인도'를 말한다. FOB조건은 무역거래에서 가장 많이 사용되는 조건 중의 하나이며, 화물이 지정된 선적항에서 본선에 적재(On Board)될 때 매도인의 화물인도의무가 종료된다. FAS조건과 같이 해상운송 또는 내수로 운송에만 사용될 수 있는 거래조건 이다.

1. 인도 및 위험의 이전시점

매도인은 약정된 일자 또는 기간 내에 지정된 선적항에서 화물을 매수인이 지정한 선박 내에 인도하여야 한다. 또한 **매수인**은 약정된 일자 또는 기간내에 지정된 선적항에서 선박의 **본선의 갑판 상(On Board)에서** 인수하여야 한다.

매도인은 수출승인과 수출통관 등 정부의 공적 절차를 이행하여야한다. 또한 화물을 본선 내에 인도 완료하였음을 매수인에게 통지해야 하고, 화물의 품질검사나 수량검사 등을 완료 해야 한다.

매도인은 지정된 선적항에서 **본선에 화물을 적재하였을 때까지** 화물의 위험을 부담하여야 하고, **매수인**은 화물이 본선에 적재 완료한 이후부터의 위험을 부담하여야 한다. 다만 매수인이 운송인을 지정하지 아니하거나 화물인수를 위한 적절한 통지를 하지 아니함으로써 매도인이 화물을 인도하지 못하는 경우에는 매수인은 인도를 위하여 합의된 일자의 만기일로부터 화물의 모든 위험을 부담하여야 한다.

매수인은 화물을 인수하고 대금결제를 해야 하며, 선적항에서부터 최종목적지까지의 운송 계약을 체결해야 한다.

2. 비용의 부담

비용의 분기점은 위험의 이전시점과 실질적으로 **동일하다.** 매도인은 지정된 선적항 배에서 본 선에 화물을 적재 완료할 때까지 화물에 관련된 모든 비용(기본원가, 간접원가, 포장비, 검사비, 수출국내륙운송비, 수출통관비, 적재 비용)을 부담한다.

매수인은 본선에서 매도인이 화물을 적재 완료한 이후의 모든 비용(해상운임, 양륙비용, 수입통관비, 수입국 내륙운송비 등)을 부담하고, 매수인이 화물의 인도를 위한 통지를 하지 아니함으로써 합의된 일자의 만기일로부터 화물에 발생된 모든 추가적인 비용을 부담한다.

>> Question 05-12

CFR조건과 매매당사자의 주요 의무

> **개요** CFR은 Cost and FReight의 약칭으로 '운임포함인도'를 말한다. 매도인이 선적항에서 본선에 화물을 적재완료 할 때에 매수인에게 인도하는 조건으로 매도인은 적재완료시까지의 모든 비용과 수입항까지의 화물운송에 필요한 운임을 부담하는 조건이다.

1. 인도 및 위험의 이전시점

매도인은 약정된 일자 또는 기간 내에 지정된 선적항에서 **선박의 갑판상**에 인도하고 그때 매수인은 화물의 인도를 승낙하며 **수입항에서 화물을 인수**한다. 매도인은 지정된 수입항까지의 화물 운송계약을 체결해야 하고, 화물이 **본선 상에 인도 완료되었음**을 통지해야 하며, 매수인이 화물을 인수함에 있어 통상적으로 요구되는 조치를 취할 수 있도록 하기 위한 기타의 필요한 통지도 해야 한다. 이 밖에 매도인은 계약과 일치하는 화물의 인도의무, 품질검사나 수량검사의 이행의무, 포장과 화인표시의무, 임의적 제공서류의 입수에 대한 협조의무, 매수인의 요청에 의한 보험부보 정보의 제공의무 등을 부담한다. **매수인**은 지정된 도착항에서 화물을 인수해야 하며, **화물선적시기나 수입항을 지정할 권한을 유보한 때에는** 매도인에게 그에 관한 지정내용을 충분히 통지해야 하고, 이러한 통지의무의 불이행으로 인한 불이익은 매수인이 책임진다. 매도인에서 매수인으로의 위험의 이전시점은 FOB조건과 동일하다.

2. 비용의 부담

CFR조건에서 비용의 분기점은 위험이전의 분기점과는 **일치하지 않는다.** 매도인은 지정된 선적항에서 본선에 화물을 적재완료 할 때까지 화물에 관련된 모든 비용 기본원가, 간접원가, 포장, 검사비, 수출국 내륙운송비, 수출통관비, 적재비용, 해상운임, 양륙비용운임에 양륙비용을 포함할 경우, **운송계약에 따라 매도인부담으로** 제3국으로의 통과를 위하여 지급되는 모든 관세, 조세 및 기타부과금을 **부담한다.**

화물이 **매수인에게 인도된 후** 화물에 관련된 모든 비용 수입통관비, 수입국 내륙운송비, 양륙비용운임에 양륙비용을 포함하지 않을 경우, 매수인이 화물의 인도를 위한 통지를 하지 아니함으로써 합의된 일자의 만기일로부터 화물에 발생된 모든 추가적인비용, **운송계약에 따라 매수인 부담으로** 제3국으로의 통과를 위하여 지급되는 모든 관세, 조세 및 기타부과금, 해상운송 도중 결빙, 혼잡, 노동쟁의, 정부의 명령, 전쟁 또는 이에 준하는 행위 등에 의해 발행하는 추가적인 비용은 **매수인이 부담한다.**

>> Question 05-13

CIF조건과 매매당사자의 주요 의무

> **개요** CIF는 Cost, Insurance and Freight의 약칭으로 '운임/보험료포함인도'를 말한다.
> 매도인이 화물을 선적항에서 본선에 적재완료한 때에 매수인에게 인도하는 조건으로 매도인은 지정된
> 수입항까지 화물을 운반하는 데 필요한 운송계약을 체결하고 운임을 지급해야 하며, 운송과정에 발생
> 할 수 있는 위험으로 인한 화물의 손해에 대비하여 보험계약을 체결하고 보험료도 지급해야 한다.
> CIF조건도 CFR조건과 마찬가지로 해상운송과 내수로 운송에 주로 사용될 수 있는 조건이다.

1. 인도 및 위험의 이전시점

매도인은 계약과 일치하는 화물을 제공하고, 도착항까지의 운송계약을 체결하여야 하며, 화물의 수출승인을 취득하고 수출통관절차를 처리하며, 화물에 대한 보험계약을 체결하고, 매수인이 화물을 인수함에 있어 통상적으로 요구되는 조치를 취할 수 있도록 필요한 통지를 하여야 한다.

매수인은 화물을 수령하고 약정한 대로 대금을 지급해야 하며, 수입승인 또는 기타 공적 승인을 취득하고 수입통관수속절차를 처리하고, 운송서류를 인수하여야 하며, 선적 전 검사비용을 지급하여야 한다. 매도인에서 매수인에게 위험의 이전시점은 FOB조건과 동일하다.

2. 비용의 부담

CIF조건도 CFR조건과 같이 **위험의 분기점과 비용의 분기점은 일치하지 않는다.**

화물의 수입항까지의 운임과 보험료는 **매도인이 부담**하고, 화물이 매수인에게 인도된 이후 화물에 관련된 모든 비용(수입통관비, 수입국내륙운송비), 양륙비용(운임에 양륙비용을 포함하지 않을 경우), **매수인**이 화물의 인도를 위한 통지를 하지 아니함으로써 합의된 일자의 만기일로부터 화물에 발생된 모든 추가적인 비용, **운송계약에 따라 매수인 부담으로** 제3국으로의 통과를 위하여 지급 되는 모든 관세, 조세 및 기타 부과금, 해상운송 도중에 결빙, 혼잡, 노동쟁의, 정부의 명령, 전쟁 또는 이에 준하는 행위 등에 의해 발행하는 추가적인 비용은 **매수인이 부담한다.**

>> Question 05-14

Incoterms 2010의 거래조건별 위험과 비용이전

구 분		위험이전(A)	비용이전(B)	통관
EXW	공장 인도	매도인이 작업장 구내에서 물품을 매수인의 임의처분상태로 둘 때	매도인은 A(위험이전) 까지의 제비용 부담	수출입통관 : 매수인의무
FCA	운송인 인도	매도인이 매수인이 지정한 운송인에게 수출 통관된 물품을 인도하였을 때	〃	수출통관 : 매도인 수입통관 : 매수인
CPT	운송비 지급인도	약정된 일자 또는 기간 내에 지정목적지까지 운송할 운송인의 보관 하에 또는 후속운송인이 있는 경우 최초의 운송인에게 물품 인도시	FCA + 지정된 목적지 까지의 물품 운송비	수출통관 : 매도인 수입통관 : 매수인
CIP	운송비 보험료 지급인도	〃	FCA + 지정된 목적지 까지의 물품 운송비 + 보험(CPT + 보험)	수출통관 : 매도인 수입통관 : 매수인
DAT	도착 터미널 인도	도착운송소단으로부터 양하된 상태로 지정된 목적항 또는 목적지의 터미널에서 매수인의 처분 하에 놓이는 때	매도인은 A(위험이전) 까지의 제비용 부담	수출통관 : 매도인 수입통관 : 매수인
DAP	도착장소 인도	지정목적지에서 도착운송수단에 실린 채 양하 준비된 상태로 매수인의 처분 하에 놓이는 때	〃	수출통관 : 매도인 수입통관 : 매수인
DDP	관세지급 인도	약정된 일자 또는 기간 내에 매도인이 지정된 수입국 내의 목적지점에 물품을 반입하여 양하 준비된 상태로 매수인의 임의 처분하에 인도한 때	〃 (단, 관세포함)	수출통관 : 매도인 수입통관 : 매수인
FAS	선측인도	지정선적항에서 본선의 선축에 인도되었을 때	매도인은 A(위험이전) 까지의 제비용 부담	수출통관 : 매도인 수입통관 : 매수인
FOB	본선인도	물품을 지정 선적항에서 본선에 적재하였을 때	〃	수출통관 : 매도인 수입통관 : 매수인
CFR	운임포함 인도	〃	FOB + 목적항까지의 운임	수출통관 : 매도인 수입통관 : 매수인
CIP	운임 보험료 포함	〃	FOB + 목적항까지의 운임 + 보험(CFR + 보험)	수출입통관 : 매도인의 의무

[인코텀즈 2010] 위험과 비용부담의 이전시기 및 당사자 역할

	위험과 비용부담의 이전	운송수배	보험부담	수출지수출통관	목적지 수입통관	목적지 하역비용
EXW	출하장소	구매자	구매자	구매자	구매자	구매자
FCA	운송인에게 인도되었을 때	구매자	구매자	판매자	구매자	구매자
CPT	운송인에게 인도될 때	판매자	구매자	판매자	구매자	구매자
CIP	운송인에게 인도될 때	판매자	판매자	판매자	구매자	구매자
DAT	지정목적지에서 하역 후	판매자	판매자	판매자	구매자	판매자
DAP	지정목적지에서 하역 전	판매자	판매자	판매자	구매자	구매자
DDP	지정목적지에서 하역 전	판매자	판매자	판매자	판매자	구매자
FAS	선측에 놓여졌을 때 또는 선측에서 매매되었을 때	구매자	구매자	판매자	구매자	구매자
FOB	본선에 선적되었을 때 또는 본선상에서 매매되었을 때	구매자	구매자	판매자	구매자	구매자
CFR	본선에 선적되었을 때 또는 본선상에서 매매되었을 때	판매자	구매자	판매자	구매자	구매자
CIF	본선에 선적되었을 때 또는 본선상에서 매매되었을 때	판매자	판매자	판매자	구매자	구매자

요약

- [인코텀즈 2010]의 판매자로부터 구매자에게 물품의 인도시기 등이 다르므로 '해상 및 내륙수로 운송을 위한 규칙'에 있는 FAS·FOB·CFR·CIF 규칙을 항공화물에 적용하는 것은 맞지 않으므로 각각 FCA·CPT·CIP 규칙을 항공화물에 적용하는 것이 바람직하다.
- [인코텀즈 2010]은 국제거래는 물론 국내거래에서도 이용할 수 있도록 하였으며, 2004년 화물보안을 강화하는 미국통일상법전(UCC)의 개정 및 2009년 보험자협회 적하보험약관(ICC)의 개정 내용을 반영하였다.
- 그리고 거래당사자 사이의 컨테이너 화물조작에 드는 비용인 THC(Terminal Handling Charges)의 할낭을 명확히 하였다. 거래당사자 사이이 원활한 무역거래를 위해 전자통신, 안전상의 문제, 연쇄판매, 국내 및 국제무역 관련 등에 관한 규칙을 보다 명확하게 보완 및 개정하였다.

 용어

- 인코텀즈
- on Board
- 비용의 분기점

- CIF
- 위험의 분기점
- 가격조건

- FOB
- THC
- 위험의 이전

 설명문제

1. Incoterms 2010에 대하여 설명하시오.
2. On Board의 기준에 대하여 설명하시오.
3. 비용과 위험의 이전에 대하여 설명하시오.
4. 매도인에게 유리한 조건에 대하여 설명하시오.
5. 매수인에게 유리한 조건에 대하여 설명하시오.

PART
06

수출물품 확보와 무역금융

수출물품을 확보하는 방법

개요   수출자는 수입자와 체결한 매매계약에 따라 수입자의 거래은행이 개설한 수출신용장을 받은 다음 수출품을 제조 또는 매입하고, 수출승인, 선적계약 및 해상보험계약을 신청함으로써 수출이행에 들어간다.
외국으로부터 수출신용장을 수취하고 난 후 수출물품을 확보하는 방법에는 수출물품을 수출업자의 자가 공장에서 직접 제조·생산하는 방법과 수출물품 자체를 국내에서 구매하는 방법이 있다. 또한 수출물품을 제조·생산하기 위하여 당해 물품의 생산에 소요되는 원료를 확보해야 하는데 그 원료를 확보하는 방법도 외국에서 원료를 수입하는 방법과 동원료를 국내에서 구매하는 방법이 있다.

우리나라에서는 수출진흥 차원에서 수출물품을 제조·가공하는 데 소요되는 원료들의 조달 시에는 내수용에 비하여 상역·금융·세제상 여러 가지 혜택을 부여하고 있다.

수출물품을 확보하는 방법은 수출자의 자기공장에서 수출물품을 직접 제조·생산하는 경우와 다른 회사에서 제조·생산한 수출물품(완제품)을 국내에서 구매하는 경우가 있다.

또한 수출물품을 제조·생산하기 위한 **원자재의 확보는 국내에서 구입하는 경우**와 **외국에서 수입하는 경우**가 있는데, 수출물품 또는 원자재를 **국내에서 확보하는 방법은 내국신용장**에 의한 방법과 **구매승인서**에 의한 방법이 있다.

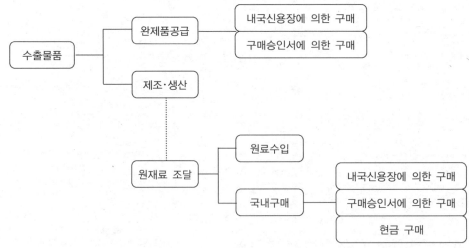

〈수출물품의 확보방법〉

≫ Question 06-2
수출물품을 확보하기 위한 내국신용장 발행

개요 **수출자**는 수출용완제품이나 소요원료를 공급하는 국내생산업체 또는 유통업자와 물품 공급 계약을 체결하고 자신의 거래외국환은행을 통하여 공급업자를 수혜자로 한 내국신용장을 개설한 후 당해물품을 공급받게 된다. 수혜자(생산업체 또는 유통업체)는 물품을 공급한 후 내국신용장 및 물품 수령증명서를 근거로 공급대금을 회수한다.

수출업체의 경우 수출용원자재를 **내국신용장에 의해 조달하면** 원자재 구매자금을 지원받아 결제할 수 있고 **부가가치세 영세율이 적용되어** 물품구입 가격상의 이점이 있다. 또한 **내국신용장의 수혜자** 즉, 수출용원자재나 완제품공급업체의 경우에는 당해내국신용장을 근거로 해당물품제 조에 소요되는 원자재의 구입자금 및 제조, 가공자금을 융자받을 수 있으며 동 **내국신용장에 의한 물품공급실적**은 당해업체의 **수출실적으로 인정**된다.

개설한도는 개설의뢰인의 **무역금융 융자 한도 내**에서 개설한다. **개설근거**는 수출신용장, 수출 계약서(D/P, D/A), 외화표시 물품공급계약서, 내국신용장, 당해업체의 과거 수출실적으로 구분 한다.

〈내국신용장의 개요〉

내국신용장 이란?
수출이행에 필요한 완제품 또는 원자재(原資材)를 국내에서 조달하기 위하여, 해 외로부터 받은 원신용장 또는 실적을 담보로 원신용장 개설의 통지은행이 국내 의 공급업자를 수혜자로 하여 개설하는 신용장

✎내국신용장의 혜택

주요혜택은;

• 무역금융을 활용
• 영업제 면제
• 법인세 감면
• 수출실적 인정
• 관세환급 적용

📌 내국신용장 외화획득용원료구매승인(신청)서는 같은 용도로 사용하나, 차이점은 대금지급의 대상이 은행이나 개설업체냐의 차이가 있습니다. 수혜업체들이 은행에 담보제공 등의 어려움이 있으므로 개설업체와 수혜 업체의 협의 후 수혜업체의 편의제공과 은행수수료의 절감 등으로 거래 시 구매승인(신청)서를 많이 사용하는 추세입니다.

📌 근거서류 :
수출신용장, 수출계약서, 외화표시물품공급계약서, 외화표시건설용역공 급계약서, 내국신용장, 실적기준금융 수혜업체의 과거 수출실적에 의한 금융한도

📌 개설대상 :
수출용 수입원자재와 국내에서 생산된 수출용원자재 또는 수출용완제품 을 구매(임가공위탁포함)하고자 하는 업체

>> Question 06 – 3

내국신용장의 전자화된 업무

개요 내국신용장은 수출업자가 수출물품을 제조·가공하는 데 소요되는 수출용 원자재 또는 완제품을 국내에서 원활하게 조달하기 위하여 은행이 지급·보증한 국내용 신용장을 말한다.
산업통상자원부와 한국은행은 무역업체 및 중소기업의 경쟁력 강화를 위하여 **22개 외국환은행과 공동으로** 내국신용장을 전면 전자화 시행하고 있다.

구 분	내 용	시행시기	근거규정
개설/통지	기업의 내국신용장 **개설 신청**과 이에 따른 외국환은행의 **개설, 통지**를 전자무역기반시설을 통한 전자문서방식으로 일원화	2013년 02월 01일	한국은행 무역금융 운용세칙 제12조, 제15조
매입/추심	내국신용장 결제를 위해 발행되는 **환어음을 폐지**하고 내국신용장 결제가 판매대금 추심의뢰서를 통해 **전자적으로만** 처리	2014년 02월 14일	한국은행 무역금융 운용세칙 제16조

* 근거규정 : 한국은행 금융중개지원 대출관련 무역금융 지원프로그램 운용세칙
※ 내국신용장취급은행 : 국민은행, 기업은행, 농협은행, 산업은행, 수협은행, 신한은행, 외환은행, 우리은행, 하나은행, 시티은행, 스탠다드차타드은행, 경남은행, 광주은행, 대구은행, 부산은행, 전북은행, 제주은행, SMBC, 미쓰비시도쿄UFJ은행 등

또한 내국신용장 추심매입 전자화는 내국신용장 개설통지 전자화에 이어 2014년 2월1일부터 추심 매입까지 전자화가 전면 시행되어 은행창구를 통한 추심 매입이 없어졌다.

〈내국신용장 추심 매입전자화〉

구 분	From ➜ To		시 기	이용 방법
물품수령증 발급	구매자	공급자	2014년 2월	국가전자무역시스템(uTradeHub)을 통한 전자문서 송수신
추심·매입신청 (판매대금 추심의뢰서)	공급자	매입은행	2014년 2월	국가전자무역시스템(uTradeHub)을 통한 전자문서 송수신

※ 추심·매입신청전자문서 : 판매대금추심의뢰서, 물품수령증, 세금계산서(정보입력)
※ 구매자와공급자는물품공급후추심매입신청이전에전자무역기반시설(KTNET)을통해물품인수증을사전에 전자적으로 교부/수령해야 하며 미이행 시 추심매입신청이 불가함

≫ Question 06-4
구매확인서에 의한 구매방법

> 개요 **구매확인서**는 해외 수출을 위한 수출용 물품의 국내조달(원자재, 부품, 완제품)을 증명하는 문서이다. 무역금융한도(원자재자금한도)가 부족하거나 단순송금방식에 의한 수출 등 내국신용장의 개설이 어려운 상황에서 외화획득용원료 및 완제품 구매를 원활히 하기 위하여 내국신용장에 준하여 발급하여 주는 증서이다.

구매확인서는 국내에서 생산된 수출물품(완제품 및 원료)을 내국신용장에 의하지 않고 구매하는 경우에 **외국환은행이 국내신용장에 준하여 발급하는 것**으로서 단순송금방식수출, 무역금융부족 등으로 **내국신용장을 개설할 수 없는 상황**에서 외화획득용 원료 등의 구매를 원활하게 진행하기 위하여 활용되고 있다.

수출용원자재나 수출용완제품을 국내에서 구매하고자 하는 경우에는 **내국신용장을 이용하는 것이 가장 바람직하다.** 내국신용장 거래는 부가가치세 영세율 혜택을 받은 것은 물론, 거래당사자 상호간에는 무역금융을 융자하는 등의 각종 특혜가 있기 때문이다. 그러나 수출이 수출신용장 방식이 아닌 **송금방식인 경우**, 또는 **내국신용장 개설한도가 부족한 경우**, 국내상거래 관례상 현금에 의하지 않고는 거래가 곤란한 때에는 내국신용장을 이용할 수 없다.

내국신용장과 구매확인서의 차이

> [개요] **수출업자**가 수출품을 직접생산, 제조하거나 국내 수출용 완제품 생산업자로부터 수출용 완제
> **품을 구매하여야 한다. 또는 수출업자가** 직접 수출용 완제품을 생산, 제조**하는 데 소요되는 원자재를**
> **국내에서** 내국신용장, 구매확인서**에 의하여 구매하거나 외국에서** 외화획득용 원료**를 수입할 수 있다.**

수출용 완제품 생산업자로부터 수출용 완제품을 **내국신용장 또는 구매확인서**에 의하여 구매
할 수 있다. 한국무역정보통신(Ktnet) 및 **uTradeHub(Ubiquitous Trade Hub)**는 무역포탈, 물류
포탈, 은행포탈, 통관포탈, 마케팅포탈 등에서 **내국신용장 개설 및 통지의 업무**를 진행하고 있다.

〈내국신용장과 구매승인서의 차이〉

구 분	구매확인서	내용신용장
관련법규	대외무역관리규정 별지 4-2호 서식	무역금융취급세칙 제31조
개설기관	외국환은행	외국환은행
지급보증	수출자(구매자)에서 지급함 개설은행에서 지급보증 없음	개설은행에서 지급보증
수출실적	인정	인정
부가가치세	영세율 적용	영세율 적용
관세환급	환급대상	환급대상
무역금융	대상	비대상
발급제한	최대 3차까지 발급 가능	외화획득용 원료 또는 물품의 제조가공과정이 여러 단계일 경우에는 각 단계별로 순차로 구매 확인서를 발급할 수 있음

구매확인서의 용도는 다음의 용도를 목적으로 발급되며 실무적으로는 구매확인서보다 용도
가 더 다양하고 혜택이 많은 내국신용장을 이용하고 있으나 **내국신용장 개설한도가 부족하여
내국신용장을 개설할 수 없는 경우**에 구매확인서를 주로 이용하고 있다. ① 수출실적인정(무역금
융한도 산정을 위한 수출실적으로는 **인정되지 않음**) ② 부가가치세 영세율 적용 ③ 관세환급
④ 외화획득용 원료의 사후관리를 한다.

Question 06-6
요건 확인업무

> 개요 　수출입요건 확인 업무란 세관장 확인제도 하에서 확인기관이 무역업체의 요청에 따라 통관
> 전부가 허가, 추천, 신고, 검사, 검정, 시험방법, 형식승인 등의 절차를 말한다.

물품의 수출을 촉진하기 위하여 직수출자, 수출용 완제품 및 수출용원자재 생산업자를 지원 대상으로 하여 **대외무역법에 근거한 수출입외 제한, 증명** 등의 정부 규제 업무와 이에 따른 법령에 의거 구분되는 업무에 따라 크게 3가지로 나눌 수 있다. **첫째 요건확인, 둘째, 전략물자허가, 셋째, 원산지증명업무**를 들 수 있다.

〈상역업무 업무프로세스〉

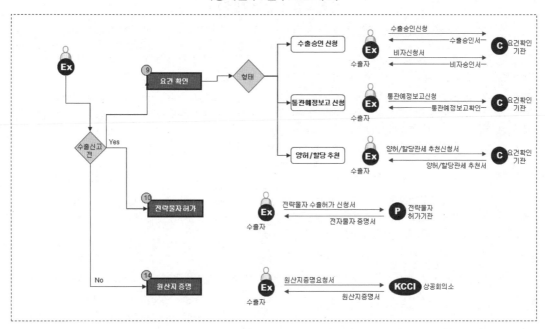

요건확인기관은 통합공고에 의거 수출입(승인, 추천, 검사, 검역) 요건 확인한 내역을 관세청에 전송하여 신속통관을 도모하고 해당 건에 대한 수출입통관내역을 관세청으로부터 전송받아 자체적으로 필요한 관리업무에 적용한다. 또한, **수출입공고, 통합공고**에 의거 사전확인 하여야 하나 규제완화 차원에서, 선통관 후 관세청으로부터 해당품목에 대한 수출입통관내역을 전송받아 사후관리업무에 활용한다.

전략물자 업무

> 개요 다자간 국제수출통제체제의 원칙에 따라 국제평화 및 안전유지와 국가안보를 위하여 수출허가 등 제한이 필요한 물품 및 기술 등이다. 세부품목은 산업통상자원부 '전략물자·기술수출입통합고시'로 지정·고시되며, 이들 전략물자를 수출하고자 할 경우에는 반드시 정부의 허가가 필요하다. 전략물자는 단순히 전쟁에서 사용하는 무기만을 의미하는 것이 아니라 무기를 만들 수 있는 원료·물품·기술 등이 포함된 개념으로 일상생활에서 사용되는 용품이라도 전략물자로 분류될 수 있다.

전략물자 수출입관리 판정/허가 업무는 크게 수출부분에서 수출통제기준 설정, 전략물자 판정, 수출허가 및 통관, 사후관리 프로세스와 수입부분에서 수입증명 프로세스로 구분되어 있다.

〈전략물자 업무 내용〉

프로세스	내 용
수출통제 기준설정	다자간 수출통제체제의 통제품목 및 기준 변경 등의 이슈 발생 시 해당 품목 소관부처가 내용을 검토하고, 업체의 의견을 수렴하여 전략물자·기술 수출입 통합공고를 개정 공표하는 업무
자가판정	수출업체가 전략물자의 판정도구인 Parameter Sheet를 이용하여 스스로 자사의 제품과 기술이 전략물자에 해당되는지 유무를 판정한다. Parameter Sheet는 전략물자 수출입관리정보시스템에서 제공한다. - 전략물자 통제번호 조회(물품의 HS 이용) - 전략물자 해당여부 자가판정(Parameter Sheet를 이용) - 자가판정 결과 등록(전략물자 해당/비해당) - 자가판정 결과 조회
사전판정	수출업체가 전략물자수출입통합공고 또는 전략물자 수출입관리 정보시스템의 자가판정을 통해서도 전략물자 해당여부를 판정할 수 없는 경우 전략물자 사전판정기관인 전략물자무역정보센터에 사전판정을 신청하여 해당유무를 판정받는 방법이다. - 사전판정 신청 - 사전판정 신청현황 조회 - 판정결과 조회
수출허가	수출업체는 수출하고자 하는 제품과 기술이 전략물자 또는 기술로 판정된 경우 전략물자 수출허가를 받아야 하며, 전략물자 수출입 관리정보시스템의 수출허가서비스를 이용하여 인터넷을 통해 전략물자허가를 신청할 수 있으며 전략물자 수출허가서를 받을 수 있다. - 허가시뮬레이션 　수출가능여부를 판단하기 힘든 업체에게 수출허가 대상인지 아닌지를 간단한 설문형식으로 판단하며 수입국가, 최종수요자 확인여부, 전략물자의 용도, 사양 등의 정보 등을 허가시뮬레이션에 입력하여 수출허가가능여부를 파악할 수 있다. - 허가신청 - 허가진행현황조회
수입증명	외국의 전략물자수출자가 우리나라에 수출할 때 수입증명서를 요구하는 경우, 정부는 우리나라에서 수입하여 사용한다는 수입증명서를 발급한다.

>> Question 06 - 8

무역금융

> 개요 **무역금융**은 **수출상**이 수출이행에 소요되는 **자금**을 필요한 시점**에서 지원받는** 선적전 금융
> 이며 사전금융을 말한다. 무역업 자격이 있는 업체가 수출하는 경우, 외국환은행으로부터 무역금융의
> 혜택을 받을 수 있고 외국환은행은 다시 한국은행에 재할인하여 자금부담을 면하고 있다.
> 무역금융에는 일반수출입금융, 건설용역 수출금융, 농수산물 준비자금 **등이 있으며**, 자금용도에는
> 생산자금, 원자재 수입지금, 원지재 구매자금 및 포필금융이 있다. 무역금융 관련 법규에는 한국은행
> 총액한도 대출관련 무역금융 취급세칙, 한국은행 대출관련 무역금융 취급절차가 있다.

광의의 무역금융이란 수출입거래와 결부된 국내거래 및 해외, 현지 거래의 각종 단계에서 필요한 자금을 다른 일반금융보다 유리한 조건으로 융통하는 것을 말한다. **협의의 무역금융**이란 수출증대에 기여함을 목적으로 수출물품의 제조 또는 조달 과 관련된 금융지원을 위해 취급되는 **선적전 금융**을 말하는데 **일반수출입금융, 건설, 용역 수출입금융, 농수산물 수출준비 자금대출** 등이 있다. 이러한 **무역금융의 특징**은 일반기업에 적기에 필요한 자금을 융통해 준다는 점에서 일반금융과 같은 기능을 갖고 있지만 차이가 있다. 물품의 수출을 촉진하기 위하여 직수출자, 수출용 완제품 및 수출용원자재 생산업자를 지원 대상으로 하여 **수출제품의 제조, 가공에 필요한 자금을 낮은 금리로 지원하는 정책금융을 확보하는 것**이다. 무역금융의 신청은 무역금융 자격조건에 맞는 무역금융을 선택하고 서류를 준비하여야 한다. 또한 무역금융의 종류를 실적지준 금융과 실적기준 포괄금융으로 선택시 수출실적을 증명받기 위해 거래 **외국환은행으로부터 수출실적확인 및 증명발급서를 신청 발급**하여야 한다. 무역금융신청은 아래와 같은 4가지 제도 중 하나를 선택하여 신청한다.

① **신용장기준 금융** - 과거 수출실적에 의하여 산정된 융자한도 내에서 신용장 등의 융자대상 증빙 건별로 자금의 용도(생산자금, 원자재금융)별로 구분하여 융자하는 제도

② **실적기준 금융** - 건별 신용장 등의 내도와는 관계없이 과거 수출실적에 의하여 산정된 융자한도 내에서 자금의 용도(생산자금, 원자재금융)별로 구분하여 융자하는 제도

③ **신용장기준 포괄금융** - 과거수출실적에 의하여 산정된 융자한도 내에서 신용장 등의 융자대상증빙 건별로, 자금별 구분없이 융자하는 제도

④ **실적기준 포괄금융** - 건별 신용장 등의 내도와는 관계없이 과거수출실적에 의하여 산정된 융자한도 내에서, 자금별 구분없이 일괄 융자하는 제도

요약

구 분	내국신용장	구매확인서
관련법규	한국은행 총액한도대출관련 무역금융 취급세칙	산업통상자원부 대외무역법(대외무역관리규정)
개설기관	외국환은행	외국환은행/KTNET
개설조건	당해업체 원자재금융 융자한도 내에서 개설	제한없이 발급
수출실적	무역금융 취급세칙 및 대외무역관리규정상의 수출실적으로 인정	대외무역관리규정상의 수출실적으로 인정
부가세	영세율 적용	좌동
발급근거	- 수출신용장 - 수출계약서(D/P, D/A등) - 외화표시 물품공급계약서 - 내국신용장 - 당해 업체의 과거 수출실적	- 수출신용장 - 수출계약서(D/P, D/A등) - 외화표시 물품공급계약서 - 내국신용장 - 외화입금(매입)증명서 - 구매확인서
발급제한	차수 제한없이 발급가능	차수제한없이 순차적 발급
무역금융	무역금융 수혜가능	좌 동
관세환급	관세환급 가능	좌 동
거래대상물품	수출용 원자재 및 수출용 완제품	외화획득용원료와물품

• 수출품의 조달과 수출금융 융자신청은 수출제품의 조달을 위하여 매도인은 직접 제품을 제조하거나 수출제품 제조업자로부터 매입한다. 수출제품을 매입할 때 제조업자 앞으로 내국신용장을 발행할 수 있다. 융자금의 상환과 회수는 수출대금이 입금될 때 입금된 금액으로 상환한다. 무역금융은 융자기간이 만료되기 전이라도 당해 융자대상 수출관련 대금이 입금된 때에는 상환대금으로 이를 회수해야 한다.

 용어

• 내국신용장	• 구매확인서	• 수출승인
• 수입승인	• 전략물자	• 무역금융
• EDI	• 자가판정	• 사전판정

 설명문제

1. 수출물품 확보 방법에 대해 설명하시오.
2. 내국신용장(Local L/C)개설신청 시 구비해야 되는 서류에 대해 설명하시오.
3. 내국신용장과 구매승인서의 차이점에 대해 논하시오.
4. 요건확인업무를 수출승인과 수입승인 관점에서 논하시오.

PART
07

품목분류 및
원산지 관련 업무

품목분류

개요 **품목분류**는 전 세계에서 거래되는 각종 물품을 세계관세기구(WCO)가 정한 국제통일상품분류체계(HS)에 따라 하나의 품목번호(Heading)에 분류하는 것으로서 국제상품분류체계에 관한 국제협약(The International Convention on the Harmonized Commodity Description and Coding System : HS 협약)에 의해 체약국은 HS체계에서 정한 원칙에 따라 품목분류 업무를 수행한다. 국제상품분류체계(HS)는 관세, 무역통계, 운송.보험 등과 같은 다양한 목적에 사용될 수 있도록 만든 다목적 상품분류제도로서 HS제정의 목적은 상품분류 체계의 통일을 기하여 국제무역을 원활히 하고 관세율 적용의 일관성을 유지하기 위한 것이다.

HS협약(The International Convention on the Harmonized Commodity Description and Coding System)은 **수출입 물품에 대해 국제적으로 통일되게 사용되는 통일 상품명 및 부호체계에 관한 국제협약**으로서 **전문과 부속서(호와 소호**의 관련번호, **HS해석에 관한 일반통칙, 부·류·소호의 註(주)**)로 구성되어 있다.

우리나라는 1968년 4월에 WCO 가입에 대한 국회동의를 받아, 1968년 10월2일에 기본 3개 협약(WCO 설립조약, 품목분류조약 및 평가협약)에 가입하였으며, 헌법 제6조 제1항에 "헌법에 의하여 체결·공포된 조약과 일반적으로 승인된 국제법규는 국내법과 같은 효력을 가진다"고 규정하고 있다. 따라서 HS 협약사항인 "**호와 소호의 관련번호, HS해석에관한일반통칙,부·류·소호 註**"는 헌법 제6조 제1항의 규정에 의거 국내법과 동일한 효력을 갖고 있는 것이므로 국내법에 의한 별도의 수용절차 없이도 법적인 구속력 있다.

HS협약 제1조 "나"항에 **"관세품목분류표"**란 수입물품에 대한 관세 부과를 목적으로 체약 당사국의 법에 따라 제정된 품목분류표라고 정의되어 있다. **HS협약상 통칙(1~5)과 주 및 일부 호와 소호**는 헌법 제6조 제1항의 규정에 의거 **국제협약으로서의 법적 지위**뿐만 아니라 **관세법 별표 형태로 수용되어 국내법으로서의 지위**도 함께 가지고 있다. 또한, **관세법 별표에 게기되지 않은 HS협약상 통칙6과 일부 소호**는 헌법 제6조 제1항의 규정에 의해 이미 국내법과 동일한 효력의 법적 구속력을 갖고 있는 것이므로 **관세법 별표에 의해 국내법으로 수용되지 않았다 하여 법적 효력이 없는 것은 아니다**. 즉, **관세법 별표상의 통칙6**에 "관세율표에 규정되지 아니한 품목분류에 관한 사항은 HS협약에 의한다"고 규정되어 있으므로 실질적으로 HS협약 사항 전반을 **국내법**으로 수용한 것이다.

» Question **07-2**
HS-CODE의 구성체계 – 통칙(GRI)

> 개요 HS 해석에 관한 통칙(GRI : General Rules for Interpretation of Nomenclature)은 관세율표 전반에 거쳐 HS 코드 결정시 적용하여야 할 HS해석에 관한 일반원칙으로서 법적 구속력을 가지고 있으며, 모든 물품은 반드시 하나의 호에 분류되어야 한다는 일의성(一意性) 분류원칙을 위한 통칙1~4까지의 일반적인 분류원칙을 따른다. 소호에 대한 개별적인 분류원칙은 통칙5 및 6으로 구성되어 있다.

HS-Code는 품목분류의 한 방법으로 전세계에서 거래되는 물품을 WCO가 정한 HS에 의해 각각의 개별 품목으로 분류된다. **HS-CODE의 분류**는 6단위까지는 **국제적**으로 통일된 분류체계이며, 이후 **7자리부터는 국가별**로 상이하게 분류된다. **한국의 경우에는 10단위**로 분류되며 이는 **세계공통 6단위, 관세청분류 4단위**로 구성되며, 이것을 **HSK**라고 한다. 그리고 **미국은 10단위** 일본은 **9단위, 중국은 8단위**로 분류하고 있다.

HS-Code는 품목분류표 전체의 분류지침에 관한 통칙(GRI)과 물품에 대한 코드 체계인 21부·97류·1,244호(**4단위 호**)·5,225소호(**6단위 소호**) 및 각부·류·소호의 분류방향, 타류와의 관계, 용어의 정의 등을 기재한 **주(Note)**로 구성되어 있고, 일부 류에서는 절을 설정하여 품목분류의 이해를 돕도록 하고 있다.

적용순위	통칙명		내 용	비 고
1	통칙1		① 號(Heading)의 용어에 의한 분류 ② 部(Section)와 類(Chapter)의 註(Note)에 의한 분류	**최우선 분류원칙**
2	통칙2	a	① 불완전·미완성 물품의 분류원칙 ② 미조립·분해물품의 분류원칙	**종속적 분류원칙**
		b	단일물품과 혼합물의 분류기준(단일물품의 확대범위)	
3	통칙3	a	협의 표현 분류원칙	
		b	주요특성 분류원칙	
		c	최종호 분류원칙	
4	통칙4		유사물품 분류원칙	
별도	통칙5		포장·용기 분류원칙	**보완적 분류원칙**
	통칙6		소호 분류원칙	

Question 07-3
HS-CODE의 구성체계 – 주(Note)

> [개요] 주(Note·註)에는 부·류·소호의 주가 있으며 일반적으로 각 부·류·호·소호의 분류법위와 한계를 규정, 다른 부 또는 류와의 분류관계, 용어에 대한 정의 등 품목분류상의 지침을 규정하고 있어 품목분류의 중요한 지침이 되고 있다. 부·류·소호의 주(註)는 통칙(GRI), 호·소호와 더불어 HS의 3대 구성요소이며, 법적 구속력이 있으며 주는 HS 협약상의 주와 국내주(보충성)가 있다.

　주(Note)는 **부와 류 및 소호에 설정**되어 있으며 **통칙, 호, 소호**의 용어와 함께 법적 구속력을 갖는 **HS의 3대 구성요소**의 하나로서 HS 협약 주, 임의(任意)주, 국내주(보충성)로 구성되어 있다.

구 분		내 용
설 정		① 部(Section), ② 類(Chapter), ③ 小號(Sub-heading)에 설정 ☞ 號(Heading)에는 주가 없음
종류	HS협약 주	• HS협약에 의해 설정된 주와 HS협약 내에서 각 나라가 설정할 수 있는 국내 주로 구분할 수 있다.(국내주 근거 : HS협약 제3조 제3항)
	국내 주	• 우리나라 설정 국내주 : 총 6개 - 37류 주 3, 4, 5, - 90류 주 7, - 91류 주 5, 6
	기 능	① 통칙, 호의 용어와 함께 **법적 구속력** 있음 ② 지정 部, 類, 號, 小號의 분류범위 및 분류지침 　예) 부의 범위 : 17부 주1에 이부에서는 9501, 9503, 9508호에 해당하는 물품을 제외한다. 　　- 류의 범위 : 84류 주1에 84류에서 제외되는 물품 나열 　　- 호의 범위 : 85류 주3에 8509호(가정용 전기기기)에 분류되는 물품의 범위 정의 ③ 특정 용어 정의 　예) 85류 주4에 8534호에 분류되는 "인쇄회로"에 대한 용어정의 ④ 경합물품이 분류되는 호의 명시 등 : 제외품목, 포함품목 명시 　예) 07류 주3 : 0712호에는 0701호 내지 제0711호에 해당하는 채소의 건조한 것을 모두 포함하며, 건조한 채두류는 0713, 감자의 분은 1105호에 분류한다.

>> Question 07 – 4

HS-CODE의 구성체계-호(Heading) 및 소호(Sub-heading)

> **개요**   호(Heading)는 2단위인 류(類)를 품목에 따라 세분한 것으로서 HS 코드 앞부분 **4자리**를 말하며, 호의 용어란 **4단위**의 코드 번호와 연결하여 설정된 구체적인 품목들로서 통칙 및 주(Note)와 함께 법적 구속력을 갖는 HS의 **3대 구성요소**의 하나이다.
> 소호(Sub-heading)란 4단위인 호(號)를 품목에 따라 세분한 HS코드 앞부분 5, 6자리를 말한다.

    HS코드 구조로 전기밥솥은 **8516.60-2000**(10단위 HSK) **10자리**로 구성된다. 이때 통일상품명 및 부호체계에 관한 국제협약(HS협약)의 품목번호 중 **앞 4자리**를 호(Heading)이라고 한다. 예를 들어 **세번(HS)**이 **8516.60-2000**의 전기밥솥은 **제8516호(4단위)**이다.

85류(Chapter)	전기기기와 그 부분품, 녹음기·음성 재생기·텔레비전의 영상과 음성의 기록기·재생기와 이들의 부분품·부속품이 분류되는 類(류)로서 앞 **2자리**를 말한다.
8516호(Heading)	전기식의 즉시식·저장식 물가열기와 투입식 가열기, 난방기기와 토양가열기, 전기가열식 이용기기, 손건조기, 전기다리미, 그밖의 가정용 전열기기, 전열용 저항체 분류되는 호(號)로서 앞 **4자리**를 말한다.
8516.60 소호(Subheading)	전기밥솥(보온기능을 가진 것을 포함한다)으로 분류되는 소호(小號)로서 앞 5, **6자리**를 말한다.

    소호(Sub-heading)란 4단위인 호(號)를 품목에 따라 세분한 HS코드 앞부분 5, **6자리**를 말하며, 소호의 용어도 통칙6의 규정에 의거 호의 용어와 동일하게 **법적인 구속력을 갖는 HS 3대 구성요소의 하나**이다.

    HS코드는 소호(6자리)까지 국제적으로 공통으로 사용하며, 7단위부터는 각국이 자국의 실정에 맞게 6단위 소호의 범위내에서 통계 등의 목적으로 세분하여 사용할 수 있다. 우리나라는 10단위 체계를 사용하고 있으며 이를 HSK(HS of Korea)라 한다.

    HS 품목번호는 모두 10자리로 구성되어 있는데, 이 중 **6자리를 소호(subheading)**라고 한다. 예를 들어 세번(HS)이 **8525.20.7031**인 **휴대폰**인 경우, **제8525.20소호(6단위)**를 말한다.

HS-CODE의 구성체계 – 부(部), 류(類), 절(節)

> [개요] 부(部)는 제1부 부터 제21부까지 21개로 구분되어 분류되고 있는데 일련번호와 각 부의 표제 (예 : 제1부 산동물 및 동물성 생산품)는 참조의 편의상 부여한 것이며, 품목분류는 류 이하의 코드번호에 의해 분류된다. 즉 부, 류, 절의 표제는 당해 부, 류, 절에 분류되는 상품군을 간단히 표현한 것에 불과하며 법적인 구속력이 없다.
> 류(類)는 부 아래에 있으며 부를 세분한 것으로 단위는 2단위 숫자로 표기되고, 표제는 부와 마찬가지로 참조의 편의상 설정한 것이다. 그러나 호의 앞 2자리는 류의 번호로 품목분류에 있어서는 류가 확정되어야만 분류가 가능하다.
> 절(節)은 류를 세분한 것으로 부와 류의 표제와 함께 절의 표제도 참조의 편의상 설정하여 이해를 돕기 위한 것으로 분류상의 법적 구속력은 없으며 일정한 류에만 절이 있다. 절이 있는 류는 제28류, 제29류, 제39류, 제63류, 제69류, 제71류, 제72류 등이 있다.

구 분	구 성	법적구속력	일반적 분류기준
부(Section)	1~21부	없음	• 1~15부(12부 제외)-성분별, 가공도별 분류구조 • 16~21부, 12부-용도별 주기능별 분류
류(Chapter)	1~97류 (77류는 유보)	없음	• 동일 물품은 동일류에 분류 • 류내에서는 생산, 가공단계별 분류-원재료 ➜ 반제품 ➜ 완제품
절(Sub-chapter)	28, 29, 39, 63, 69, 71, 72류에 설정	없음	• 류내에서 이해를 돕기 위해 유사한 형상 또는 유사한 가공단계 등의 물품을 그룹화 HS는 법적 구속력을 갖는 3대 구성요소인 ① 통칙, ② 주(Note), ③ 호와 소호의 용어 외에 참조의 편의와 모든 물품은 반드시 하나의 호에 분류되어야 한다는 一意性 분류원칙을 위해 거시적으로는 수직적 분류, 미시적으로는 수평적 분류의 관점에서 비슷한 物品群을 그룹화한 대분류인 部(Section)와 중분류인 類(Chapter) 및 한정된 류에 단지 이해의 목적으로 설정된 節(Sub-chapter)이 있다.

>> Question 07−6

원산지증명 업무

개요 **원산지 증명 업무**란, 송화주와 수화주가 자국 통관, 양허세율이나 국정세율 적용받거나 **적성 국의 생산물 여부 판별** 등을 위하여 요구한 **원산지 증명**을 발급 받고, 수화주에 발송하거나 이를 수 출자의 매입은행에서 **L/C Nego**등의 업무를 할 때에는 **첨부 서류로 제출**한 후 해당 은행에서 L/C개 설은행으로 **송부하도록 하는 업무**이다.

원산지증명서는 **수출제품의 원산지 국가**를 **증명**하는 성격을 가진 서류로서 화환어음의 부대서류 이다. 이 서류는 **생산국 등을 판별**하고자 하는 목적이나 외환관리 및 덤핑방지 등 수입정책상의 목적으로 이용된다.

따라서 수입통관시 원산지증명을 요구할 경우, 해당제품의 생산지 또는 국가를 증명하는 이 서류를 구비하여야 한다. 이 서류는 **수출국에 주재**하는 **수입국의 영사 또는 상공회의소에서 발급** 한다. 따라서 **원산지 증명서**는 거래되는 **물품의 국적에 대한 증명서**로서 거래 대상국의 판별이나 **양허 관세율의 적용** 등을 위하여 사용되고 있다.

〈원산지 증명서 업무 개요〉

구 분	내 용	구 분	내 용

1. 일반 원산지 증명 발급	1) 원산지 증명서 소정양식
	2) Nego계산서 사본1부
	  (발급일자 소급의 경우(back date))
	3) 신용장(계약서) 사본1부(계약에 특별한 지시사항이 있는 경우)
		4. 특수 원산지 증명서	1) 특수 원산지 증명서 신청양식
			2) 수출품의 판로(공정)과정을 상세히 기술한 사유서
			  (선적지와 원산지가 상 이한 경우)

2. 특혜관세 원산지 증명 발급	1) 해당 특혜 원산지 증명에서 요구하는 소정양식 3부 2) 기준 별 사실 신고서 서식1, 2 각 1매 3) 선적 사항이 기재된 상업 송장 1부 4) 수출 신고 필증 원본 또는 사본 1부 5) B/L사본 1부(선적 이후 신청 시)	5. 수출자 원산지 증명서	1) 일반무역관계증명 발급 신청서 2) 신청 서류 해당 부수 3) 상공회의소 보관용 신청서류 사본 1부
3. 특정국 원산지 증명 발급	1) 일반무역관계증명 발급 신청서 2) 신청 서류 해당 부수 3) 상의 보관용 신청서류 사본 1부	6. 남북교역 물품 원산지 증명서	1) 발급신청서 2) 수출신고필증(반출신고서) 3) 송품장(거래계약서) 4) 기타 원산지증명에 필요하다고 인정되는 별도의 자료

※ 원산지증명서업무는 (http://cert.korcham.net/) 대한상공회의소 무역인증서비스센터 활용

FTA 원산지 결정기준

개요 **FTA에서의 원산지는 각 개별 협정문에 규정되어 있는 '원산지 결정기준'에 따라 판단한다.** 원산지 결정기준이란, 물품의 원산지를 판단하기 위해 적용되는 기준이며, 이를 충족한 경우에 최종 생산국의 원산지 지위를 인정받을 수 있다. 중요한 점은 원산지 결정기준이 FTA협정별로 다르고 물품의 HS CODE마다 상이하다는 점이다.

FTA에서 규정하고 있는 원산지 결정기준의 구성 체계는 일반적으로 다음의 표와 같다. 하지만 구체적인 구조와 내용은 협정별로 각기 다르므로 상세한 사항은 관련 법령을 확인할 필요가 있다.

〈원산지 결정기준의 일반적인 구성 체계〉

협정문상 위치	원산지 결정기준	비 고
본문	완전생산기준	일반기준
	실질적 변형기준	
	직접운송원칙, 불인정공정, 미소기준 등	보충기준
부속서	품목별 원산지 결정기준 (PSR, Product Specific Rules)	실질적 변형기준을 제품 HS CODE별로 상세규정(세번변경기준, 가치포함기준 등)

이 중에서 가장 중요한 것은 **실질적 변형기준**과 **품목별 원산지 결정기준**(이하 'PSR')이다. 어떤 물품이라도 1개 국가 내에서 완전 생산된 경우 원산지 인정이 가능하나, 대부분 공산품은 외산재료를 사용하므로 이 때 적용되는 것이 **실질적 변형기준**이며 대표적으로 3가지 경우가 있다. 첫째, **세번 변경기준**은 최종 제품 생산결과, 투입된 원재료 중 비원산지 재료의 HS CODE 가 제품의 HS CODE와 비교하여 일정 단위(PSR에서 규정) 이상 변경된 경우 원산지를 인정한다. 둘째, **가치포함기준**은 협정에서 **규정한 계산공식에 따라** 최종 제품의 총 가치 중 역내가치를 계산한 결과가 PSR에서 요구하는 일정 수준을 만족할 경우 원산지를 인정한다. 셋째, **가공공정 기준**은 비원산지재료에 대해 PSR에서 규정하는 특정한 공정을 수행하여 최종 제품을 생산한 경우 원산지를 인정한다.

따라서 PSR 충족여부 판단에 앞서 먼저 **충족해야 할 전제조건**은 i) 수출국에서 수입국까지 **직접운송**될 것 ii) 원재료로부터 최종 제품을 생산하는 공정이 **모두 역내에서 수행**될 것 iii) 역내에서 수행된 공정은 **불인정공정(단순공정)에 해당하지 않을 것**의 3가지이다. (직접운송, 역내가공 요건에서 일정 부분 예외는 허용된다.)

>> Question **07 – 8**
관세율표 및 품목 분류

개요 세계무역이 활성화되고 무역상품이 다양해짐에 따라 상품정보의 신속한 자료수집과 국제적으로 통일화된 상품분류제도의 필요성이 대두되었다. 즉 서로 상이한 품목분류제도를 사용하는 국가 또는 단체 간의 무역에 있어 새로운 상품분류로 인한 비효율성을 제거하고 국제 간의 관세율 비교와 무역통계 및 무역활동에 관한 교섭을 용이하게 하기 위하여 상품분류의 표준화와 국제적 통일화가 요구된 것이다. 이에 각국마다 모든 수출입물품을 물품별로 분류하여 고느를 부여하고 그 코드에 맞추어 관세율을 매기는 바, 이 코드를 모아 표로 만든 것을 관세율표라고 한다.

무역상들은 업계에서 "아이템(item)"으로 통칭되는 복합적인 의미로써 유형재인 물품(goods)과 서비스와 기술을 포함하는 **상품(merchandise)**이라고 한다. 이때 **상품**은 시장확보 가능성의 여부까지를 고려한 개념이며, 상품에서 시장성을 배제한 것이 곧 제품(products)이라고 한다. 이에 **제품**은 **시장확보 가능성**이 있는지의 여부까지를 고려하지 않은 개념인 데 반해 상품은 이러한 제품에 시장성을 포함한 것을 뜻한다. 따라서 무역거래에서 교역의 대상이 되는 상품은 시장성을 전제로 하는 **시장적합성(merchantability)** 외에 **계약적합성(conformity)**까지 확보하고 있는 물품을 말한다. 여기에 수출입국가의 규제 여부까지 고려하여 **현실적인 거래 가능성**을 갖추는 것도 필요하다.

근세에 들어 산업이 발달하고 국제간 무역거래가 증진되므로 각국은 관세를 국가재정수입 확보와 산업보호 및 경제정책 수단으로 활용하게 되는데, 그러다 보니 나라마다 관세의 절차가 다르고 상품 분류체계가 다름으로 국제무역상 커다란 장애가 될 때가 많다. 예를 들면 glass cup의 경우 A국에서는 cup로, B국에서는 tumbler로, C국에서는 glass로 표기하는 바, 무역의 단계마다 같은 물품인데도 상품명을 정정해야 하며, 그러다보니 전산화가 불가능하게 되었다.

따라서 이를 간소화하여 통일하여야 한다는 필요성과 과학기술의 발전에 따른 상품개발기술의 개발과 신상품의 출현, 국제무역환경의 변화 등을 수용할 수 없는 한계로 인해 새로운 품목분류체계의 도입이 요구되어 1983년 CCC에서 채택한 것이 **HS제도**이다. 우리나라는 HS체약국으로 1988년부터 HS분류체계에 맞춘 **HSK**를 제정하여 사용하고 있으며 조세의 종목과 세율은 법률로 정하도록 하는 **조세법률주의**를 규정하고 있다. 이에 관세 역시 그 과세요건과 세율은 **관세법**에 규정하고 있는데 관세법의 별표로서 세율을 규정한 것이 **관세율표**이다. (http://www.customs.go.kr 참조)

Question 07-9

품목분류 사전심사제도

> [개요] **품목분류 사전심사제도**라 함은 수출입물품이 관세율표의 어떤 품목번호에 해당되는지 분명
> 하지 않아 사전에 세율과 수출입제한 상황을 미리 알아두고자 할 경우에 관세청장에게 질의하여 회
> 답을 받는 제도를 말한다.
> 품목분류 사전심사를 신청하고자 하는 사람은 물품의 품명·규격 등을 기재한 신청서와 견본 및 기타
> 설명 자료를 제출해야 한다. 다만 물품의 성질상 견본을 제출하기 곤란한 물품으로서 견본이 없어도
> 품목분류에 지장이 없는 경우에는 견본의 제출을 생략 할 수 있다.

수출입물품이 관세율표상의 어느 호(HS부호)에 해당되는 지를 결정하여야 한다. 우리나라
는 관세율, 수입제한요건 등을 HS 부호와 **연계하여 고시하고** 있기 때문에 HS부호가 결정되면
물품에 적용될 **관세율, 수출입 제한사항** 등을 알 수 있다

신청인이 제출한 신청서와 견본·기타 설명자료가 미비하여 관세청장이 품목분류를 정하기
가 곤란한 경우에는 일정기간(15일 이내)내에 보정을 요구받을 수 있으며, 만약 동 기간내에
보정을 하지 않으면 반려될 수 있다. 그러나 자료가 보완되면 언제라도 다시 신청 할 수 있다.
신청인은 사전심사질의물품에 대한 신청서를 제출하여 접수된 날로부터 15일내에 통지 받을
수 있다. 그러나 분석에 필요한 시간 등은 기간내에 산입되지 않으므로 15일보다 늦어질 수
있다. 관세청장이 품목분류의 사전심사신청을 받고 품목분류를 정하여 통지 및 고시한 물품에
대해서도 다음의 사유가 있는 경우 **품목분류가 변경될 수 있으며** 이때 신청인은 이를 통지받게
된다.

* 품목분류를 변경할 필요가 있는 경우
* 관세법령의 개정에 따라 당해 물품의 품목분류가 변경된 경우
* 관세법 제87조의 규정에 의하여 품목분류가 변경된 경우 또는 신청인의 허위자료 제출로 품목분류에
  중대한 착오가 있는 경우

이와 같이 품목분류가 변경되더라도 그 변경일로부터 30일이 경과하기 전에 우리나라에
수출하기 위하여 선적된 물품에 대하여 **변경전의 품목분류를 적용하는** 것이 수입신고자에게 유
리한 경우에는 **변경전 품목분류을 적용**할 수 있다. 그리고 **품목분류사전심사**는 물품을 **수출입하고자
하는 경우에 한하여** 신청할 수 있으며, 세관에 **신고되어 있는 물품은 신청할 수 없다.**

요약

- HS-Code는 품목분류의 한 방법으로 전세계에서 거래되는 물품을 WCO가 정한 HS에 의해 각각의 개별 품목으로 분류된다. HS-CODE의 분류는 6단위까지는 국제적으로 통일된 분류체계이며, 이후 7자리부터는 국가별로 상이하게 분류된다. 한국의 경우에는 10단위로 분류되며 이는 세계공통 6단위, 관세청분류 4단위로 구성된다. 이것을 HSK라고 한다. 미국은 10단위 일본은 9단위, 중국은 8단위로 분류하고 있다.
- 원산지증명서는 수출제품의 원산지국가를 증명하는 성격을 가진 서류로서 화환어음의 부대서류이다. 이 서류는 생산국 등을 판별하고자 하는 목적이나 외환관리 및 덤핑방지 등 수입정책상의 목적으로 이용된다.
- EDI원산지증명서는 무역업체의 원산지증명 업무 및 상업송장의 사실확인업무를 서비스하는 업무로서 KTNET 통신망을 통해 상공회의소에 전송하고 상공회의소에서 발급심사 한 후 CO(원산지증명서 : Certificate of Origin) 및 CI(상업송장 : Commercial Invoice) 의 발급내역을 무역업체에 전송하는 서비스이다.
- FTA에서의 원산지는 각 개별 협정문에 규정되어 있는 '원산지 결정기준'에 따라 판단한다. 원산지 결정기준이란, 물품의 원산지를 판단하기 위해 적용되는 기준이며 이를 충족한 경우 최종생산국의 원산지 지위를 인정받을 수 있다. 중요한 점은 원산지 결정기준이 FTA협정별로 다르고 물품의 HS CODE마다 상이하다는 점이다.

 용어

- HS-Code(세번부호)
- 원산지증명서
- 관세율표
- WCO
- C/O, C/I
- 품목별 분류체계
- GRI
- FTA원산지증명서

 설명문제

1. HS-Code의 개념과 구성체계에 대해 설명하시오.
2. 원산지증명서의 사용 용도와 업무 흐름에 대해 설명하시오.
3. 원산지증명서 작성 항목에 대해 설명하시오.
4. 관세청 홈페이지를 활용하여 품목별 분류체계를 확인하시오.

PART

08

국제물류운송

[개요] 국제물품운송계약이란 어느 한 나라에서 다른 나라에로의 물품의 물적운송(physical trans-port)을 위해 체결되는 운송계약으로서, 물품의 소유권의 이전을 수반한다.
국제물품운송은 국제간의 매매계약에서 수출자와 수입자 사이에 계약을 이행하기 위하여 수반되는 필수적인 이행의 절차이다. 운송을 통하여 국제물품거래의 장소의 제약을 극복할 수 있다.
따라서 무역은 이국간의 매도인과 매수인 사이에 체결되는 매매계약을 통하여 출발하지만 이를 이행하기 위한 후속계약으로서 운송계약이 수반된다.

일반적으로 운송계약(contract of carriage)은 매도인 또는 매수인이 운송인과 물품의 운송에 관한 예약(booking)을 함으로써 그 효력이 발생한다. 그러나 운송계약의 조건은 물품을 운송인에게 인도하고 운송인이 그 물품의 인수를 증명하는 서류, 즉 선하증권, 용선계약서 및 화물수탁증 등을 발급한 때에 확정되는 것이다.

운송계약의 주체는 매수인 혹은 매도인이 될 수 있으며 이것의 결정은 **매매계약의 내용**을 통하여 당사자가 결정된다. 즉, **운송계약의 송하인으로서 부담주체가 결정됨**을 뜻한다.

예를 들어 **FOB 계약**인 경우에는 매수인이 원칙적으로 운송계약의 당사자가 된다. 반면 **CIF 계약**의 경우에는 매도인이 운송계약의 당사자가 된다. **매매계약의 이행을 위한** 운송계약의 체결을 위하여 먼저 송하인으로서 당사자가 염두에 두어야 할 것은 **계약이행을 위한 시간적인 측면과 비용의 측면**이다. 적기에 운송을 이행하기 위하여 필요한 운송수단을 선별하여야 한다. 이는 운송수단의 특성에 따라 여러 가지 장·단점이 존재하므로 선택에 있어서의 신중함이 요구된다.

비용 측면에 있어서는 **운송비용, 즉, 운임의 부담**에 관한 것이다. 국제거래를 통하여 궁극적으로 이루고자 하는 이윤추구는 물적 유통을 위한 물류비를 무시할 수 없기 때문에 운송수단에 적합한 물류비용이 산정 부담되어야 할 것이다.

이와 같은 조건하에서 **선정된 운송수단을 통하여** 운송계약이 체결되면 운송계약을 구현하는 운송서류가 무역담당자에게는 중요한 서류가 된다. **운송서류는 운송계약의 증빙**일 뿐 아니라 **운송인에 대한 물품의 인도를 증명하는 서류**로서 중요한 자료가 된다.

운송서류는 그 규율하는 국제협약 혹은 준거법을 면밀히 살펴보아야 한다. 또한 **책임부담과 함께 운송서류가 갖고 있는 법적 성격**을 살펴보는 것이 무역거래의 당사자로서 매우 중요한 사안이다.

>> Question 08-2
국제물품운송수단의 선정

개요 물품의 운송은 수입업자와 수출업자의 계약조건에 따라 육상운송, 해상운송, 항공운송 등의 세 가지 운송수단 및 이의 조합에 의하여 이루어진다.
운송계약 당사자인 송하인은 최적의 운송수단을 선택하여 적기에 물품의 운송이 이행되도록 하여야 한다.

육상운송수단으로는 철도 및 자동차 등에 의한 운송으로 육로운송을 총칭하고 있으며 **항공기에 의한 항공운송** 및 **선박에 의한 해상운송**이 이용될 수 있다.

〈운송수단별 특성 비교〉

구 분	육상운송	해상운송	항공운송
운 임	중거리운송비 저렴	중장거리 운임 저렴	고운임
안전성	비교적 안전	해상위험에 노출 기후에 영향	안전한 수송 기후에 영향
신속성	비교적 신속함	운송속도가 느림	신속한 수송에 적합
수송량	대량물품 일시운송	대량화물운송에 적합	소량화물
운송거리	중·장거리운송에 적합	장거리운송에 적합	원거리운송
서비스	문전운송가능 배차 및 교통문제 대량운송에 부적합	항구중심의 운송	중량제한 공항중심의 운송

송하인의 입장에서 **물품의 운송수단의 선택은 여러 가지 요인**에 의하여 결정될 수 있다. 이는 **경제적요인, 서비스요인 및 기타요인**으로 구분할 수 있다. 즉, 운송비용과 관련된 요인은 **물품의 특성, 수량, 운송물의 가격, 운송의 거리, 운송소요일수, 운임 등의 경제적 요인**이 고려될 수 있다. **서비스요인**으로는 수입지의 시장요인, 신속성, 정확성, 신뢰성 등 고객욕구를 충족시키기 위한 **비경제적 요인**이 고려되어야 한다.

기타요인으로는 정치적인 이해관계와 자국의 자선우선주의, 외환문제, 운송서비스업체와의 이해관계 등이 고려 대상으로 한다. 이와 같은 경제적 요인, 서비스요인 및 기타요인을 종합적으로 고려하여 최적의 운송수단을 선택할 수 있다.

>> Question 08-3

해상운송

> **개요** 해상운송은 선박에 의해서 타인의 화물이나 사람을 운송하고 그 대가로 운임을 취하는 상행위이다. 이때 선박이란 「수상에서 사람 또는 물건을 싣고, 이것들을 운반하는 데 쓰이는 구조물」로써 부양성(浮揚性), 적재성(積載性), 이동성(移動性)을 갖추어야 하며, 국제무역에서는 선박법에 의한 상선 중 화물선만을 대상으로 한다.

해상운송은 원거리, 대량운송으로 운임이 다른 운송수단보다 저렴하다는 특징이외에도 선박만 있으면 세계 모든 나라의 영해와 항구를 자유롭게 입출항할 수 있기 때문에 국제적 경쟁산업이며 국가적으로도 아주 중요한 전략산업이다.

선박은 사용목적에 따라 상선, 함정, 어선, 특수작업선으로 크게 구분할 수 있다. 또한 상선은 여객 또는 화물을 운반하여 운임수입을 얻는 것을 목적으로 하는 선박을 말하며, 이것을 다시 화물선, 화객선, 여객선으로 구분할 수 있다.

선박회사는 정해진 항로를 정기적인 스케줄로 배선하는 **정기선서비스**와 화주의 요구에 따라 항로나 일정을 정하는 **부정기선 서비스**를 제공하고 있다.

화주는 화물의 성질 및 선적량에 적합한 선박과 배선 서비스를 선택하여 선복(화물공간)을 예약하고, 해상화물업자의 통관업자에게 화물의 선적 및 하역, 통관 수배 등을 위탁한다.

해상운송의 주요 관계자의 역할은 수출국과 수입국이냐에 따라 차이가 있다. 수출국인 경우 수출자는 화주로서 해상화물업자 등을 통해 선박회사에 화물을 인도하며, 통관업자와 해상화물업자는 화주의 위탁을 받아 수출통관 수속을 담당하고 화주의 대리인으로서 항만지역에서 화물선적을 수배한다. 선박회사는 해상화물업자 등을 경유하여 받은 화주의 화물을 운송한다. 선박대리점은 선박회사의 대리점으로 본선출항에 필요한 모든 수속을 진행하며 선박회사의 위탁에 근거하여 선하증권을 발행한다.

수입국인 경우 선박회사는 화물을 하역하고 해상화물업자 등을 경유하여 수화주에게 인도한다. **선박대리점**은 선박회사의 대리점으로 본선입출항의 모든 수속을 담당하고, 선박회사의 위탁에 근거하여 선하증권을 회수한다. **통관업자의 해상화물업자**는 수화주의 위탁을 받아 수입통관 수속뿐만 아니라 수화주의 대리인으로서 항만지역에서의 화물 인수 등의 수배업무를 한다. 수입자는 수화주로 해상화물업자를 통해 선박회사로부터 화물을 인도받는다.

>> Question **08 - 4**

컨테이너 화물운송

개요 컨테이너를 이용한 해상운송은 제2차 세계대전 중에 미군이 군수물자의 수송에 사용하기 시작한 이래 1950년대 말에 상업적으로 도입되기 시작하면서 1966년에 미국의 Sea-Land사가 북대서양 항로에 처음으로 풀 컨테이너선을 투입함으로써 재래식 해상운송의 컨테이너화가 본격적으로 시작되었다.

컨테이너는 포장, 보관, 하여, 운송 등 화물유통의 전과정을 일관 수송할 수 있는 혁신적인 수송도구로 현대 화물수송의 주종을 이루고 있다.

컨테이너화물 전용화물선을 **컨테이너선**이라 하며, 선창은 컨테이너를 포개어 적입하기 적합하도록 직방체의 창고 모양으로 되어 있다. 컨테이너 운송에서의 화물은 모두 컨테이너에 적입된 채로 컨테이너 단위로 해상 및 육상에서 운송된다. 컨테이너 운송은 가전제품을 비롯한 각종 제품의 수송에 적합하고, 하역속도도 빠르며 항해일정도 안정적이기 때문에 정기선 운송의 대부분은 컨테이너선으로 이루어지고 있다.

컨테이너 화물에는 **FCL화물**과 **LCL화물**의 2종류가 있다. 화주 한 명의 화물만으로 하나의 컨테이너를 만재 시킬 수 있는 화물을 '**FCL화물**'이라 한다. **FCL화물**의 경우 화주는 자사의 공장이나 해상화물업자의 시설에서 물품을 컨테이너에 적입하고, 컨테이너 야드에서 선박회사에 컨테이너를 위탁한다. 이렇듯 화주가 컨테이너 적입을 하는 것을 **Shipper's Pack**이라 한다. 그리고 컨테이너 하나가 되지 못하는 소화물을 '**LCL화물**'이라 한다. LCL화물은 CFS에서 선박회사에 의해 다른 소화물과 함께 컨테이너에 적입된 후 컨테이너 야드로 운반된다. 이렇듯 선박회사가 컨테이너 적입을 하는 것을 **Career's Pack**이라 한다.

표준 컨테이너인 20피트 드라이 컨테이너에는 중량은 약 20톤, 용적 약 $32m^2$의 화물을 적입할 수 있다. 컨테이너운송의 이점으로는 신속성, 안전성, 경제성을 들 수 있다. 하역 및 운송기간의 단축 및 화물의 관리를 신속 용이하게 할 수 있으며, 컨테이너자체가 운송용구로서 멸실 및 손상의 위험을 줄일 수 있으며 이는 위험요소의 축소를 통한 보험료의 절감을 이룰 수 있다.

또한 포장비의 절감 및 보관비의 절감 등 경제적인 효율성을 증진시킬 수 있다. 컨테이너 운송의 최적상품으로는 고 부가가치 상품인 전자제품, 피복류, 의약품이 해당되며, 적합상품으로는 철제류, 피혁제품, 철판 등이 되고 부적합상품으로는 중량물, 장척물 등이나 단가가 낮고 일시 대량수송이 경제적으로 유리한 물품인 양곡, 광석 등이 이에 각각 해당된다.

컨테이너의 종류

> **개요** 컨테이너는 화물의 종류, 주된 수송기관, 구조, 재질, 적재량, 모양 등에 따라 여러 가지가 있는데, 용적 3m³ 이하의 것을 소형, 그 이상을 대형이라고 부른다.
> 컨테이너 수송이 갖고 있는 장점으로서는 하역의 기계화, 포장비 절감, 도난방지 등이 있다. 일단 적입하면 재조작 없이 DOOR에서 DOOR까지 화물은 수송할 수 있게끔 제작된 컨테이너는 일반적으로, 액체화물의 운송을 위한 TANK 컨테이너, 온도 조절을 요하는 화물운송용의 냉동 컨테이너를 포함한 DRY 컨테이너, OPEN-TOP 컨테이너 등 여러 가지 종류가 있다.

ISO에 규격에 의하면 컨테이너의 길이에 따라 **20foot, 40foot, 45foot** 등의 컨테이너가 있는데, 20foot 컨테이너를 **TEU(twenty-foot equivalent unit)**라 하여 화물을 산출하기 위한 표준적인 단위로 삼고 있으며, 이 단위는 컨테이너 선박의 최대적재용적 표시와 운임지급의 기준이 되기도 한다.

컨테이너는 해상운송뿐만 아니라 육상운송을 할 때에도 대차에 실려 트레일러 헤드로 견인하거나 화차에 실어 운송한다. 컨테이너에는 일반적으로 드라이 컨테이너 이외에도 화물의 성질이나 상태에 알맞은 특수한 타입의 컨테이너가 개발되고 있다.

- 드라이 컨테이너 : 컨테이너 중에서도 드라이 컨테이너는 표준 타입으로 일반잡화 및 가전제품 등 많은 제품의 운송에 이용되고 있다. 크기는 규격화되어 있으며 길이가 20Feet(약6m)인 것과 40Feet(약12m)인 것이 있으며 물품의 용적에 맞게 사용된다.
- 냉동 컨테이너 : 영하 30도까지의 온도관리가 가능한 장치를 가지고 있는 컨테이너로써 냉동·냉장식품 등의 운송에 이용된다.
- 오픈 탑 컨테이너 : 드라이 컨테이너에서 상부가 개방된 컨테이너를 생각하면 쉽다. 컨테이너 도어로 적입하는 것이 곤란한 철제 코일 등의 중량물 및 건설기계 등의 대형기계 운송에 이용된다.
- 플렛랙 컨테이너 : 오픈 탑 컨테이너에서 측면의 벽이 개방된 컨테이너다. 컨테이너의 옆면으로 소형선박(크루저)등의 화물을 적입할 수 있다.
- 탱크 컨테이너 : 쥬스 및 와인 등 액체화물을 운송할 수 있는 탱크를 장비한 컨테이너이다.

Question 08 – 6
재래화물선과 선박의 종류

> **개요** 컨테이너선과 대비되는 일반화물선(general cargo ship)으로 컨테이너를 운송할 수 있는 구조를 갖고 있지 않는 선박으로 주로 일반잡화를 주대상으로 설계한 선박이다. 컨테이너선이 등장하기 이전부터 일반화물을 운송하던 화물선을 '재래화물선'이라 한다. 현재는 거의 사라진 상태이다.

컨테이너 운송을 고려하지 않고 설계된 정기선을 재래선 또는 재래정기선이라 한다. 재래화물선은 크기, 무게, 길이가 컨테이너 운송에 적합하지 않은 대형기계 및 철강파이프 등의 화물을 중심으로 최근에도 널리 이용되고 있다. **재래화물선** 중에는 본선 상에 화물을 싣고 내릴 수 있는 크레인 등의 하역설비를 갖추고 있는 선박도 있으며, 하역설비를 갖추고 있지 않은 항이나 앞바다 쪽의 부표에 계류하며 화물을 싣고 내린다.

재래화물선은 여러 화물의 적재에 대비하여 2층의 선창을 가지고 있으며, 정기선 운송과 부정기선운동 모두에 이용된다. 컨테이너 운송과는 달리 짐을 싣고 내릴 때나 운송 중에 화물 손상의 위험이 크기 때문에 재래화물선으로 운송하는 화물은 운송에 적합한 포장을 해야 한다. 화물의 형태에 맞는 포장을 한 뒤 눈에 잘 띄는 곳에 **화인을 기재**하여 화물을 포장단위로 관리한다. **부정형화물**의 경우에는 포장하지 않아도 되며, 컨베이어 벨트 등의 설비로 선창에 화물을 운반하여 선적하여 선창이나 배단위로 관리된다.

컨테이너선이나 재래화물선 외에도, 건화물선(벌크선)과 탱커선등 여러 종류의 선박이 있다.

- **건화물선(벌크선)** : 옥수수나 밀가루 등의 곡물, 석탄, 철광석 등의 부정형화물 운송에 적합한 선박으로 운송 중에 화물이 쉽게 움직이지 않도록 선창이 기울어져 있다.
- **탱커선** : 액체를 운반 할 수 있는 탱크구조의 선창이 있는 선박을 말하며, 일반적으로 탱커선이라 하면 석유를 수송하는 탱커선을 말한다. 석유탱커선은 운송효율을 높이기 위해 대형화되고 있고 VLCC(Very Large Crude oil Carrier)라고 하는 대형 탱커선은 한 번에 20만 톤 이상의 석유를 수송할 수 있다.
- **자동차전용선** : 자동차, 버스, 트럭 등을 효율적으로 운송하기 위한 선박으로 선창은 거대한 주차빌딩 같은 구조로 되어 있다.
- **LNG선** : 영하 162도 이하로 냉각된 액화천연가스를 수송하기 위해 온도관리 장치를 갖춘 액화천연가스 수송 전용 탱커선이다.

> **개요** 정기선은 각 선박회사가 모든 화주에게 일률적으로 적용하는 운임체제를 가지고 있으며, 이를 '운임률(Traff)'이라 한다. 항로에 따라서는 선박회사가 해운동맹(국제카르텔)을 결성하여 동맹 선박회사 공통의 운임률을 작성하기도 한다.
> 운임은 화주가 선주나 운송인에게 화물운송의 대가로 지급하는 금액을 말한다. 계약유형, 조건 등에 따라서는 운임에 하역시설 등을 이용하는 비용이 포함되기도 한다. 운임은 선급운임, 후급운임으로 나누어진다. 운임은 계약 형태에 따라서 정기선(Liner) 운임과 부정기선(Tramper) 운임으로 구분한다.

정기선(Liner) 운송은 두 개 이상의 항구로 구성된 일정한 항로를 화물의 집화량에는 크게 관계없이 미리 공시된 운항계획(Schedule)에 따라서 규칙적으로 반복 운항하는 것을 말한다. 그렇기 때문에 화물운임은 사전에 공시된 운임표(Tariff) 상의 운임율이 적용된다. 이러한 정기선 운송에는 재래선에 의한 재래정기선(Conventional break bulk liner)운송과 컨테이너선에 의한 컨테이너 정기선(Container liner)운송이 있다.

선박회사는 선박이 기항하는 항구나 입출항예정일 등의 정보를 자사의 홈페이지 및 업계지에 게재하고 있다. **운임률**은 **기본운임률**과 **할증운임**의 2단계로 구성된다. 기본운임은 일정기간 (1년 등) 변경되지 않지만, **할증운임**은 운항 비용에 큰 영향을 주는 사태가 발생한 경우 변경되어 과징된다. 즉, 운임의 기본 요율을 산정할 당시에 예기치 못한 사태의 발생으로 인하여 선사의 추가적인 비용을 보전하기 위하여 기본요율 외에 화주에게 추가로 부과하는 요금을 말한다. **기본운임**에는 품목별운임과 품목별무차별운임의 2가지 설정 방법이 있는데, 운임은 개개의 물품 특성 및 운임부담능력 등을 고려하여 설정된다. **품목별운임**은 물품마다 과율을 정하는 방법으로 해운동맹에서 작성된 운임률은 기본적으로 이 방법을 채택하고 있다. **품목별 무차별운임**은 물품에 관계없이 과율을 정하는 방법으로 컨테이너 운송의 발달과 함께 널리 퍼진 운임설정 방법이다. 컨테이너 안에 무엇을 적입하는가에 관계없이 컨테이너 1개당 운임을 설정한다. **할증운임**에는 유류할증, 환변동(통화)할증, 체항료 등이 있다.

유류할증료(Bunker Adjustment Factor ; BAF)은 과거의 중동전쟁과 같은 갑작스런 사태발생으로 인하여 유가가 대폭 인상되는 경우 유가 인상분에 의한 추가적인 비용 보전을 위하여 부과한다. **통화할증료**(Currency Adjustment Factor ; CAF)는 운임표기화폐(주로 US dollar)의 약세로 인한 손실보전을 위하여 부과한다. **체항료**(congestion surcharges)는 항구에서 선박의 폭주로 선박이 장시간 대기할 경우에 부과하는 것이다.

>> Question 08-8
정기선의 선적 순서

개요 정기선(컨테이너화물)에 의한 선적은 매매계약서상 선적일자 확인 - 선사의 항해일정 확인 - S/R 제출 - booking note 발행 - CY - D/R -S/O -본선적재 - B/L발급 의 과정으로 이루어진다. 재래선에 의한 선적은 매매계약서상 선적일자 확인 - 선사확인 - S/R 제출 - 선사의 main term 검토 및 오퍼와 카운터오퍼 - 용선계약체결 - S/O - Tally sheet(검수표)발급 - M/R발급 - 선사에 제시 - B/L발급 의 과정으로 진행한다.

1. 선복예약

매도인의 물품출하 준비가 되면 선박회사(또는 그 대리점)에 연락하여 희망하는 선박, 컨테이너의 종류와 개수, **화물명세(수량, 중량, 용적)**, 선적항, 양륙항 등을 예약하는데 이 과정을 '부킹'이라 한다. 부킹 시에는 FCL/LCL화물의 구별과 수출입국의 인도와 인수에 필요한 컨테이너 야드, 컨테이너 플레이트 스테이션이 어디인지도 확인한다. 부킹이 확정되면 선박회사는 부킹번호를 예약확인 조회번호로써 발행한다.

2. 선복예약(부킹)과 무역조건

매도인과 매수인의 어느 쪽이 부킹을 하는가는 **계약에서 정한 무역조건**에 따른다. 다시 말해 인코텀즈 C와 D 그룹의 조건에서는 매도인이 하며, E와 F그룹의 조건에서는 매수인이 한다.

3. 선적수배

부킹이 완료되면 선박의 **도착예정**에 맞추어 선적준비를 한다. 주된 작업으로는 수출인허가 취득, 소포장과 컨테이너 적입, 선적항 또는 CY나 CFS로 수송, 수출통관 수배 등이 있다. 이러한 작업을 마친 후에 화물을 선박회사에 맡긴다. 관계부처의 인허가취득은 부킹에 앞서 해야 한다.

4. 선하증권 발행

선박회사는 화물을 맡은 후 **화주에게 선하증권(B/L)을 발행**한다. 선하증권은 **화물인도증**의 기능을 가지기 때문에 **양륙지에서는 선하증권을 선박회사에 제시**하여 화물을 인수한다. 운임의 결제조건 또한 선하증권에 표기하는데 선적지 선지급인 경우에는 선하증권 상에 운임 선지급, 양륙지 후지급의 경우에는 운임 후지급이라 기재한다.

>> Question 08-9

정기선의 화물 인수 과정

[개요] 매수인은 선박의 양륙항 도착예정에 맞추어 화물의 수화 준비를 한다. 주된 작업에는 수입수속에 필요한 인허가취득, 선적서류의 입수, 수입통관준비, 양륙장이나 CY, CFS에서의 운송 수배등이 있다.

화물의 인수과정은 화물도착예정통지서 발송 – 선박입항 – 세관에 적하목록(Manifest)신고 – 수입화물하선장소의 신고 및 배정–화물의 양륙 및 하선 장소에 반입 – B/L과 D/O에 의한 화물 인도 – CY에빈 컨테이너 인도의 순서로 진행된다.

화환어음결제인 경우 매도인과의 결제가 끝나야 선적서류를 입수할 수 있기 때문에 먼저 필요한 결제 수속을 은행에서 한다.

1. 선하증권 제시

매수인은 선하증권을 선박회사 또는 대리점에 제시하여 화물인도를 요구한다. 선하증권은 매도인으로부터 직접 받거나 은행경유의 화환어음의 일부로써 선적서류와 함께 보내온다. 선하증권을 회수한 선박회사는 CY와 CFS의 관리자에게 화물인도지시서(D/O)를 보내, 화물의 인도를 지시한다.

2. FCL화물의 인수

FCL화물의 경우 매수인은 CY에서 컨테이너를 인수한 후, 화물적출 장소로 이동한다. 매수인은 적출 후에 수입통관을 하고 수입통관과 소비세를 세관에 지불 한 후에 화물을 자사시설로 국내 수송한다. 컨테이너의 화물을 적입상태로 CY에서 수입신고를 하면, 세관의 수입허가 후에 CY에서 컨테이너를 직접 자사시설로 이송하여 적출할 수 있다. 이 경우 매수인은 컨테이너를 일정기간 내에 선박회사에 반환해야 한다.

선박회사는 CY에서의 보관일수와 CY반출 후의 대여일수에 제한을 두고, 그 기간을 초과하면 연체금을 과징한다.

3. LCL화물의 인수

LCL화물의 경우 화물의 적출은 선박회사의 수배에 의해 CFS에서 하며 수화주별로 나누어진다. 매수인은 CFS에서 수입통관을 거쳐. CFS에서의 화물취급수수료인 CFS Charge를 선박회사에 지불하고 화물을 인수, 자사시설로 국내 수송한다.

>> Question 08-10
부정기선 운항 서비스

> 개요   부정기선은 일정한 항로나 화주를 한정하지 않고 화물이 있을 때마다 또는 선복의 수요가 있을 때마다 혹은 화주가 요구하는 시기와 항로에 따라 화물을 불규칙적으로 운송하는 선박이다. 이러한 방식으로 선박을 운항하는 해운업자를 "부정기선업자"라 한다.
> 부정기선 운송의 특징은 고정된 운항일정과 항로가 없으므로 항로의 자유선택이 가능하다. 대량의 화물(bulk cargo) 등의 수송을 주요 대상으로 한다. 운임이 그 당시의 수요와 공급에 의한 완전경쟁으로 운임을 결정하게 된다.

부정기선의 종류는 재래화물선, 벌크선, 탱커선, 전용선으로 다양하며, 크기도 적재중량 천 톤급의 근해용 소형선박에서 30만 톤급의 초대형 탱커선까지 용도에 맞추어 폭넓게 선택할 수 있다.

부정기선의 스케줄은 화주와 선박회사간의 합의에 의해 결정된다. 따라서 선박의 입출항 스케줄이 궁금할 때는 선박회사에 문의하여 확인한다.

부정기선의 운임은 사전에 설정된 운임이 없기 때문에 화주와 선박회사가 교섭하여 결정한다. 해운동맹 같은 카르텔도 없기 때문에 완전자유경쟁의 원칙이 일반적으로 적용된다. 따라서 선복의 수급관계에 의해 날짜별로 변동하는 운임은 항로나 선박의 크기에 따라 시세가 형성된다. 화주와 선박회사는 이러한 시세정보를 참고하여 운임교섭을 한다. 부정기선의 운임은 연료나 외환 등의 운임할증 변동요소를 운임에 포함시켜 결정하는 것이 일반적이다.

부정기선의 운임은 화물하역비용의 포함여부에 따라 FIO(Free In and Out)와 Berth Term(B/T)으로 나눈다. 화물을 싣고 내리는 비용과 책임을 화주가 부담하는 조건이 FIO고, 운송인이 부담하는 조건이 Berth Term이다.

변동이 심한 부정기선의 운임 표준을 내서 운임지수로 나타내기도 하는데 우리나라를 비롯한 극동지역의 시황을 반영한 KMI(Korea Maritime Index)지수가 활용된다.

부정기선 시장(Market)은 세계 각지의 화물이나 선복의 수요공급이 집중되어 일정한 운임율이 결정되고 화물운송계약이 체결되는 해운시장을 말한다. 부정기선의 운임은 선박의 수급관계에 의해 결정된다. 부정기선시장은 런던, 뉴욕, 동경에 있는데 **런던의 해운거래소**(Baltic Exchange)가 큰 영향력을 갖고 있다.

부정기선의 선적 순서

> **개요** 부정기선을 이용하여 운송하는 경우는 매도인의 물품출하준비가 된 단계에서 선박용선 교
> 섭을 한다. 교섭은 선박회사에 직접 연락하는 방법과 부정기선을 전문적으로 취급하는 용선중계자를
> 경유하는 방법이 있다.
> 어떠한 경우라도 화물의 명서(수량, 중량, 용적)와 선적항, 하역항 그리고 선적 예정기일을 전에 희망
> 하는 선박을 찾는다. 용선계약 교섭도 매매계약 교섭과 같이 청약에 대한 반대청약의 방법을 거쳐
> 이루어진다.
> 선적 순서를 살펴보면 매매계약서상 선적일자 확인 – 선사확인 – S/R 제출 – 선사의 main term
> 검토 및 오퍼와 카운터오퍼 – 용선계약체결 – S/O – Tally sheet(검수표)발급 – M/R발급 – 선사에
> 제시 – B/L발급의 과정으로 이루어진다.

매도인과 매수인 중 누가 **용선을 하는가는 계약**할 때 정한 무역조건에 따른다. 다시 말해 인코텀스의 C와 D그룹의 조건에서는 매도인이, E와 F그룹의 조건에서는 매수인이 한다. 이점은 정기선과 부정기선 모두 같다.

용선계약은 선복(Ship's Space)의 일부 또는 전부를 빌려 운송하는 목적으로 선사와 용선자 사이에 체결되는 계약을 말하며, C/P로 약칭한다. 대량화물을 부정기선(Tramper)에 의하여 운송하는 경우에 이용된다. **용선계약**에는 선복 전부를 빌리는 **전체용선계약(Whole Charter)**과 선복의 일부만을 빌리는 **일부용선계약(Partial Charter)**이 있다.

용선계약의 교섭이 완료되면 선박의 도착예정에 맞추어 선적 준비를 한다. 주요 작업에는 수출인허가취득, 화물의 본석 선측의 화물운송, 수출통관 수배 등이 있다. 이러한 선적준비를 한 후 선박이 도착하면, 선창의 화물적입으로 선박회사에 인도한다.

기본적인 업무과정은 정기선과 같다. 선박회사는 화물을 맡은 후, 화주에게 선하증권을 발행한다. 선하증권은 화물인도 증의 기능을 가지고 있어 양륙지에서 선하증권을 선박회사에 제시하여 화물을 인수한다. 운임결제조건의 기재는 정기선의 경우와 같다.

용선계약서는 선주에게 선박의 전부 또는 일부를 대여하여 사용하기로 하는 계약을 '**용선계약**'이라고 하는데, 이때 흥정을 통하여 운임을 결정하고 선주와 용선자간에 작성하는 계약서이다. 용선계약서가 작성되고 그 후 용선한 선박에 화물이 적재되면 용선자는 하주에게 **용선계약선하증권(Charter party B/L)**을 발행한다.

>> Question 08-12
해상화물운송계약의 형태 - 개품운송계약

> **개요** 해상운송계약(Contract of Carriage of Goods by Sea)은 운송인이 해상에 있어서 선박에
> 의하여 행하는 물품운송을 인수하는 계약이다.
> 통상 송화인은 화물을 해상으로 운송하는 경우, 화물의 수량이나 항로사정을 감안하여 운송형태를 정
> 하는데 그 운송형태에는 정기선에 의한 운송 및 부정기선에 의한 운송이 있는 바, 정기선으로 화물을
> 운송하는 경우 개품운송계약을 체결하고 부정기선으로 화물을 운송하는 경우 용선운송계약를 체결
> 하는 것이 일반적이다.

개품운송계약은 개개의 화물을 운송하는 계약 하에 여러 화주로부터 화물을 모아 혼합 적재
하여 운송하는 방식으로 정기선로에 취항하는 **정기선(liner)에 의한 운송**의 대부분이다. 즉, 개
품운송계약은 운송인인 선박회사가 다수의 송하인의 **개개의 화물을 운송하는 것**을 인수하는
계약이다. 이 운송계약에 의한 운송형태는 통상 선박회사가 불특정 다수의 송화인으로부터
화물운송을 위탁 받아 이들 화물을 혼재하여 운송하는 형태이다.

정기선에 대한 개품운송계약은 다수의 화주로부터 S/R(Shipping Request : 선적요청서)을 받아
S/O(Shipping Order : 선적지시서) ➡ M/R(Mate's Receipt : 본선수취증) ➡ B/L(Bill of Lading : 선
하증권)의 순서로 발행하면서 송화인(shipper)을 규제함과 동시에 개개화물 운송을 인수하는
선주 일방의 계약이다.

일반적 과정은 계약절차를 간소화하기 **위하여 일반적으로 운송계약서는 작성하지 않고** 간단한
선복신청서(shipping request)를 작성하여 선박회사에 제출하고, 선박회사가 선복예약서(booking
note)를 발행하면 이로써 운송계약이 체결된 것으로 간주된다. 선적을 위해서는 원칙적으로 S/R(Shipping
Request), Invoice, Packing List, 수출신고서를 해운회사에 제출해야 하나 통상 Packing List에
신용장에 명시된 모든 내용을 작성하거나 자체적으로 작성한 S/R양식과 Packing List를 함께
제출하는 경우가 많다. 즉, 개품운송계약에서 운송계약은 **불요식계약**이므로 별도의 계약서 작
성은 필요 없다. 따라서 개품운송계약은 송하인 또는 그 대리인인 운송인이 선박회사, 대리점,
운송주선인 등이 발행하는 배선표(Shipping Schedule)를 잘 검토하여 적당한 선박을 선정한
다음 운송을 신청(Shipping Request)하여 운송인이 이를 승낙함으로써 운송계약이 체결된다.

개별운송계약의 경우 무역계약상의 가격조건에 따라 선복을 확보하여야 할 책임이 수출상
에 있는지 또는 수입상에 있는지가 결정된다. 가령 FAS 또는 FOB 의 경우에는 원칙적으로
수입상이 선복을 확보할 책임이 있으며, 반면에 CFR 또는 CIF에 의한 경우에는 원칙적으로
수출상이 선복을 확보해야 할 책임이 있다.

해상화물운송계약의 형태 - 용선운송계약

> **개요** 용선운송계약은 타인소유의 선박을 일정한 조건을 정하여 차용할 때의 계약을 말한다. 즉, 선주가 제공한 선박의 전부나 일부의 선복에 의하여 화물을 운송할 것을 약정하고, 이에 대하여 보수를 지급할 것을 약속하는 해상운송방법을 말한다.

용선계약에 이용되는 화물은 주로 특수한 화물로서 곡물, 석탄, 원목, 광석 등 1회의 적하가 대량일 때 이용되며, 부정기선을 사용하는 것이 일반적이다. **용선운송은 일부용선계약(Partial Charter)과 전부용선계약(Whole Charter)으로 구별**되고, 전부용선계약은 다시 어느 일정한 계약 기간을 정하고 계약하는 기간용선계약(Time Charter)과 특정의 항구로부터 특정의 항구까지의 항해를 정해 계약하는 항해용선계약(Voyage Charter)으로 구분되며, 특수한 형태의 나용선계약이 있다.

일부용선계약이란 용선운송 계약시에 선복의 전부를 빌리는 것이 아니고 일부만 차용하는 경우 체결되는 계약이다. **전부용선계약**은 용선계약시에 선복의 전부를 빌리는 경우에 체결되는 계약을 말하는데 여기에는 다음의 항해용선계약, 기간용선계약, 나용선계약 등이 있다.

항해용선계약(Voyage Charter, Trip Charter)은 일정한 항구에서 항구까지(港對港) 화물의 운송을 의뢰하는 화주(傭船者)와 선주인 선박회사간의 용선계약이다. 항해용선계약은 적하수량에 따라 운임을 계산하는 방식을 **운임용선계약**(Contract of Affreightment)이라고 하며, 적량과는 관계없이 본선의 선복을 대상으로 하여 단일 항차에 대한 운임을 포괄적으로 약정하는 선복운임(Lump-sum Freight)방식을 **선복용선계약**(Lump-sum Charter)이라 한다.

기간(定期)용선(Time Charter)계약은 선박을 일정한 기간을 정하여 용선하는 계약으로, 이 경우 선주는 일체의 선박부속용구를 갖추고 선원을 승선시키는 등 선박의 운항 상태를 갖추고 선박을 소정의 항구에서 용선자에게 인도하여야 하므로 전부용선이 된다.

나용선 계약(Bareboat Charter)은 일반적으로 용선계약을 체결하면 선주가 선박과 함께 선원을 제공하도록 되어 있으며, 항해용선계약인 경우에는 선주가 수선비 및 보험료 등도 부담하도록 되어 있으나, 용선자가 일종의 대차방식에 의하여 선원의 수배는 물론 운행에 관한 일체의 모든 감독 및 관리권한까지 행사하도록 하는 것이 나용선 계약이다.

>> Question 08 – 14
선하증권(Bill of Lading)의 역할과 기재사항

> **개요** 선하증권(B/L : Bill of Lading)은 무역에서 가장 중요한 운송서류이며, 상업송장(Invoice) 및 포장명세서(Packing List)와 함께 신용장 거래에서 대금을 지급 받을 때 3대 중요서류로 이용되고 있다. 선하증권은 화주와 선박회사 간에 체결한 해상운송계약에 의하여 선사가 그 화물을 영수하였다는 것을 증명하는 한편, 도착항에서 일정한 조건 하에 수하인 또는 그 지시인에게 화물을 인도할 것을 약정한 유가증권이다. 선사마다 B/L의 면책조항의 종류가 다양하며, 주로 헤이그 룰과 헤이그-비스비 룰이 주류를 이룬다.

이러한 선하증권이 국제무역에서 차지하고 있는 역할은 대체로 세 가지로 나누어 질 수 있다.

첫째, 선하증권은 이름 그대로 해당화물이 선적되어 선박회사가 점유하고 있음을 입증하는 **영수증(Receipt of Goods)의 역할**을 한다. 수입자는 대금을 지불하고도 해당 물품을 수령하지 못하는 불안을 해소하기 위하여 물품이 선적되었다는 사실의 확인을 원하기 때문에 선적의 사실을 입증하는 증거가 필요하다. 이러한 선적의 증거가 되는 것이 선하증권이다.

둘째, 국제무역에 따르는 여러 가지 계약 중 선주와 화주간에 체결하는 운송계약이 체결되었음을 입증하는 서류이다. **선하증권은 선주와 화주간에 계약이 체결된 것을 증명하는 계약증서(Evidence of Contract)가** 된다.

셋째, 선하증권은 증권의 소유자나 피 배서인이 해당 상품의 **인도를 요구할 수 있는 권리증권(Entitled Document)**이다. 선하증권은 곧 상품 그 **자체를 상징**하는 것이다.

선하증권의 기재내용은 컨테이너선과 재래선 사이에 다소 차이가 있으나 대동소이하다. 기재내용은 다음과 같이 **법정기재사항과 임의기재사항**이 있다. **법정기재사항**은 ① 선박 : 선박, 국적, 톤수실제로는 Vessel난에 서명과 임의기재사항인 항해번호만 적는다. ② 선장의 이름 : 기입하지 않는다. ③ 운송품의 종류·중량·용적·포장의 기호 및 개수 ④ 송화인 성명/상호 : 화물 발송자 ⑤ 선적항 ⑥ 양하항 : 기재되어 있지 않은 것은 무효이다. ⑦ 운임 : 선불이면 Freight Prepaid라고 기입, 후불이면 그 액수나 "Freight Collect As Arranged"라 기입하기도 한다. ⑧ 작성지와 작성일자 : 작성지는 B/L을 서명, 발행한 장소, 발행일자는 본선 출항일자로 통일 ⑨ 선하증권의 발행 부수 : 1부로 족하지만 정본 3부를 1Set로 발행한다.

임의기재사항은 ① 본선항해번호선사가 자체 업무편의상 참조용으로 붙이는 일련번호 ② 통지처 : 수화인이 기입되지 않는 지시식 B/L에는 반드시 통지처를 기입한다. ③ 운임지불지 및 환율 : 필요한 경우 지불처 기입, 환율은 선불일 때 B/L작성당일, 후불은 본선 입항일의 환율에 따르는 것이 통례 ④ B/L No. : 취급상 업무편의를 위해 발행인이 임의로 정한다. ⑤ 면책조항 : B/L의 표면 또는 이면에 기입되어 있다.

선하증권(Bill of Lading)의 법적성질

> [개요] **선하증권**은 환어음을 매입(negotiation)**하는 데 있어서** 상업송장, 보험증권**과 더불어 기본이 되는 서류로 법률적 관점에서** 요인증권, 요식증권, 대표증권, 문언증권, 유통증권, 지시증권**의 성질을 가지고 있다.**

첫째, 선하증권은 **요인증권(要因證券)**이다. 선하증권은 화주와 선박회사간의 운송계약에 의하여 화물의 선적 또는 수탁사실을 전제로 하여 발행되는 것이므로 법률상 요인증권이 된다. 따라서 화물의 선적 또는 선적을 위한 수탁 이전에 발행되는 선하증권은 당연히 무효가 된다. 즉, 선적하지 않은 선하증권이 발행될 수 없다.

둘째, 선하증권은 법으로 정해진 법정 기재사항이 기재되어야만 그 효력을 갖게 된다. 이른바 **요식증권(要式證券)**이라 할 수 있다.

셋째, **선하증권은 대표증권**이다. 선하증권에는 선적된 물품에 대한 권리가 화체(化體)되어 있으므로 선하증권의 인도는 물품의 인도와 동일하다고 할 수 있다. 따라서 선하증권은 물품의 소유권을 대표하는 유가증권인 동시에 선하증권의 소지인은 선하증권과 상환으로 선박회사에 물품의 인도를 청구할 수 있기 때문에 채권적 효력을 갖는 **채권증권**이며, 운송화물의 처분에는 반드시 선하증권을 사용하여야 하기 때문에 **처분증권**의 성질을 갖게 된다.

넷째, 운송인은 선의의 선하증권 소지인에 대하여 증권의 기재문언에 관하여 책임을 지며, 반면에 그 소지인은 증권의 기재문언에 따라 권리를 주장할 수 있는데, 이러한 선하증권의 법적 성질을 **문언증권(文言證券)**이라고 한다.

다섯째, 물건의 인도를 청구할 수 있는 **유통증권(流通證券)** 혹은 채권증권이다. 즉 선하증권은 물품의 소유권을 대표하는 유가증권으로서 배서 또는 인도에 의하여 소유권이 이전되는 유통증권이다.

여섯째, 선하증권은 기명식, 지시식 또는 선택무기명식 등 어느 방식으로도 발행할 수 있으며 기명식의 경우라 할지라도 선하증권의 발행인이 배서금지의 뜻을 기재하지 않는 한 배서에 의하여 양도할 수 있으므로 법률상 **지시증권**의 성질도 갖는다.

선하증권 원본의 발행은 1통으로도 가능하지만 화물의 도난, 연착 또는 분실 등에 대비하여 그 이상을 한 세트로 하여 발행할 수도 있는데, 현재 국내에서는 거의 **3통을 한 세트(One Full Set)**로 하여 발행하는 것이 보통이다.

한편, 선하증권은 몇 통을 발행하였더라도 내용이 동일하며 정식서명도 되어 있어 각 통은 동등한 효력을 지녀서 화물인도에는 한 통으로 족하며, 인도와 동시에 타 B/L은 무효가 된다. 물론, 은행에서 대금결제시 발행된 정본 전부를 제시해야 한다.

>> **Question 08 – 16**

선하증권(Bill of Lading : B/L)의 종류

///

개요 **선하증권(Bill of Lading : B/L)은 공통양식으로 작성하며** 화물의 인수시점**(선적, 수취)**, 화물 상태**(무사고, 사고부)**, 수하인 지명방식**(기명식, 지시식)**, 운송 형태**(통과, 환적, 복합)**, 화물 권리 (Original, Surrender), 발행주체(Master, House), 이면약관 기재여부(long Form, Short Form), 보험 결합 여부(Red), 신용장상 효력 상실(Stale) 등 기재방식 및 형태에 따라 **분류하는 것 종류는 23가지나 된다.**

1. 선적 선하증권(Shipped B/L, On Board B/L)과 수취 선하증권(Received B/L)

선적 선하증권(Shipped B/L, On Board B/L)은 선박회사가 화주로부터 수령한 운송화물을 선적한 후에 발행하는 선하증권으로서, 보통 선하증권 앞면 하단부분에 선적완료 사실을 「Shipped」또는 「Shipped on Board」란 표시와 함께 선적일자 등을 기재하여 나타낸다.

수취 선하증권(Received B/L)은 운송인이 화물을 선적하기 위하여 수취하였다는 뜻을 기재하고 있는 선하증권으로 약관의 첫 문구가 "Received by the carrier…" 또는 "RECEIVED in apparent good order and condition…"와 같이 기재된다

2. 무사고(무고장, 무하자) 선하증권(Clean B/L)와 사고(고장, 하자) 선하증권(Foul B/L)

무사고 선하증권이란 본선상에 선적하는 화물의 포장상태나 수량 등과 관련, 일등항해사가 발행하는 **본선수취증(M/R)**의 비고란에 아무런 결함 또는 이상상태가 기재되어 있지 않은 경우에 발행되는 선하증권이며, 증권의 앞면에 「Shipped on board in apparent good order and condition」이라고 표시되기도 한다. 인수 화물이 본선에 반입되면 선장의 지위에 있는 선박운항책임자인 **일등항해사(Chief Mate)가 선장을 대리하여** 선박회사에서 발급한 선적지시서와 대조하면서 화물을 수취한 다음 선창 내에 적부시킨다. 이 때 화물을 수취한 증거로서 본선이 발행하는 수취서를 **본선수취증(Mate's Receipt)**이라고 한다. 선박회사의 책임자는 선적 시 선적화물에 대하여 품질의 상위, 유손, 손상, 개수 및 하인의 상위 등의 유무를 조사한다. 어떤 하자가 발견되면 그 사실이 수취증의 비고란에 기입되며, 이러한 경우 **고장부 본선수취증에 의해서 고장(사고)부 선하증권이 발행**된다.

사고 선하증권(Dirty B/L, Foul B/L)은 선적 시의 화물이 포장이나 수량 등 외관상 결함이 있을 경우 선박회사는 이를 면책하기 위해 선하증권 상에 "**Not Responsible for 물품**" 등과 같은 **하자표시를 한 선하증권**을 발행하게 된다. 이러한 선하증권은 은행이 수리하지 않으므로 하자물품에 대한 클레임제기 책임을 지겠다는 각서인 **파손화물보상장(Letter of Indemnity : L/I)**을 선사에 제시하면 **무사고선하증권**을 발급받을 수 있다.

3. 기명식 선하증권(Straight B/L)과 지시인식 선하증권(Order B/L)

기명식 선하증권(Straight B/L)은 어느 특정인에게 수출물품을 인도하도록 이미 지정되어 있는 선하증권으로 양도가 불가능하다

지시인식 선하증권(Order B/L)은 선하증권 상에 어느 특정 수하인을 기정하는 대신 "**Order of 개설은행**" 등과 같이 화물을 선하증권 상에 지정된 자의 지시에 의해 물품을 인도하라는 뜻을 기재하고 있는 선하증권으로 배서에 의해 양도가 가능하다.

4. 통용(통) 선하증권(通用船荷證券 ; Through B/L)과 직항 선하증권 Direct B/L

Through B/L은 운송화물이 목적지에 도착할 때까지 **서로 다른 둘 이상의 운송기관**, 즉 해운(海運), 육운(陸運) 또는 공운(空運)을 교대로 이용하여 운송되는 경우, 환적할 때마다 운송계약을 맺는 절차 및 비용을 절약하기 위하여, 첫 번째의 운송업자가 그 **전운송구간(全運送區間)**에 대해서 발행하는 선하증권이다

직항 선하증권(Direct B/L)은 적출항에서 목적항까지 적재본선이 환적없이 직항하는 경우에 발행되는 B/L을 말한다. 목적지까지 환적하면서 운송되는 경우에 발행되는 전통선하증권(Thorugh B/L)과 대비되는 것이다.

5. 환적선하증권(Transshipment B/L)

운송도중의 환적을 증권면에 기재한 B/L을 말한다. 현재의 신용장 통일규칙에 의하여 신용장조건상으로 환적을 금지하지 않는 한, 전 운송과정이 단일 및 동일 운송서류에 표시되어 있는 경우, 화물이 환적 될 것으로 표시되어 있는 운송서류는 수리된다.

6. 제3자 선하증권(Third Party B/L)

선하증권상에 표시되는 송하인(Shipper)은 일반적으로 신용장의 Beneficiary가 된다. 그런데, 수출·입 거래의 매매당사자가 아닌 제3자가 송하인이 되는 경우가 있는데 이를 제3자 선하증권(Third Party B/L)이라고 한다.

7. 해상선하증권(Ocean or Marine B/L)

해상선하증권이란 해상운송의 경우에 발행되는 선하증권 이다. 보통 수출자에게 통지된 신용장의 내용을 보면, 「Documents Required」란에는 「Full set of clean on board ocean / marine bill of lading」의 문구에서 Ocean이나 Marine은 본 선하증권이 **해상선하증권을 요구**하고 있음을 의미한다.

8. 약식선하증권(Short Form B/L)

Short Form B/L은 선하증권으로서의 필요 기재사항을 갖추고 있지만 보통 선하증권(Long Form B/L)의 이면약관이 생략된 것으로서 최근 여러 나라에서 널리 사용되고 있다.

9. 보험증권겸용(Red) B/L과 기간경과 선하증권(Stale B/L)

Red B/L은 보통의 선하증권과 보험증권을 결합시킨 것으로서 이 증권에 기재된 화물이 항해 중에 사고가 발생하면 이 사고에 대하여 선박회사가 보상해 주는 선하증권이다.

Stale B/L이란 신용장상에 서류제시기간이 정해져 있는 경우에는 그 기간 내에 운송서류와 금융서류가 지정된 은행이나 매입은행에 제시되어야 하며, 이러한 제시기한이 없는 경우에는 운송일자 후 21일 이내에 서류가 제시되어야 한다. 이런 경우 21일이 경과되어 발행된 선하증권을 기간경과 선하증권이라고 하고, 그러한 서류를 기간경과 서류(stale documents)라고 한다. Stale B/L이나 Documents는 신용장상에서 허용한다는 명시가 없으면 은행은 그러한 선하증권이나 서류에 대해서는 수리를 거절한다.

10. 컨테이너 선하증권(Container B/L)

컨테이너 적재설비를 갖추고 있는 선박에 선적한 경우에 발행되는 선하증권으로 컨테이너에 의한 운송의 경우 화주는 생산공장 또는 창고에서 Container Yard까지 자기 책임으로 운송하여 선박회사에 인도한다. 따라서 선박회사는 인수받은 화물이 화주가 포장하고 봉인한 것이기 때문에 그 내용을 알 수 없다는 뜻으로 "shipper's load and count" 또는 "said by shipper to contain"이라는 문언을 **Container B/L**상에 기재하고 있다.

11. Master B/L, FCL B/L

비행기나 선박을 가지고 있는 라인에서 직접 발행한 B/L이다. LINE B/L 이라고 많이 부르며 비행기의 경우 아시아나, 대한항공 등에서 발행한 것이고, 선박의 경우 현대, 머스크, MSC 등등 선사에서 발행한 B/L을 말한다. **Master B/L**은 수출/입간 **FCL(Full Container Cargo Load)** 화물을 거래할 때 사용되는 선하증권이며, 보통 컨테이너 20Feet와 40Feet를 이용할 때 쓰인다. FCL 화물은 Master B/L만 사용된다.

FCL B/L은 컨테이너에 화주 자신의 화물만 선적하여 발행된 B/L이며, 이때 운송회사는 화물의 stuffing 작업 시 물품을 확인하지 않으므로 차후의 문제에 대비하여 부지조항(unknown clause)을 B/L상에 삽입한다.

Master B/L은 선하증권 그 자체이며 이를 통해 수출대금결제를 할 수 있는 증권이다. 그러나 **House B/L**은 대리점에서 화물 선적했다는 영수증 정도이다.

12. House B/L, LCL B/L

포워딩(FORWARDING) 업체에서 발행해 주는 자체 B/L이다. FORWARDING 업체는 선사나 항공사와 수출업체의 중간에서 운송 서비스를 해주는 회사로 FORWARDING에 MASTER (LINE) B/L을 요청하면 대신 라인에서 받아서 전달까지 해준다.

House B/L은 LCL(Less than Container Cargo Load)화물이라고 해서 소량단위의 물품거래시 사용된다. **LCL B/L**은 여러 화주의 화물이 혼재하게 되므로 화물이 'part of 40feet'와 같이 표시 된다.

13. 전자식 선하증권(Electronic Bill of Lading)

전자식 선하증권(Electronic Bills of Lading)이란 선하증권을 종이로 발행하는 대신에 선하증 권에 기재 또는 인쇄되는 내용을 컴퓨터에 보존해 놓고, 이를 운송인과 송화인 혹은 수화인등 관련 당사자간에 권리를 증명할 수 있는 개인키를 포함한 전자 메시지를 전송하여 운송물품에 대한 지배·처분권의 이전과 운송물품의 인도를 하는 것을 말한다.

14. Surrendered B/L(권리포기선하증권)

Surrendered B/L이란 B/L의 한 종류는 아니며 이는 SHIPPER(송화주)는 운송인(선박회사 & 포딩업체)에게서 Original B/L을 발급받아야 하나 실제 발급을 받지 않고 송화주가 배서하여 운송인(선박회사 & 포딩업체)에게 반환 제출(Surrendered)함으로써, B/L의 유통성(Negotiable)이 소멸된 모든 B/L이다. 즉, 원본 B/L이 오기 전에 약식서류로 화물 인수하는 방법이다.

15. 용선선하증권(Charter Party B/L)

화물의 적재선박이 다른 선주로부터 빌린 선박(용선)인 경우에 발행되는 선하증권이다. "as per Charter Party" "All other conditions and exceptions as per charter party"

16. 소급일자 선하증권(Back Date B/L)

신용장 상에 명시된 선적일자를 앞당겨 발행하는 선하증권으로 이로 인한 클레임이 제기될 시 선박회사가 책임을 져야 한다.

선하증권을 수령할 때 확인하여야 할 내용

> 개요 선하증권을 수령할 때의 체크포인트는 첫째, 선하증권의 날짜, 다시 말해서 B/L Date를
> 반드시 확인한다. 특히 월말이나 연말일 때는 희망하는 B/L Date가 기재되어 있는지 확인하고, B/L
> Date는 본선의 입항일 또는 출항일의 어느 쪽이든 희망하는 날을 기재할 수 있다. 둘째, 신용장의
> 내용과 선하증권에 기재된 문언이 일치하는지 확실하게 확인한다. 만일 차이가 발견될 때는 신속히
> 선박회사에 연락하여 선하증권을 정정해야 한다. 셋째, 선하증권의 발행부수는 3부로 되어 있는지, 선
> 적 선하증권(Shipped B//L)으로 되어 있는지 살피고, 선적 선하증권에는 반드시 On Board Notation
> 이 기재되어 있다. 넷째, 신용장 거래의 경우 특별조건으로 스페인어나 프랑스어로 표시가 지시되는
> 것이 있으므로 확인한다. 다섯째, 선박회사의 사인(Sign)이 있는지, 선하증권 번호가 기재되어 있는지
> 확인한다.

따라서 L/C가 운송서류로서 해상선하증권을 요구하였다면 L/C에 별도의 명시가 없을 경우
명칭에 관계없이 다음의 **서류를 수리**한다.

① 자기의 명칭을 표시하고 있는 운송인, 운송인의 대리인, 선장 또는 선장의 대리인이 발행,
서명하여야 한다.

② 상품이 기명된 선박(a named vessel)에 본선적재 또는 선적되었음을 표시하여야 한다.
수취선하증권은 본선적재부기(on board notation)가 있어야 하며, 그렇지 않으면 선적선
하증권을 사용하고 있어야 한다.

③ 신용장에 명시된 선적항과 양륙항의 표시는 다음 사항에 구애받지 않는다. 첫째, 선적항
과 다른 수탁지 또는 양륙항과 다른 최종목적지를 표시하고 있는 경우 신용장의 선적항
및 양륙항과 운송서류상의 선적항 및 양륙항은 반드시 일치하여야 한다. 둘째, 서류에
L/C에서 명시한 선적항 또는 양륙항을 별도로 표시하고 있으면 선적항 또는 양륙항에
"예정된"이라는 표시가 있는 것이라야 한다.

④ 한 통의 선하증권 원본 또는 한 통이 넘는 원본이 발급되었으면 발급된 원본 전통이
제시되어야 한다.

⑤ 약식선하증권(short form B/L, black back B/L)도 수리할 수 있다.

⑥ 신용장의 다른 모든 조건을 충족시켜야 한다.

선하증권의 불일치와 정정 처리방법

> **개요** 수출자는 선적이 종료되면 선하증권을 선박회사로부터 입수하여 그 내용을 확인한다. 계약내용과 차이가 있거나 신용장에서 요구하는 문언이 부족하다든지 하는 미비점이 발견될 때는 선하증권을 정정한다.

선하증권을 정정할 경우 흐름을 이해하고 있어야 한다.

1. 신용장의 변경을 의뢰한다.

수출자는 우선 신용장을 받으면 내용을 체크한다. 수출자는 선박회사로부터 선하증권을 입수하고, 기재내용을 충분히 확인한다. 특히 신용장 조건의 경우는 신용장에서 요구하는 문언과 일치해야 한다. 신용장에서 불일치가 발견될 경우에는 즉시 수입자에게 신용장의 내용 수정(Amendment)을 의뢰한다. 수정한 것을 받으면 내용을 확인한 후, 매입시 신용장 원본에 수정분을 첨부해서 매입수속을 의뢰한다. 시간적으로 여유가 있을 경우 가장 바람직한 방법이다.

2. L/G 조건부 매입을 한다.

수출자는 선하증권에 기재되어 있는 내용 가운데 불일치의 내용이 사소한 것이거나 수입자가 불일치의 내용을 충분히 이해하고 있을 경우, 정정할 곳을 발견했을 때는 선하증권의 정정 준비에 들어간다. 수출자는 시간적인 여유가 없을 때는 선박회사에 대해서 보증서(L/G, Letter of Guarantee)를 작성 후 보증서(L/G)를 제출하고 매입수속을 의뢰한다. 이는 수출자가 은행에 L/G를 제출함으로써 내용의 불일치에 간해서 발생한 문제를 모드 책임진다는 것을 보증한 후 어음의 매일을 의뢰하는 것이다. 수출자는 선하증권에 이 보증서를 첨부하여 선박회사에 제출하고 선하증권의 정정을 요구 한다. 수출자는 정정된 선하증권과 신용장의 내용을 다시 확인한다.

3. 케이블 네고(Cable Nego)에 의한 매입을 한다.

불일치의 내용이 중대한 문제일 때는 매입은행이 신용장 개설은행에 매입을 해도 좋은지 문의한다. 개설은행의 승낙을 받으면 매입을 한다. 이러한 절차를 '케이블 네고(Cable Negotiation)' 라고 한다.

>> Question 08-19

볼레로 선하증권과 전자식 선하증권(e-B/L)에 관한 규칙

> 개요 전자식 선하증권(e-B/L)에 관한 규칙은 1990년 6월에 국제해법회(CMI : Committee Maritime International) 제34회 국제회의에서 채택된 전자식 선하증권에 관한 국제적 규칙이다.
> 이 규칙은 선하증권을 종이로 발행하는 대신에 선하증권의 정보를 전자데이터 통신수단에 의해 전송하는 경우의 당사자의 권리 및 의무를 규정하고 있으며, 선하증권상의 권리를 개인키(private key)를 사용하여 이전할 수 있도록 규정하고 있다.

볼레로 선하증권(Bolero Bill of Lading : BBL)의 정의는 "관련 권리등록기록과 함께 BBL 원문(text)"으로 되어 있는데 여기에서 문제가 되는 것이 권리등록, 권리등록기록과 BBL원문이다. 우선 권리등록은 국제볼레로회사(Bolero International)에 의해 운영되고 첫째, 소지권(Holdership)과 관련된 기능과 볼레로 선하증권의 이전을 이행하기 위한 수단 둘째, 현재 볼레로 선하증권의 상태에 대한 기록 셋째, 그러한 볼레로 선하증권과의 거래의 감사추적을 제공하는 응용프로그램이다.

그리고 권리등록기록은 권리등록에서 유지되고 BBL원문에 연결되고 관련 볼레로 선하증권과 연관되어 권리등록 지시로부터 발행되는 구조화된 정보이다. 그리고 볼레로 원문은 볼레로 선하증권의 서류의 구성요소로서 핵심메시징 플랫폼에 송부되고 권리등록소에 기록되고 해상운송을 위해 운송인에 의한 물품의 수취를 확인하는 서류이다. 여기에서 권리등록기록이 권리증권으로서의 기능을 수행하고 볼레로원문은 수취증, 운송계약의 추정적 증거로서의 기능을 수행한다고 할 수 있다.

그리고 용선 선하증권도 볼레로 규약집에서 정의하고 있는데 그 내용을 살펴보면 다음과 같다. **용선 선하증권(Chartered Bill of Lading)**은 나용선계약(bareboat) 또는 선박임대차계약이외에 본선적재 운송이 이루어져야 하는 동일한 항해에 대하여(항해용선) 또는 그 기간에 대하여(기간용선) 선박의 이용에 관련하여 현재 유효한 용선계약이 있는 선박의 본선적재 운송을 위한 물품의 수취에 대한 운송인의 확인이다.

해상운송 업무

개요 수출자가 수출품을 적기(Just-in-time)에 생산하여 수입자가 L/C상에 지정한 선박회사인 경우를 제외하고는 수출자는 선적스케줄을 조회하여 해당선사에 요청을 하게 되고 운송회사를 통하여 선사와 계약되어 있는 CY(Container Yard)로 화물이 이동됨과 아울러 세관에 도착보고를 하고 선적 후 출항하게 된다.

송하인과 해상운송인 사이에 해상운송계약 Contract of Carriage of Goods by sea이 체결되어 운송인은 수취하였을 때와 동일한 상태, 수량의 화물을 목적지에서 인도하는 것을 약속하고 이에 대해 송하인은 운임을 지급하는 것을 약속하고 해상운송업무를 진행한다.

〈해상운송업무 내용〉

분류1	분류2	적용업무	세부내용	From	To
1	내륙운송	운송의뢰	견적의뢰서 운송요청서 운송계획서 운송계약서 운송의뢰서	화주/포워더	운송사
		운송	선적 Schedule 화물운송신청	운송사	보세창고
2	선적	선적예약	운송계약서 선적요청서 Packing List Invoice L/C Copy 위험물 컨테이너 수납검사증 선박스케줄확인 및 선복요청	화주	선사/포워더
		선적요청	선적요청서 Invoice	화주	선사/포워더
		적하목록신고	적하목록	선사/포워더	관세청
		선적서류발송	적하목록 Packing List 운임정산내역	화주	해외거래선
		화물추적	위치추적요청	화주	선사/포워더

선복요청서(Shipping Request : S/R)

> 개요 선복요청서는 화주가 선사에 제출하는 물품운송신청서를 말한다. 여기에는 선하증권상에 명시되는 각종 화물과 관련된 명세가 기재되고, 이것을 근거로 선하증권과 적화목록(manifest) 등이 작성되므로 정확하게 작성하여야 하며 2통 이상을 작성하여 한 통은 선사의 확인서명을 받아 선복요청의 증거서류로 보관하게 된다.

Shipping Request는 선적의뢰서를 의미하고, 통상 Booking(선적예약)이라고도 한다. 즉 화주가 선사에게 선적의뢰를 요청하는 서류이며, SHIPPER(화주 또는 포워더)가 선박회사에 화물을 선적할 공간을 요청하는 서식이다. 계약화물을 선적하기 위해서는 SHIPPER가 선복요청서(S/R)를 작성하여 선박회사에 제출하면 선박회사는 선복예약서(BOOKING NOTE)를 발행하면 SHIPPER에게 제공하게 된다. 그리고 선적(선복) 요청시에는 S/R, INVOICE, PACKING LIST, 수출신고필증 등을 선박회사에 제출해야 하나 일반적으로는 S/R 양식 내용에 계약내용 등을 추가하여 작성하여 PACKING LIST와 같이 제출한다. 포워딩업체들은 화주의 선적 요청, 선사 booking, door, 작업, 선적항 반입, 면허, 선적의 순으로 진행한다.

수출상은 신용장상의 선적기일(shipping data)에 맞추어 배선표(sailing schedule)를 참조하여 알맞은 선박을 정하고, 구두·전화 또는 EDI 등으로 선박회사에 선복(ship's space)을 신청하는 선적요청서(S/R)을 제출한다. 현재 수출업자는 화물의 선적을 선사 및 포워더에게 의뢰하고, 선적에 대한 결과를 통지받는 업무로서 EDI로 서비스를 하고 있다. 이 업무는 운송계약의 신청이나 선하증권의 발행은 온라인상에서 이루어지고 있다. 예를 들어 현대상선(www.hmm.co.kr) 은 인터넷 상에서 운임을 조회하고 운송계약을 하고 화물의 위치추적서비스를 제공하고 있다. 또한 전자무역에서는 은행이 선박회사로부터 EDI로 직접 선하증권을 전송받는다.

항공운송의 경우에는 대한항공(http://cargo.koreanair.com)이나 아시아나항공(www.asianacargo.com)을 활용하면 운항스케줄, 운임 등의 정보를 입수할 수 있다. 항공화물대리점들의 항공사에 대한 항공화물 스페이스 예약방식이 기존의 오프라인 부킹에서 인터넷을 통한 온라인 부킹으로 바뀌고 있다. 물류정보사이트(www.cargoro.com)는 수출입화물에 대해 정보, 운임, 네고관리를 일괄 처리하는 서비스를 제공하고 있다.

Question 08 - 22

개항과 항만, 재래화물선부두, 컨테이너 터미널

> **개요** 해외무역을 하는 선박이 드나들 수 있는 항을 '개항'이라 하며, 법령에 의해 지정된다. 현재 국내에는 부산항, 인천항, 광양항, 울산항, 평택항, 군산항, 마산항, 동해항, 목포항, 제주항 등의 개항이 있으며, 이들 항만은 부두운영회사나 항만공사 등에 의해 관리·운영 된다. 항만은 수역(해상부분)과 육역(육상부분)으로 구성되어 있다. 수역에는 선박이 통행하는 항로 이외에도 도착한 선박이 대기하는 정박지와 해상에서 적양하역을 하는 계선부표 등의 시설이 있다. 육역에는 안벽, 크레인 등의 하역기구와 창고, 항만 내의 도로나 선로, 컨테이너 터미널 등이 있으며 이들을 총칭하여 '부두' 라고 한다.

항만에는 선박의 운항과 관련된 사업자와 화물의 선적에 관계된 사업자가 각 업무를 담당하고 있다. 선박관련업자는 선박대리점, 뱃길안내인, 예인선업자 등이 있으며, 화물관련업자에는 항만운송사업자, 하역사업자, 부선운송사업자, 검수사업자, 검량사업자 등이 있다.

재래화물선부두는 재래화물선의 부두에는 컨테이너처럼 규격화된 크기의 화물이 아닌, 대형화물이나 중량물, 장척화물, 부정형화물 등 다양한 형태의 화물이 취급된다. 이런 화물을 처리하기 위해 이동 크레인이나 벌크화물 하역용 컨베이어 벨트와 같은 하역설비는 필수적이다. 창고나 야적장과 같은 보관설비 외에도 항만 내에 도로 설비나 화차인도선 등이 필요하다.

컨테이너 터미널은 **컨테이너선 전용 부두**로 컨테이너 하역시설과 컨테이너 보관관리시설이 컴퓨터 시스템으로 관리되는 항만시설이다. 컨테이너 터미널은 통상 24시간 연속으로 가동되며, 컨테이너선이 예정대로 입출항 할 수 있는 체제를 지원하고 있다. 컨테이너운송에서 해상 및 육상운송의 접점인 부두에 위치하고 본선 하역, 화물보관, 육상운송기관에의 컨테이너 및 컨테이너화물의 인수, 인도를 행하는 장소로 CY 및 CFS가 여기에 속한다.

컨테이너선이 접안하는 안벽을 **선석**이라고 하며, 본선 앞에서 화물적양시 화물을 처리하는 장소를 **에이프런(Apron)**이라 한다. 에이프런에는 선박에 컨테이너를 싣고 내리는 전용 크레인인 **겐트리 크레인**이 설치되어 있다. 에이프런에 인접한 장소를 마샬링 야드(Marshaling Yard)라고 하며, 선적한 컨테이너나 하역 후의 컨테이너가 보관 된다. 에이프런과 **마샬링 야드**를 총칭하여 컨테이너 야드라고 하는데 수출통관이 끝난 선적 전 컨테이너의 반입과 보관, 선박으로부터 하역된 컨테이너의 보관 및 수입통관 수속 후의 컨테이너 반출작업이 이루지는 시설이다. 컨테이너 야드의 입구에는 게이트와 관리동이 있으며 출입하는 컨테이너의 정보관리 및 실중량 측정 등을 한다.

Question 08-23

항공운송, 항공운송주선업자, 항공운송인

개요 항공운송(Air Transport)은 해상이나 육상운송과는 달리 야행성, 비 계절성 및 편도성 등의 특징이 있으며, 또한 항공운송을 이용하므로 생기는 여러 가지 장점이 있다. 항공운송은 해상운송이나 다른 운송수단을 이용하는 것보다 신속하게 운송할 수 있다. 기회비용이 중요시되는 계절유행 상품이나 납기가 촉박한 상품 등과 같이 긴급물품의 수송에 적절하다. 항공운송은 안전수송이라는 관점에서 손실, 분실, 또는 훼손의 위험이 있는 상품이면서 속히 진밀되어야 하는, 즉, 생선, 식료품, 생화, 방사선물질, 신문, 잡지, 뉴스, 필름, 원고 및 선적서류 등이 여기에 해당된다.

외국과 무역을 하는 항공기가 드나들 수 있는 공항을 **세관공항**이라 하며, 현재 국내에는 15개의 공항이 있으며 이 중 인천을 포함하여 김포, 김해, 제주, 대구, 광주, 청주, 양양, 무안공항이 **국제공항**으로 지정되어 있다. 또한 울산, 여수, 사천, 포항, 군산, 원주공항이 **국내공항**으로 지정되어 있다. 세관공항의 주요 설비로는 항공기가 이착륙 하는 활주로, 터미널 유도로, 에이프런(화물을 싣고 내림이나 여객의 타고 내림을 위해 항공기를 세우는 장소), 여객터미널, 화물터미널, 관제탑, 세관 등의 청사가 있다. 공항주변에는 수출입화물을 소포장 보관하는 항공회사나 혼재업자(이용운송업자)의 창고가 있다.

항공운송주선업자(Air Forwarder)는 항공화물 만을 전문으로 취급하며, 항공운송과 관련된 일체의 서비스를 제공하며, 화주를 위해 가장 유리하게 국제간의 운송 및 그에 부수되는 업무 일체를 일관된 책임하에 주선 또는 수행한다. 이러한 관점에서 **항공운송주선업자**는 단순하게 화주의 대리인으로서 항공운송관련 업무를 취급하는 항공화물대리점과는 성격상 구분되어야 하나, 현재 우리나라에는 그 업무가 구분되지 않고 있다.

항공운송인의 책임은 1929년 국제사법회의에서 제정된 「국제항공운송에 관한 규칙의 통일에 관한 조약」과 1955년 「헤이그의정서」(Hague Protocol)를 총칭하여 「바르샤바조약」(Warsaw Convention)이라 하며, 동 조약에 의하면 항공운송인의 책임은 해상운송의 Hague Rules나 Hamburg Rules와 같이 **과실책임주의**를 취하고 있다. 즉, 항공운송인은 항공운송중 손해를 방지하기 위하여 모든 조치를 취했거나 취할 수 없었다는 것을 증명하지 않는 한 면책되지 않는다. 항공운송인이 화물의 손해에 대해 책임을 지는 것은 항공운송 중 화물이 운송인의 관리 하에 있는 동안이다.

항공운임, 항공화물 대리점, 혼재업자(forwarder)

> **개요** 항공운임에는 일반화물용 운임과 혼재화물용 운임의 2종류가 있다. 일반화물용 항공운임은 IATA(International Air Transportation Association, 국제항공운송협회)의 운임조정회의 결정에 따라 관계 각국의 정부가 허가한 운임이다. 이에 반해 혼재화물용 항공운임은 이용 항공사업자(혼재업자)에 의해 설정된 운임이다.
> 항공화물 운임은 출발하는 공항에서 도착하는 공항까지의 수송에 대한 것으로 출발지에서 도착지까지의 한 방향만의 수송에 적용된다.

항공화물 대리점은 항공화물 운송에는 항공회사 이외에도 항공화물 대리점과 혼재업자가 있다. 항공화물 대리점이란 항공회사의 업무를 대행하는 곳으로 항공회사의 운송약관, 운임률표(Tariff), 스케줄 등에 따라서 항공운송의 업무를 실시하고 항공운송장을 발행하는 회사이다. 항공회사로부터 소정의 수수료를 받는다.

항공화물혼재업자(Air Cargo Consolidator)는 항공회사와는 다른 독자적인 운송약관, 운임률표를 가지고 각각의 화물주와 운송계약을 체결하는 일을 하는 회사이다. 혼재업자는 항공회사로부터 싼 운임을 받고 항공운송을 인수하는 업무를 한다.

항공화물의 혼재업무란 항공회사의 화물운임이 중량체감제이기 때문에 적은 양의 화물을 폭넓게 모은다. 혼재업자 스스로가 화물의 송하인(화물발송인)이 되고, 많은 양의 화물로 만들어 싼 운임을 제공받음으로써 이익을 얻는 시스템을 이용하고 있다.

항공사발행 화물운송장(Master Air Waybill)은 여러 화주들로부터 포장화물을 기탁 받은 혼재업자(consolidator)가 자신이 화주(shipper)가 되어 화물들을 운송규격 단위로 재포장하여, 항공회사로부터 운송증거서류로써 발급받는다. 한편, **혼재화물운송장(house air waybill)**은 현실적으로 운송수단(항공기 등)을 보유하지 못한 운송주선업체(forwarder ; consolidator)가 화주들의 화물을 운송하여 주기로 자신의 운송약관에 의해 계약을 체결하고 자신의 명의로 발행해 주는 것이다.

Question 08-25
항공화물운송장(Air Waybill)

개요 항공화물운송장은 유럽이나 미국에서는 Air Waybill을 Air Consignment Note 또는 Consignment Note라고 부른다. 항공화물운송장은 항공운송에 있어 가장 기본적인 서류이며, 바르샤바협약(1929)에서 인정하는 서류로써 해상운송의 B/L과 같은 성격을 띠고 있다. 항공화물대리점은 화주로부터 화물을 인수함과 동시에 Air Waybill을 발급한다.

Air Waybill의 기능은 ① 화물의 운송계약체결의 증거서류 ② 화주로부터 화물을 수령하였다는 수령증 ③ 운임, 제요금의 명세 겸 청구서, ④ 세관신고서, ⑤ 송하인이 화주보험에 가입한 경우에 보험가입의 증명서류이다. B/L과 Air Waybill의 차이점은 Air Waybill은 화물의 **수취증권이며 요식증권**인 점에서 B/L과 같으나 화물의 수령 및 운송계약체결을 증명하는 단순한 증거서류에 지나지 않고 유통이 금지된 **비유통증권이며 유가증권이 아니다.**

항공화물운송장의 구성은 Air Waybill은 3통의 원본과 6부이상의 부본이 1 Set로 발행된다. 3통의 원본은 항공사. 송화주, 수화주용으로 사용되며 부본은 항고사간 운임정산 및 대리점용으로 활용된다. 제1원본은 녹색으로 운송인용이라고 기재하고 송하인이 서명한다. 이는 운임, 기타 회계처리에 사용되며 송하인과 운송인간에 운송계약이 성립되었음을 증명하는 서류가 된다. 제2원본은 적색으로 수하인용이라 기재하고 송하인 및 항공사가 서명하여 화물과 함께 이를 도착지에서 수하인에게 인도한다. 제3원본은 청색으로 송하인용으로 운송인이 서명하여 화물을 인수한 후 송하인에게 교부한다. 운송인이 화물을 수령하였다는 수령증이며 운송계약을 결했다는 증거서류가 된다. 이와 함께 발행되는 부본은 화물인도의 증명서, 운송계약의 이행증거서류, 운송인의 대리점보관용 등의 서류로 사용된다.

협회항공화물약관(Institute Air Cargo Clauses)는 항공운송 중에 항공화물의 멸실 또는 손상이 발생하면 항공운송인이 원칙적으로 보상하지만, 항공운송인의 과실이 없고 협회적하약관(항공)의 일반면책사항에 해당되는 경우에는 항공운송인은 면책된다. 따라서 화물을 항공운송하는 경우에도 해상운송처럼 항공화물에 보험을 부보해야 한다. 항공운송의 특수성 때문에 화물탑재 항공기에 사고가 발생하면 화물이 항공기체와 함께 전부 파손되는 전손이 대부분이므로 항공화물의 보험은 1963년 Institute War Clauses(All Risks)「협회항공적하약관(전위험담보)」가 사용되어 왔고, 신협회적하약관의 제정에 따라 1982년의 Institute Cargo Clauses(Air)(excluding sending by post)도 사용되고 있다.

〈항공운송의 내용〉

분류1	분류2	적용업무	세부내용	From	To
1	내륙운송	운송의뢰	견적의뢰서 운송요청서 / 운송계획서 운송계약서 / 운송의뢰서	화주/포워더	운송사
		운송	기적 Schedule 화물운송신청 보세운송신고서	운송사	보세창고
2	기적	적하목록신고	House AWB, Master AWB 적하목록	항공사/포워더	관세청
		화물검사	Master AWB C/I, P/L, C/O, 검역증, 혼재적하 목록	포워더	조업사
		항공B/L접수/ 화물반입	Master AWB 운송신고필증 / 반입계 반입계용 Master AWB	항공사/포워더	관세청
		기적예약	운항스케줄 Booking Request	화주	항공사/포워더
		기적접수	C/I, P/L, House AWB, Shipping Request	항공사	화주/포워더
		적재/반출/탑재	Booking List Cargo Manifest C.C.A, Master AWB 수출신고필증/운송신고필증 작업지시서 등	화주/포워더	항공사

Question 08 - 26
복합운송

개요 **복합운송**(Combined Transport)은 두가지 이상의 상이한 운송수단(선박과 철도, 선박과 비행기)에 의하여 화물이 목적지까지 운반되는 운송형태를 말한다. 복합운송의 "복합"이라는 용어는 multimodal, combined intermodal 등 여러가지 표현으로 사용하나 유엔무역개발위원회(UNCTAD)가 multimodal로 통합하자고 제안함에 따라 1990년 이후부터 multimodal을 공식용어로 사용하고 있다. 복합운송에서는 운송이 출발점과 도착점이 종래의 port to port에서 door to door, depot-to-depot 으로 변경되었으므로 이러한 운송의 목적을 달성하기 위해서는 ① 환적이 불가피하고 ② 단일한 운송 주체가 각각 상이한 운송형태로 진행되는 전 구간에 대하여 단일 운송증권(Through B/L)을 발행하게 되며 ③ 환적시의 편의를 위해 화물의 형태가 단위화(unitized cargo)된다는 특징을 가지고 있다.

복합운송이란 특정화물을 육상, 해상, 항공 등 두 가지 이상의 다른 운송수단(two different mode of Transport)을 이용하여 출발지에서 최종 목적지까지의 운송구간 중 화물을 옮겨 싣지 않고 일관운송 하는 것을 말한다. 이러한 일관운송의 전 기간에 대해 책임을 지는 주체가 바로 복합운송인(Combined Transport Operator)이며, 복합 운송인이 발행하는 복합운송계약의 증거서류를 **복합운송증권(Combined Transport Document)**이라고 한다.

컨테이너의 출현에 따라 2가지 이상의 운송수단을 이용하는 운송방법이 크게 발전하였다. 해상운송(선박)에 육상운송(트레일러나 철도)이나 항공운송(비행기)을 조합한 운송방법이 가능해졌다. 이 운송방법을 국제복합운송이라 하며 최근에 많이 이용되고 있다.

예를 들면 도쿄에서 런던까지 화물을 운송하는 데는 다음과 같은 운송방법을 생각할 수 있다. 로스앤젤레스까지 해상운송하고, 그 후 로스앤젤레스에서 런던까지는 항공운송(비행기)으로 운반하는 방법으로 'Sea and Air'라 한다. 이 운송방법의 특징은 '항공운송은 운송시간은 빠르지만 운임이 비싸고 해상운송만으로는 시간이 너무 걸린다'는 양쪽의 장점을 모은 운송방법이다.

또한 도쿄에서 뉴욕까지의 운송방법에는 로스앤젤레스까지는 해상운송하고, 그 후 뉴욕까지는 육상으로 운송하는 방법이 있다. 로스앤젤레스에서 육상운송에는 철도, 트레일러나 트럭에 의한 운송방법이 이용된다.

복합운송의 기본 요건

> **[개요]** 복합운송의 기본 요건은 운송책임의 단일성과 복합운송서류의 발행, 일관운임의 적용, 복합운송인이 서로 다른 운송수단을 사용하여 일관운송이 2국 이상에 걸쳐서 이루어지는 운송이다. ALB(America Land Bridge), SLB(Siberian Land Bridge) 등이 그 대표적인 예이다. International Multimodal Transport라고도 부른다.

1. 운송책임의 단일성(Through Liability)

복합운송인은 자기의 명의와 계산으로 송하인을 상대로 복합운송계약을 체결한 계약당사자일 뿐만 아니라 전체 운송을 계획하고 여러 운송구간을 적절히 연결하고 통괄하여 운송이 원활하게 이루어지도록 조정하고 감독할 지위에 있으므로 전구간에 걸쳐 화주에 대해 단일책임을 진다.

2. 복합운송서류(Multimodal Transport Document)의 발행

복합운송이 되기 위해서는 복합운송인이 화주에 대하여 전운송구간에 대한 유가증권으로서의 복합운송서류가 발행되어야 한다.

3. 일관운임(Through Rate)의 설정

복합운송인은 그 서비스의 대가로서 각 운송구간마다 분할된 것이 아닌 전구간에 대한 단일화된 운임을 설정, 화주에게 제시한다.

4. 복합운송인(Multimodal Transport Operator : MTO)

복합운송인은 「Multimodal Transport Operator, Intermodal Transport Operator」라고도 불리우며, 「UN국제화물복합운송조약」에서는 복합운송인을 「스스로 또는 자신을 대리한 타인을 통해서 복합운송계약을 체결하고, 송하인이나 복합운송작업에 관여하는 운송인의 대리인으로서가 아닌 전체로서 행동하고, 그 계약의 이행에 관한 채무를 부담하는 자」를 말한다고 정의하고 있다. 한편, UNCTAD/ICC 복합운송증권규칙은 「복합운송계약을 체결하고, 또한 운송인으로서 그 계약 이행의 채무를 부담하는 자」라고 정의하고, 「실제로 운송의 전부 또는 일부를 이행하거나 그 이행을 인수하는 자」를 「운송인」이라고 정의하여 실제운송인(Actual Carrier)과 복합운송인을 구분하고 있다.

>> Question 08-28
복합운송의 글로벌 루트

> **개요** 대륙횡단철도를 이용하여 해양과 해양을 연결하며 해상 육상의 경로에 의한 복합 운송루트가 있으며, 최근에 경제적인 특성상 그 수요가 증대됨에 따라 루트도 다양화되고 있다. 당초 sea & Air 운송은 항공사가 자사노선을 축으로 루트를 선정해왔지만 포워드의 의지에 따라 독자적인 네트워크 형성으로 자유로운 선택의 조합이 이루어지고 있다.

1. 북미 경유 유럽의 여러 국가의 노선

일본에서 컨테이너선에 의한 해상운송으로 북미 서해안의 밴쿠버, 시애틀, 로스앤젤레스의 항구로 운반된다. 가까운 공항에서 환적된 화물은 항공기에 의해 유럽의 각 도시로 운송된다. 이 운송방법을 이용하면 통상 15일 전후로 목적지에 도착할 수 있다. 해상운송과 비교해서 운송기간을 대폭으로 단축할 수 있는 이점이 있다.

2. 미니 랜드 브리지(MLB, Mini Land Bridge)

일본에서 미국 서해안의 항구인 시애틀, 로스앤젤레스까지 컨테이너선으로 운송한다. 다음으로 철도 등의 내륙 운송수단을 이용해서 미국의 동해안 또는 걸프만 인근 도시까지 운송하는 방법이다. 같은 방법으로 일본에서 캐나다의 서해안 항구까지 컨테이너선으로 운송하고 철도에 접속하여 토론토, 몬트리올 등의 도시까지 운송하는 방법도 있다.

3. 시베리아 랜드 브리지(SLB, Siberia Land Bridge)

일본에서 일본해에 면하고 있는 러시아 항구까지 컨테이너선으로 해상운송하고, 그 후 시베리아 철도를 이용해서 유럽 각 도시로 운송된다.

4. 캐나다 랜드 브리지(CLB, Canadian Land Bridge)

ALB와 같은 형태로 밴쿠버 또는 시애틀까지 해상으로 운송하고 그곳에서 캐나다의 철도를 이용, 몬트리올에서 대서양의 해상운송에 접속하여 유럽 각 항구로 수송하는 복합운송경로를 CLB라고 한다.

5. IPI(Interior Point Intermodal)

극동으로부터 미국의 서해안 또는 동해안을 경유하여 미대륙의 주요 도시까지 선사가 일관운송해 주는 서비스이다.

>> Question 08-29

복합운송서류(Multimodal Transport Document)

> **개요** 복합운송서류는 복합운송에 의하여 물품이 인수된 것과 계약상의 조항에 따라 물품을 인도할 것을 약속한 복합운송계약을 증명하는 서류로서 컨테이너를 통한 문전 수배송에 의한 운송됨에 따라 육·해·공의 복합된 운송을 위한 것이다.
> 육상·해상·항공 중 2가지 이상의 형태를 복합하여 운송될 때 발행되는 운송서류이다. UN국제복합운송조약에 준거하는 것으로 'multimodal transport document'를 줄여서 MTD라고 하며, 복합운송증권 또는 복합운송장이라고도 한다. 준거가 된 UN국제복합운송조약이 화주 중심이므로 복합운송인에 대하여 책임을 엄격하게 규정한 것이 특징이다.

이는 **전운송 구간**의 화물의 멸실 또는 손상에 대한 일관책임을 부담하며 선하증권과는 달리 운송인뿐만 아니라 운송주선인에 의해서도 발행되어 계약운송인과 실재운송인으로 구분을 하고 있다. 또한 화물이 본선적재 전에 복합운송인이 수탁 또는 수취한 상태에서 발행이 된다.

종래의 운송방식과는 달리 "door to door transportation"을 본질로 하고 육상, 해상 및 항공 중 컨테이너 전용선에 의하여 두 가지 이상의 형태로 복합운송될 때 발행되는 운송장을 **복합운송서류(Multimodal Transport Document)**라고 한다.

통선하증권(Through B/L)은 반드시 선박회사나 그 대리인이 발행하지만, **복합운송증권**은 실제로 해상운송인에 의해서만 직접 발행되는 것이 아니고 경우에 따라서는 복합운송인(Freight Forwarder)에 의하여 발행되기도 한다.

선박 및/또는 선적항 및/또는 양하항에 관하여 "intended"의 표시 또는 이와 유사한 표시를 포함한 복합운송서류도 은행이 수리한다. 신용장통일규칙(UCP600) 제19조에서는 신용장이 두 가지 이상의 운송방법(복합운송)을 표시하는 복합운송서류를 요구하는 경우 서류요건과 은행이 수리할 수 있는 복합운송서류의 수리요건을 규정하고 있다.

1993년 개정된 신용장통일규칙 제26조에 발행형식이나 발행자에 관한 특별한 언급이 없는 한 제시된 대로 은행에서 수리해야 한다고 규정하고 있다. 또한 대개 **수취선하증권(received B/L) 형태로 발행**되므로 본선 적재가 표시되지 않은 선하증권도 수리가 가능하다.

수리요건으로는 선하증권에 운송인의 명칭이 반드시 표시되어야 하고, 선적의 목적이 발송·수탁·선적 중 어느 하나에 해당함을 밝혀야 하며, 수탁지와 최종 도착지를 밝혀야 한다. 또한 운송주선인이 발행하는 경우에는 그 자격의 취지를 기재해야 하며, 선적항 및 양륙항에 관해서는 구체적인 명칭 대신 '의도된(intended)'이라는 문구를 표시해도 수리된다. 이는 운송인이 어떤 운송방법으로 운송하든 화물 전체에 대해 단일책임을 지고 있음을 의미한다.

>> Question 08-30
보세구역의 기능과 역할

> 개요 **보세구역**이란 외국화물의 적양, 처리, 보관, 가공, 전시 등이 가능한 지역 또는 시설이다.
> 외국화물이란 수출통관 수속을 완료하고 국내에 있는 화물과 외국에서 도착은 했지만 수입통관이
> 완료되지 않은 화물을 말한다.

보세구역의 화물은 세관의 관리 하에 있게 되며, 수입화물에 부과되는 관세와 소비세의
납부는 보세구역에서는 보류되고, 화물을 보세구역에서 국내로 반입하는 수입통관 수속 시에
납부한다. 화물을 국내로 수입하지 않고 보세구역에서 다시 외국으로 수출하는 경우는 관세와
소비세는 부과되지 않는다. 수출하는 화물 또는 수입하는 화물은 원칙적으로 보세구역에 반입
된 후에 신고수속을 한다. 관세법 제29조(우리나라는 관세법 제7장)에 따라서 현재 다음의
5종류가 지정되어 있다.

첫째, **지정보세지역(DBA, Designated Bonded Area)**은 국가나 지방공공단체의 토지나 건물을
지정한 것이다. 화물의 장치기간은 원칙적으로 1개월이다. 수출입통관 수속을 위해 수입화물
을 일시적으로 보관하기 위한 지역으로 항만과 공항 등의 공공시설이 지정되어 있다. 수출입
수속을 목적으로 한 지역이라 장기간의 보관이나 가공은 불가능하다.

둘째, **보세장치장(BW, Bonded Warehouse)**은 세관장이 허가한 민간의 것으로 개인이 운영하는
CFS나 CY, 해상화물 운송업자나 통관업자의 창고 등이 해당한다. 보세장치장은 수출입 화물의
세관수속에 자주 이용된다. 화물의 장치 기간은 원칙적으로 3개월이다. 이 기간을 넘을 경우는
IS(Import Storage)의 승인이 필요하므로 주의가 요구된다. 장기간의 보관을 목적으로 한 장소로
외국화물의 적양과 보관이 가능하다.

셋째, **보세공장(BMW, Bonded Manufacturing Warehouse)**은 세관장이 허가한 외국 화물의
관세를 유보한 채로 외국 화물의 가공, 제조, 개장(改裝), 화물의 분류 등을 할 수 있는 장소이다.
화물의 장치기간은 원칙적으로 2년으로 되어 있다. 외국화물을 가공, 제조 가능한 공장으로
수입한 원재료를 비과세로 가공·제조하여 재수출하는 것이 가능하다.

넷째, **보세전시장(BDA, Bonded Display Area)**은 외국화물을 전시할 수 있는 시설로 국제전시
회나 시연회, 모터쇼 등으로 외국 화물을 전시하기 위해 세관장이 허가한 것으로, 화물의 장치
기간은 원칙적으로 1개월이다.

다섯째, **종합보세지역(IBA, Integrated Bonded Area)**은 수입촉진을 위해 외국화물의 장기보
관, 가공·제조, 전시 등 모든 기능을 갖춘 지역이나 시설을 말한다. 세관장이 허가하고, 화물의
장치기간은 원칙적으로 2년이다.

글로벌 e-SCM

> **개요** e-SCM 및 e-Marketplace의 적용범위가 국경을 넘어 해외의 공급선, 고객으로까지 확대되면서 글로벌 전자상거래 시대의 경영혁신 기법으로 등장하고 있는 것이 글로벌 e-SCM이라는 개념이다. 글로벌 e-SCM은 최근에 인터넷무역, 사이버무역, 전자무역 등과 함께 논의가 활발히 이루어지고 있다.
>
> 글로벌 e-SCM의 관점에서 보면 활동 무대가 세계로 펼쳐지는 글로벌 기업에서는 최적지 생산·최적지 구매가 고객에 대한 대응력 강화 및 저비용 운영에 결정적 역할을 하게 된다.

글로벌 e-SCM체제의 구축은 이와 마찬가지로 미국의 IBM, GE, 유럽의 ABB 등 글로벌 대기업들은 전세계에 퍼져 있는 조직의 역량을 결집하여, 제품 개발에 몰두함과 동시에 세계각지의 요구에 맞춰서 신속하게 대응하고 있다. 시장, 환율, 물류비용, 인건비 등 여러 가지 까다로운 조건속에서 일류기업으로 성장하기 위해서는 개발, 생산, 구매 기능의 세계 최적지를 찾아서 활동을 전개해야만 한다.

세계 각지에 퍼져 있는 시장과 전세계에 전개된 거점을 가장 적합하게 연결하고 조화를 추구하는 것이 이익 향상의 성공 열쇠가 된다. 이를 위해서는 기술 데이터, 부품표(Bill of Materials)등을 공유할 수 있는 구조와 시간, 공간을 압축하기 위한 인터넷상의 워크플로(Work Flow) 구조, 그리고 전 세계의 최적 편성을 순식간에 가능케 하는 공급사슬계획(Supply Chain Plan)등의 구축이 필수적이다.

세계적 선도 기업들은 각 나라와 지역에 따른 고객의 다양한 요구에 민첩하게 대응하며, 모든 조건을 고려하면서 글로벌 시대에 맞는 치고의 해결책을 획득할 수 있는 구조, 즉 '글로벌 e-SCM체제의 구축'에 전력 추구하고 있다.

21세기 기업경쟁력은 개별기업의 효율성이 아닌 공급사슬 대 공급사슬의 경쟁으로 결정될 것이며, 여기에서 바로 글로벌 e-SCM의 개념이 태동된 것이다. 현재 글로벌 e-SCM은 인터넷을 통한 정보의 공유와 생각의 속도로 처리되는 디지털 수단을 사용하여 가치사슬상의 모든 기업들이 가상공간에서 연계되는 단계로 발전되고 있다.

요약

- 정기선의 수출화물 선적절차는 선적의뢰 – 선적서류 및 수출신고필증 작성 – 컨테이너 작업 – 컨테이너 반입 – 정기선에 선적 – 선하증권 발급 – 목적지 화물도착의 순서이다.
- 컨테이너를 이용한 해상운송은 운송의 신속화, 안정성과 함께 비용절감이라는 장점을 가지고 있고 포장, 보관, 하역, 운송 등 화물유통의 전 과정을 일관 수송살 수 있어 국제간 화물수송의 주종을 이루고 있다.
- 선하증권(B/L : Bill of Lading)은 무역에서 가장 중요한 운송서류이며, 상업송장(Invoice) 및 포장명세서(Packing List)와 함께 신용장 거래에서 대금을 지급 받을 때 3대 중요서류로 이용되고 있다.
- 항공운송(Air Transport)은 해상이나 육상운송과는 달리 야행성, 비 계절성 및 편도선 등의 특징이 있으며, 해상운송이나 다른 운송수단을 이용하는 것보다 신속하게 운송할 수 있다.
- 복합운송(Multimodal Transport, International Transport, or Combined Transport)이란 특정화물을 육상, 해상, 항공 등 두가지 이상의 다른 운송수단(two different mode of Transport)을 이용하여 출발지에서 최종 목적지까지의 운송구간 중 화물을 옮겨 싣지 않고 일관운송 하는 것을 말한다.
- e-SCM(Supply Chain Management)이란 디지털 기술을 활용하여 공급자에서 고객까지의 공급 사슬상의 물자, 정보, 자금 등을 총체적인 관점에서 통합 관리하는 전략적 기법이라 할 수 있다.

〈개품운송계약과 용선운송계약의 비교〉

구 분	개품운송계약	용선운송계약
운송형태	불특정 다수 화주로부터 운송요청을 받아 개개 화물 형태	특정 단일화주 화물을 선적하기위해 선복을 빌려주는 형태
선 박	정기선(liner)을 활용	부정기선(tramper)을 활용
화 물	주로 컨테이너 화물 및 기타 단위(unit) 화물	원유, 철광석, 석탄, 곡물 등 대량 산화물(bulk cargo)
계약서	선하증권(B/L)이 발급됨으로써 최종적으로 계약서 역할	화주가 직접 여러 조건을 운송인과 협의 용선 계약서 교환
운 임	Tariff Rate(공표된 운임)	Open Rate(수요공급에 변동)
운임조건 (선내하역비)	Berth Term = Liner Term	FIO, FI, FO

선하증권은 관계당사자에 따라 각각 다음과 같은 역할을 하는 서류가 된다.

1) 선박회사

화물수취증(인수화물의 수량, 외관상태의 명시)으로서 역할하는 것 외에 운송조건 및 운송약관(면책약관에 포함) 등을 명시한 서류이다.

2) 수출자

화환어음을 매도(negotiation)하는 데 있어서 선적을 증명하는 서류이다. 수출자에게는 이것이 중요한 역할이고 화환어음의 매도를 위한 선적서류(shipping documents)의 하나로 이용된다. 이 선적서류는 계약이행을 증명하는 역할을 한다. 또한 매수인에게 선적통지(shipping notice : shipping advice)하는 데도 이용된다. 또한 선하증권은 운송계약에서 발행한 보상금 등의 청구에 사용되며 목적항의 변경, 내용변경 등을 할 때에도 필요하다.

3) 수입자

화물인도를 청구할 때 사용하는 서류이다. 운송계약에서 발생한 보상금이나 손해배상 등의 청구에도 사용된다. 수입자도 선하증권원본 등을 사용하여 내용변경을 할 수 있다.

4) 은행

대금회수를 위한 담보로서 이용하는 서류이다.

5) 보험회사

대위구상권(代位求償權)의 증거서류이다.
선하증권 수하인(Consignee) 기재 방법은
 - 기명식 : Consignee to 특정인(지정인)
 - 단순지시식 : To order, To the order of shipper
 - 기명지시식 : To order of 개설은행, To our order
 - 소지인식 : Bearer * 거의 사용되지 않는다.

 용어

- 해상운송
- 선적요청서
- 컨테이너 화물운송
- 항공운송
- 선하증권(Bill of Lading)
- 복합운송

 설명문제

---

1. 컨테이너 화물운송의 장점에 대해 설명하시오.
2. 선하증권의 개념과 의의에 대해 설명하시오.
3. 항공운송의 개념과 운송서류에 대해 설명하시오.
4. 복합운송의 개념과 요건에 대해 설명하시오.

PART

09

무역보험

Question 09-1
수출보험과 수입보험

> **개요** **수출보험**은 수입자의 계약 파기, 파산, 대금지급지연 또는 거절 등의 신용위험과 수입국에서의 전쟁, 내란 또는 환거래 제한 등의 비상위험 등으로 수출자 또는 수출금융을 제공한 금융기관이 입게 되는 손실을 보상하는 것을 말한다. 즉, 수출거래에 수반되는 여러가지 위험에 대비하는 보험제도로 수출자, 생산자 또는 수출자금을 대출해준 금융기관이 입게 되는 불의의 손실을 보상함으로 수출 진행을 도모하기 위한 비영리 정책보험을 말한다.
> **수입보험**은 선급금 지급조건 수입거래에서 수입업체가 선급금을 회수할 수 없게 되는 경우에 발생하는 손실을 보상하는 제도를 말한다. 즉, 원유, 철, 시설재 등 국민경제에 중요한 자원이나 물품을 수입하는 경우 국내기업이 부담하는 선급금 미회수 위험을 담보하거나 국내기업에 대한 수입자금 대출지원이 원활하도록 지원하는 제도이다.

수출보험은 궁극적으로 우리나라의 수출을 촉진하고 진흥하기 위한 수출지원제도이며, 공익적이, 특수성으로 인하여 위험의 측정이나 보험료의 결정 등이 '대수의 법칙'에 의하여 이루어지기 보다는 수출 등 대외거래에 대한 지원필요성에 따라 이루어지고 보험자인 한국무역보험공사는 특별법에 의하여 설립된 특수법인으로서 영리를 목적으로 하지 않는다.

• **신용위험**(Commercial Risk) : 수입자에 관련된 위험으로 수입자 또는 L/C 개설은행의 파산, 지급불능, 지급거절, 지급지체 등으로 인한 수출대금 미회수위험을 지원한다.
• **비상위험**(Political Risk) : 수입국에 관련된 위험으로 전쟁, 내란, 혁명, 환거래제한 또는 모라토리움 선언 등으로 수출불능 또는 수출대금 회수불능위험을 지원한다.

이러한 수출보험의 기능은 WTO체제하에서 용인되는 유일한 간접 수출지원 제도로서 정부의 수출진흥정책 및 산업지원 정책 수단으로 활용되고 있다.

그리고 **수입보험의 종류**는 크게 **수입자용 수입보험과 금융기관용 수입보험**으로 구분한다. 첫째, 수입자용 수입보험은 국내기업이 주요자원의 수입을 위하여 해외에 소재하는 수입계약상대방에게 선급금을 지급하였으나 비상위험 또는 신용위험으로 인하여 선급금이 회수되지 못함에 따라 발생하는 손실을 보상하는 것이다. 둘째, 금융기관용 수입보험은 금융기관이 주요자원의 수입을 위하여 필요한 자금을 국내수입기업에 대출하였으나 국내기업의 파산 등으로 대출금이 회수되지 못함에 따라 발생하는 손실을 보상하는 것이다.

수출보험의 기능과 종류

개요 수출보험의 기능은 수출자는 수출대금을 받지 못하여 발생한 손실을 보상받을 수 있기 때문에 위험성이 있는 외상거래나 신규 수입자의 적극적인 발굴을 통한 신시장 개척 및 시장다변화를 도모할 수 있다. 또한 금융기관은 담보능력이 부족한 수출업체에 대해서도 수출보험증권이나 수출신용보증서를 담보로 활용하여 무역금융 지원 확대 및 위험도가 높은 수출거래에 대한 지원이 가능하다는 깃이다.

수출보험의 종류는 한국무역보험공사는 각종 대외거래와 관련하여 13개의 보험제도, 2개의 보증제도 및 기타 서비스를 제공하고 있다. 첫째, 단기성(결제기간 2년 이내의 수출거래) 종목으로는 단기수출보험, 수출신용보증(선적전, 선적후, Nego), 중소기업Plus+보험 등이 있다. 둘째, 중장기성(결제기간 2년 초과 수출거래) 종목으로는 중장기수출보험(선적전, 공급자신용, 구매자신용), 해외사업금융보험, 해외투자보험(주식, 대출금, 보증채무, 부동산에 대한 권리), 해외자원개발펀드보험, 해외공사보험, 수출보증보험, 이자율변동보험 등이 있으며, 해외투자(주식, 대출금, 보증채무, 투자금융, 부동산에 대한 권리), 해외자원개발펀드보험, 해외공사보험, 수출 보증보험은 결제기간에 대한 제한이 없으나 통상 중장기거래와 관련하여 이용되는 경우가 많이 있다. 셋째, 기타 보험종목 및 서비스 종목으로는 환변동보험, 신뢰성보험, 수입자 신용조사 서비스, 해외채권 추심대행 서비스 등이 있다.

단기수출보험 Short Term Export Insurance은 수출대금의 결제기간이 2년 이내인 수출거래를 대상으로 하는 보험종목으로 선적 전 수출불능위험뿐만 아니라 선적 후 수출대금 회수불능위험으로 인하여 발생한 손실을 보상한다. 보험계약자는 수출업자며 담보위험은 비상위험과 신용위험이다.

중장기수출보험 Medium/Long Term Export Credit Insurance은 수출대금의 결제시기가 2년을 초과하는 거래를 대상으로 하며, 과거의 중장기연불수출보험, 수출대금금융보험 및 일반수출보험을 통합한 보험이다. 성격상 수출절차가 복잡하고 수출계약금이 거액이고, 수출거래결제가 장기간에 걸쳐 일어나는 선박이나 플랜트 등 자본재거래를 중심으로 이용된다. 담보대상은 선적전 수출불능위험, 선적후 대금회수불능위험 및 자금공여 이후 대출자금회수불능위험을 통합적으로 담보한다.

수출 단계별 수출보험서비스

개요 수출자가 수출하기 위하여 각 단계별로 진행될 때 수출자 위험으로부터 입게 되는 손실을 보상하는 서비스를 나열한 것이다. 수출 상담부터 수출계약, 원자재조달, 물품제조단계, 수출금융이용단계, 선적후 단계, 손해발행 채권추심단계로 구분하여 진행한다.

수출단계	수출자 위험	수출보험 서비스
수출상담 수출계약	불안한 수입국 사정 및 수입자의 신용도 문제	국가별 정보제공 및 국외기업신용조사
	생산제품(부품·소재)에 대한 신뢰성 문제	부품소재 신뢰성 보험
	비상위험, 수입자 파산 등으로 인한 수출불능위험	단기(선적전) 중장기(선적전)
원자재 조달물품 제조단계	수출계약 체결 후 원자재, 완제품 및 수출물품 생산을 위한 자금조달 문제	수출신용보증(선적전) 수출신용보증(문화컨텐츠)
수출금융 이용단계	수출이행 및 수출경쟁력 강화를 위한 수출금융 이용문제	단기(구매자신용) 중장기(구매자신용) 해외사업금융보험 수출보증보험 해외투자보험 이자율변동보험 해외자원개발펀드보험
선적후 단계	수출후 수입자로부터의 대금 미회수 위험	단기수출보험(선적후) 중장기(공급자신용) 해외공사보험 서비스종합보험
	외상거래의 경우 수출 후 대금회수기간 동안의 자금회전 문제	수출신용보증(선적후) 수출신용보증(NEGO) 단기(수출채권유동화 : EFF)
	대금회수시까지 환율변동으로 인한 환손실 위험	환변동 보험
손실발생 채권추심	사고발생에 따른 손실발생 및 미회수 채권의 회수	보험사고 손실보전(보상) 채권추심대행 서비스

>> Question **09 – 4**

단기성 보험 중 단기수출보험(선적후)

> 개요 수출자가 수출대금의 결제기간 2년 이하의 수출계약을 체결하고 물품을 수출한 후, 수입자 (L/C거래의 경우 개설은행)로 부터 수출대금을 받을 수 없게 된 때에 입게되는 손실을 보상하는 제도 이다. 상품특성의 특성은 대금미회수위험(신용위험, 비상위험)을 담보하기 위한 제도이다.

수출자가 수출대금의 결제기간을 2년 이하의 수출계약을 체결하고 물품을 수출한 후, 수입 자가 L/C거래의 경우 개설은행으로 부터 수출대금을 받을 수 없게 된 때에 입게 되는 손실을 보상하는 제도이며, 대금미회수위험 즉, 신용위험, 비상위험을 담보하기 위한 제도를 말한다.

단기성 보험의 대상거래는 결제기간 2년 이내의 일반수출, 위탁가공무역, 중계무역, 재판매 거래이다. 하지만 수출은 수출보험의 성격상 손실의 발생이 있어야 하므로 유상수출에 한정 되며, 무상수출은 제외된다.

자료 : 한국무역보험공사(http://www.ksure.or.kr)

- **일반수출** : 국내에서 외국으로의 수출을 말하며, 국내에서 자체 생산하거나 국내 제조업체로부터 구매한 물품을 수출하는방식
- **위탁가공무역** : 해외에 진출한 국내기업의 현지법인이 생산·가공한 물품 또는 제3국 기업에 위탁 하여 동국에서 가공한 물품을 제3국에서 수입국으로 직접 수출하는 거래
- **중계무역** : 수출을 목적으로 물품을 수입하여 국내에서 통관하지 않고 제3국으로 수출하는 거래
- **재판매** : 수출자가 해외지사(현지법인 포함)에 물품을 수출하고, 동 해외지사가 당해 물품을 현지 또는 제3국에 재판매하는 거래

단기성 보험 중 단기수출보험(포페이팅)

개요 수출거래에 수반되는 여러가지 위험에 대비하는 보험제도로 수출자, 생산자 또는 수출자금을 대출해준 금융기관이 입게 되는 불의의 손실을 보상함으로 수출진행을 도모하기 위한 비영리 정책보험을 말한다.

은행이 포페이팅 수출금융을 취급한 후 신용장 개설은행으로부터 만기에 수출대금을 회수하지 못하여 입게 되는 손실을 보상하는 것으로 신용장에 의한 수출채권을 비소구 조건으로 매입한 은행의 미회수위험을 담보하는 형식이다.

이때 보험계약자는 금융기관이 되며, 결제기간은 2년 이내에 보상, 소구되는 형태이다. 하지만 수출대금 미결제시 은행에 무조건 보상(별도 사고발생통지 없음)하여야 한다. 그리고 수출자 귀책의 경우 보험자 대위에 의거 수출자 앞으로 소구한다. 대상거래는 일반수출, 위탁가공무역, 중계무역에 적용한다.

구 분	단기수출보험	선적후 수출신용 보증	포페이팅 보험
보험계약자	수출자	은행	은행
부보대상 거래	LC 및 Non-L/C	LC 및 Non-L/C	Usance L/C
Usance L/C 담보위험	인수거절 위험 포함	인수거절 위험 포함	인수거절 위험 없음

• 인수거절 : 일반적으로 어음은 만기일을 정하고 인수를 위한 제시를 하여야 한다. 그런데 어음이 적법하게 제시되었음에도 불구하고, 관습상의 기간 내(우편일수 등)에 지급인으로부터 유효한 인수가 이루어지지 못하는 경우가 있는데, 이를 인수거절이라고 한다.

단기성 보험 중 단기수출보험(포페이팅)보험청약을 승낙한 사례는 중소기업이 대만 소재 순자산이 U$3억 이상인 은행이 개설한 L/C(결제기간 120일)를 통해 U$10만 거래 자동승낙 요건부합으로 사이버영업점을 통해 보험청약시 자동승낙한 것이다. 보험료 납부는 실행통지일 다음달 15일까지 보험료 40만원을 납부한다.

>> Question 09 - 6
단기성 보험 중 수출채권유동화(EFF)

개요 단기수출보험(EFF : Export Financing Facility)은 은행이 수출입자간 거래에서 발생한 수출채권을 비소구 조건으로 매입한 후 매입대금을 회수할 수 없게 된 경우 입게 되는 손실을 보상하는 제도이다. 상품의 특성은 수출채권을 비소구 조건으로 매입한 은행의 미회수 위험을 담보하는 것이다.

수출거래시 수반되는 여러가지 위험에 대비하는 보험제도로 수출사, 생산자 또는 수출사금을 대출해준 금융기관이 입게되는 불의의 손실을 보상함으로 수출진행을 도모하기 위한 비영리 정책보험을 말한다. 은행이 수출입자간 거래에서 발생한 수출채권을 비소구 조건으로 매입한 후 매입대금을 회수할 수 없게 된 경우 입게 되는 손실을 보상하는 제도이다. 수출채권을 비소구 조건으로 매입한 은행의 미회수 위험을 담보하는 형식이며, 보험계약자는 금융기관이고, 결제기간은 180일 이내이며 신용장 360일 이내이다. 대상거래는 일반수출과 위탁가공무역이며, 수출은 수출보험의 성격상 손실의 발생이 있어야 하므로 유상수출에 한정되며, 무상 수출은 제외된다.

- **일반수출** : 국내에서 외국으로의 수출을 말하며, 국내에서 자체 생산하거나 국내 제조업체로부터 구매한 물품을 수출하는 방식이다.
- **위탁가공무역** : 해외에 진출한 국내기업의 현지법인이 생산·가공한 물품 또는 제3국 기업에 위탁하여 동국에서 가공한 물품을 제3국에서 수입국으로 직접 수출하는 거래이다.

보상한도 책정 및 보험증권 발급은 은행이 매출액이 1,000억원 이상인 D급 수출자와 D급 수입자와의 거래에 대하여 보상한도 U$20만 요청하고, 은행이 사이버영업점을 통해 신청한 U$20만 보상한도 책정 후 보험증권 발급한다. 보험관계 성립내용은 다음과 같다.

구분	책임금액	보험료	비고
비상 및 신용위험	U$10만	11.3만원	U$10만 X @1,000 X 0.113%

*환율 @1,000원 가정

자료 : 한국무역보험공사(http://www.ksure.or.kr)

189

단기성 보험 중 단기수출보험(농산물 패키지)와 중소 중견 Plus +보험, 파워 Plus +보험, 단체보험

> 개요 단기수출보험(농수산물패키지)는 간편한 한 개의 보험으로 농수산물 수출 시 발생하는 여러 가지 위험(대금미회수위험, 수입국 검역위험, 클레임비용위험)을 한번에 보장하는 농수산물 수출기업용 맞춤 상품이다.

수출거래에 수반되는 여러가지 위험에 대비하는 보험제도로 수출자, 생산자 또는 수출자금을 대출해준 금융기관이 입게 되는 불의의 손실을 보상함으로 수출진행을 도모하기 위한 비영리 정책보험을 말한다.

단기수출보험(농수산물패키지)는 한 개의 보험으로 농수산물 수출의 All-Risk 보장하며, 대금미회수 위험, 수입국검역 위험, 클레임비용 위험 등 3가지 위험을 모두 커버하는 것이다. 또한 고객의 필요에 따라 맞춤형 설계 가능하여 담보위험의 종류와 위험별 책임금액을 고객이 자유롭게 선택가능하다. 대상거래는 농산물, 수산물, 축산물, 임산물 및 그 가공식품에 해당한다.

단기수출보험(중소중견Plus+)은 보험계약자인 수출기업은 연간 보상한도에 대한 보험료를 납부하며, 수입자 위험, 신용장위험, 수입국 위험 등 보험계약자가 선택한 담보위험으로 손실이 발생할 때 한국무역보험공사에서 책임금액 범위 내에서 손실을 보상한다.

현행 단기수출보험이 개별 수출거래 건별로 보험계약이 체결된 반면, 동 제도는 수출기업의 전체 수출거래를 대상으로 위험별 책임금액을 설정하여 운영한다. 즉, 일반 손해보험(화재보험, 자동차보험 등)의 개념을 도입한 경우이다.

단기수출보험(파워 Plus+)는 보험계약자인 중소중견 수출기업은 연간 책임금액에 대한 보험료를 납부하며, 수입자 위험, 신용장 위험, 수입국위험 등 보험계약자가 선택한 담보위험으로 손실이 발생한 때 K-SURE는 연간 책임금액 범위 내에서 손실을 보상해 준다.

상품의 특성은 이용 절차가 간소화되어 수입자 신용조사를 생략하여 보험가입이 쉽고, 별도의 수출통지 및 통지건별 보험료 납부절차 등을 생략하여 보험 이용이 편리하다. 보험계약자가 보상받기 원하는 위험(수입자, 신용장, 수입국)에 대한 책임금액을 개별적으로 선택하여 보험 가입이 가능하다.

단체보험은 기존 단기수출보험(중소중견Plus+)에 단체보험 개념을 도입, 지원기관 또는 단체(협회 등)가 제반 보험계약절차를 진행하여 일괄 보험 계약을 체결하고, 중소중견기업은 피보험자로서 수출대금 미회수시 보험금을 수령하는 제도이다.

>> Question 09-8

신용보증 제도 - 수출신용보증(선적전), 수출신용보증(선적후), 수출신용보증(Nego)

> 개요 수출신용보증(선적전)제도란 수출기업이 수출계약에 따라 수출물품을 제조, 가공하거나 조달할 수 있도록 외국환은행 또는 수출유관기관들(은행)이 수출신용보증서를 담보로 대출 또는 지급보증(수출용원자재 수입신용장 개설㈜ 포함)을 실행함에 따라 기업이 은행에 대하여 부담하게 되는 상환채무를 한국무역보험공사가 연대보증하는 제도이다.

수출신용보증(선적후)은 수출기업이 수출계약에 따라 물품을 선적한 후 금융기관이 환어음 등의 선적서류를 근거로 수출채권을 매입(Nego)하는 경우 K-SURE가 연대보증하는 제도이며, 수출자가 외상으로 수출한 후 환어음 등의 선적서류를 근거로 외국환은행으로부터 매입대전을 미리 지급받으면 수출과 동시에 수출대금을 회수하는 효과가 있다. 그러나 외국환 은행은 자기자금으로 매입대전을 지급하기 때문에 통상적으로 담보를 요구하게 되며, K-SURE의 수출신용보증서(선적후)가 이런 담보 역할을 한다. 즉, 은행이 수출신용보증서(선적후)를 담보로 선적서류를 매입하여 매입대전을 선지급 하였으나 만기일에 수입자로부터 수출대금이 결제되지 않으면 K-SURE로부터 보상을 받을 수 있다.

수출신용보증(NEGO)은 수출기업이 수출계약에 따라 물품을 선적한 후 금융기관이 환어음 등의 선적서류를 근거로 수출채권을 매입(NEGO)하는 경우 한국무역보험공사가 연대 보증하는 제도이다. 대상거래는 결제기간 180일 이내의 무신용장(D/A, D/P 및 O/A 거래)이며, 재판매거래는 제외된다.

선적후 보증	단기수출보험 의무가입으로 수출자 귀책이 없는 경우, 단기수출 보험금과 수출자 앞 구상권 상계
Nego 보증	단기수출보험 가입은 선택사항으로 가입하지 않은 경우, 보증채무이행 후 수출자 앞 전액 구상권 행사

수입보험 중 수입자용, 금융기관용 보험

> 개요 **수입보험(수입자용)**은 원유, 가스 등 주요 전략물자의 장기 안정적 확보를 위하여 국내수입 기업이 선급금 지급조건 수입거래에서 비상위험 또는 신용위험으로 인해 선급금을 회수할 수 없게 된 경우에 발생하는 손실을 보상하는 제도이다.

선급금 지급조건 수입거래에서 수입업체가 선급금을 회수할 수 없게 되는 경우에 발생하는 손실을 보상하는 제도를 말한다. 대상거래는 아래 물품을 선급금지급 후 2년 이내에 선적하여야 하는 수입거래(중계무역 제외)를 포함한다.

주요자원	철, 동, 아연, 석탄, 원유 등
시설재	관세법 제95조 제1항 제1호의 오염물질 배출방지·처리물품 및 제2호의 폐기물처리 물품 관세법 제95조 제1항 제3호의 공장자동화 물품 관세법 제90조 제1항 제4호의 산업기술연구·개발용 물품
첨단제품	산업발전법 제5조의 "첨단제품"(기술은 제외) 산업통상자원부 발급 " '첨단제품 확인서' 필요
외화획득용 원료	대외무역관리규정의 "외화획득용 원료"

수입보험(금융기관용)은 원유, 가스 등 주요 전략물자의 장기 안정적 확보를 위하여 금융기관이 주요자원 및 물품 등의 수입에 필요한 자금을 수입기업에 대출(지급보증)한 후 대출금을 회수할 수 없게 된 경우에 발생하는 손실을 보상하는 제도이다. 대상거래는 아래 물품에 대한 대출기한 1년 이내의 수입거래(중계무역 제외)이다.

주요자원	철, 동, 아연, 석탄, 원유 등 K-sure가 인정하는 주요자원
시설재	관세법 제95조 제1항 제1호의 오염물질 배출방지·처리물품 및 제2호의 폐기물처리 물품 관세법 제95조 제1항 제3호의 공장자동화 물품 관세법 제90조 제1항 제4호의 산업기술연구·개발용 물품
첨단제품	산업발전법 제5조의 "첨단제품"(기술은 제외) 산업통상자원부 발급 " '첨단제품 확인서' 필요)

※ 수입자금 지원대상은 동 수입자금 검색시스템에 의한 검색결과에 의하여 확인가능하다.

>> Question 09-10
중장기성 보험 - 중장기 수출보험(선적전),
중장기 수출보험(공급자신용)

> 개요 중장기 수출보험은 수출대금 결제기간이 2년을 초과하는 중장기 수출계약에서 수출 또는
> 결제자금 인출불능으로 인한 수출기업의 손실을 담보하는 제도를 말한다. 즉 자본재상품의 중장기 수출
> 계약시 수출 물품의 제작기간 중 발생하는 비상위험 및 신용위험으로 인하여 수출 자체가 불가능하게
> 되거나, 수출을 이행하였으나 수입사가 금융계약서상의 인출선행조건을 충족하지 못하여 수출대금을
> 지급하지 못하는 경우 수출자가 손실을 입을 우려가 있다. 이에 따라 중장기수출보험(선적전)은 중장
> 기 수출계약의 경우, 수출 또는 결제자금 인출불능위험 발생으로 인한 수출자의 손실을 담보함으로써
> 수출자의 적극적인 수출추진을 지원코자 마련된 제도이다.

중장기수출보험(선적전)은 수출자가 중장기 수출계약을 체결하고 계약의 효력이 발생한 후에
수출계약에 따라 물품을 수출할 수 없게 된 경우(수출불능)에 입게 되는 손실과 수출이행후
결제대금을 인출할 수 없게 된 경우(결제자금 인출불능)에 입게 되는 손실을 담보함으로써
수출자의 적극적인 수출추진을 지원코자 마련된 제도이다.

구 분	내 용
신용위험	수입자의 파산, 수입국 법원의 채무동결 또는 채권단과의 채무조정 협약으로 인한 수입자의 지급불능
비상위험	전쟁, 혁명, 수입국의 모라토리움 선언, 송금지연조치, 공공수입자의 일방적인 계약파기 또는 특별한 사유로 인한 계약의 해제·해지 등

중장기수출보험(공급자신용)은 수출대금 결제기간이 2년을 초과하는 중장기 수출계약을 체결
하고 수출을 이행하였으나, 담보하는 위험의 발생으로 수입자가 수출대금을 상환하지 않을
경우에 발생하는 손실을 담보하는 제도이다. 산업설비, 선박, 플랜트 등 자본재상품 수출의
경우 통상 계약금액이 거액이고 대금의 상환기간이 장기이며, 수입국이 대부분 정치·경제적
으로 불안정한 개발도상국이라는 점에서 수출대금미회수 위험이 항상 존재한다.

중장기 수출보험(공급자신용)은 수출자가 결제기간 2년을 초과하는 중장기 연불조건으로 자
본재상품 등을 수출하는 경우 수입국 비상위험 및 수입자 신용위험으로 인한 수출자의 대금
미회수 위험을 담보하는 제도이다.

Question 09-11

중장기성 보험 - 중장기 수출보험(구매자 신용), 중장기수출보험 (구매자신용·채권), 해외사업금융보험, 해외투자보험 (주식, 대출금, 보증채무), 해외투자보험(투자금융)

> **개요** 중장기 수출보험은 수출대금 결제기간이 2년을 초과하는 중장기 수출거래에서 금융기관의 대출원리금 회수불능 위험을 담보하는 제도를 말한다.

중장기수출보험(구매자신용)은 자본재 상품 등 중장기수출과 관련하여 국내외 금융기관이 수입자 또는 수입국 은행 앞 결제기간 2년을 초과하는 연불금융을 제공하는 구매자신용방식에 대하여 대출 원리금 회수불능을 담보하는 제도를 말한다.

중장기수출보험(구매자신용·채권)은 수출대금 결제기간이 2년을 초과하는 중장기 수출거래에서 수입자가 자금조달을 위해 발행하는 채권(Project Bond)에 대해 공사가 원리금 상환을 보장하는 제도이다. 대상거래는 금융기관이 수출대금의 지급에 필요한 자금을 외국인에게 공여하는 상환기간 2년 초과의 채권인수계약이다. 채권인수계약은 공채, 사채 기타 이에 준하는 채무증서의 인수를 통한 자금공여계약 이다.

해외사업금융보험은 국내외 금융기관이 외국인에게 수출증진이나 외화획득의 효과가 있을 것으로 예상되는 해외사업에 필요한 자금을 상환기간 2년 초과 조건으로 공여하는 금융계약을 체결한 후 대출원리금을 상환 받을 수 없게 됨으로써 입게 되는 손실을 보상하는 제도이다. 적용대상 해외사업은 내국법인 등이 아래의 계약(이하 '해외사업관련 계약')을 체결함으로써 참여하는 해외사업 해외사업을 영위하는 외국법인의 주석 등의 지분취득 계약(지분 10% 이상)이다. 즉 해외사업관련 원재료 공급계약, 해외사업관련 생산물 구매계약, 해외사업관련 운영 및 관리계약, 기타 수출증진이나 외화획득 효과가 예상되는 해외사업관련 계약들이다.

해외투자보험(주식, 대출금, 보증채무)은 대한민국 기업 또는 금융기관이 해외투자를 한 후 투자상대국에서의 수용위험, 전쟁·소요위험, 송금위험, 약정불이행위험, 상환불이행위험 등의 발생으로 인해 주식(또는 지분), 배당금, 원리금 등을 회수할 수 없게 되어 입는 손실을 보상한다.

해외투자보험(투자금융)은 국내기업앞 해외자원개발, 해외 M&A 등에 필요한 소요자금을 대출하는 경우, 비상위험 또는 신용위험으로 인한 금융기관의 대출금 미회수위험을 담보하는 제도이다.

중장기성 보험 - 해외공사보험, 서비스종합보험(일시결제방식), 서비스종합보험(기성고·연불방식)

개요 **해외공사보험**은 해외공사 발주자와 채무불이행, 파산 등 신용위험이 수반될 뿐만 아니라 발주국 또는 지급국에서의 전쟁, 내란, 정변이나 환거래 제한.금지 등 해외공사계약 당사자간에는 불가항력적인 비상위험이 발생할 가능성을 배제할 수 없으므로 이러한 위험으로부터 해외공사를 수주한 자를 보호하기 위한 제도이다.

해외공사보험의 대상거래는 건설 및 기술용역에는 해외건설촉진법의 규정에 의한 해외건설공사 및 해외건설 엔지니어링 활동이 포함되고, 건설장비에는 해외공사에 직접적으로 소요되는 것으로써 건설기계 및 기타 기계장치, 차량운반구 등의 유형고정자산 및 이에 대한 권리가 포함된다.

서비스종합보험(일시결제방식)은 국내에 주소를 둔 기업이 외국기업에게 운송, 관광 등의 서비스를 제공하고 서비스제공 상대방으로부터 서비스대금을 지급받지 못하게 됨으로써 발생하는 손실을 보상하는 제도를 말한다.

운용형태는 **한도책정방식과 Pooling방식**이 있다.

첫째, 한도책정방식은 거래하고자하는 수입자별로 보상한도(보험사고 발생시 공사가 지급하는 보험금액의 최대누적액)가 기재된 보험증권을 발급받고 서비스 제공시 이를 공사에 통지함으로써 보험관계가 성립하는 방식이다.

둘째, Pooling방식은 수출기업이 선택하는 책임금액(U$5만부터 U$1만단위로 U$30만까지 선택가능)범위내에서 수개의 수출계약상대방에 대하여 발생하는 대금미회수 위험을 하나의 보험증권으로 담보하는 방식(별도의 수출통지 없이 보험관계 성립)이다.

서비스종합보험(기성고·연불방식)은 국내 수출업체가 시스템통합(SI), 기술서비스, 컨텐츠, 해외엔지니어링 등의 서비스 거래를 수출하고 이에 따른 지출비용 또는 확인대가를 회수하지 못함으로써 입게 되는 손실을 보상하는 제도이다. **대상거래**는 시스템통합 서비스(정보시스템을 구축하고 유지·보수하는 종합서비스로 관련 하드웨어, 소프트웨어, 통신망, 전산인력 등을 포함)와 의료, 금융, 운송(해상 및 항공), 관광, 공연, 디자인(디지털 디자인 포함), 교육, 컨설팅 등 무형의 서비스, 문화컨텐츠 및 소프트웨어 제공 서비스, 해외엔지니어링, 산업재산권, 노하우 등의 기술 서비스, 업종융합 서비스 등 기타 서비스를 포함한다.

중장기성 보험 – 수출보증보험

> **개요** **수출보증보험**은 금융기관이 수출거래와 관련하여 수출보증서를 발행한 후 수입자(발주자)로부터 보증채무 이행청구를 받아 이을 이행함으로써 입게 되는 금융기관의 손실을 보상하는 제도이다.

구 분	내 용
입찰보증 (Bid Bond)	입찰방식 거래에 있어서 입찰자가 낙찰된 후 계약체결에 응하지 않거나 계약체결 후 일정기간 내에 계약이행보증서를 제출하지 못하는 경우 발주자가 지급청구를 할 수 있도록 하는 보증서
계약이행보증 (Performance Bond)	산업설비수출계약이나 해외건설공사계약을 체결한 수출자가 계약상의 의무이행을 하지 않음으로써 발주자가 입게되는 손해를 보상받기 위해 발행하는 보증서
선수금환급보증 (Advanced Payment Bond)	수출자가 선수금 수령 후 수출이행을 하지 않는 경우에 동 선수금에 대한 반환청구를 할 수 있는 보증서
유보금환급보증 (Retention Bond)	기성고방식의 수출거래에 있어서 수입자는 각 기성단계별 기성대금 중 일부를 수출자의 완공불능위험에 대비하기 위해 유보하게 되는데, 수출자가 동 유보금에 해당하는 금액을 결제받기 위해서 제출하는 보증서
하자보수보증 (Maintenance Bond)	산업설비의 설치 또는 해외건설공사 완료 후, 일정기간 완공설비나 건물 등에서 발생하는 하자발생에 따른 손실을 담보하기 위해 발행하는 보증서

국제거래시 수입자는 자신의 대금결제에 대한 담보로서 신용장을 제공하고, 반대로 수입자는 수출자의 수출이행에 대한 담보로서 수출자로 하여금 금융기관의 수출보증서를 제출하도록 요구한다. 그리고 수출보증보험은 수출보증서를 발행한 금융기관이 보증수익자(수입자 또는 발주자)로부터 보증채무 이행청구(Bond-Calling)를 받아 대지급하는 경우에 입게 되는 손실을 보상함으로써 수출자가 수출보증서를 용이하게 발급받을 수 있게 하는 수출지원제도이다.

> ▶ **수출보증서란?**
> 수출거래와 관련하여 발행되는 보증서로서 수입자(Beneficiary)가 수출보증서에 기재된 조건에 따라 단순히 지급을 요청하면 보증서 발행기관은 보증서에 정해진 금액을 수출계약과 독립적으로 지급을 하게 된다.

>> Question 09-14

중장기성 보험 - 이자율변동보험, 수출기반보험(선박), 해외자원개발펀드보험

> 개요 **이자율변동보험**은 상환기간 2년 이상의 수출금융을 제공하고 K-sure의 중장기 수출보험(구매자신용)에 부보한 금융기관이 이자율 변동에 따라 입게 되는 손실을 보상하고 이익을 환수하는 제도를 말한다.

우리나라 기업이 석유화학설비, 발전설비 등 중장기연불수출거래에 대한 수주능력을 제고하기 위해서는 경쟁력 있는 수출상품 및 가격뿐만 아니라 보다 나은 대출조건의 금융기관을 거래에 참여시킬 필요가 있으나, OECD는 국제경쟁 입찰에서 회원국간 과당경쟁을 방지하기 위해 발주자에게 제공할 수 있는 최저금리는 CIRR로 한다는 원칙을 정해놓고 있다.

문제는 CIRR조건으로 수출금융을 제공할 수 있는 금융기관은 제한되어 있을 뿐만 아니라 발주자가 고정금리 대출을 선호하는 반면, 상업은행은 변동금리 대출을 선호하는 데 있다.

이자율변동보험은 이러한 금융계약 당사자들의 이해차이를 해소하고 기업이 수출금융을 원활히 이용 할 수 있도록 도입한 제도이다.

> **CIRR(Commercial Interest Reference Rates-상업참고금리) : OECD 참여국이 과당경쟁을 방지하고자 자국내 기업에게 공적수출금융 지원시 적용할 수 있는 최저 금리**

수입자(차주)는 OECD 협약이 허용하는 최저고정금리인 CIRR로 차입 가능한 것이며, 대주(금융기관)는 변동금리 차입, 고정금리 대출로 인한 이자율 위험을 헤지 하면서 K-sure가 보장하는 Spread에 대한 이익을 안정적으로 향유하는 것이다.

수출기반보험(선박)은 금융기관이 국적외항선사 또는 국적외항선사의 해외현지법인(SPC포함)에게 상환기간 2년 초과의 선박 구매자금을 대출하고 대출원리금을 회수할 수 없게 된 경우에 발생하는 손실을 보상하는 제도이다.

> **국적외항선사는** 한국 국적의 선사로서 해운법상 외항 화물운송 사업을 영위하는 자

해외자원개발펀드보험은 해외자원개발법상의 자원개발펀드가 해외자원개발사업에 투자하여 손실이 발생하는 경우 손실액의 일부를 보상하는 제도를 말한다.

해외자원개발펀드보험은 해외자원개발 투자거래의 안정성을 제고함으로써 펀드에 대한 민간자금의 유입을 촉진하고 활성화하여, 주요전략자원의 장기, 안정적인 확보를 통해 국민경제발전에 이바지하고자 도입한 제도를 말한다. 지원대상은 펀드의 주식, 수익권, 융자방식에 의한 투자거래이며, 대상광종은 석유(가스), 구리, 니켈, 철, 우라늄, 석탄 등 12대 전략 광종에 투자하는 것이다.

환변동보험

> 개요 환변동보험은 수출 또는 수입을 통해 외화를 획득 또는 지급하는 과정에서 발생할 수 있는 환차손익을 제거, 사전에 외화금액을 원화로 확정시킴으로써 환율변동에 따른 위험을 헤지(Hedge)하는 상품을 말한다. 수출입거래에서 환위험
> 수출거래 : 환율하락 → 수출대금 수취 시 원화표시 수입↓
> 수입거래 : 환율상승 → 수입대금 지급 시 원화표시 비용↑

환변동보험(선물환방식)은 환위험 관리여건이 취약한 중소기업이 환위험을 손쉽게 헤지할 수 있도록 제도/비용면의 도움을 줌으로써, 적극적인 무역활동을 할 수 있도록 지원한다. 수출거래를 예로 들면, 환율 하락 시에는 손실을 보상하지만 환율 상승 시에는 이익금을 환수한다. **환변동보험 상품별 비교(수출거래 기준)는 다음과 같다.**

(일반형) 환율 하락시 손실을 보상받고, 환율 상승시 이익금 납부
(범위선물환) 일정범위 환위험에 노출, 일정환율 이하 하락시 보상 및 일정환율 이상 상승시 이익금 납부
(부분보장 옵션형) 이익금 납부 의무를 면제하고, 환율 하락시에는 하락분의 일정수준까지 보상
(완전보장 옵션형) 이익금 납부 의무를 면제하고, 환율 하락시에는 하락분 전액을 보상

환헤지(Hedge)는 환율변동에 따른 위험을 없애기 위하여 현재 수준의 환율로 수출이나 수입, 투자에 따른 거래금액을 고정시키는 것이다.

이러한 환헤지의 목적은 환율변동에 관계없이 원화기준 미래 현금흐름의 확정을 통해 안정적인 영업활동 영위하며, 환율변동에 따른 손익을 제한하고 수출입 거래를 통해 안정적으로 수익을 확보하는 것이다.

환헤지에 대한 잘못된 인식은 환율예측을 통한 헤지거래 이익 추구하는 것으로 환율예측은 불가능하며, 예측이 틀릴 경우 손실이 발생한다. 외화를 싸게 사고 비싸게 팔기위하여 환위험 관리는 환거래를 통한 이익 추구가 아닌, 환율변동에 따른 불확실성 제거/축소를 통한 사업의 안정성 추구된다. 즉, 잘못된 환위험 관리는 환투기(FX Speculation)와 같다.

>> Question 09-16

기타보험 - 탄소종합보험, 녹색산업종합보험

> **개요** **탄소종합보험**은 **교토의정서에서 정하고 있는 탄소배출권 획득사업을 위한 투자, 금융, 보증** 과정에서 발생할 수 있는 손실을 종합적으로 담보하는 보험을 말한다.

교토의정서는 지구온난화를 방지하기 위하여 선진국 등의 온실가스 배출감축의무 및 구체적 이행 방안을 규정한 국제 의정서('05년 발효)이며, **탄소배출권사업은** 친환경기술 등을 사용하여 감축한 온실가스 배출량만큼 탄소 배출권을 확보하여 배출권거래시장에서 매매할 수 있는 사업이다.

〈탄소배출권사업대상 온실가스 종류〉

구 분	CO2 (이산화탄소)	PFCS (과불화탄소)	HFCS (수소불화탄소)	CH4 (메탄)	SF6 (육불화황)	N2O (아산화질소)
배출원인	화석연료 연소	반도체제조 (에칭)	에어콘등 냉매제	유기물 자연분해	전기전자 절연체	비료사

녹색 산업종합보험은 지원가능한 특약항목을 『녹색산업종합보험』 형태로 운영하여, 녹색산업에 해당되는 경우 기존이용 보험약관에 수출기업이 선택한 특약을 추가하여 우대하는 제도이다. 즉, 특약 내용은 부보율 확대, 보험료 할인, 연속수출 기간연장, 이자보상 특약, 비상위험 선택담보 특약 등이다. 적용대상은 『저탄소녹색성장 기본법』에 의하여 인증된 녹색기술, 녹색사업 또는 녹색전문기업 등이다. 따라서 보험종목의 특성을 감안하여 수출기업별 또는 건별 인수 심사시 특약을 체결한다.

운영방법		해당종목	비 고
특약체결 후 건별통지 방식		• 단기수출보험 • 농수산물수출보험	• 수출기업 단위로 특약체결*) • 수출통지시 특약 해당여부 통보 • 『저탄소 녹색성장 기본법』에 의하여 인증된 녹색기술로 생산된 제품에 적용
건별심사 방식	인수건별	• 수출보증보험 • 해외투자보험 • 해외사업금융보험 • 서비스종합보험	• 인수건별로 녹색산업 해당여부 심사 • 『저탄소 녹색성장 기본법』에 의하여 인증된 녹색기술, 이를 활용하여 생산한 제품 또는인증된 녹색사업에 적용
	기업별	• 수출신용보증	• 녹색산업 제품 생산여부 심사후 해당기업별로 특약적용 • 『저탄소 녹색성장 기본법』에 의하여 확인된녹색전문기업 또는 인증된 녹색기술로 물품을 생산하는 기업에 적용

기타보험 종류 - 부품소재 신뢰성보험

> **개요** **부품·소재신뢰성보험**은 부품·소재 신뢰성을 획득한 부품·소재 또는 소재·부품 전문기업이 생산한 부품·소재가 타인에게 양도된 후 부품·소재의 결함으로 인하여 발생된 사고에 대하여 보험계약자가 부담하는 손해배상책임을 담보하는 손해보험이다.

부품·소재신뢰성 보험은 국산부품·소재의 시장진입을 지원하고, 수입대체를 통한 외화절감 및 수출촉진을 지원하기 위하여 부품·소재만을 보험대상으로 하는 정책보험으로 부품·소재의 결함으로 인한 손해배상책임을 종합적으로 담보하는 보험이다.

〈보험가입대상 및 요건〉

구 분	부보가능 부품·소재	보험가입요건
신뢰성인증 부품·소재 보유 기업	신뢰성인증(평가) 부품·소재	내용없음
	인증부품·소재와 동일한 설계, 공법, 재질 등으로 제조된 부품·소재	내용없음
	인증 받지 않은 부품·소재	인증부품·소재를 부보하는 경우에 한하여 부보가능(일괄부보)
소재·부품 전문기업	국내외 품질 관련 인증보유 부품·소재	컨설팅 면제
	국내외 품질 관련 인증을 보유하지 않은 부품·소재	컨설팅 필요

〈담보손해별 주요 내용〉

구 분	담보손해	주요내용
기본담보	부품·소재 보증책임 (Product Guarantee)	부품·소재업체가 제조하여 타인에게 양도한 부품·소재의 결함으로 부품·소재 자체에 대한 손해가 발생되고 이에 대하여 제기된 손해배상청구로 보험계약자가 법률상 배상해야 할 손해 중 수리비용 또는 대체가격
선택담보	부품·소재 보증책임 (Product Guarantee)	부품·소재업체가 제조하여 타인에게 양도한 부품·소재의 결함으로 생긴 타인의 신체상해 또는 재물손해로 부품업체가 부담하여야 손해배상금액
	부품·소재 회수비용 (Product Recall)	부품·소재업체가 제조하여 타인에게 양도한 부품·소재의 결함으로 부품·소재의 회수가 불가피하게 된 경우 회수에 따른 제반비용 보상

요약

- 수출보험제도는 수출자 또는 선적전후 수출금융을 제공한 금융기관이 수입자의 대금지급지체·파산, 외환시장 악화에 따른 수입국 정부의 대외송금 제한조치, 수입국에서의 전쟁·내란 등으로 인하여 만기일에 수출대금을 회수하지 못하게 됨으로써 입게 되는 손실을 정부출연금으로 조성된「수출보험기금」으로 보상하여 궁극적으로 수출 진흥을 도모하기 위한 비영리 정책보험제도이다.
- 단기성 보험은 선적 후 결제기간 2년 이내의 무역 거래의 손실을 보상하는 단기성 보험, 수출자, 생산자 또는 수출자금을 대출해준 금융기관이 입게 되는 불의의 손실을 보상함으로 수출진행을 도모하기 위한 포페이팅, EFF, 농수산물 수출에 사용되는 농수산물 패키지, 중소 중견 Plus +보험 등이 있다.
- 수출신용보증은 선적 전 수출신용보증서를 담보로 기업이 은행에 대하여 부담하는 상환채무와 선적서류를 근거로 금융기관이 수출채권을 매입(NEGO)하는 경우 한국무역보험공사가 연대하는 보증하는 제도를 말한다.
- 중장기성보험은 선적전 결제기간이 2년을 초과하는 경우 수출기업의 손실을 담보하는 제도로 국내외 금융기관이 수입자(수입국) 은행 앞 결제기간 2년을 초과하는 연불금융을 제공하는 구매자신용방식에 대하여 대출 원리금 회수불능을 담보하는 제도를 말한다.
- 환변동 보험은 수출 또는 수입을 통해 외화를 획득 또는 지급하는 과정에서 발생할 수 있는 환차손익을 제거, 사전에 외화금액을 원화로 확정시킴으로써 환율변동에 따른 위험을 헤지(Hedge)하는 상품을 말한다.

 용어

- 수출보험/수입보험
- 중장기성보험
- 단기성보험
- 환변동보험
- 신용보증
- 수출신용보험

 설명문제

1. 수출입보험의 의의에 대해 설명하시오
2. 단기성보험과 중장기성 보험의 개념과 차이점에 대해 설명하시오.
3. 신용보증의 개념과 필요성에 대해 설명하시오.
4. 환변동보험의 개념에 대해 설명하시오.

PART
10

수출통관

>> Question 10-1
수출통관 절차(Export Customs Clearance Procedures)

> **개요** 수출하고자 하는 모든 물품은 세관의 수출통관절차를 밟아야 한다. 수출통관은 수출하고자 하는 물품을 세관에 수출신고를 한 후 신고수리를 받아 물품을 우리나라와 외국 간을 왕래하는 운송수단에 적재하기까지의 절차를 말한다.

　수출통관(Export Clearance)은 상품을 외국에 수출할 경우 정해진 절차에 따라 **세관**에 수출신고 한 후 선적확인을 얻을 때까지의 일련의 세관수속을 말한다. 수출하고자 하는 자는 당해 물품을 적재하기 전까지 당해물품의 소재지 관할세관장에게 수출신고를 하고 수리를 받아야 한다. **현재는 EDI(Electronic Data Interchange)방식의 수출통관절차를 도입하여 시행함**으로써 수출물품을 간단하고 신속하게 통관하고 있으며, 신문 등 보도용품이나 카탈로그 등은 더욱 간이한 방법으로 수출통관을 하고 있다. 수출물품에 대하여는 검사생략을 원칙으로 하고 있으나, 전산에 의한 발췌검사 또는 필요한 경우 예외적으로 검사를 실시하는 경우도 있다. 이때 부정 수출이나 원산지표시 위반, 지적재산권 위반 등이 적발되면 관세법 등 관계법규에 의거 처벌된다. **수출신고가 수리된 물품**은 수출신고일로부터 30일 이내에 우리나라와 외국 간을 왕래하는 운송수단에 적재하여야 한다. 다만, 적재스케줄 변경 등 부득이한 사유가 있는 경우에는 통관지세관장에게 적재기간 연장승인을 받을 수 있다.

　또한, 적재기간 내에 적재되지 아니하는 경우에는 수출신고수리가 취소될 수 있으며 관세환급도 불가능하다. 또한, 우리나라 **보세구역**에 반입된 외국물품을 부득이한 사유 등으로 다시 외국으로 반송할 수 있으며, 이때의 통관절차는 **반송신고 및 절차**에 따른다.

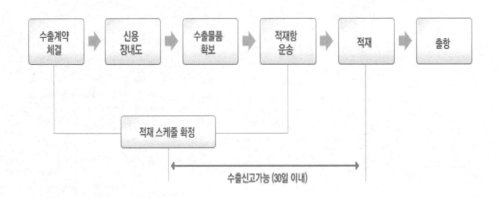

〈수출통관 절차〉

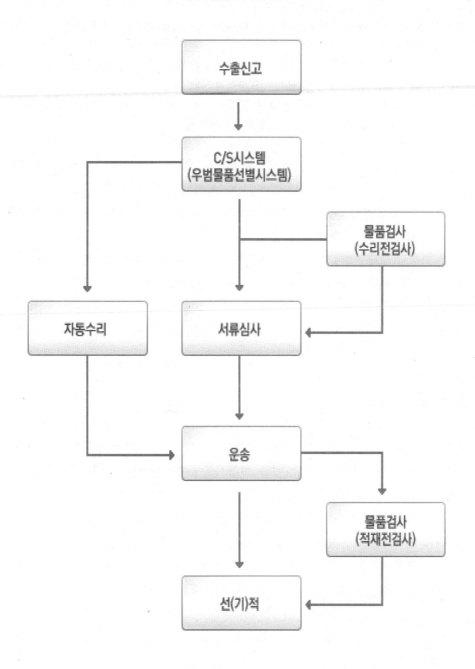

수출통관의 과정과 절차

> [개요] 수출하고자 하는 모든 물품은 세관의 수출통관절차를 밟아야 한다. 수출하고자 하는 물품을 세관에 수출신고를 한 후 신고수리를 받아 물품을 우리나라와 외국 간을 왕래하는 운송수단에 적재하기까지의 절차이다.
> 수출하고자 하는 자는 당해 물품을 적재하기 전까지 당해물품의 소재지 관할세관장에게 수출신고를 하고 수리를 받아야 한다. 현재 수출신고는 EDI(Electronic Data Interchange)방식 또는 인터넷을 통한 신고 방식으로 신속하게 통관을 진행할 수 있으며, 신문 등 보도용품이나 카탈로그 등은 간이수출신고 절차에 의한 더욱 간소화된 방법으로 수출통관을 할 수 있다.

수출물품에 대하여는 검사생략을 원칙으로 하고 있으나, 우범기준에 따른 전산 선별 발췌 검사 등 필요한 경우 예외적으로 검사를 실시하는 경우도 있다. 이때 부정수출이나 원산지 표시위반, 지식재산권 위반 등이 적발되면 관세법 등 관계법규에 의거 처벌 되니 이러한 일이 발생되지 않도록 특별히 유의하여야 한다.

수출자는 화물을 **보세구역에 반입**하고 세관에 **수출신고를 해서 수출신고필증**을 받은 후에 화물을 선적한다. 이러한 일련의 세관 수속 과정을 수출통관이라 한다. **수출통관의 수속**은 항만과 공항지역에서의 화물수령부터 수출통관 후 운송인의 화물인도까지 연계해야 할 필요가 있다. 항만(공항)지역에서의 화물취급을 하청 받는 **해상(항공)화물업자**는 통관대행업무도 진행하기 때문에 수출자는 수출 수속을 진행함에 있어 화물의 특성과 운송수단 등을 고려하여 적절한 **해상(항공)화물업자를 선정**한다.

세관의 수출신고는 수출업자 본인도 가능하지만 해상화물업자에게 위임장을 주어 신고대행을 의뢰하는 것이 일반적이다. 세관의 신고는 세관장으로부터 인정받은 관세사가 한다.

수출신고가 수리된 물품은 **수출신고수리일부터 30일 이내**에 우리나라와 외국간을 왕래하는 **운송수단에 적재**하여야 한다. 다만, 적재스케줄 변경 등 부득이한 사유가 있는 경우에는 통관지 세관장에게 적재기간 연장승인을 받을 수 있다. 또한, 적재기간 내에 적재되지 아니하는 경우에는 **수출신고수리가 취소**될 수 있으며 관세환 급도 불가능하다.

한편, 우편물이나 휴대탁송품의 적재 관리에 대하여는 별도의 절차를 규정하고 있으며, 또한, 우리나라 보세구역에 반입된 외국물품을 부득이한 사유 등으로 다시 외국으로 반송할 수 있으며, 이때의 통관절차는 반송신고 및 절차에 따른다.

>> Question 10 - 3
컨테이너 화물의 일반적인 수출통관 수속

개요 국제복합운송을 쉽게 하기 위하여 유엔 유럽경제위원회가 채택한 컨테이너 및 컨테이너화물의 통관에 관한 조약(Customs Convention on Container)에 따라 단일하주의 동일 물품 중 다음의 물품은 세관장의 승인을 받아 컨테이너에 물품을 내장한 상태로 수입신고가 가능하다. ① 부패 및 손상우려가 있는 물품 ② 위험물품 ③ 살물(벌크화물) ④ 컨테이너 적입상태 공정투입물품 ⑤ 외교관 이사화물 ⑥ 정부용품 ⑦ 지정세관 등록업체에서 수입하는 물품 ⑧ 기타 검사 봉이도와 업체의 성실도 등을 감안하여 세관장이 인정하는 물품

1. LCL화물의 수출통관

하나의 컨테이너에 가득차지 않은 **LCL화물의 경우**에는 수출자는 화물을 CFS에 반입하여 화물의 상황체크와 검량을 한 후 다른 화물과 같이 컨테이너에 적입한다. CFS는 보세구역이기 때문에 수출자와 해상화물업자는 화물을 **CFS에 반입 후에 수출신고**를 한다. 화물의 적입이 완료된 컨테이너는 CFS 오퍼레이터에 의해 CY로 수송되어 본선에 선적한다.

2. FCL화물의 수출통관

FCL화물의 경우는 화물을 항만지역의 보세구역에 반입시켜 수출신고를 통해 수출허가를 얻은 후에 컨테이너에 적입하여 CY로 가져가는 방법과 세관에서 컨테이너 취급허가를 사전에 받아 화물을 컨테이너 적입상태로 수출신고를 하는 방법이 있다.

컨테이너 취급허가를 얻은 경우 수출자는 자사의 공장이나 시설에서 사전에 검사를 받고 컨테이너 적입을 하고 봉인을 붙인 컨테이너를 보세구역으로 반입하여 수출신고를 한다. 이 방법은 화물을 옮겨 싣지 않는 운송으로 컨테이너운송의 이점을 살릴 수 있다.

3. 부두수취증

CFS와 CY의 오퍼레이트는 화물을 수취했다는 수취증으로써 화물수취증(D/R)을 발행한다. 화물 수취증은 통관에 관련된 서류는 아니지만 이 서류에 기재된 정보는 선하증권(B/L)에 반영된다.

재래화물선의 일반적인 수출통관 수속

> **개요** 수출통관이란, 상품을 외국에 수출할 경우 정해진 절차에 따라 세관에 수출신고한 후 선적확인을 얻을 때까지의 일련의 세관수속을 말한다.

1. 일반적인 수속

재래화물선의 수출통관은 **화물을 항만지역의 보세구역에 있는 창고나 가건물에 반입**하고 검량 등의 작업을 한 후 세관에 **수출신고**를 한다. 세관에 의한 서류검사와 필요에 따라 실시되는 현물검사를 받고 수출허가가 나온 화물이 본선에 선적된다.

2. 특별 수출통관 수속

재래선적화물 중에는 대량화물인 관계로 항만지역의 보세구역에 있는 통상의 창고나 가건물에 반입하기 곤란한 경우가 있다. 이러한 때는 다음과 같은 특별한 수속을 받게 된다.

- **본선취금·부중(선박의 적재)취급** : 철강재와 안료 등의 대량화물이 바지선으로 선적항까지 국내운송 되어온 경우에 취해지는 수속이다. 본선 취급은 본선에 화물을 실은 상태로, 부중취급은 화물을 양륙하지 않고 바지선에 실은 채로 수출신고를 하는 수속이다.
- **타소장치** : 초중량 화물인 플랜트 설비와 같이 보세구역으로 회송하기 어렵거나 현저하게 부적당하다고 판단된 경우에 인정되는 수속이다. 세관이 지정한 보세구역 이외의 장소로, 지정된 기한 내에 수출입 외국화물의 보관이 가능하다.

3. 본선수취증

컨테이너 화물에 있어 화물수취증과 같은 것으로 재래화물선의 화물인 경우에는 화물의 수령증으로 **본선수취증(M/R)이 발행**된다. 이 수취증에 기재된 정보는 선하증권에 반영되면 본선 일등항해사가 발행한다.

>> Question 10 — 5
항공화물의 일반적인 수출통관 수속

> **개요** 항공화물의 수출통관 수속은 수출신고필증 발급(관세사무소에 수출신고 의뢰) → 항공화물 포워딩업체 연결 → 포워딩사와 선적일정, 항공편명 협의 → 수출물품 포워딩업체에 인계(수출신고필증 /Invoice 등도 인계) → 포워딩업체에서 항공 화물운송장 발급 → 항공사에 기적의뢰 → 수출화물 기적 등의 순서로 진행된다.

1. 항공화물의 수출통관 수속

항공화물의 수출선적 수배에는 수출자로부터 화물의 수집, 창고에서의 소포장, 보세구역의 반입, 수출통관 수속, 항공회사로의 화물반입 등이 있다. 이러한 일련의 작업을 **혼재업자**에게 일괄해서 위탁하는 방법이 일반적으로 이용되고 있다.

2. 화물의 수집

수출 수속의 의뢰를 받은 **혼재업자**는 수출자에게 지정된 장소에서 화물을 인수해 자사의 시설에서 소포장이나 검량을 한다.

3. 수출신고

일반적으로 혼재업자들은 공항 근처에 보세창고를 보유하고 있으며, 소포장에서 수출신고 까지 일련의 수속을 그 시설에서 진행한다. 혼재업자는 인보이스(송장)나 패킹리스트(포장명 세서)를 작성하고, 기타 필요에 따라 사전에 수출자로부터 서류를 받아서 세관에 제출한다. **세관**은 서류심사와 필요에 따라 실시하는 현물검사를 하고, 문제가 없으면 수출을 허가한다.

4. 항공회사의 반입과 탑재

혼재업자는 수출허가를 받은 화물을 항공기에 탑재하기 위해 공항에 있는 항공회사의 창고나 가건물에 반입한다. 항공회사는 항공기편에 따라 화물을 항공기용 컨테이너에 적입하거나, 항공기의 스페이스에 맞는 팔레트를 선택해 항공기에 탑재한다.

5. 항공운송장의 발행

항공회사는 혼재업자에게 Master-AWB를 발행하고, 혼재업자는 각 수출자에게 House-AWB를 발행한다.

보세구역(Bonded Area)

> 개요 **보세구역**은 경제적 국경선이라 부를 수 있는 것으로 관세선을 출입하는 화물을 단속하기 위해 관세청이 지정 및 감시하고 있는 지역을 말한다.

보세구역은 경제적 국경선으로 외국물품을 관세를 부과하지 않은 채로 둘 수 있는 장소로서 일정한 내국물품도 보세구역에 한하여 저장할 수 있으며 크게 종합보세구역, 지정보세구역, 특허보세구역으로 구분한다.

종합보세구역(Comprehensive bonded area)은 **보세창고, 보세공장, 보세전시장, 보세건설장, 보세판매장의 기능**을 종합적으로 수행할 수 있는 장소이다. 종합보세구역은 공항 또는 항만의 일정한 지역을 관계행정기관이나 지방자치단체의 요청에 의하거나 관세청장이 직권으로 지정한다. 종합보세구역을 이용하기 위해서는 먼저 종합보세구역에 입주하여야 한다.

지정보세구역(Designated bonded areas)은 **세관에서 직접 관리**하는 보세구역의 말하는 것으로 세관장이 주로 국가나 공공기관의 토지·시설 등의 일정구역을 지정한 곳으로 지정장치장, 세관검사장으로 구분된다. 지정장치장은 통관하고자 하는 물품을 일시적으로 장치할 수 있는 장소로 장치 가능한 기간은 6개월이다. 대개 부두, 공항, 또는 세관청사 내에 특정 지역을 세관장이 지정하고 있다. 세관검사장은 수입 또는 수출통관하고자 하는 물품의 검사를 할 수 있는 장소로 공항입국장의 세관검사장이 대표적이다.

특허보세구역(Licensed bonded area)은 특허보세구역은 민간인의 신청을 받아 세관장이 특허한 곳으로 주로 개인의 토지·시설 등의 일정한 구역으로 **보세창고, 보세공장, 보세전시장, 보세건설장, 보세판매장** 등이 있다.

그리고 **보세구역외 장치허가(Permit for storage outside bonded area)**는 보세화물의 크기 및 무게의 과다 등 기타 사유로 인하여 보세구역에 장치하기 어렵거나 부적당한 물품을 보세구역이 아닌 장소에 장치하도록 세관장이 허가해 주는 것이다.

또한 **보세구역 반입명령제도(Recall)**는 수출입물품에 대한 신속한 통관에 따라 불가피하게 발생할 수 있는 불법물품의 반출입가능성을 신속히 방지하기 위하여 도입된 제도를 말한다. **수출입면허를 받은 물품이라 하더라도 면허 후에 불법 수출입물품으로 파악된 경우**에는 당해물품을 보세구역에 반입시켜 위법사실을 치유한 후 반출허가하거나 통관이 허용될 수 없는 경우에는 반송 또는 폐기하도록 한다. 반입명령대상물품은 원산지표시를 위반한 물품, 수입면허 당시 세관이 부여한 조건을 위반한 물품, 지적재산권을 침해한 물품 등이다.

세관(custom house, 稅關)

> 개요 관세청의 하부조직으로, 국제무역에 있어서 수출입화물에 대한 수출입의 신고와 수리, 관세의 부과징수에 관한 사무와 외국물품 및 운수기관의 단속에 관한 사무를 관장하는 관청이다. 주로 개항과 내륙지의 수출입공단 등에 설치한다.

고대에는 항만시설이나 창고 등의 특정지역을 이용하거나 통과하는 운송화물에 대해서, 또한 통행여객들은 사용료 또는 수수료 등과 같은 세금을 관습적으로 도시국가에 납부(customary payment)하여 왔다. 관습적인 지급을 표현하는 의미로서 **커스텀스(customs)**라고 부른 것이 오늘날의 **세관 또는 관세의 어원**이 되었다. **세관**은 중세 유럽의 각 도시들에서 성내로 출입하는 화물 등에 대하여 내국관세를 징수하는 기관을 설치하였던 데서 비롯되었다. 1666년 프랑스에서 J.B.콜베르에 의하여 내국관세가 저율로 통일되고, 1834년 독일관세동맹이 체결된 일 등에 의하여 관세가 국가영역을 단위로 하는 국경관세로 발전하였고, 이를 징수하기 위한 국가기관으로서 세관이 설치되었다.

세관은 수출입화물의 심사와 관세 등의 징수를 하는 **국가기관**으로 **관세청에 소속된 조직**이다. 해외무역을 하는 선박이나 항공기가 드나드는 항만과 공항은 법력에 의해 정해져 있는데, 세관은 이러한 시설에 사무소를 설치해 통관과 세무, 감시, 보세의 각종 업무를 담당하고 있다.

특히 관세행정사무, 즉 개항·공항·인접국경 등에 있어서의 수출입물품에 대하여 관세를 부과·징수하며 이에 관련되는 제반사무를 처리하는 **특별지방행정관서**이다. 세관은 국경을 통과하는 물품에 대하여 관세를 부과·징수하는 것이 주목적이 되고 있으나 제반의 부대임무도 부하되고 있다. 또한 **세관**에는 본연의 행정 외에도 수입물품에 대한 내국소비세징수의 원천부과 사무와 무역관리통제의 상역행정(商易行政), 그리고 내외국인의 출입국관리행정이 위임되고 있다. 우리나라 세관은 전국을 **관세청 산하 6개의 본부세관(서울세관, 부산세관, 인천세관, 인천공항세관, 대구세관, 광주세관)**을 중심으로 관역 내 40개의 일선 세관을 두고 있다.

- **통관** : 수출입 되는 화물이 적법한가를 심사하는 업무이다. 우선 서류심사를 하고 필요에 따라 현물화물검사를 실시하며, 수출입무역통계의 작성과 발표도 하고 있다.
- **세무** : 수입화물에 과징된 과세와 소비세, 그 외의 제세를 징수하는 업무이다. 무역선박이 입항했을 때 과징되는 항만시설사용료(톤세)의 징수도 하고 있다.
- **감시** : 법률과 국제조약에 의해 금지 또는 제한되는 화물의 부정한 수출입 등의 밀수 행위를 감시하는 업무이다.
- **보세** : 보세구역의 허가와 보세화물의 관리업무이다.

수출신고(Export Declaration)

> **[개요]** 수출하고자 하는 물품이 보세구역에 반입되거나 타소장치 허가를 받아 **보세구역이 아닌 장소에 장치되면 그 반입일로 또는 허가일로부터 일정 기간 이내에 세관장에게 수출신고를 하여야 하는데** 이는 수출면허를 받기 위한 의사표시라고도 할 수 있다.

수출신고 사항은 대외무역법 제137조 ①항에서 물품을 수출하고자 할 때에는 다음 각호의 사항을 **세관장**에게 신고하여야 한다.

① 물품의 품명·규격·수량 및 가격	② 포장의 종류·번호 및 개수
③ 목적지·원산지·선적지	④ 사업자 등록번호·통관고유번호
⑤ 기타 참고사항	

이와 같이 수출물품의 내역과 기타 관련사항을 세관장에게 신고하는 것을 **수출신고**라고 하며, 수출신고는 세관장에게 물품을 수출하고자 하는 **최초의 의사표시**를 하는 것이다.

수출신고가 효력이 발생되는 시점은 관세청통관시스템에서 신고번호가 부여된 시점으로 한다. **수출신고수리 방법**은 그 사안에 따라 시스템에 의한 **자동수리, 세관직원에 의한 심사 후 수리 및 검사 후 수리**로 나뉘며 세관장은 수출신고를 수리한 때 수출신고필증을 교부한다. 물품을 선적하기 전에는 '**적재전 수출신고필증**', 선적이 완료된 이후에는 '**수출이행 수출신고필증**'을 받는다. **수출신고의 요건**은 수출신고를 하고자 하는 자는 당해 물품을 제조 공장 또는 제품창고 등 세관검사를 받고자 하는 장소에 **장치한 후** 신고하여야 한다.

수출신고의 각하는 세관장이 직권으로 당해 신고를 거절하거나 취소하여 돌려보내는 것이다. 반면 **수출신고의 취하**는 신고인의 신청에 의하여 당해신고를 세관장이 신고를 취소하는 것이다. **수출신고서**는 화물을 수출하려는 자가 세관의 수출신고필증을 받기 위하여 행하는 신고서식을 말한다. 수출신고서에는 ① 신고자 상호, 제출번호, ② 수출자 상호, 부호 ③ 제조자 주소, 상호, 성명 ④ 구매기업 상호, 부호 ⑤ 환급신청인 ⑥ 환급기관 등이 기재된다.

그리고 **수출신고필증(Export Permit : E/P)**은 세관이 수출자에게 물품이 수출될 것을 증명하는 수출신고서류이다. 수출자는 수출신고필증을 제시하여야만 본선 선적 또는 항공기 적재가 가능하다. 이 서류는 **차후 선적서류매입, 수출용원자재 사후관리와 관세환급**에 사용된다. 종전에는 **수출면장라고 불렸으며** 아직도 실무에서 수출면장이라 부르는 경우가 있지만 **수출신고필증**으로 명명하여야 한다.

일괄수출신고제도는 수출업체의 번거로움과 경비 절감을 위해 빈번하게 물품을 수출하는 자로서 세관장의 승인을 얻은 자는 수출할 때마다 수출신고를 하지 아니하고 관세청장이 정하는 방법에 따라 일정기간 수출한 물품에 대해 일괄하여 수출신고를 할 수 있다.

>> Question 10 – 9
수출신고인(통관 당사자)

> **개요** 수출신고는 화주, 관세사, 통관법인, 관세사법인의 명의로 한다. 여기서 화주라 함은 수출승인서상의 수출자(수출대행의 경우 위탁자)를 말하며 화주가 직접 신고하는 경우는 관세법 규정에 의한 화주직접신고요령에 따른다. 수출신고는 당해 수출물품을 제조공장 등 세관검사를 받고자 하는 장소에 장치한 후에야 가능하다.

통관업자(Customs Broker)는 **관세사자격증 소지자**로서 다른 사람의 의뢰에 의하여 화물의 수출입통관을 대행하는 자를 말한다. 통관업자는 수출입화물의 세관신고 수속을 대행하여, 통관법에 기초하여 관할세관장의 허가를 취득해야 한다.

수출입신고는 수출자 혹은 수입자가 직접 하기도 하지만, 통상적으로는 통관업무에 정통한 **관세사**가 있는 통관업자에게 대행을 의뢰한다.

관세사는 수출입신고와 이와 관련되는 절차를 수행하고 세번, 세율의 분류, 과세가격의 확인과 세액의 계산을 하고 관세납부의무자를 대리하여 이의 신청을 하는 자이다. 관세사시험에 합격한 자 및 관세행정에 근무한 자가 관세사가 된다. ① 수출입신고 ② 세번, 세율의 분류, 세액의 계산 ③ 심사청구 ④ 관세에 관한 상담 관세사 자격이 있는 자가 그 업무를 개시하고자 할 때에는 관세청장에게 등록하여야 한다. 항만지역에서의 하역이나 운송을 담당하는 **해상화물업자**의 대부분은 통관 수속은 물론 종합적으로 의뢰받아 처리하고 있기 때문에 효율적인 업무 수행이 가능하다.

수출신고는 화주, 관세사 법인, 통관취급법인, 수출자, 수출위탁자 및 완제품공급자 등의 명의로 할 수 있다(관세법 제137조의 3). **통관**(customs clearance)은 세관을 통과하는 것을 의미한다. 관세법 제1조에서는 "이 법은 관세의 부과, 징수 및 수출입물품의 통관을 적정하게하고 관세수입을 확보함으로써 국민경제의 발전에 이바지함을 목적으로 한다."고 규정하여 통관은 징세업무와 더불어 관세법상 중요한 기능을 하고 있음을 알 수 있다.

통관절차(Procedure of Customs Clearance)는 국제간의 물품수출입은 **반드시 세관**을 통과하여야 하는데 이때 관세선을 통과하는 물품의 수출입은 당해국 세관의 수출입면허를 얻어야만 한다. 세관의 수출입면허에 있어서는 관세법에 의한 절차를 거쳐야 하므로 이러한 모든 수출입절차를 끝낸 물품에 대한 것을 **통관**이라 하며 **관세법상 통관**은 수출의 면허, 수입의 면허 및 반송의 면허를 의미하는 것으로 각 주무부처 또는 외국환은행장의 수출입 승인사항과 현품을 대조 확인하게 하는 것을 말한다. 따라서 서면으로 된 승인서와 현품을 확인하여 물품의 수출입을 가능하게 하는 세관장의 행위라고 할 수 있다. 통관에는 대상물품의 상이에 따라 **간이통관, 휴대물품통관, 우편물통관, 수입통관, 수출통관, 반송통관** 등이 있다.

>> Question 10 - 10
간이통관업무

> **[개요]** **간이통관**은 휴대품과 우편물 등과 같이 간단한 검사만을 거쳐서 통관되는 것을 말한다. 위의 경우 면허절차를 거치지 않아도 체신관서는 수취인에게 교부한 우편물에 대해 수입면허가 되는 것으로 간주되고 외국으로 발송한 우편물은 수출 또는 반송의 면허가 된 것으로 간주된다. 모든 국제우편물은 국제우체국을 경유하도록 하고 국제우체국이 화주와 세관 사이에서 국제우편물을 접수, 검사요청, 화주에의 통지, 징수, 화주에의 교부 또는 외국으로의 발송 등을 담당하며 세관은 우편물의 통관 여부 및 세액결정을 위한 검사만을 담당한다.

1. 간이통관절차를 적용받는 물품

무역업자가 아닌 일반인이 개인용으로 사용하기 위하여 구입하여 휴대품등으로 반입하거나 외국의 친지 등으로 부터 송부 받는 물품은 정식수입신고절차와 달리 간이한 통관절차와 간이세율을 적용받으며 다음과 같은 종류가 있다.

여행자휴대품 또는 별송품	여행자가 개인용품이나 선물을 휴대하여 반입하는 경우 여행자 개인용품을 화물로 탁송하여 반입하는 경우
우편물	외국의 친지나 친구로부터 우편을 통해 송부된 선물 국내거주자가 대금을 송부하고 자가사용으로 구입하여 반입한 우편물(이 경우 일반수입에 제한사항이 있거나 1,000불을 초과하는 경우 정식수입신고절차에 따라야 함)
탁송품 또는 특급탁송품	외국의 친지, 친구 및 관계회사에서 기증된 선물 또는 샘플이나 하자보수용 물품 등 국내거주자가 개인용으로 사용하기 위하여 인터넷등 통신을 통하여 대금을 지불하고 구입하여 반입한 화물

2. 수입신고의 생략

수입신고를 생략할 수 있는 물품은 외교행낭으로 반입되는 면세대상물품, 우리나라에 내방하는 외국의 원수와 그 가족 및 수행원에 속하는 면세대상물품, 유해 및 유골, 신문, 뉴스를 취재한 필름, 녹음테이프로서 언론기관의 보도용품, 재외공관 등에서 외무부로 발송하는 자료, 기록문서와 서류이다. 다만, 상품가치가 있다고 인정되는 물품은 수입신고를 하여야 한다. 이러한 물품 중 관세가 면제되거나 무세인 것에 대하여는 수입신고를 생략하고 B/L(선하증권) 1부를 제출하면 수입 신고를 갈음하며, 장치장에서 세관직원이 물품인수자의 신원을 확인하고 간이 검사한 후 물품을 인도한다.

>> Question 10 - 11

간이통관업무 중 간이신고 대상물품

개요 간이수출신고(Simplified export declaration)는 서류 및 소액물품 등 관세청장이 정하는 탁송품 및 별송품에 대하여 보다 간이하게 수출신고 할 수 있는 것을 말한다.

간이수입신고(Simplified import declaration)는 첨부 서류없이 수입신고서에 수입신고사항만 기재하여 신고하는 것을 말하며, 간이수입신고대상물품으로는 과세가격이 운임비를 포함해 15만원 이하의 물품으로 자가사용으로 인정되는 면세대상물품, 과세가격이 250달러 이하의 면세되는 상용견품, 설계 노중 수입승인이 면제된 것 등이 해당된다.

아래에 기재된 물품에 대하여는 첨부서류 없이 수입신고서에 신고사항을 기재하여 신고하면 된다. 이때, 반드시 관세사무소를 경유하여야 하는 것은 아니며 개인의 경우 세관 내에 설치된 관우회 단말기를 이용하여(일정액의 실비는 납부)수입신고를 할 수도 있다.

- 당해물품의 총 과세가격이 운임 포함하여 15만원 이하이며 국내거주자가 자가 사용으로 수취하는 면세대상 물품
- 당해물품의 총 과세가격이 운임 포함하여 미화 250불 이하의 면세되는 상용견품
- 설계도중 수입승인이 면제되는 것
- 금융기관이 외환업무를 영위하기 위하여 수입하는 지불수단

또한 간이통관업무 중 **소액면세범위내로 여러 건을 수입하는 경우**에 국내거주자가 특급탁송 또는 국제우편 등을 통하여 수입한 물품이 동일날짜에 여러개의 화물로 도착한 경우 아래와 같은 경우에는 **합산과세**된다. **하나의 선하증권(B/L)이나 항공화물운송장(AWB)**으로 반입된 과세 대상물품을 면세범위 내로 분할해 수입통관하는 경우, 입항일이 같은 두건 이상의 물품(B/L 또는 AWB기준)을 반입하여 수입통관하는 경우, 다만, **둘 이상의 국가로부터 반입**한 물품은 제외한다. **같은 해외공급자로부터 같은 날짜에 구매**한 과세대상물품을 면세범위내로 분할 반입하여 수입신고하는 경우는 합산금액이 **목록통관 기준금액(미화 150불, 미국은 200불)을 초과**하면 목록통관이 배제되고, 정식수입신고대상이다. 이렇게 합산과세 되면, 총 물품가격 미화 150불 이하인 경우에만 관세와 부가세가 면제된다.

- 해외공급자가 동일한 경우, 동일 날짜에 2건 이상을 수입신고하는 경우 : **합산과세**
- 날짜를 달리하여 1건씩 수입신고하는 경우 : 자가 사용으로 인정되면 개별 면세하되, 사후 전산자료 등을 분석하여 부당면세 혐의가 있으면 추징 조치
- 해외공급자가 상이한 경우, 동일날짜에 2이상의 해외공급자로부터 동일물품을 수입하는 경우 : **합산과세**

간이통관업무 중 소액물품의 자가사용 인정기준

품 명		면세통관범위 (자가사용인정기준)	비 고 (통관조건 및 과세 등)
농림 산물	참기름, 참깨, 꿀, 고사리, 버섯, 더덕	각 5kg	면세통관범위 초과의 경우에는 요건확인대상(식물방역법, 가축전 염병예방법, 수산동물질병관리법 대상은 면세통관범위 이내의 물 품도 반드시 요건확인을 받아야 함)
	호두	5kg	
	잣	1kg	
	소, 돼지고기	10kg	
	육포	5kg	
	수산물	각 5kg	
	기타	각 5kg	
한약재	인삼(수삼, 백삼, 홍삼 등)	합 300g	녹용은 검역후 500g(면세범위 포함)까지 과세통관
	상황버섯	300g	면세통관범위 초과의 경우에는 요건확인대상
	녹용	검역 후 150g	
	기타 한약재	각 3kg	
뱀, 뱀술, 호골주 등 혐오식품			CITES규제대상
VIAGRA 등 오·남용우려의약품			처방전에 정해진 수량만 통관
건강기능식품		총6병	면세통관범위인 경우 요건확인 면제. 다만, 다음과 물품은 요건 확인대상-CITES규제물품(예 : 사향 등) 성분이 함유된 물품
의약품		총6병(6병 초과의 경우 의약품 용법상 3개월 복용량)	식품의약품안전청장의 수입불허 또는 유해의약품 통보를 받은 품목이거나 외포장상 성분표시가 불명확한 물품
생약 (한약)	모발재생제	100ml×2병	에페드린, 놀에페드린, 슈도에페드린, 에르고타민, 에르고메트린 함유 단일완제의약품
제제	제조환	8g入×20병	면세통관범위를 초과한 경우에는 요건확인대상. 다만, 환자가 질 병치료를 위해 수입하는 건강기능식품은 의사의 소견서 등에 의 거 타당한 범위내에서 요건확인 면제
제제	다편환, 인삼봉황	10T×3갑	
	소염제	50T×3병	
	구심환	400T×3병	
	소갈환	30T×3병	
	활락환, 삼편환	10알	
	백봉환, 우황청심환	30알	
	十全大補湯, 蛇粉, 鹿胎屬, 秋風透骨丸, 朱砂, 虎骨, 雜骨, 熊膽, 熊膽粉, 雜膽, 海狗腎, 鹿腎, 麝香, 男寶, 女寶, 春寶, 靑春寶, 强力春寶 등 성분미상 보신제		약사법 대상
마약류	芬氣拉明片, 鹽酸安非拉同片, 히로뽕, 阿片, 大麻草 등		마약류관리에관한법률 대상
야생동물관련 제품	호피, 야생동물가죽 및 박제품		CITES규제대상
기호 물품	주류	1병(1L이하)	과세가격 15만원 초과인 경우 관세 대상
	궐련	200개비	주류는 주세 및 교육세 과세
	엽궐련	50개비	
	전자담배	니코틴용액 20ml	
	기타담배	250g	
	향수	60ml×1병	
기타	기타 자가사용물품의 인정은 세관장이 판단하여 통관허용 세관장확인대상물품의 경우 각 법령의 규정에 따름		

Question 10 - 13

AEO(Authorized Economic Operator)수출입안전관리우수업체

> 개요 AEO는 "Authorized Economic Operator"의 약자로서 "수출입안전관리우수공인업체"를 의미한다. 즉, 관세청에서 법규준수, 내부통제시스템, 재무건전성, 안전관리의 공인기준에 따라 적정성 여부를 심사하여 공인한 우수업체를 의미한다.

1. AEO의의

「AEO(Authorized Economic Operator)」란 9.11테러 이후 강화된 미국의 무역안전조치를 세계관세기구(WCO : World Customs Organization) 차원에서 수용하면서 무역안전과 원활화를 조화시키기 위해 마련한 개념으로, 화주, 선사, 운송인, 창고업자, 관세사 등 화물이동과 관련된 물류주체(Supply Chain)들 중 각국 세관당국에 의해 성실성을 공인받은 자를 의미한다. 「AEO 제도」도입은 그간 물류주체별로 단편적 성실기준을 마련하여 선별적으로 통관절차의 혜택을 부여하던 관행에서 탈피하여 모든 물류주체의 성실성을 통일된 기준인 법규준수도, 내부통제시스템 적합성, 재무건전성, 안전성으로 평가하고, 그 결과에 따라 모든 세관절차상의 포괄적인 혜택을 부여하려는 것으로 Supply Chain상의 모든 물류주체가 AEO인 화물에 대해서는 입항에서 통관까지 복잡한 세관절차를 하나의 절차로 통합(Non stop Free Pass)하는 계기가 된다. 지금까지의 업체에 대한 세관의 일방적 통제에 의한 관리(Enforced Compliance)방식에서, 업체와 협력을 통해 업체 스스로 법규 준수도를 높이는 관리(Informed Compliance)방식으로 전환하는 것으로서 AEO제도 도입은 관세행정의 정책방향을 근본적으로 변화시키고 있다.

2. AEO등장배경

세계관세기구(WCO)에서는 오래 전부터 생산자에서 최종 소비자까지 국제적 물류흐름에 대한 안전 즉, 수출입공급망 안전(Supply Chain Security)에 관한 논의를 지속하여 왔다. 그러던 중 2001년 美 9.11 테러가 발생하였으며, 많은 희생을 가져왔던 이 사태 이후 미국은 무역안전을 위한 새로운 물류보안 제도와 규정을 시행하였다. 초창기 이 제도는 보안에만 중점을 두었기 때문에 리드타임을 지연시키는 비관세장벽으로 작용하기 시작하였다. WCO에서는 이러한 문제점을 보완하여 2005년 6월 "무역안전과 원활화에 관한 국제규범(WCO SAFE Framework)"을 수립하였으며, 이 국제규범의 핵심 개념이 바로 AEO이다. 세관당국은 공인기준에 따라 AEO업체를 공인하며, AEO업체와 非AEO업체에 대해서는 차별적인 위험관리를 실시한다. WCO 회원국 중 159개 국가가 제도이행 의향서를 제출하였으며, 현재 미국, 일본, EU 등 주요 선진국이 도입·시행 중에 있고, 그 수는 날로 증가하고 있다.

AEO 공인기준

> 개요 우리나라의 AEO 도입 현황은 글로벌 관세환경 변화에 발맞춰 제도연구, 법령제정, 시범사업
> 등 준비과정을 거쳐 '09.4월 정식으로 AEO제도를 시행하였다. 수출업체, 수입업체, 관세사, 보세구역
> 운영인, 보세운송업자, 화물운송주선업자, 선사, 항공사, 하역업자 총9개의 당사자가 있다.

AEO공인기준은 크게 법규준수도, 내부통제시스템, 재무건전성, 안전관리의 4가지 분야로
구성되어 있으며, 각 분야의 대략적인 내용은 다음과 같다.

첫째, 법규준수도는 관세청장이 정한 결격사유가 없어야하며 일정 수준 이상이어야 한다.

둘째, 내부통제시스템은 법규준수도를 향상시킬 수 있도록 업체가 자체적으로 구축하고
있는 체제로서 AEO고시에서 정한 수준 이상이어야 한다.

셋째, 재무건전성은 업종별로 일정 규모 이상의 실적을 유지하여야 하고 체납이 없어야
하며, 부채비율이 동종업계 평균의 200% 이내이거나 투자적격 업체이어야 한다.

넷째, 안전관리는 모두 8개 기준이 있으며, 거래업체, 운송수단 등 관리, 출입통제, 인사관
리, 취급절차관리, 시설과 장비 관리, 정보기술 관리, 교육과 훈련의 각 분야에서 관세청장이
정한 수준 이상이어야 한다.

AEO 공인 절차는 우선 업체가 신청서를 제출한 후 서류심사와 현상심사를 거쳐 업체의
공인기준 준수 여부를 확인한 후 최종 종합인증 우수업체 심의위원회의 심의를 통해 공인하
는 것으로 진행된다. 그 후 종합심사를 실시하여 공인기준의 유지 및 이행의 적정성에 대해
사후관리 한다. 먼저 신청업체에서는 공인기준 상의 결격사유에 해당되는 것이 있는지 살펴
보아야 한다. 결격사유가 없는 것으로 확인된 경우에는 공인기준에 따라 자체평가(SA ; Self
Assesment)를 실시하여 평가결과가 충족하는지를 확인하고, 충족하는 경우 각 기준의 항목별
로 업체 수출입관리 현황설명서를 작성하고 사전교육이수를 16시간 이상 받아야 한다.

AEO 공인시 등급은 재무건전성과 안전관리 기준을 충족하고 내부통제시스템에 관한 평가
점수가 80점 이상인 업체 중 법규준수도를 측정하여 다음과 같이 결정한다. 단, 법규준수도가
70점 미만인 업체는 공인 대상에 포함 되지 않는다.

> A등급 : 법규준수도 평가점수가 80점 이상인 업체
> AA등급 : 법규준수도 평가점수가 90점 이상인 업체
> AAA등급 : A 또는 AA등급 종합인증 우수업체 중 종합심사 결과 법규준수도가 95점 이상이면서 법규준수도 제고
> 등과 관련하여 다른 업체에 확대 적용할 수 있는 모범사례를 보유하였다고 인정되는 업체

>> Question 10 – 15

AEO 공인의 필요성과 혜택, 사후관리

> 개요   **AEO 공인혜택**은 관세청에서는 AEO업체들에 대해서 **검사 및 절차간소화, 자금부담 완화, 각종 편의 제공 등 다양한 혜택**을 부여하고 있다.

AEO 공인은 다음과 같은 필요성과 혜택 사후관리를 진행한다.

첫째, 무역거래의 조건의 복잡성이다.

최근 국제사회의 물류보안에 대한 관심이 높아짐에 따라, 무역거래의 조건이 갈수록 복잡해지고 있다. 기존 거래조건 이행요구 외에 AEO 공인을 거래요건으로 규정하는 업체들이 증가하고 있다. 그래서 AEO 공인을 충족하지 못하는 업체의 경우 거래대상이나 무역활동의 범위가 좁아질 수 있거나 예상치 못한 불이익을 당할 수 있다.

둘째, 수출경쟁력을 제고하는 것이다.

수출기업의 경우 신속한 통관이 가장 큰 관심사이다. 통관문제는 민간기업이 통제하기 힘든 부분이고, 현지법규나 제도에 대한 이해부족은 물론, 국가별 관세행정이나, 물류 인프라 환경도 차이가 있어 민간기업 혼자 스스로 해결하기에는 한계가 있다. 하지만 AEO가 이러한 문제를 해결할 수 있다. AEO업체는 관세청이 신뢰하고 국제사회가 인정하기 때문에 AEO를 통해서 무역장벽을 해소하고 수출경쟁력을 제고할 수 있다.

셋째, 다양한 기업 혜택이 있다는 것이다.

AEO 업체는 국가로부터 공인받은 신뢰 있는 업체이기 때문에 수출입시 보다 신속하고 간편한 무역 절차를 보장 받을 수 있다. 또한 AEO 시행국과 상호인정협정이 체결될 경우 AEO업체들은 협정체결 국가에서도 검사비율 축소와 같은 신속 통관 편의 등 각종 혜택을 부여 받게 된다. 결과적으로 국제 무역거래에 소요되는 리드타임과 각종 비용을 절감할 수 있게 된다.

또한 **사후관리는** AEO 공인을 받은 업체가 공인 이후 그 효력을 유지하기 위해 행하여야 하는 것으로서, 공인 후 갱신기간까지 각종 변동사항의 보고, 자체 정기점검 실시, 종합심사 실시 등의 사후 행위를 관리하는 것을 말한다.

그리고 AEO 공인의 유효기간은 관세청장이 공인증서를 교부한 날로부터 5년으로, 이 기간 이후에도 AEO 공인을 계속 유지하고자 하는 업체는 AEO 공인을 갱신하여야 한다.

선적전 검사제도(Preshipment Inspection System)

> **개요** 선적전 검사(Preshipment Inspection System)은 WTO 선적전 검사에 관한 협정에서 규율하고 있으며, 수입물품의 품질, 수량, 거래가격의 적정성 여부 등을 수입국 정부가 지정한 검사 기관이 선적 전에 수출국 현지에서 검사하고 동 검사 결과에 따라 수입국 도착후 통관 처분하거나 일정한 관세를 부과하는 제도이다.

외국정부나 기타 계약당사자를 위하여 그들에게 수출되는 상품의 품질과 수량을 조사하고 상품의 거래가치가 상품 원산국에서 일반적으로 통용되는 수출시장가격에 일치하는지 여부를 평가하는 활동을 말한다.

후발개도국의 기업 및 정부기관에 의한 상품 수입시에 목적물품에 대한 전체적인 강제적 검사를 행하는 것으로서 상품의 생산지, 저장지 및 운송지에서 물리적으로 동 물품이 수량과 품질 면에 있어서 당초의 수입허가내역과 일치하는지의 여부를 확인하는 것이다. 또한 동 수입가격(FOB가격 및 기타 가격요소)이 수출국 현지나 또는 국제시장에서 일반적으로 형성되는 가격수준과 부합하는 범위내의 가격 여부를 판별하는 것이다. 국제매매시의 상품검사의 일종으로 민간 검사기관에 의하여 행해지는데 검사기관은 수입시 품질 및 수량검사와 가격비교를 수행하는 것을 목적으로 다수의 개도국들에 의하여 이용된다.

따라서 선적전 검사를 실시하고 있는 국가는 대부분 정치적으로 불안정 하고 또한 경제적으로 낙후한 국가들로서 관료의 부패만연 및 무역관리 행정상 그 체계가 제대로 수립되어 있지 못하거나 또는 수립되어 있다하더라도 그 시행상 관세행정미비, 외화 도피, 부정행위 등의 허점이 많은 나라들이다.

한국의 경우 동남아, 아프리카, 중남미 국가로 나가는 수출 물품에 대해 선적전 검사를 시행하고 있다. 선적전 검사제도를 시행하는 국가는 캄보디아, 중앙아프리카, 콩고, 부르키나파소, 카메룬, 나이제리아, 잠비아, 기니, 아이보리코스트, 케냐, 말리, 모리타니아, 말라위, 자이레, 우간다, 세네갈, 탄자니아, 르완다, 부룬디, 앙골라, 에쿠아돌, 볼리비아, 파라과이, 페루, Zanzibar 등 26개국이다.

검사는 검사조항을 넣어서 품질조건과 수량조건에 관련되는 것이지만, 검사기관, 검사장소, 검사시기나 검사비용을 누가 부담할 것인가가 구체적으로 제시되어야 한다.

>> Question **10 - 17**

화물선별 (검사)(Cargo Selectivity (C/S))

개요 우범화물 자동선별 시스템을 말하는 것으로 수출입 되는 물품 중에서 전산에 미리 등록된 기준에 따라 우범가능성이 높다고 예상되는 물품을 골라 집중적으로 검사함으로써 검사의 효율을 높이는 검사 관리기법이다.

수출검사(Export Inspection)는 우리나라의 수출품 중에는 우리나라 수출품이 품질 및 대외성가의 유지 향상을 도모하여 건전한 수출무역을 조성함을 목적으로 공포된 수출검사법에 의거하여 검사를 받지 않고서 수출할 수도 있다.

우리나라의 **수출검사제도**는 그 동안의 수출액증가 및 제품다양화에 따라 강제검사 일변도에서 융통성 있는 제도의 운영으로 전환됨에 따라 검사기관을 전문화하고, 수출검사의 감면제도를 도입하였다. 또한 자체검사제도의 확대, 수수료율의 합리적 조정 및 검사 기준방법을 개선하였으며, 중간지도검사제도를 시행하기에 이르렀다. 뿐만 아니라 수출검사 지정물품도 대폭 축소하였고 검사감면 범위도 획기적으로 확대하였다.

파출검사는 견본검사나 세관장검사가 곤란한 물품의 경우 효율성 제고를 위해 세관원이 통관현장에 상주하여 실시하는 검사이며, **세관검사(Customs inspection)**는 수출입통관, 여행자, 휴대품, 이사화물 등에 대하여 과세표준결정, 안보위해물품 적발 등의 목적으로 물리적 검사를 실시하는 것이다.

수출물품에는 검사증명서(Inspection Certificate)를 요구하는 국가도 있다. 즉, 수입자가 확실한 품질의 상품을 수입하고자 할 때 요구하는 서류로, 수출품을 검사하여 그 결과를 증명하는 서류이다. 검사의 공정성을 위하여 검사인(Inspector)을 수입자가 지정하거나 전문 검사관의 검사증을 첨부토록 하는 경우가 많다.

이러한 **검사증명서 발급기관**은 수입업자가 **수출업자의 부정을 방지할 목적**으로 또는 제품단가를 줄이거나 높여서 관세를 포탈하거나 외화도피를 방지하기 위해 선적 전에 물품을 검사한 후 선적하도록 요구하는 세계적으로 공인된 검사증명서 발급기관이다.

동 검사증명서는 **CFR(Clean Report of Findings), LPS(Laporan Pemeriksan Surveyor)**로 발급받아 부착하기도 한다. 한편, SGS 선적 전 검사를 요구하는 국가는 아시아지역에서 15개국 외에 중남미 4개국 등 총 26개국에 수출할 경우에는 특정한 품목과 내용을 제외하고는 검사를 받아야 한다.

원산지(1)

> 개요 원산지는 특정 물품이 생산된 국적을 가리킨다. 동물이나 식물의 경우에는 성장한 국가가 되고, 공산품의 경우에는 생산 및 제조공정이 이루어진 국가가 된다.

원산지 확인(Certification of Origin)은 원산지증명서, 원산지증빙서류 등 기타 관련자료를 제출받고 이를 근거로 하여 확인하는 절차이다. 이는 특혜원산지 또는 비특혜원산지규정의 적용 목적상 수입물품의 원산지기준 또는 원산지표시 등이 적합한지 확인하기 위함이다. **원산지 검증(Origin verification)**은 해당물품이 원산지 요건을 적절히 충족하였는지를 조사 및 확인하는 것을 말한다. 위조하거나 허위로 된 원산지증명서 또는 원산지확인서류로 낮은 세율을 적용받는 경우를 방지하기 위해서 원산지의 적정여부에 대한 검증절차를 마련하고 있다. 원산지 적정여부를 조사하기 위해서 수입자 또는 상대국의 **수출자 및 생산자 등을 대상으로 서면조사를 우선**으로 하고 있으나, 서면조사결과 원산지 확인이 곤란한 경우에는 현지조사를 실시한다. **원산지 결정**은 물품이 2개 이상의 국가에서 생산, 제조, 가공되었을 때, 이 물품의 원산지가 어느 국가인지 결정하는 것을 뜻한다. 수출입품에 표기되는 제조국, 조립국, 수출국, 경유국, 생산국, 가공국 등이 일반적 개념이라면 원산지는 원산지 규정의 적용을 통해 판정되는 것으로서 수출입 통계, 대외무역조치 발동, 특혜 관세 적용 등에 사용되는 법적·행정적 개념이다.

원산지 인증수출자제도는 원산지증명능력이 있다고 관세당국이 인증한 수출자에게 원산지증명서 발급절차를 간소화하거나 자율발급권한을부여하는 제도로 품목별인증수출자와 업체별 인증수출자제도가 있다. 원산지인증수출자제도 적용은 EU국가와 기타 FTA협정국가들에 세부적으로 다르게 적용되고 있으며, 한-EU FTA의 경우 건당 6천유로 초과 수출물품은 세관으로부터 인증수출자로 지정받아야 원산지증명서의 발급이 가능하고 특혜관세를 적용받을 수 있다. **원산지 마크**는 하인(Shipping Mark)의 일부로서 화물의 외장에 제품의 원산지(예 : Made in Korea)를 표시한 마크를 말한다. 이 마크의 기재가 없으면 수입국세관에서 몰수당하는 경우도 있다. 원산지표시는 개별 제품에 하는 표시를 말하는 것으로 포장에 하는 원산지마크는 실무상 그대로 사용되고 있다. 수출자의 과실, 착오 그 밖의 부득이한 사유로 인하여 수출물품의 선적이 완료되기 전까지 원산지증명서 발급을 신청하지 못한 자는 수출물품의 선적일로부터 1년 이내에 원산지증명서의 발급을 신청할 수 있다. 이것을 **원산지증명서 선적후 발급**인데 신청자는 그 사유서(수출물품의 선적일부터 30일 이내에 신청하는 경우 제외)와 선하증권 사본 또는 수출물품의 선적사실을 입증할 수 있는 서류를 제출하여야 하며, 발급기관은 "ISSUED RETROACTIVELY" 스탬프를 날인하여야 한다.

>> Question 10 - 19

원산지(2)

> [개요] 물품의 "원산지(Country of Origin)"란 수출입 물품의 국적을 의미하는 것으로 그 물품이 성장했거나, 생산·제조·가공된 지역을 말한다.

일반적으로 원산지는 정치적 실체를 지닌 국가를 의미하나 한 국가의 국경선 밖에 있는 식민지, 속령 또는 보호령과 중국 귀속 후의 홍콩, 마카오 등과 같이 독립적 국가가 아닌 지역도 원산지가 될 수 있다. 그러나, EU, NAFTA, ASEAN 같은 정치적, 경제적 독립체가 아닌 지역협력체인 경우에는 원산지 국가가 될 수 없다.

원산지관련 국제규범은 WTO GATT 제9조(Marks of Origin), 원산지규정에 관한 협정 및 WCO Kyoto 협약부속서(D.1 내지 D.3)가 있다. 이러한 국제규범에도 불구하고 각국은 자국의 이익에 따라 해석·적용하여 원활한 무역을 저해 하는 경우가 있어, WTO에서는 보다 명료하고 국제적으로 통일된 원산지 규정의 제정을 추진하고 있다.

우리나라의 원산지 표시제도는 1991년 7월 1일 부터 시행되고 있는데, 대외무역법령에 「원산지 판정 기준」, 「원산지 표시 대상 물품」, 「위반시의 벌칙」 등에 관한 규정을 두고 있고, 관세법령에는 통관시의 원산지 및 그 표시의 확인 및 시중 유통 과정에서의 단속 등에 관한 규정을 두어 운영하고 있다.

수출입 물품에 원산지를 표시하는 이유는 생산 활동의 세계화(Globalization)현상으로 2개국 이상에 걸쳐서 생산되는 물품이 증가하면서, 품질이 떨어지고 임금이 싼 국가의 저가 수입품과 OEM 방식으로 생산한 수입품이 국산품으로 둔갑하는 것을 방지하여 구매 과정에서 소비자가 피해를 보지 않도록 한다.

그리고 특정 지역 생산품(예 : 한국산 인삼) 또는 양질의 물품을 생산하는 자(국가)는 원산지를 표시하므로써 소비자로부터 우선 구매의 이익을 얻게 된다. 또한 병충해 발생 지역(국가)으로부터의 수입, 멸종 위기에 처한 동식물 등의 국제거래를 통제할 수 있도록 하여 국민 보건과 자연환경에 대한 보호 기능을 한다.

그리고 특정 국가나 지역으로부터 수입하는 특정 물품에 대하여 호혜적으로 관세양허 등 특혜 조치를 취할 때나 저가 수입 물품에 대한 덤핑 관세를 부과하거나 긴급수입 제한조치 또는 수입 수량을 할당할 때는 당해 물품의 원산지가 기준이 되므로 산업 및 무역정책에 있어서도 중요한 역할을 하고 있다.

수출입 요건확인

개요 수출입물품에 대한 세관장확인제도는 통관 단계에서 물품별 안전인증확인서, 수입허가증 등 법령상 필요한 요건을 확인하는 품목을 지정하여 불법 유해 수출입물품의 국내반출입을 차단하기 위하여 수출입통관심사를 하는 것이다.

세관장 확인제도는 관세법 226조에 따라 가축전염병법 등 개별 법령에서 정하는 수출입요건(허가, 승인 등)의 이행여부를 통관단계에서 세관이 확인하는 제도이다. 예를 들면 식품을 수입하고자 하는 때에는 [수입식품안정관리특별법]에서 정한 안전요건을 충족하여 식약처의 '수입식품 등의 수입신고 확인증'을 발급 받은 후 세관에 제출 확인을 받아야 통관이 가능하다는 것이다.

세관장확인대상물품은 수출입 관련법령이 정하는 바에 의하여 허가, 승인, 표시 기타 조건의 구비를 요하는 물품으로, 통관단계에서 세관장으로부터 그 허가, 승인, 표시 기타 조건의 구비 여부를 확인받아야 하는 물품을 말한다.

통합공고는 산업통상자원부장관이 대외무역법 이외의 다른 법령(예를 들면 약사법, 마약법, 식품위생법, 검역법 등 개별법)에 물품의 수출입요령을 정하고 있는 경우, 이들 법령에서 정한 수출입요령을 통합한 공고로서 각종 개별법에 의한 제한내용을 취합해서 공고하는 것을 말한다.

수출입공고(Notification of Export and Import)는 물품을 수출·수입하고자 할 경우에는 해당 물품의 종류, 거래형태, 대금결제방법 등에 대하여 산업통상자원부 장관의 승인을 얻도록 대외무역법에서 규정하고 있는데, 산업통상자원부장관은 이들 물품의 수출·수입의 제한에 관한 사항과 이에 따른 추천 또는 확인 등에 관한 사항을 종합적으로 정리하여 이를 **수출입공고, 수출입별도공고, 수입선다변화품목공고** 등으로 고시하고 있다.

수출입공고는 어떤 물품의 수출·수입에 관하여 산업통상자원부장관이 그 물품의 관리내용에 대해 공고하는 제도로서 어떤 물품이 어떤 제도에 의해 수출·수입할 수 있는가를 일반국민에게 공고하는 제도를 말한다. 즉, 수출·수입제한품목의 품목별 수량, 규격 또는 지역의 제한, 통상정책상의 필요에 의한 물품의 수출·수입에 관한 사항 또는 수출·수입에 관한 추천요령 및 절차 등을 관리내용으로 하고 있다

>> Question 10-21
전자통관시스템(UNI-PASS)

> **개요** UNI-PASS란 대한민국 관세청의 전자통관시스템의 브랜드명으로, 현재 관세청에서 운영하고 있는 업무처리 정보시스템(통관, 화물, 징수시스템 등)을 총칭한다. 전자통관시스템 UNI-PASS는 국제관세환경의 변화와 IT기술의 발전을 적극 수용하여 사용자와 함께 만들어 온 관세행정 정보화의 결정체이다.

1. 전자통관시스템(UNI-PASS) 의미

UNI-PASS의 의미는 모든 세관신고 업무를 통합하여 원스탑 처리가 가능한 서비스를 의미하며, UNI는 unified(통합처리), universal(표준화로 모든 국가 사용)과 unique(관세청의 고유함) service, PASS는 fast clearance service(신속통관 서비스)를 의미한다.

또한 UNI-PASS는 운송인, 무역업체, 관세사, 보세창고, 은행, 세관 및 다른 정부기관 등 11만 여개의 수출입 물류 관계인을 사이버 공간에서 하나의 커뮤니티로 연결하며, 관계자에게 신속하고, 정확한 화물추적 정보를 사전에 제공함으로써 최적의 운송, 입출고, 배송, 통관을 계획할 수 있도록 하는 종합 네트워크를 구축하였다.

2. 전자통관시스템(UNI-PASS)의 사업개요와 연혁

우리나라는 1970년대부터 수출진흥을 통한 경제성장에 국가 역량을 집중해 왔다. 따라서, 고객들의 요구사항은 무엇보다도 신속하고 간편한 원자재 확보와 수출지원이 가능하도록 지원할 수 있는 통관업무의 전산화가 시급한 실정이었다. 1992년 당시 무역업체, 운송업사, 보세창고 등 통관관련 업계에서 요구한 "신고항목의 표준화", "제출서류의 간소화", "신고절차의 전산화", "화물추적정보 등 민원서비스 개발" 등 고객 요구사항을 반영하여 "EDI통관자동화 6개년종합계획"을 수립하였다. 관세청은 1994년부터 1998년까지 EDI 수출입통관, 화물관리, 환급시스템을 성공적으로 구축하였다.

2000년대 들어서면서 인터넷 인프라가 확충되고 e-Business 산업이 활성화 되면서 고객들의 요구도 한층 다양해지게 되었다. 중국 등 신흥국가와의 수출경쟁력 제고를 위해 통관시간을 더 단축하고 신고비용이 저렴한 인터넷 방식의 수출입통관시스템을 도입할 필요성이 대두되었다. 그리고 국제연합(UN), 세계관세기구(WCO) 등에서는 무역업체가 수출입을 위하여 여러 수출입기관에 일일이 신고를 하여야만 통관이 가능한 업무절차가 또 다른 무역장벽으로 작용하고 있음을 인식하고 원스톱 일괄처리가 가능한 단일창구(Single Window)를 각 국가에서 도입할 것을 권고하게 되었다.

UNI_PASS 시스템 구성

> **개요** 대한민국이 개발 운영하고 있는 전자통관시스템으로 물품의 수출입 신고, 세금 납부, 화물 검사 등 통관 절차를 인터넷으로 자동화해 세관을 방문하거나 서류를 작성할 필요 없이 처리해주는 시스템이다. 관세청이 2005년 카자흐스탄에 통관시스템 구축 컨설팅을 한 뒤 2015년 9월 4일까지 10개 국과 총 3억3560만달러의 수출계약을 맺은 시스템이다.

관세청 전자통관시스템(UNI-PASS)는 수출입통관 시스템, 화물관리, 화물추적, 관세환급, 세관 신고, 통관관리, 위험관리 등을 싱글윈도우 형태로 제공하고 있다. **유니패스**는 관세청 통관 망과 무역업체, 관세사, 운송업체 및 관련기관 등이 연계되어 있어 신고인은 세관에 서류제출 없이 요건확인 등 수출신고하고 수리결과를 확인해 볼 수 있는 시스템이다. 또한 수출에 필요 한 수출승인신청서, INVOICE 및 포장명체서 등 **수출신고 첨부서류 작성**을 위해 기존에 입력된 자료를 다시 입력하지 않고 추가항목만 입력할 수 있도록 함으로써 동일한 내용을 입력하는 데 드는 시간과 비용을 절약할 수 있다.

수출통관시스템은 수출업무시스템, 수출통관정보제공시스템, 통계정보시스템 등으로 구성 되어 있다. 특히 수출업무시스템은 신고서 접수, 심사, 검사 기준관리, 통관현황 조회 등으로 구성되어 있으며, 수입통관시스템, 화물시스템 및 환급시스템과 연계 운영 된다.

수입통관시스템은 수입신고서 접수 및 심사, 수입 C/S, 상표권 관리, 까르네 관리, 정보관리 등으로 구성되어 있으며, 100% 전자문서에 의한 신고가 이루어지고 있다.

화물관리시스템은 통관시스템과 연계하여 각각 수출화물시스템과 수입화물시스템으로 구축 되어 있으며, 입항, 하역, 반입, 통관, 반출 등 일련의 화물 흐름 전 과정을 전자문서에 의하여 신속히 처리할 수 있도록 구축한 시스템이다. 화물추적정보시스템은 화물(B/L)별로 유일한 화물관리번호를 부여한 후 이를 통하여 입항에서 통관까지 일련의 화물흐름 전 과정에 걸쳐 이동단계별로 화물진행 상태를 파악할 수 있다.

관세환급은 수출입시 **납부한 관세를 환급요건**에 해당하는 경우 그 전부 또는 일부를 되돌려 주는 것을 말한다. 관세환급 시스템은 무역업체, 관세사, 금융기관등과 연계되어 있어 복잡한 절차와 서류가 요구되는 관세환급절차를 편리하게 처리할 수 있다.

위험관리 시스템은 통관, 화물, 징수, 심사 등의 시스템에서 발생하는 데이터를 분석하여 신고화물과 관련업체의 위험도를 종합적으로 분석하여 관세포탈, 밀수, 불법외환거래 및 위험 물품을 선별하고 피드백을 통해 적발 정확성을 제공하는 시스템이다.

요약

- 수출통관이란 수출신고를 받은 세관장이 수출신고사항을 확인하여, 일정한 요건을 갖추었을 때 수출신고인에게 수출신고필증을 교부하는 것으로, 수출 승인된 사항 및 현품이 수출신고사항과 일치하는지 여부를 대조 확인하여 양자가 서로 부합된 때 수출을 현실적으로 가능하게 하는 것이다.
- UNI-PASS(전자통관시스템)란 관세청의 최첨단 통관 포털 시스템. 관세청이 수출입 업무를 효율적으로 추진하기 위해 개발한 전산 시스템으로 수출입 통관 업무 처리 속도가 빨라짐에 따라 물류비용 절감은 물론 공항·항만 증설 억제 효과가 있다. 세계 관세 기구(WCO)가 권고하는 국제 표준을 모두 반영하였기 때문에 세계 어느 나라에서나 사용할 수 있는 시스템이다.
- AEO(Authorized Economic Operator)란 9.11테러 이후 강화된 미국의 무역안전조치를 세계관세기구(WCO : World Customs Organization) 차원에서 수용하면서 무역안전과 원활화를 조화시키기 위해 마련한 개념으로, 화주, 선사, 운송인, 창고업자, 관세사 등 화물이동과 관련된 물류주체(Supply Chain)들 중 각국 세관당국에 의해 성실성을 공인받은 자를 의미한다.
- 선적 전 검사제도란 후발 개도국이 기업이나 정부로 수출되는 상품의 품질과 수량을 사전에 조사하고 상품의 거래가치가 상품원산국에서 일반적으로 통용되는 수출시장가격에 일치하는지 여부를 평가하는 활동을 말한다.
- 인터넷통관(간이통관)은 무역 업자가 아닌 개인이 개인용도로 사용하기 위한 물품을 반입하는 경우 정식 수입절차가 아닌 간이 통관절차와 간이 세율을 적용 받는 것을 말한다.

 용어

- 수출통관
- UNI-PASS
- 간이 통관
- EDI 수출신고
- AEO 제도
- 수출신고필
- 선적 전 검사제도

 설명문제

1. 수출통관의 개념과 절차에 대해 설명하시오.
2. UNI-PASS의 의미와 시스템 구성에 대해 설명하시오.
3. AEO제도의 의의에 필요성에 대해 설명하시오.
4. 선적 전 검사제도의 의의에 대해 설명하시오.

227

무역대금결제

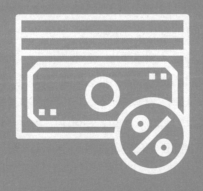

무역대금결제

> 개요 무역대금결제는 수출업자가 수출통관 과정을 거쳐 선적을 완료하고 요구되는 제반 운송서류를 갖추어 이를 거래외국환은행에 제시하면 그 대가로 은행으로부터 수출대금을 회수하게 되는 이른바 Nego 절차를 말한다.

해외은행으로부터 선적서류를 입수한 신용장 개설은행은 신용장조건과 일치하는 선적서류인가를 검토한 후, 수입자에게 선적서류의 도착사실을 통보하고 결제를 요청하는 업무이다. **수출업자가 신용장조건에 따라 선적을 완료하고** 발행한 수출환어음 및 신용장에서 요구한 선적서류를 매입은행에 매입신청을 하면 **매입은행은 제시된 신용장의 조건과 제시된 선적서류를 심사**하고 환가료, 수출환어음, 추가수수료, 대체료, 우편료 등을 공제한 후 수출자에게 결제해 준다. 이 과정에서 매입은행은 수출자에게 수수료계산서를 발급한다.

수출결제방식은 수출계약의 형태에 따라서 신용장 방식(L/C), 추심 방식(D/A, D/P), 송금방식(T/T, COD, CAD 등)으로 크게 3가지 형태로 구분하여 볼 수 있다.

첫째, 신용장방식과 추심방식 대금회수 시에는 수출물품 선적 후 신용장조건을 충족하는 제반 선적서류를 갖추어 외국환은행에 매입 의뢰하여 수출대금을 회수하며, 송금방식 대금회수 시에는 수출물품 선적 후 제반 선적서류를 수입자에게 직접 송부하고 수출물품대금을 송금받아 회수하여야 한다.

둘째, 추심방식(D/A, D/P)은 은행을 통하여 환어음과 선적서류를 발송하여 수출대금을 은행을 통하여 회수. 수출대금을 결제받은 후 선적서류를 주는 지급인도조건(D/P) 방식과 환어음 인수하면 선적서류를 주는 인수인도 조건(D/A)방식이 있다.

셋째, 송금방식(T/T, COD, CAD) 은 수입자가 송금방식으로 송금한 물품대금을 회수. 사전송금과 사후송금방식이 있으며, Open Account(청산계정방식), T/T(단순송금) 등이 있다.

무역거래의 대금결제방법에는 은행을 개입시키는 **송금결제와 화환어음결제**, 은행을 개입시키지 **않는 상쇄결제**의 3가지 방법이 일반적으로 이용되고 있다.

- **송금결제** : 매수인이 은행에 송금 수속을 하는 결제방법이다. 대금결제와 화물인도의 관련성이 적기 때문에 대금회수에 문제가 없는 거래상대나 소액 거래 중심으로 이용되고 있다.
- **화환어음결제** : 매도인이 선적서류를 첨부해서 수출지의 은행에 대금추심을 의뢰하는 결제방법이다. 대금결제와 화물인도가 관련되기 때문에 오늘날 무역대금 결제방식으로 널리 이용되고 있다.
- **상쇄결제** : 은행을 개입시키지 않고 매도인과 매수인간에 대차를 상쇄하는 결제방법이다. 서로 수출입거래에 있는 기업들이 일정기간의 대차를 상쇄해서 차액을 지급하는 방법으로, 해외에 현지법인이나 지점을 둔 기업 등에서 이용되고 있다.

Question 11-2
화환어음결제의 형태

> 개요 화환어음조건은 결제조건으로서 화환어음에 의한 결제를 가리키는 경우와 화환어음 그 자체의 조건을 가리키는 경우가 있다. 후자의 경우에는 어음의 만기일, 어음금액, 첨부 서류의 종류, 신용장 첨부의 유무, 신용장이 첨부되는 경우에는 신용장의 종류나 개설은행, 신용장이 첨부되지 않은 경우에는 D/A로 하느냐 D/P로 하느냐 등이 이 조건에 포함된다.

1. 화환어음결제

수출자는 선적완료 후 환어음에 선적서류를 첨부한 화환어음을 수출지의 은행에 제시하여 수입자로부터 대금수취를 위탁한다. 은행은 환어음결제에 따라 선적서류를 수입자에게 인도한다. 선적서류가 기본이 되는 화환어음결제는 무역거래의 결제에 널리 이용도고 있다. 화환어음결제에는 신용장방식의 L/C결제와 무신용장방식의 D/P결제, D/A결제가 있다.

화환어음(Documentary Bill)은 어음에 상품을 대표하는 **선적서류(선하증권 등), 보험서류, 상업송장 및 기타 필요한 서류를 첨부**하여 상품의 대금을 회수하는 방법이 있고 이 경우의 환어음을 화환어음이라고 한다. **화환어음**은 **매도인이 발행인, 매수인은 지급인, 외국환은행이 수취인**으로 되어 있는 환어음이며, 수송도중의 **화물을 증권화**한 운송서류가 환어음의 담보물이 되어 있다.

2. 환어음

어음의 발행인이 지급인에게 일정의 기일에 어음금액지급을 지시하는 서류로, 지급처란에 대금추심을 위탁하는 은행명을 기재하는 형식의 유가증권이다. 무역거래의 결제에서 어음의 발행인은 수출자, 지급인은 수입자(D/P결제, D/A결제) 또는 신용장 발행은행(L/C결제)이 되며, 지급기일은 일람불조건과 기한부조건이 있다.

- **일람불조건** : 어음을 지급인에게 제시한 시점에 지급을 지시하는 조건이다.
- **기한부조건** : 가령 선적일로부터 30일 후처럼, 일정기간의 지급유예를 주는 조건이다.

3. 선적서류

계약대로 선적할 것을 수입자가 확인하기 위한 서류로 선하증권, 인보이스, 패킹리스트(포장명세서), 보험증권 등이다. 필요에 의해 원산지증명서 등의 다른 서류도 포함된다. 수입자는 이러한 서류를 이용해 운송인으로부터 화물의 인수와 수입통관 수속을 이행한다.

신용장결제(L/C : Letter of Credit)

> **개요** 신용장이란 은행의 조건부 지급확약서이다. 즉, 무역거래의 대금지급 및 상품수입의 원활을 기하기 위하여 수입업자의 거래은행인 신용장 개설은행이 수입업자의 요청과 지시에 의해 독자적인 책임으로, 수출업자 또는 그의 지시인으로 하여금 신용장에 명시된 조건과 일치하는 운송서류를 제시하면, 수입업자를 대신하여 지급이행 또는 신용장에 의해 발행된 어음의 지급·인수를 수출업자 또는 어음매입은행 및 선의의 소지인에게 확약하는 증서이다.

신용장결제방식은 은행이 수입대금 지급을 약속하는 것으로, 수출업자 입장에서는 가장 안전하게 대금을 지급받을 수 있는 무역거래다. 신용장거래방식은 수출대금 지급을 은행이 보증하지만, **추심방식의 경우** 은행은 단지 수입업자에게 대금지급 여부를 확인하고 이에 따라 선적서류를 수입업자에게 내주어 물품을 찾게 하는 수준에 그칠 뿐 대금지급에 관해서는 책임을 지지 않는다. 신용장거래 절차는 수출입자의 계약에 따라 수입업자가 자신의 거래은행에 신용장개설을 요청하고, 이를 수락한 개설은행은 수출업자의 거래은행에 신용장을 송부한다. 신용장을 송부 받은 수출업자 거래은행은 수출업자에게 이를 알려 수출을 이행하게한다. 이후 수출업자는 계약에 따라 물품을 선전한 후 선적서류 등을 자신에게 통보해준 은행에 제시하여 수출대금을 지급받게 된다.

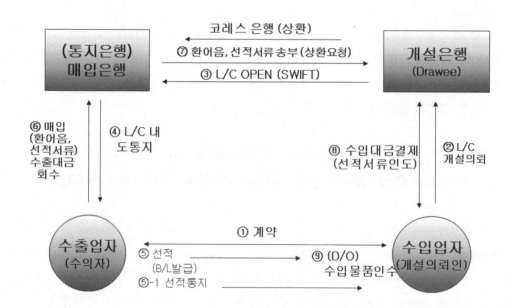

〈신용장 결제 내용〉

프로세스	설 명
1. 네고 서류 준비	신용장에 기재된 다음과 같은 첨부서류(선적서류)를 준비 - 수출환어음 매입신청서, 수출신용장 원본, 환어음, 수출신고필증, 기타 구비서류 - 선적서류 : 상업송장, 선하증권/항공화물 운송장, 보험증권, 포장명세서, 검사 증명서, 원산지증명서, 영사송장, 세관송장, 수익자증명서
2. 매입은행 네고	거래 외국환은행에 1의 제반서류를 제시하여 환어음 매입요청
3. 추심방식으로 전환	신용장방식으로 수출대금회수에서 추심방식으로 네고방식을 전환하여 네고
4. 개설은행 전산조회 후 매입	하자발생시 개설은행에 모든 하자사항을 통보하고 개설은행으로부터 하자에 불구하고 대금을 지급하겠다는 전신조회가 되면 매입을 함
5. 첨부서류 보완	신용장에 기재된 내용과 맞지 않는 서류를 보완
6. 신용장 조건 변경 후 네고	하자발생의 요인이 되는 신용장을 조건 변경하여 네고
7. 수입자지급보증서 발급 네고	하자 발생시 수입자에게 대금결제보증서를 근거로 매입은행에 네고
8. 대금회수방법변경	매입은행의 매입거절 이유를 보완하거나 수입자에게 다른 방법으로 대금회수를 함
9. 수출환어음 인수내역 통보	환어음의 매입내역에 대한 것을 통지
10. 수수료 통지 및 납부	매입 시 발생한 수수료를 확인하고 납부 환어음 금액에서 수수료를 제외한 차액을 입금함)
11. 네고사후관리	수입자의 환어음 매입여부 등을 확인
12. 은행비용정산	수입자의 개설은행이 입금한 금액을 확인하고 수수료 등으로 발생한 차액부분을 매입은행과 정산

>> Question 11-4
신용장 결제의 과정

> **개요** 운송업자는 선적완료 후 B/L원본 수출상에게 교부 ➜ 수출상은 선적서류(B/L원본 등) 등 매입은행에 제시 및 수출대금 회수 ➜ 매입은행은 선적서류(B/L원본 등) 등을 수입상 개설은행에 송부 및 대지급 수출대금 청구 ➜ 개설은행은 수입상에게 B/L대금을 회수하고 선적서류(B/L원본 등)을 수입상에게 교부 ➜ 수입상은 B/L원본을 인도받아 도착지 선사 또는 포워더에게 전달하고 D/O(화물인도지시서)을 교부받아 화물을 인수하게 된다.

① **매매계약** : 수출자와 수입자는 신용장방식의 화환어음을 결제조건으로 하는 매매계약을 체결한다.

② **신용장의 발행의뢰** : 수입자는 거래은행이 있는 수입지의 은행에 신용장의 발행을 의뢰한다.

③ **신용장의 발행** : 수입지의 은행은 수입자의 신용상태를 심사하여 문제가 없으면 신용장을 발행하고 수출지의 통지은행(코레스은행)에 신용장을 보낸다.

④ **신용장의 통지** : 통지은행은 발행은행의 지시에 따라 수출자에게 신용장을 통지하여 송부한다.

⑤ **선하증권입수와 선적서류준비** : 수출자는 신용장에 기대된 조건과 매매계약조건이 일치하는가를 확인하고 서적한 선하증권을 입수한 후 인보이스와 패킹리스트 등 신용장에 요구된 선적서류를 갖춘다

⑥ **화환어음의 매입의뢰** : 수출자는 화환어음(환어음과 선적서류)을 수출지의 은행으로 가져와 신용장에 기초한 매입의뢰를 한다.

⑦ **수출자의 대금지급** : 수출지의 매입은행은 화환어음이 신용장의 조건과 일치하는가를 확인하고 문제가 없다면 수출자에게 환어음의 대금을 지급한다.

⑧ **은행간 결제** : 매입은행은 화환어음을 발행은행으로 송부하여 대금의 지급을 청구하고, 발행은행은 매입은행에 대금을 지급한다.

⑨ **선적서류의 입수와 지급** : 발행은행은 수입자에게 환어음의 결제를 요구하고__ 수입자는 발행은행에게 어음의 지급 또는 인수하여 선적서류를 수취한다.

⑩ **화물의 인수** : 수입자는 선하증권을 선박회사에 제시하여 화물을 인수하고, 선적서류를 이용해 통관 외의 수입 수속을 한다.

>> Question 11 – 5
수출환어음매입

> 개요 신용장 상의 수익자인 수출업체가 신용장에 의해 요구되는 계약제품의 선적을 완료하고, 신용장의 제조건에 일치하는 환어음 및 선적서류를 작성하여 외국환 은행에 제시하게 된다. 외국환 은행은 이를 심사한 후 매입하는데 이때 환어음 및 선적서류를 외국환 은행과의 기 약정한 바에 의해 매입해 줄 것을 수익자 즉, 수출업체가 L/C거래인 경우 B/L(선하증권)등 선적서류를 구비하여 거래은행에 환어음의 매입을 의뢰하는 제도이다. 이때 구비서류는 ① 환어음(Bill of Exchange) 2부 ② 매입신청서 1부 ③ 수출신고서(대금결제봉)원본 1부 ④ L/C 원본 및 사본 ⑤ B/L등 신용장상에 요구한 선적서류 등이다.

수출환어음은 수출업체가 수입업체를 지급인으로 발행하는 환어음이다. '환어음'은 발행인이 일정한 날짜에 일정한 금액을 지급할 것을 특정인인 제3자에게 위탁하는 형식의 어음으로, 약속어음과 달리 지급인은 발행인이 아닌 제3자가 된다. 즉, 어음을 발행한 사람과 어음을 결제하는 사람이 다른 어음이다.

수출환어음은 수출업자가 수출상품의 대금을 받기 위해 수입업자로부터의 송금에 의한 결제를 기다리지 않고 수입업자가 지정하는 은행을 지급인으로 하여 발행하는 환어음이다. 그 결제가 추심하는 방식에 의해 이루어지기 때문에 **역환(逆換)어음**이라고도 한다.

수출업체는 물품 선적후 대금회수를 위해 선적서류와 함께 환어음을 발행한다. 수출업체가 거래은행에 선적서류와 신용장을 제시하면 은행은 어음에 있는 금액만큼 돈을 기업에게 준다. 이것을 **수출환어음매입(Negotiation, Nego)**이라고 한다. 수출업체의 거래은행은 수입국의 은행(추심은행)에 수출업체가 발행한 어음을 제시하고 대금을 추심받는다.

수입국의 은행(추심은행)은 이 어음을 수입업체에 제시하고 수입업체는 추심은행으로 제시받은 어음을 인수한 뒤 선적서류를 받아 물품을 되찾는다. 수입업체는 어음기일 내에 물품을 판매한 뒤 그 대금으로 환어음을 결제하므로 금융상 편의를 받는다. 수출업체는 추심이 완료되기 전에 대금을 떼일 가능성이 있으나 수입업체의 편의를 위해 발행하게 된다.

수출환 어음 매입신청서의 제출은 반드시 외국환은행과의 수출화환어음 약정이 선행되어야 하며, 이 약정에 의하여 외국환 은행은 동 신청서를 접수하고 선적서류를 매입한다. 즉, 수출대금이 수입자에 의하여 정상적으로 결제되어 해외은행으로부터 국내 수출환어음매입(추심)은행에 입금되어지면 국내 수출환어음매입(추심)은행은 수출대금의 입금사실을 무역업체에 통지하여 주는 업무이다.

>> Question 11-6
추심결제

> 【개요】 수출상(채권자)이 먼저 계약물품을 선적한 후 수출지에 있는 거래외국환은행을 통하여 수입상(채무자)에게 대금을 청구하고 수입지에 있는 추심은행을 통하여 수출대금을 회수하는 무역방식이다.

추심은 은행이 접수한 지시에 따라 인수 또는 지급을 받기위하여 또는 인수 및 지급과 상환으로 서류를 인도하기 위하여 또는 기타의 조건으로 서류를 인도하기 위하여 서류를 취급하는 것을 말한다. 추심의 대상인 되는 서류는 금융서류(financial documents)와 상업서류(commercial documents)를 말한다. 금융서류란, 환어음, 약속어음, 수표, 지급영수증 또는 기타 금전의 지급을 받기 위하여 사용되는 이와 유사한 증서를 말한다. 그리고 상업서류라 함은 송장, 선적서류, 권리증권 또는 이와 유사한 서류 또는 기타 금융서류를 제외한 모든 서류를 말한다.

추심의 종류는 크게 **화환추심과 무화환추심**으로 구분한다. 화환 추심은 상업서류가 첨부된 금융서류의 추심 또는 금융서류가 첨부되지 않은 상업서류만의 추심이고, 무화환 추심은 상업서류가 첨부되지 아니한 금융서류의 추심을 말한다. 신용장이 첨부되지 않은 화환어음결제에는 D/P결제와 D/A결제가 있다. D/P와 D/A라는 말은 일반적으로 신용장이 첨부되지 않은 화환어음결제를 말한다. 신용장조건을 충족한 화환어음결제는 발행은행에 의해 보증되지만 D/P결제나 D/A결제는 은행의 보증이 없다.

추심결제방식에서 수출상을 대신하여 수출지에서 수입거래은행에 대금지급청구서(어음) 및 선적서류(선하증권, 보험증권, 상업송장등)를 발송하는 은행을 **추심의뢰은행(Remitting Bank)** 이라 하고, 수입지에서 수입상에게 어음 및 선적서류를 제시하여 수출대금을 받아주는 은행을 **추심은행(Collecting Bank)**이라 한다.

- **추심당사자** : 추심당사자란 추심거래에 관련된 추심의뢰인(principal), 추심의뢰은행(Remitting bank), 추심은행(Collecting Bank), 제시은행(Presenting Bank), 지급인(drawee)을 말한다.
- **추심통일규칙** : 국제상업회의소(ICC)는 D/P결제와 D/A결제를 원활히 하기 위해 추심통일규칙을 제정하였다. 추심의 정의, 당사자의 의무와 책임, 추심지시와 제시의 형식 등이 정해져 있다. 추심통일규칙은 1995년판의 URC522가 최신판으로 사용되고 있다.

추심대금결제 - D/A(Document against acceptance), D/P(document against payment)

개요 일람불거래방식인 지급도(D/P, Document Against Payment)와 기한부거래방식인 인수도(D/A, Document Against Acceptance)**이다. 일람불방식인 D/P의 경우에는 추심은행과 수입상이 어음 및 선적서류와 현금을 서로 교환하는 것이 특징이나, 외상거래인 D/A의 경우에는 추심은행이 제시하는 인수증에 수입상이 "Accepted"라는 의시표시와 시명날인을 하면 추심은행이 선적서류를 넘겨주고 어음만기일에 현금을 추심하게 된다.**

D/A거래는 인수도 조건으로서 수출상이 수입자 앞으로 송장, B/L, Packing list 등의 기본서류와 함께 기한부 어음을 발행하여 수출상의 거래은행(추심의뢰은행)을 통하여 수입상의 거래은행(추심은행)에 제시되면 수입상이 그 은행을 통하여 환어음을 인수하는 조건으로 선적서류를 받아 통관을 하고 환어음의 만기일에 대금을 결제하여 추심의뢰은행으로 송금하여 수출상에게 대금 을 결제 받는 방식을 말한다.

D/A 거래는 기한부 어음이 발행 되므로 계약 시 만기일자를 표기하고 환어음 발행 시 그리고 송장에 **D/A 만기일을 표기**하고 때에 따라서 수출상의 계좌번호를 상업송장에 표기하기도 한다.

지급인도조건(D/P : Documents Against Payment)은 수출업자가 수입업자와의 매매계약에 따라 물품을 자신의 책임 하에 선적한 후, 관련서류가 첨부된 일람불환어음(documentary sight bill)을 수입업자를 지급인(drawee)으로 발행하여 자신의 거래은행인 추심의뢰은행(remitting bank)에 추심을 의뢰하면, 수출업자의 거래은행은 그러한 서류가 첨부된 환어음을 수입업자의 거래은행인 추심은행(collecting bank)으로 송부하여 추심을 의뢰한다. 그러면 수입업자의 거래은행인 추심은행은 그 환어음의 지급인인 수입업자로부터 대금을 지급받으면서 서류를 인도하고, 지급받은 대금은 추심을 의뢰하여 온 수출업자의 거래은행인 추심의뢰은행으로 송금하여 결제하는 방법이다

D/P거래는 지급인도 조건으로서 수출상이 수입자 앞으로 송장, B/L 등의 기본서류와 함께 일람불 어음을 발행하여 추심의뢰은행을 통하여 수입국의 추심은행에 전달되면 수입상이 일람불 환어음을 결제함과 동시에 선적 서류를 받아 통관을 진행하는 방식이다. 즉, 화환어음의 송부를 받은 은행이 화물인수에 필요한 선적서류를 어음대금지급과 상환으로 인도하는 조건이다. D/A와 D/P는 둘 다 추심방식에 의한 결제를 한다는 점에서는 동일하지만 D/A는 기한부 어음이 발행되기 때문에 결제 없이 상품의 입수가 가능 하고 D/P는 일람불 어음이 발행되기 때문에 서류인수와 동시에 결제도 이루어 져야 한다는 점이 다르다.

송금결제

> 개요 수출대금을 직접 외화로 송금받는 조건으로 수출하는 사전송금방식으로서 수출대금의 송금시기
> 에 따라 ① 수출대금 전액을 수출물품 선적전에 외화로 받은 후 수출하는 사전송금방식 수출과 ② 물품의
> 인도와 동시에 또는 인도후 영수하는 사후송금방식 수출(COD, CAD)로 구분된다.

송금결제의 형태는 기본적으로 국내에서의 은행입금과 같다. 즉 대금을 지급하는 수입자가 수입지의 은행에 대금을 지급, 수출지의 은행에 있는 수출자의 구좌에 대금입금을 의뢰하는 방법이다. 수입지의 은행은 수출자의 구좌로 지급지시를 함과 동시에 은행간의 결제를 한다. 수출지의 은행은 그 지시에 따라 수출자의 구좌에 대금을 입금하면 대금결제가 완료된다. 은행간의 결제는 국내입금인 경우는 은행을 통해서 이루어지지만, 해외은행인 경우는 은행간의 외국환 취급 제휴계약인 '코레스 계약'을 체결한 제휴상대 은행인 **코레스은행**을 이용한다. **사전송금방식**은 물품을 선적하기 전에 수출대금을 대외지급수단으로 외국환은행을 통하여 영수하는 방식으로 수출하는 것을 가리킨다. 대외지급수단으로 D/D(Demand Draft), M/T(Mail Transfer), T/T(Telegraphic Transfer), 은행수표 또는 개인수표 등이 있다. **전신송금**은 은행의 지급지시를 전신으로 송부하는 방법이다. 당일 지시가 전해지며 수출자의 지급이 이루어진다. 통산은 SWIFT라고 하는 은행간의 전신통신시스템을 통해 지급지시가 송부된다. **우편송금**은 코레스은행의 지급지시를 항공우편으로 보내는 방법이다. 수출자의 지급은우편이 도착한 후가 되지만, 전신송금에 비해 은행수수료는 저렴하다. **송금수표**는 수입지은행이 발행하는 은행수표를 수입자가 수출자에게 직접 우편으로 송부하는 방법이지만 분실위험이 있기 때문에 무역거래의 결제에는 맞지 않다.

사후송금방식은 물품이나 서류를 인도함과 동시에 물품대금을 영수하거나 또는 인도한 후에 영수하는 거래이며, 대금교환의 대상이 현물이 되는 현물상환방식(COD ; cash on delivery)과 서류가 되는 서류상환방식(CAD ; cash against document)이 있다.

현물상환방식은 수출자의 지사나 대리인이 수입자의 국가에 있을 경우, 수출자가 물품을 자신의 지사에 송부하면 수입자가 물품의 품질 등을 검사한 다음 현금과 물품을 상환해서 물품대금을 송금하는 방식의 거래를 말한다. 귀금속 등 고가품인 경우에는 직접 물품의 검사를 하기 전에는 품질 등을 정확히 파악하기 어렵기 때문에 이용되는 방법이다.

서류상환방식은 수출자가 물품을 선적한 후 수입자나 또는 수출국에 소재하는 수입자의 지사 또는 대리인에게 운송서류를 제시하면 서류와 상환하여 대금을 결제하는 방식이다. 이 때 통상 수입자의 대리인은 수출국 내에서 물품 제조과정, 계약물품 검사를 실시하게 된다.

>> Question 11-9

송금결제 방식 - 선지급방식(Advanced Payment), 청산결제방식(Open Account)

> 개요　선지급방식은 계약물품이 선적 또는 인도되기 전에 미리 대금을 지급하는 조건으로, 여기에
> 는 주문과 함께 송금수표(demand draft)나 우편환(mail transfer) 또는 전신환(telegraphic transfer)
> 등에 의해 송금되는 사전 송금방식(remittance basis)과 전대신용장(red clause L/C) 그리고 주문과
> 동시에 현금결제가 이루어지는 주문불(cash with order)방식 등이 있다.

선지급 방식은 수출자에게는 대금회수의 위험이 없는 유리한 결제방법이다. 수출자의 자금이 부족하거나 본지점간거래에 많이 이용한다. ① CWO(Cash With Order) Basis, ② Remittance Basis, ③ Red-Clause L/C(Packing L/C) Basis가 있다. 주문과 동시에 지급하는 것은 주문불(Cash with Order ; CWO)이 있다.

청산계정결제는 국가 또는 수출입거래 당사자가 일정 기간 동안 거래를 지속하다가 쌍방의 수출입대금을 상계하고 나머지 잔금만을 결제하기 위해 설정한 계정을 말한다. 국제결제의 관행이 점차 개방화되는 추세에 부응하여 EU회원국 내 무역거래에서 이용되고 있는 수단으로 물품대금을 장부상에서 상쇄하고 일정 기간마다 차액만을 청산하는 장부에 의한 결제방식이다. 무역결제상의 번거로움과 비용절약을 위하여 본·지점 간에 사용되기도 하지만, 외화보유고가 적은 나라와 무역거래를 행하는 경우에 주로 이용되며, 정부 간에 체결된 청산계정에 의해서도 행해진다. 또한 청산계정결제의 특징은 ① 외국환은행을 경유하는 정상적인 환거래 방식을 취하며 ② 외국환은행 간의 대차(貸借)는 협정국 정부기관에 이체되어 기장·상쇄된다. ③ 상호 간에 일정한 신용공여한도를 설정하고 대차상쇄의 끝이 이 신용공여한도 초과까지는 대금결제는 행하여지지 않는다. ④ 대차 끝의 신용공여한도 초과분은 수불(受拂)에 의하여 결제된다. ⑤ 일반적으로 무역협정이 수반된다.

거래종류	수출채권 성립시기	선적서류 송부방법	환 어 음 발행여부	대금결제방법
O/A방식 거래	선적통지 시점	은행 미경유	미발행	수출업자 앞 송금
COD·CAD 거래	선적서류 또는 물품인도시점	은행 미경유	미발행	수출업자 앞 송금
D/P·D/A 거래	선적서류 인도	은행 경유	발 행	추심은행 앞 입금

환율(외국환시세)

개요 환율 즉, 외국환시세는 일국과 타국의 통화가치비율, 즉 양국 통화의 교환비율을 말하며, 일국통화의 대외가치를 나타낸다. 환시세의 중요성은 어떤 두나라 사이의 물건 값을 비교할 수 있다는 데 있으며, 이것이 없으면 국가간의 무역 등 경제상의 거래가 불가능하게 된다.
환시세는 환의 수요공급의 변화에 따라 오르내린다. 환시세는 분류방법에 따라 여러가지로 구분된다.
① 기준환율과 재정(裁定)환율 ② 고정환율제와 자유변동환율제 ③ 매도환율과 매입환율 ④ 전신환시세, 일람불(一覧拂)어음시세, 기한부어음시세 ⑤ 시장시세와 대고객시세 ⑥ 현물환율과 선물환율 ⑦ 외화표준시세(수취계정표준시세)와 내화표준시세(지불계정표준시세)

무역의 대금결제는 **미국 달러나 유로화**처럼 융통성이 높은 통화를 사용하는 것이 일반적이다. 따라서 수출자와 수입자는 각각의 외국통화를 자국통화와 교환할 필요가 있다. 외국환시세는 두 종류의 다른 통화의 교환비율로, 세계의 외국환시장에서 거래되고 있다.

교환비율은 각각 변동되지만, 각 은행은 고객기업에 대해 그날 하루 적용되는 비율을 매일 공표한다. 그 비율을 기준가라 하며, 여러 환율의 기준치가 된다. 은행과 수출입기업간의 외국환거래에는 **당일에 매매를 실행하는 현물거래**와 **장래의 어느 시기에 실행하는 선물거래**가 있다.

• 현물거래와 현물시세 : 무역거래의 결제에서 은행과 외화를 매매하는 경우는 현물거래를 사용하며, 적용되는 시세를 현물시세라고 한다.
• 선물거래와 선물시세 : 수출입기업이 환위험 회피를 위해 장래의 환거래를 예약하는 거래를 선물거래라고 하며, 적용되는 시세를 선물시세라고 한다. 환거래의 용어는 모든 은행을 주체로 매도와 매입의 명칭이 정해져 있다.
• 매입시세 : 국내의 수출자가 미국 달러로 수출거래를 한 경우, 수취한 미국 달러를 은행에 팔아 원화를 취득한다. 이때 은행은 외화를 사기 때문에 환시세에는 매입시세가 적용된다.
• 매도시세 : 반대로 국내의 수입자가 미국달러로 수입거래를 한 경우, 수출자는 지급할 미국 달러를 은행에서 구입한다. 이때 은행은 외화를 팔게 되므로 매도시세가 적용된다.

>> Question 11-11

환율(외국환시세)

> 개요   한 나라 화폐와 다른 나라 화폐와의 교환 비율로, 외국환 시세라고도 한다. 자국 통화 일정 단위와 교환되는 외국 통화의 수량이 많아지면 자국 통화의 가치가 오른 것이고(평가절상–환율하락), 적어지면 내린 것(평가절하–환율상승)을 의미한다. 외환시장에서 환율은 외국환이 자국 화폐로 매매되는 가격으로 나타난다. 환율은 외환(외국 화폐)에 대한 수요공급의 상호 작용에 의해서 결정된다.

1. 수출자 입장에서의 환율

- **전신 매입시세** : 수출자 앞으로 전신 송금된 외화를 원화로 교환할 때의 교환비율로 기준가에 은행수수료가 더해진다.
- **일람불수출어음 매입시세** : 수출지의 은행이 신용장 일람불조건의 어음을 매입할 때 적용되는 비율이다. 은행은 화환어음을 매입하여 추심이 끝낼 때까지의 기간 동안 화환대금을 대신 지급하게 되며, 이 기간의 금리(우송기간에 따른 금리 요인)가 전신 매입시세에 포함된다.
- **기한부어음 매입시세** : 수출지의 은행이 기한부어음을 매입할 때에 적용도는 비율이다. 기한부어음은 일람불과 비교해서 은행이 대신 지급하는 기간이 더 길어지기 때문에 일람불수출어음 매입시세에 소요 기일분의 금리를 더한 비율이 된다.
- **현금 매입시세** : 은행이 외화현금을 매입할 때의 비율로 현금의 보관과 운송의 비용이 더해진다.

2. 수입자 입장에서의 환율

- **전신 매도시세** : 수입자가 전신송금을 하기 위해 은행에서 외화를 구입할 때 적용되는 비율로 기준가에 은행수수료가 더해진다.
- **일람불수입어음 매도시세** : 신용장 일람불조건의 어음결제로 수입자가 수입지의 은행으로부터 외화를 구입할 때의 비율이다. 신용장어음이 수출지의 은행 매입시점에서 수입자가 결제를 할 때까지의 기간, 수입지의 은행에서 대금을 대신 지급하게 되므로 이 기간의 금리를 전시 매도시세에 더한 비율이 된다.
- **현금 매도시세** : 은행이 외화현금을 매도할 때의 비율로 현금의 보관과 운송의 비용이 더해진다.

환율(외국환시세)

> **개요** 기준환율(the basic exchange rate)은 각국이 국제통화로써 많이 사용되는 통화를 선택하여 산정되는 자국통화와의 교환비율을 말한다. 일반적으로 미국의 달러에 대한 환율을 기준으로 하여 세계 각국의 통화와의 환율을 계산하고 있고, 한국의 원화도 미국 달러화에 대한 환율을 기준환율로 하고 있다.

환율 적용기준은 수출물품은 원산지증명서의 서명일의 환율을 적용하고, 수입물품은 상대국 법령을 따른다. **과세환율**은 과세가격을 결정하기 위하여 외국통화로 표시된 가격을 내국통화(한국통화)로 환산할 때 적용하는 외국환매도율로서 관세청장이 결정한다.

고정환율제도는 환율을 일정한 수준으로 정하여 이를 대외거래에 적용하는 제도이며, 그 성격에 따라 금본위제도 하에서처럼 금평가에 따라 완전 고정되는 완전고정환율제도, 브레튼우즈체제에서와 같은 일정범위 내에서 환율변동이 가능한 조정가능고정환율제도, 환율을 고정시키되 시장상황에 따라 수시로 환율을 변동시킬 수 있는 크롤링페그제도(crawling peg system) 등으로 나누어진다. 고정환율제도의 특징은 한 나라의 국제수지가 구조적 불균형이 없는 한 원칙적으로 환율을 변경할 수 없다는 점이다.

변동환율제도(Floating Exchange Rate System)은 환율을 소폭의 범위내에서만 변동하게 하는 고정환율제도(Fixed Exchange Rate System)와는 달리 외환의 수급상태에 따라 자유로이 환율을 변동하게 하는 제도이다.

선물환율(Forward Exchange Rate)은 선물환거래에 적용되는 환율로서 선물기간에 따라 다른 선물환율 혹은 선물가격이 형성된다. 이는 선물기간동안 해당통화의 현물환율변화에 대한 전체 시장참여자들의 기대가 반영된 가격이다.

현물환(Spot Exchange Rate)은 현물환거래(매매계약 시부터 그 영업일 이내)에 적용되는 환율이며, 현물환거래(spot exchange transaction)는 환의 결제일자(spot value date)를 매매계약 후 외국환은행의 그 영업일로 정하는 외환거래를 말한다. 우리나라의 현물거래에서는 당일을 결제일자로 하고 있으므로 그 다음 영업일(overnight)부터 인도가 이루어지는 모든 외환거래는 선물환거래(forward exchange transaction)가 된다.

복수환율제도는 환율을 복수화하여 통화면과 무역면에서 또는 품목별, 환거래내용에 따라 적용되는 환율을 달리하는 제도를 말한다. 개발도상국에서 수입제한을 위해서 적용하고 있다. **단일환율제도**는 동종의 환율거래에 대해서 동일한 환율이 적용되는 제도를 말한다. 거래상품의 종류, 거래의 형태, 자본거래 또는 서비스거래 등의 성질에 관계없이 전신환의 매매이면 동일한 전신환율이 적용된다.

>> Question 11-13
선물환계약과 외화옵션거래

> **개요** 선물환(Future Exchange)장래의 일정기일 또는 기간 내에 일정금액, 일정종류의 외환을 일정환율로 수도할 것을 약정한 외환을 말하고, 이러한 약정을 선물환계약(Forward Exchange Contract)이라 한다. 또한 이 선물거래에 적용되는 환율은 선물환율(Forward Exchange Rate)이라 한다.

선물환계약(Forward Exchange Contract)은 외국환 거래에 있어서 장래의 특정일에 또는 계약일 후 2, 3일 이후 일정 기간 이내에 이행되는 외화표시 환거래에 적용되는 외환시세를 미리 약속하는 것이다. **외국환시세의 예약**에는 수출환어음의 매도 시에 실제 적용되는 매입예약과, 수입환어음의 지급 시에 적용되는 **매입예약과, 수입환어음의 지급** 시에 적용되는 **매도예약**이 있다. 그러한 예약일자와 인수도 일자의 시일의 장단에 따라, 즉 일자가 2, 3 일 중에 결제되는 것을 현물환(soap exchange contract), 그 일자 이후의 일자에 인수도하고 이행되는 것을 선물환이라고 한다. 현재의 변동환율제도에 의한 외화표시가격의 경우, 계약성립일 후에 환시세의 변동에 의해 **엔고가 될 때**, 수출의 경우 수취 엔화가 당초 예정된 금액보다 적게 되고 또한 엔화가 하락할 때, 수입업자의 지급액이 증가할 위험이 있다. 후일 수출화환어음이 할인 또는 수입환어음의 지급에 실제 적용되는 **환시세를 예약**한다.

선물환예약은 수출입업자가 매매계약을 체결하고 실제로 선적을 해서 대금결제를 할 때까지 환변동 위험에 노출된다. 이 환위험을 회피하는 수단으로 이용되는 것이 **선물환예약**으로 선물환시세에서 환의 매매를 예약하는 방법이다. 예를 들면 3개월 후에 1만 달러의 수입대금이 있는 수입자가 은행에서 3개월 후에 1만 달러 **구입 예약**을 하는 것이다. 예약시점의 현물시세가 1000원, 선물시세가 970원이라면, 수입자는 970만원의 채산을 확정할 수 있다. 3개월 후 환의 현문시세가 원화 하락으로 1050원이 되거나 원화 상승으로 950원이 되더라도 수입자는 예약대로 970만원을 지불하고 1만 달러를 구입한다.

외화옵션거래란 장래의 어떤 시기에 외국통화를 팔(혹은 살) 권리를 구입하는 거래로, 수출입자는 옵션요금을 인수인에게 지불하고 그 권리를 취득한다. 예를 들면 3개월 후에 1만 달러의 수입대금 지급이 있는 수입자가 3개월 후의 1만 달러를 1010원에 구입하는 권리를 1달러에 10월 50전의 옵션요금으로 구입했다고 하자. 옵션구입 시점의 현물시세는 1000원이다. 3개월 후에 원화 하락으로 현물시세가 1050원이 되었다면 수입자는 옵션을 행사하여 1010만원을 지불하여 1만 달러를 취득한다. 이 경우 수입자의 비용은 옵션료를 합쳐서 1달러당 1020원 50전이 되며, 원화 하락 변동위험을 회피하게 된다.

무역대금결제서류 – 상업송장 (commercial invoice)

> **개요** 상업송장은 환어음과 같이 수출업자가 직접 작성하는 서류로 선하증권이나 보험증권과 같이 구체적인 권리를 나타내는 것은 아니지만, 상품의 출하안내서 및 가격계산서로서의 역할을 담당한다. 신용장 거래에는 필수구비서류로 취급되며, 신용장 관련 기본서류 중 상품의 명칭 및 규격과 단가, 금액 등이 동일한 용지에 함께 표기되는 경우는 상업송장 한 가지밖에 없다.

　수출업자가 은행에 대금결제를 위해 제시되어야 하는 주요서류는 운송서류와 보험증권 그리고 **상업송장**이다. 수익자 자신이 발행하는 상업송장은 대금청구서와 같은 성격을 지니고 있어서, 대금을 청구하는 당사자와 대금을 지급하는 당사자가 반드시 표시되어 있고, 이것이 신용장상의 내용과 일치하여야 한다.

　상업송장의 용도는 ① 상품의 적요서 ② 선하증권 및 보험증권이 계약과 일치되었음을 증명하는 서류의 역할 ③ 매매계약서 및 대금청구서의 역할 ④ 수입통관 시의 과세자료의 역할 등이다. **상업송장의 기능**은 ① 구매서의 역할은 거래물품의 주요 사항인 계약상품의 정확한 규격 및 개수, 포장상태 및 화인 등이 상세하게 표시되어야 한다. ② CIF나 CFR계약의 경우 선하증권 등이 계약과 일치되었음을 증명하는 등 계약의 존재와 이행사실을 입증하는 증거가 된다. ③ 계약상품의 순단가, 부대비용, 할인료, 지불방식, 지불시기 등을 명기한 매매계산서 및 대금청구서로서의 역할로 상업송장상의 발행금액은 환어음의 발행금액과 일치하여야 한다. ④ 화환어음의 담보물권이 되는 서류에는 이들 담보물의 명세서나 계산서의 역할을 하는 상업송장이 포함된다. ⑤ 수입지에서 화물수취안내서와 수입물품의 진실성과 정확성을 입증하기 위한 과세표준액 산정에 가장 중요한 자료가 된다. 수입통관 시 수입업자에게 불이익이 없도록 정확히 작성되어야 한다.

　송장은 그 용도에 따라 상거래용으로 작성되는 **상업송장**과 세관이나 주재국 영사관에서 발행하는 **공용송장**으로 구분한다. 상업송장은 견적송장과 선적송장으로 구분한다. 견적송장은 주로 외환사정이 나쁜 일부 동남아시아나 블랙 아프리카 국가에서 요구하는데 이는 수입허가나 외화배정 등을 받기 위해 이를 요구한다. 선적송장은 선적된 화물의 명세가 기재된 서류이다. 공용송장에는 세관송장과 영사송장이 있다. 세관송장은 수입지 세관이 수입화물에 대한 관세가격의 기준 결정, 덤핑유무의 확인, 쿼터관리, 수입통계의 목적으로 일부국가에서 이를 요구한다. 영사송장은 수입지의 국내 영사관에서 발급하는 것으로 수입시 외화도피 및 관세포탈 등을 방지하기 위해 요구한다.

>> Question 11-15

운송서류(Transport Document)

> 개요 운송서류는 그 운송형태에 따라 종류가 달라질 수 있으나, 일반적으로는 해상운송이나 항공운송을 전제로 한, 해상선하증권이나 복합운송증권 혹은 항공화물운송장 등을 많이 요구한다.

운송서류/선적서류는 수출화물의 선적 및 선적과 관련된 여러 가지 사실을 증명하는 선하증권 등 수출업지가 수입입자에게 제공하는 여러 서류를 말하며, 신용장거래의 경우에는 신용장에서 요구하는 서류들을 총칭하는 것이며, 환어음 매입 시 담보물인 선하증권을 비롯한 제반서류를 지칭한다. 물품의 본선적재, 발송 또는 수탁을 증명하는 운송서류뿐만 아니라, **보험서류, 상업송장, 기타의 제반서류**들까지도 포함하는 것을 의미한다.

운송서류의 중요성은 대금결제방식이 신용장으로 이루어지는 경우로 신용장은 본질적으로 독립·추상성에 의거한 서류상의 거래이기 때문에, 관련되는 은행들은 오로지 수출업자인 수익자가 구비하여 제시하는 제반서류만을 심사함으로써 대금의 지급 여부를 결정한다.

무역거래 중에서 대금결제와 관련된 가장 중요한 사항 중의 하나가 바로 적격하고 요건을 갖춘 제반운송서류의 구비와 제시, 그리고 은행의 심사가 있다. 그리고 기본서류로는 상업송장(commercial invoice), 선하증권(bill of lading), 보험증권(insurance policy) 등이 있는데, 계약조건이 FOB인가 혹은 CIF인가에 따라 달라진다. CIF조건에서는 기본서류가 운송서류와 보험서류, 상업송장으로 구성되며 FOB조건에서는 매수인이 보험에 부보해야 하기 때문에 선하증권을 포함한 운송서류와 상업송장만으로 충분하다. 기타 서류는 ① 포장명세서 ② 영사송장(consular invoice) ③ 세관송장(customs invoice) ④ 검사증명서(certificate of inspection) ⑤ 중량증명서(certificate of weight) ⑥ 품질증명서(certificate of quality) 등이다

복합운송서류는 종래의 운송방식과는 달리 "door to door transportation"을 본질로 하고 육상, 해상 및 항공 중 「컨테이너」전용선에 의하여 두 가지 이상의 형태로 복합운송될 때 발행되는 운송장을 **복합운송서류(Multimodal Transport Document)**라고 한다. **통선하증권(Through B/L)**은 반드시 선박회사나 그 대리인이 발행하지만, 복합운송증권은 실제로 해상운송인에 의해서만 직접 발행되는 것이 아니고 경우에 따라서는 복합운송인(Freight Forwarder)에 의하여 발행되기도 한다. 선박 및/또는 선적항 및/또는 양하항에 관하여 "intended"의 표시 또는 이와 유사한 표시를 포함한 복합운송서류도 은행이 수리한다. 신용장통일규칙(UCP600) 제19조에서는 신용장이 두가지 이상의 운송방법(복합운송)을 표시하는 복합운송서류를 요구하는 경우 서류요건과 은행이 수리할 수 있는 복합운송서류의 수리요건을 규정하고 있다.

보험증권(Insurance Policy)

> **개요** **보험증권**이란 보험가입자가 보험목적물 매 건별로 보험회사(insurance company) 및 보험업자와 보험계약을 체결할 경우, 보험회사나 보험업자가 발급하는 보험계약증명서류이다. 보험계약 성립의 증거로서 보험자가 피보험자의 청구에 의하여 교부하는 것으로 계약서는 아니지만 유가증권의 성격을 가지며 통상 배서나 인도에 의하여 양도된다.

해상보험증권(Policy of Marine Insurance)은 피보험자(Insured), 보험자(Underwriter ; Insurer), 피보험목적물, 담보위험, 보험가액, 부보금액(보험금액), 위험의 시기와 종기, 피보험자에 대한 손해보상의 약속 등 보험계약의 내용을 상세하게 표시한 증서를 말한다. 보험증권은 보험계약 성립의 증거로서 보험자가 피보험자의 청구에 따라 발급하는 것으로서, 계약서도 유가증권도 아니고 단지 증거증권에 지나지 않지만, 보통 배서(Endorsement) 및 인도에 의해서 양도된다.

국제 물품거래는 물리적 위험과 신용위험이 뒤따르게 되는데 물리적 위험에 대비해서 보험제도가 존재한다. 국제 물품거래에 상존하고 있는 물리적 위험이 손해로 나타났을 때를 대비해서 화주는 보험에 부보하게 된다.

보험에 부보하게 되면 보험서류를 취득한다. 이러한 보험서류는 오랜 역사를 지나오는 동안 다양하게 존재하여 왔다. 전통적으로 보험증권이나 보험증명서 그리고 「Slip」, 「Cover Note」등의 서류가 있는데, 여러 종류의 보험서류를 은행에서 모두 수리하여 주는 것은 아니다. 보험거래는 실무적으로 보험 브로커가 개입되는 경우가 많다. 이 경우 「Slip」과 「Cover Note」는 브로커에 의해서 작성 발급하게 된다. 이러한 「Slip」이나 보험인수증(Cover Note)은 정식 보험증권에 해당될 수 없고, 보험계약 체결과정에서 필요한 서류일 뿐이다. 그러므로 은행은 이러한 서류는 보험증권이나 증명서, 확정통지서와는 달리 수리하여 줄 수 없다.

보험기간과 보험서류 수리와의 관계는 원칙적으로 부보기간 이외의 기간이 신용장 서류상 포함되어 있는 경우 이를 수리하여 줄 수 없다. 그러나 보험계약 이전부터 사실상 위험에 노출된 상태에서 운송을 시작하지 않을 수 없는 경우를 대비하여 보험약관상으로 「소급약관」(lost or not lost)이나 「창고 간 약관」(Warehouse to Warehouse Clause) 등의 약관을 두고 있다.

보험부보금액은 최소한 CIF 또는 CIP 금액의 110% 이상이어야 한다. 이것은 10%의 **희망이익**을 CIF 또는 CIP 금액에 함께 포함된 금액만큼을 부보해야 하기 때문에 110%의 금액이어야 한다. 그리고 국제거래의 경우 환율이 개입되기 때문에 신용장에 표시된 통화와 같은 종류의 통화로 부보하고, 보험증권상 금액의 표시도 같은 종류의 통화로 표시되어야 한다.

>> Question 11-17
환어음의 개념과 성질

개요 채권자인 수출자의 발행인(Drawer)이 되고 채무자인 수입자 또는 은행을 어음의 지급인 (Drawee 또는 Payer)으로 발행되는 무역결제에 사용되는 어음을 말하고, Bill 또는 Draft라고도 부른다.

환어음(Bill of Exchange)이란 국제거래에서 채권자(수출자)가 채무자(수입자)에게 채권 금액을 환어음의 기명인 노는 소지자에게 정해진 일시와 장소에서 지급할 것을 무조건 적으로 위탁하는 요식성이 있는 유가증권이다. 또한 **환어음**은 어음발행인(drawer)이 지급인(drawee)인 제3자로 하여금 일정 금액을 수취인(payee) 또는 그 지시인(orderer) 또는 소지인(bearer)에게 지급일에 일정한 장소에서 무조건 지급할 것을 위탁하는 요식 유가증권이자 유통증권(negotiable instrument)을 말한다.

환어음의 유통에는 적어도 2개국 이상이 개입된다. 이때 각 국가마다 어음의 유통성에 따른 공신력의 유지를 위하여 관련 강행규정을 두고 있는데, 환어음의 효력은 원칙적으로 행위지의 법률에 준거하여 처리된다.

예를 들어 미국에서 어음을 발행하고, 영국에서 **이서(Endorsement)**를 하고, 한국에서 인수를 하였다면 발행에 관하여는 미국법, 이서는 영국법, 인수는 한국법에 의하여 결정되는 것이다. 그러므로 만일 미국에서 발행한 어음이 영국법에서는 무효일지라도 영국에서 합법적으로 이서되고 한국에서 유통될 수 있으면 그 어음은 유효한 것이 된다.

환어음은 어음의 작성자(발행인 또는 수출자)가 제3자, 즉, 지급인(신용장 개설은행 또는 수입업자)에 대하여 어음상에 기재된 금액을 정해진 일자에 어음의 권리자(수취인 또는 그 지시인)에게 지급할 것을 위탁하는 증권이다.

신용장방식으로 거래할 경우 수출자는 수출물품을 선적한 후 일반적으로 개설은행을 지급인으로 한 환어음에 선적서류를 첨부하여 이를 거래은행인 매입은행이 매입하여 수출대금이 결제된다. 따라서 이 경우 환어음의 발행자는 수출자이고, 지급인은 일반적으로 개설은행이다. 그리고 매입은행은 환어음의 수취인이다.

화환어음(Documentary Bill/Draft)은 어음에 상품을 대표하는 산적서류(선하증권 등), 보험서류, 상업송장 및 기타 필요한 서류를 첨부하여 상품의 대금을 회수하는 방법이 있고 이 경우의 환어음을 화환어음이라고 한다. **화환어음**은 매도인이 발행인, 매수인은 지급인, 외국환은행이 수취인으로 되어 있는 환어음이며, 수송도중의 화물을 증권화한 운송서류가 환어음의 담보물이 되어 있다.

환어음의 기재사항

개요 어음은 요식증권이므로 형식은 기재 사항에 의하여 결정되며 기재사항도 필수 기재사항과 임의 기재사항으로 구분할 수 있는데, 필수 기재사항 어느 하나가 누락되어도 환어음으로서 법적 효력이나 구속력을 갖지 못하게 된다.

필수 기재사항은 환어음의 표시, 무조건 위탁문언, 지급인, 지급기일 및 지급지, 수취인, 발행일 및 발행지, 발행인의 기명날인 등이다.

서식 예 (일람불환어음으로 발행할 경우)

BILL OF EXCHANGE No ①＿＿＿＿＿＿ ② July 20, 2019＿＿＿＿ Seoul, Korea

AT ③ ×××× SIGHT OF THIS DUPLICATE BILL OF EXCHANGE(ORIGINAL UNPAID)

PAY TO THE ORDER OF ············ ⑤ WOORI BANK ········ ④ USD 11, 190,-＿＿

THE SUM OF ⑥ SAY US DOLLARS ELEVEN THOUSAND ONE HUNDRED AND NINETY ONLY

VALUE RECEIVED AND CHARGE THE SAME TO ACCOUNT OF
⑦ *OKAMOTO IND, INC, 3-27-12 HONGO BUNKYO - KU TOKYO JAPAN*

DRAWN UNDER LETTER OF CREDIT NO ⑧ *LC 0232 / 904901*	DATED ⑨ *June, 5, 2019*	ISSUED ⑩ *THE FUJI BANK LTD, TOKYO JAPAN*

TO ⑪ THE FUJI BANK LTD＿＿＿＿＿＿

＿＿ NEW YORK BRANCH ＿＿＿＿＿＿

＿＿ NEW YORK N. Y. USA.＿＿＿＿ ⑫＿＿＿＿＿＿＿＿

〈기재요령〉

① 어음번호 : 특별한 뜻은 없으며 편리를 위한 후일 참조용이다.

② 발행일 및 발행지 : 환어음의 발행일은 운송서류의 매입일자이며 유효기일 이내여야 한다. 또한 환어음의 효력은 행위지 법률에 의해 처리되므로 발행지를 꼭 표시해야 한다.

③ 지급기일의 표시
- 일람출급(At sight)
- 일람 후 정기출급(At ××days after sight)
- 일부 후 정기출급(At ××days after date)

④ 금액 : 상업송장의 금액과 일치되어야 한다.

⑤ 수취인 : 환어음의 시급을 받는 자로서 발행인이 될 수도 있고 발행인이 지정하는 제3자가 될 수도 있다. 어음상의 문언 중 pay to 다음에 기재되는 것으로 통상 신용장근거의 거래시는 매입은행이 기재된다.

⑥ 문자금액 : 어음금액을 문자로 표시하는 곳으로 아라비아 숫자와 차이가 생길 경우에는 문자금액이 우선하며 통화의 종류는 완전하게 기재되어야 한다.(예 : US Dollar, Sterling Pound 등).

⑦ To Account of : Account of 이하는 신용장상의 Accountee가 기재된다.

⑧ 신용장번호 : 신용장 번호를 기재하며 D/A나 D/P계약서일 경우는 계약서번호를 기재한다.

⑨ 신용장발행일자 : 신용장상의 발행일자를 기재한다.

⑩ 신용장개설은행 : 신용장 개설은행을 기재하며, D/A나 D/P계약서일 경우는 환어음의 지급인(Buyer)을 기재한다.

⑪ 지급인과 지급지 : 지급인은 신용장의 개설은행이나 또 다른 제3의 은행이 될 수도 있다. 한편 지급지는 신용장에 별도의 명시가 없는 한 도시명의 표시만으로도 충분하다.

⑫ 발행인의 기명날인 : 발행인은 신용장상의 수익자 또는 양도받은 경우에는 양수인이 되며, 반드시 기명 날인을 하여야 한다.

NEGO(수출대금회수) - 선적서류 매입

> 개요 선적서류의 매입(Negotiation)은 신용장거래인 경우, 수출상은 신용장 조건에 일치하는 서류
> 를 갖추어 수출지에 있는 특정은행(Straight L/C인 경우에는 지정은행, Negotiation L/C인 경우에는
> 수출상이 임의로 선택한 매입은행)에 서류를 제시하고 신용장 대금을 수령하는 제반절차를 말한다.

매입(Negotiation)은 수출자가 제시한 서류가 신용장 조건을 충족하고 있는지 심사한 후 매
입은행이 자신의 자금으로 어음대금을 수출자에게 지급하는 것을 말한다. 신용장통일규칙
(UCP600) 제2조에서는 매입(Negotiation)이란 '일치하는 제시에 대하여 지정은행이, 지정은행
에 상환하여야 하는 은행영업일 또는 그 전에 대금을 지급함으로써 또는 대금지급에 동의함
으로써 환어음 및/또는 서류를 매수하는 것을 의미한다'고 규정하고 있다.

선적서류 매입은 수출통관과 선적이 완료되면 수출상은 신용장에서 요구하는 환어음과 제반
서류, 즉 상업송장(commercial invoice), 선하증권(bill of lading), 보험증권(insurance policy), 포
장명세서(packing list), 원산지증명서(certificate of origin) 등을 준비하고 환어음(bill of exchange :
draft)을 발행하여 거래 외국환은행에 수출환어음 매입(negotiation)을 의뢰한다. 매입의뢰를
받은 외국환은행은 선적서류가 신용장 조건과 일치하는지 여부를 검토하고 수출이 이행되었
는지를 확인하기 위하여 수출신고필증을 제출케 한 다음 환어음을 매입하여 수출대금을 수출
상에게 지급한다. 그리고 서류를 매입한 매입은행은 동 수출환어음을 서류와 함께 신용장
조건대로 지급은행 또는 발행은행 앞으로 송부하여 대금을 추심하게 된다.

선적서류 매입시 구비서류는 ① 거래 약정서 및 명판(인감 신고서) : 이 서류는 최초의 신용장
거래시 한 번만 제출하는 것이 관행이며 은행이 일방적으로 작성한 인쇄된 양식에 수출자가
기명날인만 하면 된다. 이 서류의 내용은 수출상이 Nego와 관련하여 매입은행에게 부담하는
각종 의무 및 비용, 담보 등에 관한 사항으로서 L/C뿐만 아니라 D/A, D/P등에도 공통적으로
적용된다. ② 환어음 ; 환어음이 필요한 신용장에만 해당되므로 지정, 연지급 신용장에서는
없어도 된다. ③ 운송서류 ; 선하증권, 항공운송증, 복합운송서류, 우편수취증 등 신용장에서
규정한 방식에 따라 제시하면 된다. ④ 보험서류 ; 가격조건이 CIF 또는 CIP일 경우에만 필요
하다. ⑤ 상업송장 ⑥ 기타 신용장에서 특별히 요구하는 보충서류 : 포장명세서, 원산지 증명
서, 중량증명서, 검사증명서 등 매입신청서(은행 지정양식), 신용장 원본대금결제용 수출신고
서 또는 수출신고필증이 있다.

>> Question 11-20
전자무역결제의 개념과 특징

개요 전자무역결제는 무역거래에서 수출자와 수입자 사이에서 발생하는 지급채무를 전통적인 방식으로 환어음을 이용하지 않고 전자방식으로 결제함으로써 거래를 완결하는 시스템을 말한다. 무역거래 중에서 인터넷을 이용한 전자거래형태가 점점 많아지고 있는 가운데, 전자무역결제는 국제상거래에서 필수적인 요소로 등장하였다.

1. 전자무역 결제의 개념

전자무역결제가 이용되는 요인으로서는 우선 기술적인 비용이 감소된다는 점인데, 즉 현금과 수표 및 환거래 상에서 발생하는 비용을 최소화시킬 수 있고 운용비용을 감소시킬 수 있다는 점이다. 즉 기존 off-line상에서의 결제 업무와 운영비용이 감소되며 전자무역을 활성화시킬 수 있다는 점인데, 전자무역의 활성화는 기존의 거래보다 거래장벽이 낮아 그 경제적 효과는 상당히 크게 나타나고 있다.

2. 전자무역결제의 특징

전자무역결제의 특징은 첫째, 편리성으로 네트워크상에서 직접 지불하거나 신용카드를 이용함으로써 이용고객이 금융기관을 직접 방문할 필요가 없고 현금 등의 실물이동이나 소지가 필요 없으며, 전자화된 메시지 교환으로 거래에서 발생된 자금대차를 결제할 수 있다는 점이다. 이로 인한 이점은 이용고객은 실물 소지의 필요가 없어 현금 소지의 위험부담이 감소되고 시간과 공간적인 제약을 해소함은 물론, 금융업무 처리의 간소화로 생산성 향상이 가능해질 것이다.

둘째, 안정성으로 통신보안 프로토콜과 안전한 신용카드 거래체계를 위한 디지털 신원증명, 공용키 암호화, 전자서명 등 안정장치를 사용하지 않으면 전자결제체제는 불가능하다. 다시 말하면, 시스템의 안정성이 갖추어져 있지 않으면 전자결제체제는 상당한 위험에 노출될 수 있다.

셋째, 제한성으로 신용등급에 따른 거래가능자가 선별적으로 되어 있어 사용자간의 안전한 거래를 유지할 수 있다. 즉, 거래 참여자간의 신용도가 높아야 한다. 특히 무역거래시에 발생하는 거액의 자금이 전자방식으로 결제되기 때문에 신용이 형성되지 낳은 상태에서는 상당한 위험에 노출될 수 있다.

전자무역결제시스템의 유형

> **개요** 전자무역결제는 전자무역결제는 다음의 표에서 보는 바와 같이 기능에 따라 여러 가지 수단으로 구분할 수 있다. 여기에서는 전자결제시스템을 이용하는 방법과 전자화폐 등과 같은 전자결제수단을 이용하는 방법이 있다.

1. 전자결제시스템

전자결제시스템이란 기조의 무역거래의 이행과정에서 결제방식을 전자시스템을 이용하여 결제하는 것을 말하며, 여기에는 신용장의 발행의뢰에서부터 최종결제까지의 모든 결제과정을 전자화하는 SWIFT시스템과 신용장 방식뿐만 아니라 추심환 방식에서의 화환어음의 결제를 볼레로(Bolero)시스템을 이용하여 결제하는 방식으로 나눌 수 있다.

〈결제기능에 따른 결제수단 분류〉

기 능	결제방법	결제수단
결제시기	선지급	전자화폐
	동시지급	볼레로시스템, SWIFT시스템
	후지급	트레이드카드, 전자수표, 신용카드
통신사용방법	직접통신	무든 인터넷결제시스템
	간접통신	무역카드
네트워크	온라인결제	무역카드, 전자수표, 신용카드
	오프라인결제	전자화폐
익명성여부	추적가능	무역카드, 전자수표, 신용카드
	추적불가능	전자화폐

2. 전자결제 수단

기업간 거래가 중심인 무역거래뿐만 아니라 기업과 소비자간의 소매거래에서도 사용하는 다양한 전자결제수단들이 있는데, 여기에는 트레이드 카드, 전자화폐, 전자수표, 신용카드 등이 사용된다. 이러한 전자결제 수단들은 송금환이든 추심환이든 상관없이 자신의 결제액에 대해 전자적인 신용수단들을 이용하여 결제하는 형태들을 말한다.

≫ Question 11-22

무역대금카드 결제 - KOTRA 카드(KOPS)

> **개요** KOPS는 한국기업이 온라인(신용카드)로 수출거래대금을 결제 받을 수 있도록 KOTRA가 운영하는 '온라인 신용카드 결제솔루션'을 말한다. KOPS를 통해서 해외바이어가 신용카드로 결제하면 한국기업은 미리 지정한 원화은행계좌로 결제금액(수수료공제후)을 송금받게 된다. 한국 수출업체가 KOPS를 통해 거래대금을 결제받기 위해서는 사전에 결제대행사 삼성올앳㈜와 신용카드 결제 가맹점 계약을 체결해야 한다.

일반적으로 국제거래에는 은행송금(T/T), 신용장(L/C), 추심(Collection) 등의 결제방식이 사용되나, 초기 무역 거래에는 상대적으로 결제가 간편하고 수수료가 저렴한 온라인 결제를 활용하는 것이 효과적이다. KOTRA의 지급수단인 KOPS는 송금자가 신용카드로 결제하면 결제대행사가 이를 담보로 수신자에게 관련대금을 선지급하는 서비스이다.

수출업체가 KOPS를 통해 결제받기 위해서는 사전에 결제대행사(삼성올앳)와 신용카드 가맹점 계약을 체결해야 한다. 송금자가 신용카드로 결제하면 수신자는 지정된 국내은행계좌로 대금을 지급받는다. 수신자 입장에서는 신용카드 가맹점 계약을 체결해야 한다는 번거로움이 있지만 위의 두 가지 온라인 결제방법에 비해 송금자는 별도의 절차를 밟을 필요가 없다는 점에서 가장 바이어 친화적인 결제방식이고, 수수료도 저렴한 이점이 있다.

세계적으로 널리 알려진 온라인 결제서비스는 페이팔(paypal), 웨스턴유니온(western union) 등이 있으며 KOTRA에서는 KOPS(kops.buykorea.org)를 제공하고 있다. 페이팔은 신용카드가 연동된 페이팔 계좌에서 이메일 주소를 이용하여 송금, 입금이 가능한온라인 결제서비스로 회원가입 및 계좌보유는 무료이다. 수출업체가 페이팔을 통해서 결제받기 위해서는 이메일 주소와 신용카드 및 은행계좌 정보를 가지고 페이팔 계좌를 개설하면 됩니다. 페이팔 계좌에서 은행계좌를 연결, 인증을 완료하기까지 대체로 3~5일이 소요된다.

웨스턴 유니온은 대표적인 특급송금수단으로 송금자(바이어)가 신용카드로 결제하면 이를 담보로 수신자(판매자)에게 관련대금을 선지급하는 서비스이다. 수출업체가 웨스턴 유니온을 통해 결제받기 위해서는 대금이 도착했는지 웨스턴 유니온 가맹점(국민 기업 부산 대구은행 및 농협)에 사전에 문의하고 바이어로부터 받은 MTCN 번호를 가지고 가맹점에 방문해서 수취하면 된다. 수신자의 입장에서는 별도의 사전 절차가 불필요하다.

〈KOPS 서비스 요약〉

이용가능고객	바이어	buyKOREA회원으로서 해당카드 보안인증(안심클릭)에 등록된 카드 보유
	국내업체	buyKOREA회원로서 삼성올앳과 계약체결
결제 가능 신용카드		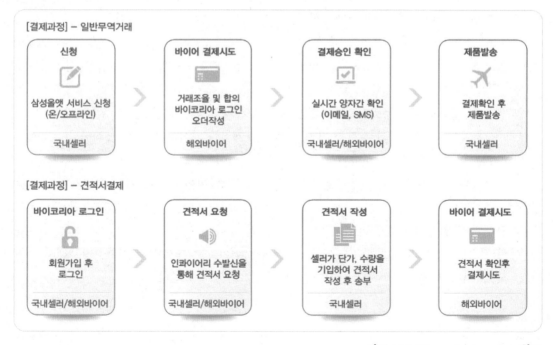
결제 한도		1회당 최대 미화 1만달러(월 최고 5회, 5만 달러까지)
결제대금 지급일		결제승인 후 5~7영업일정도 소요(원화통장에서 확인가능, 수수료공제)
결제대금 지급방법		국내업체가 지정한 국내은행 원화계좌(서비스 수수료 공제 후)
서비스 수수료		결제대금의 2.6%
특기사항		한국무역보험공사 단기수출보험적용(보험제외확인

자료 : http://www.buykorea.org/참조

[결제과정] – 일반무역거래

신청	바이어 결제시도	결제승인 확인	제품발송
삼성올앳 서비스 신청 (온/오프라인)	거래조율 및 합의 바이코리아 로그인 오더작성	실시간 양자간 확인 (이메일, SMS)	결제확인 후 제품발송
국내셀러	해외바이어	국내셀러/해외바이어	국내셀러

[결제과정] – 견적서결제

바이코리아 로그인	견적서 요청	견적서 작성	바이어 결제시도
회원가입 후 로그인	인콰이어리 수발신을 통해 견적서 요청	셀러가 단가, 수량을 기입하여 견적서 작성 후 송부	견적서 확인후 결제시도
국내셀러/해외바이어	국내셀러/해외바이어	국내셀러	해외바이어

자료 : http://www.buykorea.org/참조

>> Question 11-23

SWIFT시스템

> 개요   SWIFT는 "세계 은행간 금융 통신망"(Society for Worldwide Interbank Financial Tele-communication)의 약자로 국제은행간의 대금결제를 위한 정보통신망이다. 이것은 종전의 전통적인 결제방법보다 신속하고 정확하며 안전한 국제자금결제업무처리를 위해서 1973년 5월에 유럽 및 북미의 15개국 239개 은행들이 벨기에 브뤼셀에서 비영리법인으로 설비됨으로써 탄생하게 되었고, 1979년 1월부터 본격적인 시스템이 가동되었다.

무역거래에 있어서도 디지털혁명의 직접적인 영향을 받고 있는 가운데 시장조사, 거래당사자의 발굴, 무역계약의 체결과 이행 등에 있어서도 전자방식을 통해 실현하고 있다.

SWIFT시스템은 국제적으로 은행간의 송신메시지가 대량으로 교환되고 그 교환절차 및 교환양식의 비표준화로 인한 사무량의 과중, 통신상의 사고 부정조작방지의 필요성, 비용절감의 필요성 등으로 설립되었으며 그 설립목적을 구체적으로 살펴보면, ① 금융거래에 사용되는 메시지 양식의 표준화 및 전송처리의 자동화추진을 위한 금융기구간 국제적 협력체제를 구축하고 ② 금융기관가 메시지 전송을 위한 네트워크와 시스템의 하드웨어 및 소프트웨어를 공동 이용하여 개발 및 유지비용을 공동부담하고 ③ 시간 및 지역에 구속받지 않는 금융거래를 실현함과 동시에 전송처리시간을 단축하고 ④ 전송메시지를 암호화함으로써 보안성을 높이는 것이다.

따라서 SWIFT 가맹점은 국제간의 지급, 각종거래에 따른 확인 및 국제은행업무에 관련하여 통신을 상호간에 교신함으로써 신속·정확하게 처리할 수 있고, 신뢰성이 높아 은행이 고객에 대하여 보다 좋은 서비스를 제공할 수 있다. SWIFT는 중앙통제소와 부통제소, 지역통제소 그리고 SWIFT접속점 또는 중계소로 나뉘어 운영되고 있다. 네덜란드와 미국에 중앙통제소를 설치하고 있으며, 이 가운데 네덜란드의 중앙 통제소만을 가동하고 나머지는 예비용으로 두고 있다. 중앙통제소는 SWIFT시스템의 접속 및 사용, 시스템의 활동 상황에 대한 감시와 조정을 하는 역할을 담당한다. 부통제소는 중앙통제소와 연결되어 있고 전송된 메시지의 흐름이 원활하게 이루어지도록 조정하며, 메시지 내용과 일정을 지역처리센터에 통고한다. 또한 메시지를 2부 저장한 다음 추후에 사용자측이 정정을 원할 겨우 이에 응할 수 있도록 하는 기능을 갖는다. 주요국에 설치된 지역통제소는 사용자와 부통제소간의 메시지 전달을 제어하고 조정하며, 표준메시지 양식의 사용여부 등을 점검하고, 메시지 확인을 행하며, 표준메시지 양식의 사용여부 등을 점검하고, 메시지 확인을 행하며, 사용자가 전송한 메시지를 단기간 저장한다. SWIFT 접속점 또는 중계소는 개별 사용자가 SWIFT와 최초로 연결되는 접속점으로 송수신되는 메시지를 집중시켜 중계하는 역할을 담당한다.

- 무역대금결제란 해외은행으로부터 선적서류를 입수한 신용장 개설은행은 신용장조건과 일치하는 선적서류인가를 검토한 후, 수입자에게 선적서류의 도착사실을 통보하고 결제를 요청하는 업무를 말하며, 신용장 결제방식, 추심결제방식, 송금결제방식 등이 있다.

- 신용장결제방식은 은행이 수입대금 지급을 약속하는 것으로, 수출업자 입장에서는 가장 안전하게 대금을 지급받을 수 있는 무역거래이다.

- 추심은 은행이 접수한 지시에 따라 인수 또는 지급을 받기위하여 또는 인수 및 지급과 상환으로 서류를 인도하기 위하여 또는 기타의 조건으로 서류를 인도하기 위하여 서류를 취급하는 것을 말하며, 추심대상 서류는 금융서류(financial documents)와 상업서류(commercial documents)를 말한다.

- 송금방식은 귀금속 거래시에 많이 사용되며 수출상의 입자에서는 대금결제에 대한 신용위험을 제거하 수 있는 사전송금방식과 물품을 선적한 후 대금을 송금하는 사후송금방식이 있다.

- 은행에 대금결제를 위해 제시되어야 하는 주요서류는 운송서류와 보험증권 그리고 수익자가 작성하는 상업송장, 그리고 환국제거래에서 채권자(수출자)가 채무자(수입자)에게 채권 금액을 환어음의 기명인 또는 소지자에게 정해진 일시와 장소에서 지급할 것을 무조건 적으로 위탁하는 요식성이 있는 유가증권인 환어음이 있다.

- 수출대금의 회수(NEGO)란 수출통관과 선적이 완료되면 수출상은 신용장에서 요구하는 환어음과 제반서류, 즉 상업송장(commercial invoice), 선하증권(bill of lading), 보험증권(insurance policy), 포장명세서(packing list), 원산지증명서(certificate of origin) 등을 준비하고 환어음(bill of exchange : draft)을 발행하여 거래 외국환은행에 수출환어음 매입(negotiation)을 의뢰하는 것을 말한다.

- 전자무역결제는 무역거래에서 수출자와 수입자 사이에서 발생하는 지급채무를 전통적인 방식으로 환어음을 이용하지 않고 전자방식으로 결제함으로써 거래를 완결하는 시스템을 말한다.

- SWIFT(Society for Worldwide Interbank Financial Telecommunication)시스템은 국제은행간의 대금결제를 위한 정보통신망으로 국제적으로 은행간의 송신메시지가 대량으로 교환되고 그 교환 절차 및 교환양식의 비표준화로 인한 사무량의 과중, 통신상의 사고 부정조작방지의 필요성, 비용 절감의 필요성 등으로 설립되었다.

- 특히 매입은행이 수출업자가 제시한 서류가 단순하게 신용장조건을 충족하고 있는지 여부를 심사만 하는 것을 의미하지 않고, 선적서류를 심사한 후 매입은행의 자금으로 대금을 지급하는 행위를 말하므로 대가를 지급하지 않고 단순히 서류만 검토하는 것은 매입이 아니며, 매입은행은 수출업자에게 수출대금을 지급하여야 할 의무, 즉 반드시 매입에 응하여야 할 의무가 없으므로 두 가지의 보장을 확보할 수 있다는 확신이 있는 경우에 한하여 매입한다. 그 중에 ① 수출업자가 제시하는 제반서류를 매개로 하여 신용장발행은행으로부터 구한다. ② 어음의 소구권을 근거로 하여 수출업자로부터 구한다.

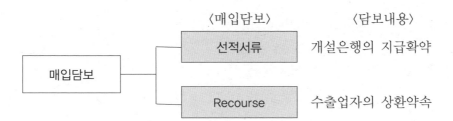

〈매입은행의 매입 시 매입담보〉

〈매입담보〉　　　　〈담보내용〉

選적서류　　　　개설은행의 지급확약

매입담보

Recourse　　　　수출업자의 상환약속

- 전자무역결제는 거래대금을 신속하고 효율적으로 처리하는 당사자들의 추가적인 비용과 위험을 최소화함으로써 상거래를 더욱 촉진시킬 수 있다. 그러나 전자방식의 결제는 이러한 장점을 살리기 위하여 기본적으로 갖추어야 할 전제조건들이 상당히 많다. 가장 중요한 것으로 신뢰성이 그 기반이 되어야 하는데 이를 확보하는 것이 상거래에서 전자무역결제를 가능하게 할 것이다.

용어

- 신용장
- 환어음
- 볼레로

- 추심
- 운송서류
- 트레이트 카드

- 상업송장
- 전자무역결제
- SWIFT

설명문제

1. 무역대금 결제방식의 종류에 대해 설명하시오.
2. 무역대금 결제서류에 대해 설명하시오.
3. 볼레로의 개념과 의의에 대해 설명하시오.
4. 트레이드 카드의 장점과 특징에 대해 설명하시오.
6. SWIFT 시스템의 의의와 구조에 대해 설명하시오.

PART
12

무역클레임과 상사 중재

무역 클레임

> 개요 무역거래에서 클레임(Claim)은 매매당사자의 일방이 매매계약의 내용을 충실히 이행하기 않으므로 인하여 손해를 입은 당사자가 상대방에 대하여 손해배상을 청구하는 것이다.

클레임(claim)이란 용어는 ① 당연한 권리로서의 요구나 청구 혹은 주장 ② 그러한 청구를 할 수 있는 권리 또는 자격(right of title) ③ 그러한 청구의 목적물 등을 포괄적으로 지칭하는 영어이지만, 현재에는 당사자간의 거래계약에 따라 이행하면서 그 계약의 일부 또는 전부의 불이행으로 말미암아 발생되는 **손해를 상대방에게 청구할 수 있는 권리**를 포괄하여 "클레임"으로 부르고 있다. 그러므로 클레임은 일상적인 무역용어로서 "상거래상의 트집(말썽)·불평·불만·항의", "손해배상청구" 또는 "배상청구의 액수" 등을 의미하기도 하지만, 더 넓게는 수출업자 및 수입업자의 일방이 계약의 내용에 따라 이행을 하지 않았을 때 그로 인하여 입은 손해를 상대방에게 청구하는 무역거래상의 클레임(business claim)을 의미한다고 하겠다.

무역 클레임은 **피해자(Claimant)가 가해자(Claimee, Respondent)**에게 제기하게 되는데 일반적으로 클레임 **제기자는 매수인이 되고 매도인이 가해자**가 되는 경우가 일반적이다. 클레임이 제기되는 것은 매매당사자 모두에게 유익한 일이 아닐 뿐만 아니라 손해를 입게 된다. 즉, 경제적인 손해배상의 부담뿐만 아니라 시간적인 낭비와 당사자간의 신뢰성을 저하시키며 궁극적으로는 당사자의 상거래상의 명성을 훼손하게 된다. 그럼에도 불구하고 매매계약상의 불이행에 대한 구제를 수행하게 되는 경우에는 신속한 해결과 쌍방의 공동노력 및 상호양보가 요구된다.

무역 클레임의 청구내용은 금전배상을 청구하는 방법, **금전 이외의 방법**으로 손해배상을 청구하는 방법으로 계약의 해제, 화물의 반환, 대체물의 청구 등을 요구하고 있다. 즉, 계약충족의 성격으로 계약이행청구 및 대체물의 요구, 부적합보완청구를 할 수 있다. 반면에 계약충족이 어려운 경우에는 계약해제, 대금감액 및 손해배상을 청구할 수 있다. 클레임이란 무역거래당사자가 상대방의 계약위반 등의 이유로 입은 손해의 배상을 청구하는 것을 말하는데, 중요한 원인으로는 계약불이행, 계약위반, 품질불량, 대금미지급, 선적지연이나 도착지연 등이 있다. 한편, **시황이 나쁘면 고의적으로 Market Claim**을 제기하는 경우도 있다.

클레임은 주로 가격인하, 배상금 등의 금전적 요구나 계약해지, 화물의 반송, 교체 등을 요구하게 된다.

>> Question 12−2
무역 클레임의 발생원인

개요 무역클레임은 직접적인 원인과 간접적인 원인이 있는데 당사자간의 수출입계약에 따라 이행하면서 그 계약의 일부 또는 전부의 불이행으로 말미암아 발생되는 손해를 상대방에게 청구할 수 것이다. 매도인이 공급한 상품이 품질불량, 포장불량, 규격상위, 수량부족, 가격, 인도조건의 상위, 인도시기 지연 등으로 매매계약을 위반하였을 때 매수인은 입은 손해에 대하여 매도인에게 클레임(Claim)을 제기한다.

직접적인 원인은 무역 클레임의 발생이 직접적인 원인으로서 무역계약의 진행과정을 기준으로 세 가지로 나누어 고려할 수 있다.

첫째, **상담에 원인이 있는 경우이다**. 무역계약을 상담하는 과정에서 문화적인 차이와 언어의 문제로 인한 상호간의 협상과정에서 착오내지 과실 또는 오해를 일으킬 수 있으며 경우에 따라서는 부주의한 경우로 클레임이 발생할 수 있다.

둘째, **계약내용에 원인이 있는 경우이다**. 매매계약서의 내용의 불충분내지 불완전으로 인한 클레임이 발생할 수 있다. 계약체결상의 주요조건을 명확히 하지 않을 경우 특히 수량의 측정단위 또는 품질의 측정시기, 가격 및 선적조건상의 부대수수료의 부담자의 불명료, 불가항력, 준거법의 불명료한 합의로 인하여 당사자간에 클레임이 제기될 수 있다.

셋째, **계약의 이행에 원인이 있는 경우이다**. 선적의 지연, 품질 클레임, 수량 클레임, 검품 클레임, 포장 클레임, 대금불지급 클레임, 신용장의 개설에 대한 클레임 등이 있다.

간접적인 원인은 첫째, **언어 상이**에 따른 의사소통의 불완전으로 인한 클레임의 발생이다.

둘째, **상관습과 법률의 상이**이다. 각국마다 고유한 상관행이 상인들에게 보편화되어 있다.

셋째, **계약내용의 전달상의 불완전**을 들 수 있다.

넷째, **신용조사의 미비**로 인한 상대방의 대금결제능력이나 상도덕이 결여된 상대방을 선택할 가능성이 있다.

다섯째, **보험부보에 대한 보험조건의 불만족**으로 인한 클레임이 발생할 수 있다. CIF계약에서는 매도인이 매수인을 피보험자로 하는 보험계약을 체결하기 때문에 보험조건에 대하여 충분히 합의를 하여야 한다.

여섯째, **국제시장가격의 변동으로 인한 마켓클레임**이 제기될 수 있다. 이는 거래 상대방에 대한 신용조사의 미비로 인하여 발생할 수 있는데 부도덕한 거래상대방으로 인하여 불충분한 물품을 제공받는다거나 거래의 일방적인 불이행 등으로 인하여 클레임이 발생할 수 있다. 일곱째, **도량형의 국가간 표준 상이**로 인하여 클레임이 발생할 수 있다.

무역 클레임의 유형

개요 무역거래와 관련한 클레임의 제기는 매매계약당사자에 대한 것만을 언급하는 것은 아니며 운송계약상의 송하인 또는 수하인으로의 운송인에 대한 클레임, 보험계약상의 피보험자로서의 클레임 등을 포괄하고 있다. 즉, 무역거래에서 클레임(Claim, 손해배상 청구)은 운송 클레임과 무역 클레임으로 나눌 수 있다.

1. 운송 클레임

화물의 운송·보관·하역 등이 직접적인 원인이라고 생각되는 클레임이다. 수출자 또는 수입자는 감정인(Surveyor)에게 조사를 의뢰하고 감정보고서(Survey Report)를 수령하여 그 내용을 선박회사 등에 제출한다.

2. 무역 클레임

무역 자체에 원인이 있는 경우나 무역계약의 내용에 관한 클레임이다. 품질·수량·포장·납기·결제 등에 관한 것이 많다. 관계 당사자간에 사전에 클레임이 발생하지 않도록 대책을 강구해 두는 것이 중요하다.

1) 수입자로부터 제기되는 클레임의 유형

① 품질불량 및 규격이 상이   ② 수량부족
③ 포장불량   ④ 선적지연
⑤ 수출·입 물품의 법규위반   ⑥ 계약의 불이행
⑦ 계약의 취소

2) 수출자로부터 제기되는 클레임의 유형

① 대금의 미지급 또는 지급지연
② 신용장의 미개설 또는 불완전한 개설
③ 운송 클레임
④ 보험 클레임

무역 클레임의 해결방법

> 개요 무역클레임의 해결방법으로는 당사자간의 해결방법과 제3자가 개입하여 분쟁을 해결하는 방법이 있다. 첫째, 당사자간의 해결방법은 당사자가 직접 교섭하여 우의적으로 해결하는 방법을 말한다. 해결방법으로는 ① 청구를 포기하는 해결방법 ② 당사자간 자주적인 교섭과 양보로 분쟁을 해결하는 방법, 즉 화해가 있다. 둘째, 당사자간에 원만하게 해결할 수 없을 때 즉 쌍방의 주장이 대립될 때, 쌍방 혹은 일방의 감정이 악화되어 제3자의 냉정한 판단이 필요할 때, 상대방의 무성의로 타협이나 양보가 힘들 때 학식이나 경험이 많은 제3자를 개입시켜 분쟁을 해결하는 방법인데 이러한 방법의 해결로서는 알선, 조정, 중재, 소송 등이 있다.

거래당사자간의 해결방법은 첫째, **청구권의 포기**이다. 무역거래에 있어서 클레임의 포기는 빈번히 행하여지고 있으며 이는 거래상대방과의 계속적인 상거래활동을 도모한다거나 클레임의 제기를 통한 획득가치가 매우 낮은 경우를 들 수 있다. 둘째, **화해**이다. 당사자간의 직접교섭을 통하여 원만한 화해를 유도하는 것으로 거래당사자 모두에게 매우 바람직한 해결방법이라고 할 수 있다. 당사자간의 교섭을 통하여 타협점을 모색하고 이에 합의함으로써 화해가 이루어지는데 대부분 무역 클레임이 이와 같은 방법을 통하여 해결되고 있다.

그리고 제3자의 개입에 의한 해결방법은 첫째, **알선(Intercession)**이다. 알선은 당사자 간의 원만하게 해결될 수 없는 경우 공정한 제3자가 당사자간의 일방 또는 쌍방의 의뢰에 의하여 클레임에 개입하여 사건의 해결을 위한 조언을 하는 것이다. 강제력이 없으며 당사자들이 알선내용을 반드시 따를 필요는 없다. 둘째, **조정(Conciliation, Mediation)**이다. 조정은 양 당사자가 공정한 제3자를 조정인으로 선임하고 이러한 조정인이 제시하는 구체적인 해결안에 대하여 합의함으로써 클레임을 해결하는 것이다. 당사자는 제시된 조정안에 대하여 수용할 의무는 없으며 어느 일방이 조정안에 불복하면 조정은 성립하지 않는다. 셋째, **중재(Arbitration)**이다. 중재는 조정의 경우와 같이 당사자와 공정한 제3자를 중재인으로 선임하여 중재인의 판정에 복종함으로써 최종적으로 해결을 구하는 방법이다. 중재에 의하여 해결할 것을 당사자가 미리 합의하여야 한다는 점에서 조정의 경우와 같으나 당사자들이 **중재판정에 거부할 수 없는 구속력을 갖는다는 점**에서 조정과 차이가 있다. 넷째, **소송(Litigation)**이다. 소송은 상기의 해결방법에 의해서 해결되지 않는 경우 국가 기관인 법원의 판결에 의하여 분쟁을 강제적으로 해결하는 방법이다. 국내거래가 아닌 국제간 거래의 경우에는 사법권을 달리하는 당사자들간에 이루어지며 재판권이 상대국에 미치지 않기 때문에 어려운 문제에 직면하게 된다. 이는 종국적으로 해결방안이 없는 경우에 사용되는 극히 예외적인 경우라고 할 수 있다.

무역 클레임의 예방대책

> 개요 계획적 클레임은 매매당사자의 순전한 악의에 의한 것으로서 매수인이 처음부터 교묘한 계획으로 인위적으로 매도인의 계약수행에 지장을 초래한 데서 기인한 클레임이다. 이러한 클레임들을 예방하는 하기 위하여 우리나라의 중재 및 조정기관과 표준중재조항으로 대한상사중재원에서는 표준중재조항(standard arbitration clause)을 제정하여 이를 계약서에서 삽입하도록 권장하고 있다.

무역클레임은 선적 전후에 오해나 사고·과실, 경우에 따라서는 악의에 의해 불만이나 분쟁이 일어나는 것이다. 클레임은 단지 **불평·청구 또는 분쟁**으로부터 이루어진다. 이것은 무역이 일반적으로 먼 거리를 사이에 두고 멀리 떨어져 있는 당사자 사이에 이루어지고 있어, 계약의 성립에서부터 인도가 끝날 때까지에는 시일이나 장소의 간격이 있으므로, 물품 그 자체에 품질이나 가격상의 변화가 일어나고 거래 자체에는 계약이행상의 불능, 지연, 과오 등을 초래할 위험이 있다. 따라서 무역 클레임은 당사자 모두에게 경제적 시간적 손해를 유발하게 된다. 따라서 클레임의 발생을 미연에 방지할 수 있는 예방책을 강구하는 것이 중요하다. 이를 위한 제반 사항들을 살펴보면 다음과 같다.

첫째, 거래상대방에 대한 **철저한 신용조사**를 하여야 한다. 이를 통하여 신뢰할 수 있는 거래선인지를 확인하여 성실한 거래선과의 거래를 한다는 것이 무역 클레임을 예방할 수 있다.

둘째, 계약을 체결할 때에 충분한 타협을 통하여 상호간의 권리의무를 합의하고 **계약상의 의무를 충실히 수행**하여야 한다. 계약상 중요한 조건을 누락하는 일이 없도록 사전에 충분한 주의를 다하여 협상에 임하여야 한다.

셋째, 무역거래가 불요식의 낙성계약이라고 하여 **계약서를 소홀히 다루어서는 안된다**. 계약서는 무역계약내용을 증명하는 서류이며 장래 문제의 발생시 중요한 증빙이 된다. 계약서의 내용은 충분히 명료하고 정확히 기재되어야 하며 불충분하지 말아야 한다. 특히 클레임의 발생과 관련한 클레임조항을 삽입하여 유연하고 원활하게 클레임이 해결될 수 있도록 상호 합의규정을 삽입하도록 한다.

넷째, 무역 거래상 **수출·입 절차, 국제상관습, 상대국의 규범**과 경제정책, 외환규정, 무역제도 등을 충분히 검토하여야 한다. 이외에도 무역거래와 관련한 상호 교환되는 서류의 철저한 점검과 보관이 이루어져야 한다. 또한 클레임이 발생하는 유형을 고찰하여 점검하고 관리하도록 하여야 한다. 무역거래는 상호 신뢰하에 신의성실의 원칙(good faith)하에 이루어진다는 점에서 클레임의 예방과 방지에 상당한 주의를 기울여야 할 것이다.

>> Question 12-6
중재의 의미, 장단점

> 개요 ▶ 중재는 당사자간의 합의 즉, 중재합의에 의하여 사법상의 권리 기타 법률관계에 관한 분쟁을 법원의 소송절차에 의하지 않고 제3자를 중재인으로 선정하여 그 분쟁의 해결을 중재인의 결정에 맡기는 동시에 최종적으로 그 결정에 구속됨으로써 분쟁을 해결하는 제도를 말한다. 중재합의는 분쟁에 대한 법원의 재판권을 배제하는 약속이므로 중재제도는 국가의 법원이 아닌 자주적인 분쟁해결방법이다.

1. 중재제도의 장점

첫째, 중재는 **신속한 분쟁해결** 방법이다. 중재는 단심제로 신속히 분쟁에 대한 중재안을 제시할 수 있다. 둘째, 소송에 비하여 **비용이 절감**된다. 중재는 신속하게 분쟁을 해결하므로 비용을 절감할 수 있다. 셋째, **합리적인 판정**이 가능하다. 상사관계는 상관습에 지배를 받기 때문에 법률에 따른 획일적인 판결보다는 상거래관습을 중시하는 중재인의 판정이 보다 현실적이고 타당할 수 있다. 넷째, **비공개**로 이루어지므로 영업상의 비밀을 유지할 수 있다.

다섯째, 중재의 **효력범위가 국제적**이다. 재판은 국가공권력의 발동이므로 법적효력과 강제집행이 불가능한 반면 중재는 국가주권의 문제와는 별개로 국제적으로 효력을 미칠 수 있다. 물론 외국에서 집행력을 갖기 위해서는 국제협약 또는 이국간 상호 중재협정을 체결하여 중재판정의 효력을 승인하여야 한다.

2. 중재제도의 단점

첫째, 중재인의 공정성과 **신뢰성의 문제**를 들 수 있다. 중재제도를 유지하는 가장 큰 요소는 중재인이며 중재인의 공정성이 무엇보다도 중요한 요소이다. 하지만 선임된 중재인이 선임권을 갖는 거래당사자의 대리인적 경향을 배제할 수 없다.

둘째, 중재판정의 법적 **안정성이 결여**되기 쉽다. 중재는 중재인의 양식에 따라 판정이 이루어지므로 판정기준의 모호성과 객관성이 결여될 수 있다.

셋째, 상소제도가 없는 **단심**으로 이루어진다. 신속한 판결이 이루어지는 데 반하여 판정의 착오나 잘못된 판정의 위험성이 있다.

넷째, **절차상의 문제**가 있다. 중재에서는 신속처리를 위하여 정당하게 중재절차에 대한 통지가 되었다면 당사자가 결석하더라도 심리를 진행시킬 수 있다. 이에 따라 결석한 당사자의 입장이 완전히 무시될 위험성이 있다.

>> Question 12 - 7
중재 절차

> 개요 중재 절차는 분쟁을 중재에 의하여 해결하기로 하는 합의를 중재합의(仲裁合意)가 있어야만 중재신청이 가능하다. 그리고 중재인 선정, 중재심리, 중재판정의 순으로 진행된다.

1. 중재계약

클레임을 중재로 해결하기를 원할 경우 양 당사자간 중재협정(Arbitration Agreement)이 있어야 한다. 중재계약은 당사자간에 발생할 분쟁의 해결을 중재인의 판정에 맡기고자 하는 계약이다. 중재계약이 있으면 양당사자는 법원에 소송을 통한 재판을 받을 권리를 상실하게 된다. 중재계약에는 중재지, 중재기관, 적용할 중재규칙 또는 준거법을 명시하여야 한다.

2. 중재신청

중재를 신청하고자 할 경우에는 중재계약서, 중재신청서, 청구근거를 입증하는 서류, 대리인이 신청하는 경우에는 그 위임장의 원본, 중재요금 및 보수의 예납이 이루어져야 한다.

3. 중재인의 선정

중재인은 중재에 가장 중요한 역할을 하는 사람이므로 선정에 신중을 기울여야 한다. 그런데 중재인은 일차적으로 당사자가 선정하도록 되어 있고 원칙적으로 중재인의 자격에 제한이 없다. 그러나 당사자간의 약정에 의하여 중재인을 선정하거나 또는 중재인의 선정방법을 정했을 경우에는 그에 따라 중재인이 선정된다. 일반적으로 중재인은 3인으로 구성되며 계약서의 중재조항상 중재인의 수가 정해졌을 경우에는 그에 따르게 된다.

4. 중재심리

중재심리는 당사자가 중재인 앞에서 자신에게 유리한 모든 사실을 설명하고 상대방의 주장에 대하여 항변할 수 있는 중요한 기회이다. 당사자는 심문이나 기타 중재절차를 변호사나 또는 중재판정부의 허가를 받은 사람에게 대리하게 할 수 있다.

5. 중재판정

중재판정은 중재인들의 다수의 결정에 의하여 내려진다. 일단 판정이 절차상 확정되면 기판력이 발생하여 법원의 확정판결과 동일한 효력을 지니게 된다. 따라서 중재인은 자기가 내린 중재판정을 철회하거나 변경할 수 없다.

>> Question 12 – 8
중재에 관한 국제협약

> 개요   중재에 관한 국제협약은 외국중재판정의 승인 및 집행에 관한 유엔협약, 유엔국제무역법위원회
> 중재규칙, 국제해사중재규칙 등이 있으며, 런던국제중재법원은 세계에서 가장 오래된 중재기구로 City
> of London Corporation의 주도하에 1892년에 설립되었다.

무역은 국제간 거래이기 때문에 중재판정의 효력이 외국에 미치지 않는다면 그 재정은 의
미가 없다. 국가간의 상사분쟁을 효율적으로 해결하기 위해서는 각국간 외국의 중재판정에
대한 상호보장을 필요로 한다. 이러한 목적을 국제협력을 하기 위해 중재에 관한 국제협약
및 양국간 협정이 체결되어 있다. 이러한 협정에 가입한 국가상호간에는 중재판정의 집행을
상호보장하고 있으므로 외국에서 결정된 중재판정의 집행을 국내에서 할 수 있고 국내에서
내려진 중재판정을 외국에서 집행할 수가 있게 된다.

1. 뉴욕협약

1958년 뉴욕에서 체결된 「외국중재판정의 승인 및 집행에 관한 UN협약」을 말하며 이를 뉴욕협
약이라고 칭한다. 우리나라는 본 협약에 1973년 가입하였으며 국내 유일의 상설 중재기관인
대한상사중재원의 중재판정이 뉴욕협약의 체약국간에는 그 승인 및 집행을 보장 받는다.

즉, 뉴욕협약 하에서는 외국중재판정의 승인과 집행을 받는 상대방인 본 협약의 제5조에
규정된 당사자의 무능력, 불통지 등의 거절사유를 주장하고 입증하지 아니하는 한 외국중재
판정의 승인과 집행이 가능하게 된다. 또한 뉴욕협약은 중재판정의 승인과 집행의 요구를
받은 국가 이외의 국가의 영토 내에서 내려진 중재판정의 승인 및 집행에 적용하는 것을 원칙으로
한다. 우리나라는 1973년 5월에 제42번째의 회원국으로 가입하였으며, 2011년 기준 총 가입국
가는 146개국이다.

2. 2국간 중재협정

무역거래에서 발생하는 클레임을 원활히 해결하기 위해서는 한 나라의 중재기관 단독의
힘만으로는 어려우며 2개국 중재기관이 상호 협력할 필요가 있다. 이와 같은 필요에서 각국
중재기관간에 업무제휴를 위한 중재협정을 맺고 있다. 중재협정은 민간의 협정으로 당사자를
구속하지는 않지만 원활한 분쟁해결을 보장받을 수 있다.

중재협정의 체결은 이국간에 이루어지는 상호주의에 근간을 하고 있다. 2국간 중재협정으로는
1974년 한·미간 상사중재협정, 1973년 한·일간 중재협정, 한·중간중재협정 등이 있다.

요약

- 무역거래에서 클레임(Claim)이란 매매당사자의 일방이 매매계약의 내용을 충실히 이행하기 않으므로 인하여 손해를 입은 당사자가 상대방에 대하여 손해배상을 청구하는 것을 말한다.

  ① 화해(和解, Compromise)

  당사자간의 합의에 의해 원만하게 해결하는 방법이다. 비즈니스에서는 이 방법이 가장 좋은 해결책으로 알려져 있다.

  ② 조정(調停, Mediation)

  제3자의 조정인(Mediator)에 의해 조정안이 제시되고, 그 조정안에는 클레임을 해결하는 방법이 있지만 구속력은 없다.

  ③ 중재(仲裁, Arbitrator)

  제3자의 중재인(Arbitrator)에 의해 중재 판단이 내려진다. 이것은 재정(Award)이라 불리고 강제력을 가진다. 양쪽 당사자는 이 재정에 의해 구속받게 된다. 일본에서는 국제상사중재협회 등이 있다.

  ④ 소송(訴訟, Litigation)

  법원의 판단에 의존하는 방법이다.

- 중재라 함은 당사자간의 합의 즉, 중재합의에 의하여 사법상의 권리 기타 법률관계에 관한 분쟁을 법원의 소송절차에 의하지 않고 제3자를 중재인으로 선정하여 그 분쟁의 해결을 중재인의 결정에 맡기는 동시에 최종적으로 그 결정에 구속됨으로써 분쟁을 해결하는 제도를 말한다.

 용어

- 무역 클레임
- 알선
- 시장클레임
- 상사중재제도
- 조정
- 뉴욕협약
- 화해
- 소송
- 운송클레임

 설명문제

1. 무역 클레임의 의의와 발생 원인에 대해 설명하시오.
2. 상사중재제도의 의의와 장단점에 대해 설명하시오.
3. 시장클레임에 대해 설명하시오.

PART
13

신용장

신용장

> 개요 **신용장**이란 은행의 조건부 지급확약서**이다. 즉, 무역거래의 대금지급 및 상품수입의 원활을
> 기하기 위하여 수입업자의 거래은행인 신용장 개설은행이 수입업자의 요청과 지시에 의해 독자적인
> 책임으로, 수출업자 또는 그의 지시인으로 하여금 신용장에 명시된 조건과 일치하는 운송서류를 제시
> 하면, 수입업자를 대신하여 지급이행 또는 신용장에 의해 발행된 어음의 지급·인수를 수출업자 또는
> 어음매입은행 및 선의의 소지인에게 확약하는 증서를 말한다.

수입자는 수입물품에 대한 수입승인을 받은 다음 그 유효기간내에 신용장 개설을 신청하게 한다. 신용장개설은행은 신용장 개설에 관한 심사 및 기타의 절차를 완료하고 개설의뢰인이 제출한 의뢰서의 내용을 점검하여 타당하다고 인정되면 신용장을 개설하여 주게 된다.

수입신용장은 개설의뢰인이 신용장개설(조건변경)신청 전자문서를 개설은행에 전송하고, 개설은행은 국내 개설의뢰인에게 신용장개설(조건변경)응답 전자문서로, 해외 통지은행에게는 SWIFT 전문으로 변환하여 전송한다. 여기서 SWIFT는 Society For Worldwide Interbank Financial Telecommunication의 약자이다.

신용장조건에 의한 무역거래에서는 수입자의 수입신용장 발행으로부터 거래가 개시된다고 볼 수 있다. 그리고 개설된 수입신용장이 수출자에게 인도되어 수출신용장으로 사용되고 최종적으로 수출자의 **수출신용장에 의한 수출환어음의 매도(negotiation)**와 수입자의 수입신용장에 의한 수입환어음의 결제가 이루어져 신용장조건에 의한 무역거래는 종결된다.

일반적으로 **은행을 통한 신용장 발행신청서**는 다음과 같은 절차를 밟는다.

① 수입업자가 수출업자와 매매계약에서 정한 사항을 기초로 하여 작성되는 서류이다.

② 신용장의 조건이 기재되는 중요한 서류이다.

③ 이 서류는 발행의뢰인이 발행은행에게 지시하는 신용장에 기재할 모든 사항을 적은 서류로서 대부분의 은행은 이 서류의 인쇄된 양식을 구비하고 있기 때문에 고객은 이 양식에 맞추어 필요사항을 기재하면 된다.

④ 수입업자는 매매계약과 일치하는 상품의 입수에 집착한 나머지 신용장에 지나치게 상세한 사항의 기재를 원하는 경향이 있으나 발행은행은 수입업자의 이와 같은 요구가 있을 때 잘 설득하여 기재사항이 간단명료하고 정확한 서류의 입수가 되도록 지도하여야 한다.

>> Question 13-2
신용장 관계 당사자(parties concerned)

개요 신용장의 거래에 관계하는 당사자는 크게 기본당사자와 기타당사자로 나눌 수 있다. 기본 당사자란 신용장거래에서 직접적인 권리와 의무를 갖게 되는 자들로서, 발행의뢰인(applicant), 발행은행(issuing bank), 수익자(beneficiary)이고, 만일 확인신용장(confirmed letter of credit)인 경우에는 확인은행(confirming bank)도 기본당사자에 추가된다. 기타당사자는 신용장거래에서 직접적인 권리와 의무는 갖고 있지 않지만, 신용장의 원활한 거래를 위하여 긴집직으로 협조하거나 내행하는 역할을 맡고 있다. 여기에는 통지은행(advising bank), 지급은행(paying bank), 인수은행(accepting bank), 매입은행(negotiating bank), 상환은행(reimbursing bank)이다.

개설(발행)의뢰인은 매매계약에 의거, 자기거래은행에 신용장의 발행을 요청하거나 지시하는 수입업자로 환어음의 지급인이 될 수 있다는 점에서 지급인, 대금결제의무를 진다는 점에서 채무자, 화물의 수령인이라는 점에서 **수화인** 등으로 불려진다. **발행은행**은 수출업자 앞으로 신용장을 발행하고 수익자가 제시한 서류와 상환으로 또는 수익자가 발행한 환어음을 인수 및 지급할 것을 확약한 수입업자의 거래은행이다. **통지은행**은 신용장 개설은행이 지시에 의해 수익자에게 신용장이 발행된 사실과 내용을 단순히 통지하는 은행이다.

매입은행은 매입신용장이 개설된 경우 수출업자가 발행은행이나 발행의뢰인 앞으로 발행한 환어음이나 서류를 발행은행의 지급약정을 믿고 매입하도록 수권된 은행으로서, 매입을 지정받은 은행이 있는 경우에는 그 **지정은행**(일반적으로 통지은행이 됨), 특별한 지정이 없는 경우에는 모든 은행이 매입은행이 될 수 있는데 일반적으로 수출국에 있는 수출업자의 거래은행이 매입은행이 된다. **확인은행**은 발행은행의 수권이나 요청을 받은 타은행이 발행은행이 취소불능신용장에 대하여 발행은행 등의 사유로 지급불능일 경우에 수익자에게 지급·인수 또는 매입을 확약하는 은행으로서 수익자에 대하여 발행은행과 동일한 입장에서 소정의 서류가 신용장조건과 일치하게 지정은행이나 확인은행에 제시되는 한, 이에 지급·인수 또는 매입을 이행하겠다고 확약하는 것이다. **상환은행**은 신용장에서 지급·인수·매입은행에 대한 상환을 발행은행의 본·지점 또는 제3의 은행으로 청구하도록 지정되어 있는 경우 발행은행을 대신하여 이들 은행에게 대금을 상환(결제)해 주는 은행으로 주로 결제통화가 제3국 통화일 때 이용된다. 마지막으로 **수익자**는 신용장 발행의뢰인의 요청과 지시에 의해 발행은행이 발행한 신용장의 혜택, 즉 물품을 선적하고 신용장에 의해 대금결제를 받게 되는 수출업자로서 환어음을 발행한다는 점에서 발행인, 신용장의 통지처라는 점에서 수신인, 환어음의 대금을 수령한다는 점에서 수취인, 신용장을 사용한다는 점에서 사용자, 화물을 선적하고 화물을 탁송한다는 점에서 송화인 등으로 불린다.

신용장의 기본당사자

> 개요 **신용장의** 기본 당사자는 **신용장거래에서 직접적인 권리와 의무를 갖게 되는 자들로서, 발행의뢰인(applicant), 발행은행(issuing bank), 수익자(beneficiary)이고, 만일 확인신용장(confirmed letter of credit)인 경우에는 확인은행(confirming bank)도 기본당사자에 추가된다.**

1. 신용장 개설(발행)의뢰인(applicant for the credit)

"신용장 발행의뢰인" 또는 "신용장 개설신청인"은 수출상과의 매매계약에 따라 수출상 앞으로 신용장의 개설을 해 줄 것을 자신의 거래은행(발행은행)에 요청하거나 지시하는 자를 말한다. 이 당사자는 보통 매매계약서상의 매수인(buyer)이며 수출업자(importer)가 되며, 은행으로부터 신용을 공여받기 때문에 수신매수인(accredited buyer), 신용장의 개설인이기 때문에 opener, issuer라고 불리기도 한다.

또한 발행의뢰인은 신용장의 개설을 제시 혹은 요구한 자라는 의미에서 제시인(Order, By order of … ; B/O)이라고 부르며, 무역대금의 최종적인 결제인이 되기 때문에 대금결제인, 채무자(Accountee, For account of… ; A/C) 혹은 환어음지급인(drawee)이라 부르기도 하며, 화물의 실질적인 수령인이 된다는 관점에서 수하인(consignee)이라고도 한다.

또한 UCC에서는 신용장발행은행의 고객이란 의미에서 고객(customer)이라고 부르기도 하지만, 신용장통일규칙에서는 Applicant for the Credit 혹은 Applicant라고 통일하여 부르고 있다.

2. 발행(개설)은행(issuing bank)

발행은행은 발행의뢰인의 요청과 지시에 따라 수출상 앞으로 신용장을 개설하고, 이 조건에 따라 수출업자인 수익자가 제시한 소정의 서류와 상환으로 지급하거나 또는 수익자가 발행한 환어음을 지급 또는 인수할 것을 약속하고 있는 은행이다.

따라서 신용장의 발행은행은 신용장을 발행할 뿐 아니라 수익자에 대하여 신용장에 따라 발행되는 환어음을 지급하거나 인수하는 최종적인 의무를 부담한다. 또한 이 은행은 타은행에게 그러한 서류와 상환으로 지급, 환어음의 인수 및 지급, 또는 매입하도록 권한을 부여해준다. 이 은행은 "Opening bank", "Establishing bank", "grantor" 등으로 불리고 있으나, 신용장통일규칙에서는 "Issuing Bank"라고 통일하여 부르고 있다.

3. 수익자(beneficiary)

신용장의 수익자 혹은 수혜자는 발행은행이 개설한 신용장에 의거하여 대금의 지급을 받아 이익을 받게 되는 자를 말한다.

보통 수익자는 매매계약서상에는 매도인(seller)이며 수출자(exporter)로 되어 있으며, 발행된 신용장을 받는 수신인(addressee), 신용장을 자신의 이익에 맞도록 이용하는 사용자(user), 은행으로부터 신용을 제공받는 신용수령인(accreditee), 환어음의 대금을 수령하는 대금의 영수인(payee), 환어음을 발행하는 발행인(drawer), 화물을 선적하는 선적인 혹은 하주(shipper), 운송인과 운송계약을 체결하여 화물을 발송하는 송화인(consignor) 등으로 불리기도 한다.

그러나 신용장통일규칙에서는 이를 "Beneficiary"로서 불리며 신용장에서는 "In favor of …" 또는 "I/O …"라고 약하여 표시되기도 한다.

4. 확인은행(confirming bank)

신용장의 "확인"(confirmation)이란 발행은행이 지급 또는 인수를 확약한 취소불능 신용장에 대하여 타은행(일반적으로 통지은행)이 발행은행의 수권이나 요청에 따라 추가로 수익자에게 지급, 인수 또는 매입을 확약하는 것을 말한다. 이처럼 발행은행의 취소불능 신용장에 대하여 발행은행의 수권이나 요청에 따라 추가로 수익자에게 지급, 인수 또는 매입을 확약하는 은행을 "확약은행"이라 한다.

이러한 확약은행은 수익자에 대하여 발행은행과 동일한 입장에서 소정의 서류가 신용장조건과 일치하게 지정은행이나 확인은행에 제시되는 한 이에 지급, 인수 또는 매입을 정히 이행하겠다는 확약을 하게 되는 것이다.

확인은행이 신용장거래에 등장하게 되는 경우는 신용장을 개설한 수입국의 발행은행이 지급확약을 위반하거나 파산 또는 지급불능 등의 사태에 발생하거나, 발행은행이 속한 국가가 내란이나 전쟁으로 은행업무가 중단되거나, 발행은행 국가의 외환보유상태가 좋지 않아 중앙은행이나 정부가 대외지급을 중지 또는 연기하도록 하는 것과 같이 신용장 발행국이나 발행은행의 신용이 의심 가는 경우 등이다.

신용장의 기타 당사자 및 신용장의 기능

> **개요** 신용장의 기타당사자는 신용장거래에서 직접적인 권리와 의무는 갖고 있지 않지만, 신용장의 원활한 거래를 위하여 간접적으로 협조하거나 대행하는 역할을 맡고 있다. 여기에는 통지은행(advising bank), 지급은행(paying bank), 인수은행(accepting bank), 매입은행(negotiating bank), 상환은행(reimbursing bank)이다.

1. 통지은행(advising bank)

신용장거래에서 통지은행은 수입업자의 지시에 따라 발행은행이 개설한 신용장이 수익자의 소재지에 위치하고 발행은행의 본점이나 지점 혹은 환거래은행을 통하여, 수익자에게 신용장이 개설된 사실과 그 신용장의 내용이 통지될 때 그 전달역할을 담당하는 은행이다. 이를 "Advising Bank", "Notifying Bank", "Transmitting Bank" 등으로 부른다.

통지은행은 발행은행의 위탁을 받고서 수익자에게 신용장개설의 사실과 내용을 단순히 통지해 주는 은행으로 신용장에 대한 하등의 책임이나 의무를 지거나 약정을 하지 않는다. 그러나 그 통지은행은 자기가 통지하는 신용장의 외면상의 진정성(authenticity)을 증명하기 위하여 정당한 주의를 기울여야 할 의무가 있다.

2. 지급은행(paying bank)

지급은행은 신용장조건에 따라 수익자가 발행한 환어음에 대하여 지급하도록 권한을 부여받은 은행을 말한다. 이 지급은행은 일반적으로 발행은행 자신이나 발행은행의 지정을 받은 예치환거래은행(depositary correspondent bank) 또는 발행은행이 결제대금의 전액을 미리 위탁시켜 둔 지정은행만이 된다. 그러므로 지급은행으로 지정된 은행은 신용장에서 요구된 서류와 상환으로 전체금액을 지급하거나 자신앞으로 발행된 환어음의 액면가액을 확인함이 없이 전부 지급하게 된다.

3. 인수은행(accepting bank)

신용장거래에서 인수은행은 신용장의 조건에 따라 수익자가 환어음을 발행할 때 일람출급이 아닌 기한부 환어음(time bill or usance bill)을 발행하여 은행에 제시하면, 이 기한부 환어음을 인수하도록 수권된 은행을 말한다.

그러므로 인수은행은 자행 앞으로 발행된 기한부 환어음을 인수한 경우에는 구 어음의 만기일에 반드시 지급할 의무를 지게 된다. 따라서 인수은행은 어음의 만기일에 가서는 지급은행이 된다.

4. 매입은행(negotiating bank)

신용장거래에서 매입은행은 매입신용장(negotiation L/C)이 개설된 경우 발행은행이나 개설의뢰인 앞으로 발행된 환어음이나 서류를 매입(negotiation)하도록 수권된 은행을 말한다.

매입신용장이 발행은행에 의하여 일람출급이나 기한부 환어음을 매입하도록 지정받은 은행이 있는 경우에는 그 지정은행이, 그리고 특별한 지정이 없는 경우에는 모든 은행이 매입은행이 될 수 있다. 또한 매입은행은 발행은행이나 발행의뢰인 앞으로 발행된 환어음이 신용장에 명시된 서류와 함께 제시되면 일정한 기간의 이자를 받고 그 어음을 매입하고 어음가액(value)을 지급하게 된다.

5. 상환은행(reimbursing bank)

신용장거래에서 상환은행은 신용장에서 지급, 인수 또는 매입은행에 대한 상환을 발행은행의 본·지점 또는 제3의 은행으로 청구하게 하는 경우, 발행은행을 대신하여 상환업무를 수행하는 은행을 말한다. 상환은행은 발행은행의 예치계정을 보유하고 있으며 발행은행의 상환수권이나 지시(reimbursement authorization instruction)에 따라 상환업무를 대행하게 된다. 상환은행을 지정하는 것은 일반적으로 결제통화가 수출국이나 수입국의 통화가 아닌 제3국의 통화일 때 그 제3국에 있는 발행은행의 본·지점이나 예치 환거래은행에서 이루어진다. 특히 보상은행은 지급, 인수 또는 매입은행에게 어음 대금을 결제하여 주기 때문에 일명 "결제은행(settling bank)"이라고 한다.

6. 신용장의 기능

신용장은 수입자의 의뢰를 기초로 수입자의 거래은행이 발행하는 지급보증서다. 신용장에 기재된 조건에 맞는 서류의 제출을 조건으로 신용장발행은행이 환어음의 지급을 수출자에게 확약하는 증서의 역할을 한다. 주된 신용장의 당사자로는 신용장의 발행의뢰인을 시작으로 신용장발행은행, 신용장의 편익을 받는 수익자, 발행은행의 의뢰에 의해 신용장을 수익자에게 통지하는 통지은행이 있다. 일반적으로 매수인(수입자)이 발행의뢰인, 매도인(수출자)이 수익자가 된다. 신용장은 수입자의 신용을 보강하는 기능과 어음에 매입이라는 금융기능을 가진다.

- **신용보강기능** : 수출자는 신용장에 기재된 조건대로 선적하는 것을 전제로 대금회수를 신용장발행은행으로부터 보증받는다고 보기 때문에 안심하고 선적할 수 있다. 수입자의 지급을 확약하는 기능이 있다.
- **금융기능** : 신용장방식의 화환어음은 일반적으로 수출지의 은행에서 매입을 한다. 수출자는 선적을 완료하고 화환어음을 수출지의 은행에 제시한 시점에서 대금을 회수할 수 있다.

>> Question 13−5

신용장의 독립·추상성, 신용장의 조건 변경, 조건불일치

> **개요** 신용장의 조건변경이란 이미 발행된 신용장에 의하여 거래하는 과정에서 그 신용장의 조건을 다른 조건으로 변경하고자 할 때 그 원신용장의 조건을 변경하는 것을 말한다. 신용장의 조건변경은 1회에 한정된 것이 아니고 무제한으로 변경할 수 있으며 취소 불능신용장의 경우는 관계당사자의 동의만 있으면 된다.

신용장은 매매계약을 체결할 때 당사자가 매매계약의 '결제조건(payment terms)'에서 신용장으로 결제하기로 약정한 경우 사용하게 된다. 신용장은 분명히 매매계약에 근거를 두고 개설되지만 일단 개설된 후에는 신용장 개설의 기초가 되는 매매계약으로부터 완전히 독립되어 매매계약의 내용이 신용장에 영향을 미치지 못하게 되는데 이를 '**신용장의 독립성**'이라 한다. 신용장거래는 물품거래가 아닌 물품을 상징하는 서류에 의한 거래임을 나타내는 것이 '**신용장의 추상성(the abstraction of the credit)**'이다. 개설은행은 신용장에 명시된 물품을 선적하면 대금을 지급하겠다고 약정하는 것이 아니라 신용장에 규정된 서류를 제시할 경우 대금을 지급하겠다고 약정하고 있다. 신용장통일규칙(UCP600) 제5조에는 "신용장거래에서 은행은 서류로 거래를 하는 것이지 서류에 관계된 물품, 용역 또는 의무이행으로 거래하는 것이 아니다"라고 명시적으로 규정되어 있다.

따라서 신용장의 원칙은 독립추상성과 서류거래다. 어떠한 사정이 있더라도 신용장에 기재된 조건을 만족시키지 못하면 신용장의 기능은 상실되고, 은행은 수출대금의 지급을 거부할 수 있다. 이런 사태가 발생한 경우, 수익자인 수출자는 다음과 같은 수단으로 신용장의 기능회복을 도모한다.

- **신용장조건변경(L/C Amendment) 의뢰** : 신용장발행 의뢰인인 수입자에게 사정을 설명하여 신용장의 조건을 변경하는 것이다. 의뢰인과 발행은행의 동의가 필요하다.
- **케이블 네고(Cable Nego)** : 수출지의 매입은행에서 발행은행으로 서류상의 불일치 내용을 전신으로 통지하여 발행은행이 매입을 승낙한다는 회답을 수령한 다음 매입하는 방법이다.
- **L/G 네고(L/G Nego)** : 수익자인 수출자가 수출지의 매입은행에 수입화물선취보증장(L/G)을 차입한 후 보증부로 매입하는 방법이다.

따라서 신용장의 조건을 변경하기 위해서는 먼저 발행의뢰인이 발행은행에 신용장조건변경신청서(Application for Amendment to Letter of Credit)를 제출함으로써 이루어지며 이것의 통지도 신용장발행에 준한다.

신용장의 조건 불일치는 수출자가 실제로 선적을 하는 단계는 여러 사정이 발생하여 신용장의 조건과 선적서류 등의 사이에 불일치가 발생할 수 있다.

>> Question 13-6
신용장의 조건 변경 내용에 관한 사항

> **개요** 신용장의 조건변경은 원래의 신용장발행의뢰인만이 할 수 있으므로 통상 발행의뢰인으로부터 "신용장조건변경신청서"를 받아 이를 통지은행을 통해서 수익자의 동의를 얻음으로써 그 절차가 끝나게 된다.

금액의 증감은 Amount increased(또는 decreased) by 다음에 순 증감액을 표시 하고 to 다음에는 증감변동 후 신용장금액을 표시하면 된다.

원신용장금액이 US$30,000이고 증액 US$30,000인 경우	"Amount increased by US$30,000 to US$60,000"
원신용장금액이 US$30,000이고 감액 US$10,000인 경우	"Amount decreased by US$10,000 to US$20,000"

신용장기한의 연장은 적출기일 연장시에 The latest shipment date is extended until 다음에 최종 변경 된 적출기일을 표시한다. 날짜표시 앞에 "to", "until" 등의 표현이 있으면 그날 자체도 포함하는 것으로 해석된다. 적출기일이 연장될 경우 유효기일도 동일한 기한만큼 연장된다. 유효기일 연장시에 The expiry date is extended until 다음에 변경된 유효기일을 기입한다. 한 가지 주의할 것은 유효기일이 연장된다고 해서 적출기일 연장에 대한 지시가 없으면 최종 적출기일은 연장되지 않는다.

기타 변경사항은 환적 및 분할 적출시, 금액의 변동이 있으면 단가, 수량 등의 변경이 있기 쉬우므로 그 변동사항을 기입하고, 그 외 규격이나 품목 등의 명세, 인도(delivery)조건, 어음의 기한(Tenor) 등 당사자 간에 합의가 된 변경, 추가, 삭제사항을 기입한다. 그 외 신용장의 양도가능여부도 이 난에 표시한다.

금지에서 허용하는 경우	Partial shipment is allowed(or permitted)
허용에서 금지일 경우	Transhipments are prohibited(or not permitted) Partial shipments are not allowed(or prohibited)
적출항 및 적재항의 변경	"Shipment from Kobe instead of Osaka" "Shipment from U.S. airport instead of U.S. port" "Shipment to be made from Los Angeles to Pusan instead of from New York to Incheon"
도착항의 변경	"Destination should be Incheon instead of Pusan" "Destination changed from Pusan to Incheon"
신용장 양도가능여부	"This credit is transferable"
단가 변경	"Unit price changed from US$1,100 to US$1,110"
크기 변경	"Commodity size now should read 20cm×25cm instead of 8"×10""
삭제사항 변경	"Please delete the special instruction #2"
합의사항 추가 변경	"Please insert the word" "in Seoul Korea into expiry date clause" 등

>> Question 13-7
신용장 종류

> 【개요】 신용장은 이용하는 사람, 서류첨부, 취소가능성 여부, 확인유무, 양도가능여부, 대금지급여부, 대금지급기일, 대금결제방식, 기타신용장으로 구분한다.

1. 일반적 구분

1) 수출신용장과 수입신용장

신용장을 이용하는 사람의 입장에 따라 분류한 것으로, 수출상측에서는 수출신용장, 수입상측에서는 수입신용장이라고 부른다.

2) 상업신용장과 클린신용장

일반적으로 상거래와 관련하여 환어음에 운송서류를 첨부하도록 요구하는 신용장을 말한다. 통상 상업화환 신용장(Commercial Documentary Letter of Credit)을 말한다. 한편, 상품 이외의 거래를 수행하는 데 사용되는 신용장을 클린(Clean)신용장이라고 한다.

2. 상업신용장의 종류

1) 취소불능신용장과 취소가능신용장

취소불능신용장이란 신용장에 "Irrevocable"이란 명시가 있는 신용장으로써, 신용장조건에 일치하는 서류가 제시되면 개설은행이 대금을 지급하겠다고 확약하고, 한번 개설된 신용장은 기본관계 당사자 전원이 동의하지 않는 한 변경이나 취소가 불가능한 신용장을 말한다. 오늘날 국제무역에서 사용되는 신용장의 대부분은 이 취소불능신용장이다.

취소가능신용장(Revocable Credit)이란 신용장에 "Revocable"의 표시가 있으면 취소가능신용장이 된다. 이러한 신용장은 개설은행에 의해 수익자에게 예고함이 없이 언제라도 취소나 조건의 변경이 가능하다. 한편, 신용장상에 아무런 명시가 없으면 취소불능신용장으로 간주한다.

2) 확인신용장과 미확인신용장

확인신용장(Confirmed L/C)이란 개설은행 이외의 제3의 은행이 지급에 대한 확약을 하거나 수익자가 발행하는 어음에 대하여 지급, 인수 또는 상환청구권을 행사함이 없이 매입을 하기로 확약한 신용장이다. 즉, 확인신용장은 개설은행이 지급불능에 빠지더라도 확인은행이 자기책임하에 지급해 주게 된다. 미확인신용장(Unconfirmed L/C)이란 제3의 은행의 확약이 없는 신용장이다.

3) 보통신용장과 특정신용장

보통신용장(General or Open Credit)이란 신용장에서 어음의 매입을 특정은행으로 제한하지 않고 아무 은행에서나 매입할 수 있도록 되어 있는 신용장을 말한다.

특정신용장(Special or Restricted Credit)은 신용장상의 수익자가 선적을 완료한 후 발행하는 환어음의 매입은행을 특정은행으로 제한하고 있는 신용장이며, 이를 매입제한신용장이라고도 한다.

4) 화환신용장과 무담보신용장

화환신용장(Documentary Credit)이란 개설은행에 수익자가 발행한 환어음에 선하증권 등의 운송서류를 첨부하여 제시토록 한 것으로, 개설은행이 이에 대해 지급, 인수 또는 매입할 것을 확약하는 신용장을 말한다.

무담보신용장(Clean L/C)이란 운송서류가 첨부되지 않고 환어음(draft)의 제시에 의해서만 개설은행이 지급, 인수 또는 매입할 것을 확약하고 있는 신용장을 말한다.

5) 일람출급신용장(Sight Credit)과 기한부신용장(Usance Credit)

기한부신용장(Usance L/C)이란 발행된 환어음의 기간(Tenor)이 기한부인 신용장이다. 어음이 지급인에게 제시되면 즉시 인수가 이루어지고, 만기일(Maturity Date, Due Date)이 내도하면 지급할 것을 약속한다.

그리고 Usance 어음의 기일에는

① 일람후 정기출급(at ××days after sight)
② 일부후 정기출급(at ××days after date)
③ 확정일후 정기출급(at ××days after B/L date) 등이 있다.

6) 양도가능신용장과 양도불능신용장(Non-Transferable L/C)

신용장에 "Transferable"이라는 표시가 되어 있으면 원수익자가 제3자에게 신용장의 전부 또는 일부를 양도할 수 있도록 허용하고 있는 신용장이다. 반면 신용장상에 "Transferable"이란 문언이 없는 모든 신용장은 양도가 허용되지 않는 신용장으로, 지정된 수익자만이 그 신용장을 사용할 권리를 가진다.

양도가능신용장(Transferable L/C)은 신용장에 별도의 명시가 없는 한 동일국내 또는 타국으로도 양도할 수 있는데, 양도는 1회에 한하며 분할선적이 허용되는 경우 분할양도가 가능하다.

7) 특수신용장

① 회전신용장(Revolving L/C) : 수출업자와 수입업자 사이에 동종의 상품거래가 상당기간 계속하여 이루어질 것이 예상되는 경우, 거래시마다 신용장을 개설한다거나 한꺼번에 전액을 모두 개설하는 것은 비용도 많이 들고, 은행의 신용한도(Credit Line)의 초과 등 많은 문제점과 불편이 따른다. 이러한 부담을 덜기 위하여 일정기간 동안 신용장금액이 자동적으로 갱신되어 다시 사용될 수 있도록 하는 조건으로 개설된 신용장을 말한다. 회전신용장으로 전월의 미사용잔액이 다음달에 이월되는 경우를 누계신용장(Cumulative Credit)이라 하고 이월되지 않는 경우를 비누계신용장(Non-cumulative Credit)이라고 한다. 회전신용장은 개설시에 "This credit is cumulative revolving" 또는 "This credit is non-cumulative revolving"이라고 분명히 표시하여야 한다.

② Back to Back Credit : 동시개설신용장 또는 상호교환신용장으로서 오늘날 무역협정이나 지급협정이 체결되지 않은 국가간에 수출입의 균형을 유지하기 위한 구상무역을 위하여 쓰여지는 결제수단이다.

즉, 한 나라에서 일정액의 수입신용장을 개설할 경우 그 신용장은 수출국에서 같은 금액의 수출신용장을 개설하여 오는 경우에만 유효하다는 조건이 붙는 신용장을 말한다. 한편, 미국에서는 Back to Back L/C가 원신용장을 견질로 하여 제2의 신용장을 개설한 내국신용장의 뜻으로 사용되고 있다.

③ 기탁신용장(Escrow L/C) : 수입신용장개설시 조건으로 환어음의 매입대금이 수익자에게 지급되지 않고 수익자명의의 Escrow 계정에 입금해 두었다가 그 수익자가 원신용장개설 국으로부터 수입하는 상품의 대금결제에만 사용하도록 규정한 신용장을 말한다.

④ TOMAS L/C : 양측이 서로 동액의 신용장을 개설하는 대신에 한쪽이 신용장을 개설하면 서 상대방이 동액만큼 일정한 기간내에 신용장을 개설하겠다는 보증서를 발행하는 것을 그 신용장의 발효조건으로 하는 신용장이다.

⑤ 보증신용장(Stand-by Credit) : 금융 또는 채권보증 등을 목적으로 발행되는 신용장으로 일반적으로 국내상사의 해외지사 운영자금 또는 국제입찰의 참가에 수반되는 입찰보증 (Bid Bond), 계약이행보증(Performance Bond), 선수금상환보증(Advance Payment Bond)에 필요한 자금 등을 현지은행에서 공급받는 경우 동채권을 보증할 목적으로 국내 외국환 은행이 해외은행 앞으로 발행하는 신용장이다.

⑥ 내국신용장(Local L/C) : 원신용장의 수익자인 수출업자가 국내에 있는 원료공급자 하청 업자 또는 생산업자에게 자기가 받은 신용장을 담보로 자기의 거래은행으로 하여금 새 로운 신용장을 개설하도록 요청하는데, 이 때 개설된 신용장을 말한다.

>> Question 13 - 8
신용장통일규칙(UCP)

> 개요 UCP는 국제상업회의소(ICC)가 제정한 신용장업무를 취급할 때 지켜야 할 제반사항 및 해석의 기준을 규정한 국제규칙이다.

화환신용장에 관한 통일규칙 및 관례 UCP는 Uniform Customs and Practice for Documentary Credits의 약칭이며 **신용장 통일규칙**이라고 부른다.

국제적으로 이용되고 있는 신용장의 해석, 취급, 관습 및 신용장의 형식 등에 대하여 이를 국제적으로 통일시키기 위하여 국제상업회의소(The International Chamber of Commerce ; ICC)가 각국 은행협회의 대표로 구성된 「상업화환신용장은행위원회」(Banking Committee on Commercial Documentary Credit)의 협력을 얻어, 1933년에 제정한 민간단체의 규칙(Rules)이다. 그 이후 약 10년마다 개정되어 현행규칙은 2007년 개정 규칙(UCP600)으로서 2007년 7월 1일부터 시행되고 있다.(신용장통일규칙 참조)

신용장통일규칙의 제정과 개정은 ① 제정 : 1933년(ICC 비엔나 총회) ② 제1차 개정 : 1951년(미국의 상관습을 대폭 반영) ③ 제2차 개정 : 1962년(영국계 은행관습과 대륙계 은행관습의 균형 유지) ④ 제3차 개정 : 1974년(컨테이너 및 복합운송방식 승인) ⑤ 제4차 개정 : 1983년(**무역서류의 간소화, 연지급과 보증신용장의 이용 확산 반영**) ⑥ 제5차 개정 : 1993년(1993년 4월 23일 ICC 집행위원회를 통과하고 1994년 1월 1일부터 시행되었다 ⑦ 제6차 개정 : 2007년 7월 1일 시행 **신용장통일규칙의 주요 구성내용**은 다음과 같다. ① 총칙 및 정의 : 적용범위, 매매계약과의 관계, 특성 ② **신용장의 형식과 통지** : 관계당사자, 취소불능과 가능, 확인, 관련은행의 지정 ③ **책임과 의무** : 관계당사자의 권리 의무, 은행의 면책약관, 대금의 상환방법 ④ **서류** : 서류의 일반요건, 운송서류, 보험서류, 상업송장, 기타서류 ⑤ 잡칙 : 신용장 해석에 관한 제반근거이다. **UCP는 인코텀스와 같이 임의규정**이므로 개개의 신용장거래에 적용시키기 위해서는 신용장통일규칙에 준거한다는 취지의 문언을 당해 신용장에 명시하여야 한다.

또한 **보증신용장통일규칙(International Standby Practices ; ISP98)**은 1998년 4월 6일 ICC의 은행기술실무위원회(Commission on Banking Technique and Practice)에 의해 승인을 받았으며, 1999년 1월 1일에 시행되었다. 제10절 89개 조항으로 구성되어 있다.

전자신용장은 무엇인가?

> 개요　전자신용장은 통지, 양도, 매입 등 신용장 업무를 종이신용장 없이 전자적으로 처리할 수 있도록 구현된 신용장이다. 우리나라는 2005년부터 세계 최초로 전자신용장을 도입하였고, 특히 eUCP Credit는 eUCP를 준수하고 적용된 신용장이며, 이는 신용장 상에 eUCP의 준수를 명시하고 아울러 전자기록만으로 혹은 종이 문서와 함께 제시(presentation)되는 경우에만 적용되며, 종이 문서만으로 제시되거나 신용장에 eUCP의 적용이 명시되지 않은 경우는 eUCP Credit가 아니다.

전자신용장(Electronic Letter of Credit : e-L/C)는 전자적 방식에 의해 신용장이 개설되고 통지되는 무서류 신용장(Paperless letter of credit)을 말한다. 즉 명시된 조건이 일치할 때에 고객의 요청에 따라 발행인이 전자환어음을 인수 지급하거나 다른 지급요구에 응하겠다는 은행 또는 타인에 의한 전자적 약속을 말한다.

전신신용장(Cable Credit)은 전자적인 방법으로 송부된다는 점에서 넓은 의미의 전자신용장에 포함시킬 수도 있으나 수익자에게 통지시에 별도의 신용장통지양식을 필요로 한다는 점에서 전자신용장과는 다르다.

전자신용장은 종이가 아닌 전자문서를 요한다. 여기서 전자문서는 전자기록과 같은 의미로 사용할 수 있는데 eUCP에 의하면 전자기록은 전자수단에 의해 데이터가 생성, 발송, 송신, 전달, 수신 되어 송신자의 신분과 데이터가 완전무결하다는 것은 확인하는 인증이 가능한 자료를 의미한다. 그러나 단순히 **신용장이 전자메시지의 형태라고 해서 이를 전자신용장이라 할 수 없으며** 신용장의 활용 매입, 인수, 지급의 약속 지급에 있어서 종이문서가 아닌 전자문서를 활용하는지의 여부에 따라 전자신용장이라는 용어를 사용하는 것이 적절하다고 할 수 있다.

전자신용장통일규칙 UCP Supplement for Electronic Presentation, e-UCP는 인터넷기술이 널리 보급됨에 따라 기존의 종이문서와 이에 상응하는 전자문서 및 전자적 제시를 동시에 규정한 통일규칙체계를 제정하였다. 정식명칭은 "전자적 제시에 관한 UCP 추록"(UCP Supplement for Electronic Presentation)이며, 약칭으로 **e-UCP**라고도 한다.

e-UCP는 총12개 조항으로 구성되며, 여기에는 적용범위, UCP와의 관계, 정의, 형식, 제시, 심사, 거절통지, 원본 및 사본, 발행일, 운송, 전자기록의 변조, eUCP 제시에 관한 의무의 부가적 부인 등에 관하여 규정하고 있다.

요약

- 수입신용장은 수입자가 수입물품에 대한 수입승인을 받은 다음 그 유효기간내에 신용장 개설을 신청함으로써 만들어진다. 신용장개설은행은 신용장 개설에 관한 심사 및 기타의 절차를 완료하고 개설의뢰인이 제출한 의뢰서의 내용을 점검하여 타당하다고 인정되면 신용장을 개설하여 주게 된다. 수입신용장은 개설의뢰인이 신용장개설(조건변경)신청 전자문서를 개설은행에 전송하고, 개설은행은 국내 개설의뢰인에게 신용장개설(조건변경)응답 전자문서로, 해외 통지은행에게는 SWIFT 전문으로 변환하여 전송한다.
- 신용장의 조건변경이란 이미 발행된 신용장에 의하여 거래하는 과정에서 그 신용장의 조건을 다른 조건으로 변경하고자 할 때 그 원신용장의 조건을 변경하는 것을 말한다.
- 신용장의 종류는 일반적으로 수출신용장과 수입신용장, 상업신용장과 클린신용장이 있는데 통상 신용장은 상업화환 신용장을 말한다.
- 전자신용장(Electronic Letter of Credit : e-L/C)은 전자적 방식에 의해 신용장이 개설되고 통지되는 무서류 신용장(Paperless letter of credit)을 말한다. 즉 명시된 조건이 일치할 때에 고객의 요청에 따라 발행인이 전자환어음을 인수 지급하거나 다른 지급요구에 응하겠다는 은행 또는 타인에 의한 전자적 약속을 말한다.
- e-UCP는 총12개 조항으로 구성되며, 여기에는 적용범위, UCP와의 관계, 정의, 형식, 제시, 심사, 거절통지, 원본 및 사본, 발행일, 운송, 전자기록의 변조, eUCP 제시에 관한 의무의 부가적 부인 등에 관하여 규정하고 있다

용어

- 수입신용장
- 화환신용장
- 신용장 관련 당사자
- 일람출급신용장/기한부신용장
- 취소불능신용장/취소가능신용장
- 전자신용장(e-L/C)

설명문제

1. 신용장 관련 당사자들에 대해 설명하시오.
2. 신용장의 종류와 특징에 대해 설명하시오.
3. 전자신용장(e-L/C)의 개념과 특징에 대해 설명하시오.
4. e-UCP의 의미를 설명하시오.

PART

14

수입업무 개요

수입(Import)

> **개요** **수입**은 관세법 제2조제1호에 의해서 외국물품을 우리나라에 반입(보세구역을 경유하는 것은 보세구역으로부터 반입하는 것을 말한다) 하거나 우리나라에서 소비 또는 사용하는 것으로서 우리나라의 운송수단 안에서의 소비 또는 사용하는 것을 포함하며, 법 제239조에 따라 수입으로 보지 아니하는 소비 또는 사용에 해당하는 물품은 제외된다.

대외무역법상 **수입**은 매매, 교환, 임대차, 증여 등의 목적으로 외국에서 국내로 물품이 이동되는 것을 말한다. 또한 국내를 거치지 않고 외국에서 외국으로 물품을 이동시키고 대금을 한국에서 지급하는 행위도 포함한다. **관세법**상으로는 "외국물품을 우리나라에 인취하는 것"으로 정의되어 있다. "외국물품"이란 외국으로부터 우리나라에 도착한 물품으로서 수입신고가 수리되기 전의 것과 내국물품중 수출신고가 수리된 물품을 의미하며, 우리나라 보세구역에서 외국물품과 내국물품을 원재료로 하여 가공생산된 물품을 포함한다. 또 "인취"라 함은 수입신고가 수리된 시점을 말한다.

수입업자는 해외에서 제품을 수입하여 그것을 국내의 수요자에게 판매하는 업무, 즉 수입마케팅(import marketing)을 효과적으로 수행하기 위해서 가장 알맞은 수입마케팅 계획(import marketing plan)을 세워야 한다. 그리고 이 계획을 세우기 위해서는 수입마케팅 조사(import marketing research)가 그 기초가 된다. 즉, 수입상에게는 어떤 제품을 수입하면 국내시장에 잘 팔릴 것인가 하는 자국시장의 수요동향과 판매경로를 파악하는 것이 무엇보다 중요하다. 그 다음 수입자는 해외 공급시장에 있어서 믿을 수 있는 수출자(공급자)를 물색하여 거래를 신청하는 한편 그 수출자를 믿을 수 있는가에 대해서 신용조사를 한다. 또한 해외의 수출자로부터 적극적인 판매신청이 있었을 경우에도 수입자는 해외시장 및 국내시장을 조사·검토하여 수입하는 것이 유리하다면 수출자에 대해서 신용조사를 해야 된다.

수출상이 결정되면 그 상대방의 신용상태를 조사하고, 신용조사의 결과 신용상태가 양호하면 「일반거래조건협약서」를 교환한다. 그러나 실제에 있어서는 이러한 협정서를 교환하지 않고, 바로 구체적인 거래에 들어가는 경우가 많다.

또 수출상으로부터 송부되어 온 가격표나 견본을 충분히 검토해야 하는데, 예를 들면 가격표는 이를 기초로 국내에서 판매가능여부를 검토하고 가격인하를 요구할 수 있으며, 제품에 따라서는 색채, 장식, 크기 등을 국내시장에 맞게 변경해 줄 것을 요구할 필요도 있다.

>> Question 14-2
일반적인 수입업무 절차

개요   수입절차는 일반적으로 수출절차에 비해 단순하다고 볼 수 있다. 외국에서 물품을 선적한 후 선적서류를 보내오면 선박도착 통지를 기다렸다가 세관에 수입신고를 하고 물품을 인수하면 된다. 그러나 거래조건에 따라서는 선박을 수배하고 보험계약을 체결하는 업무가 생길 수 있으며, 품목에 따라 사전에 수입승인 등의 요건을 갖춰야 하는 등 수출의 경우 보다 더욱 번거로운 절차가 있을 수도 있다.

일반거래조건협정서가 당사자간 교환되고 나면 수입상이 수출상 앞으로 거래문의를 한다. 수입상의 문의에 대하여 수출상이 통상 매도청약를 보낸다. 수입상이 수출상 앞으로 매수청약를 보낸 경우에는 수출상이 여기에 승낙하면 매매계약이 성립한다. 승낙은 절대적·무조건의 것이어야 하며 어떤 조건이나 수정을 가하면 대응오퍼가 되어 계약이 성립되지 않지만, 이러한 대응오퍼도 이를 상대방이 수락하면 역시 매매계약이 성립된다.

특히 수입시 유의하여야 할 점은 그 수입품목이 **수입제한승인품목**인지를 수출입공고와 대조한 후 계약을 체결하여야 한다. 계약이 성립되면 수입상은 수출상에게 구매서를 발송하게 되는데, 만약 수입자동승인품목인지가 확인되지 않았으면 정부의 수입승인, 또는 수입허가조건부라는 취지를 명기해둔다. 이 점을 명확하게 하지 않을 경우 종종 클레임이 발생할 가능성이 크기 때문에 각별히 유의하여야 한다.

우리나라의 수입은 점차 자유화되고 있지만 **대외무역법, 외국환거래법, 관세법, 및 약사법 등의 특별법과 그리고 구체적으로는 수출입공고**에 의하여 관리·규제되고 있다. 수입하려는 제품이 이러한 관계법에 의한 금지품목이 아니고 대금 결제방법이 외국환거래법에 저촉되지 않으면 수입승인을 받을 수 있다.

수입상이 외국환은행에서 수입승인을 받기 위해서는 거래상대국 제품공급자와 체결한 물품매도확약서 발행에 관한 합의서 또는 계약서에 따라 발행한 국내발행오퍼를 받거나 외국의 수출상으로부터 해외발행오퍼를 받아야 한다.

〈수입 프로세스 전체 흐름도〉

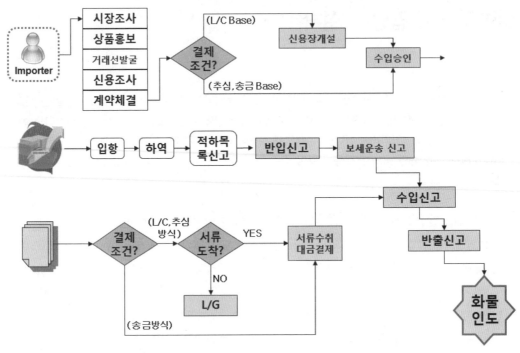

LG (Letter of Guarantee)업무 : 수입자 → 은행에 LG신청 (지급확약) → 선사에 B/L대신 LG제출 → 화물 인도

프로세스명	세부 내용
Offer/inquiry	Offer 확정, order 발주
수입계약관리	PO 작성, 대금지불 계획
외환/상역 관리	신용장 개설/등록, T/T 등록, D/A or D/P등록
선적관리	선적 통지접수, 선적관련 정보 등록, 화물도착 통지접수
수입통관관리	수입통관의뢰, 통관내역등록, 내륙운송
물품대지급관리	T/T 물품대금지급, L/C 물품대금지급, L/C 서류 인수
수입비용관리	L/C관련비용, 운임, 통관비용, 물품대지급 관련비용, 비용등록
마감관리	미착확인, 수입진행 현황, 수입단가현황, 부대비용 Item별 배부

>> Question 14-3

수입요건 확인과 수입채산성 산출

> **개요** 외국물품을 수입하여 국내판매를 하고자 할 때 가장 먼저 어떠한 요건을 갖춰야 하는지 확인할 필요가 있다. 외국업체와 수입계약을 체결하고 물품을 선적하여 통관하려다가 수입금지 품목이라는 것이 뒤늦게 밝혀져 낭패를 당하는 경우가 있다. 이러한 위험을 피하기 위해서는 사전에 수입요건을 철저히 파악해야 한다.

과거에는 물품을 외국에서 수입할 경우 일률적으로 외국환은행에서 수입승인서(I/L)를 발급 받아야 했으나, 1997년부터는 은행의 I/L 발급제도가 폐지되었다. 대신에 특정품목의 수입 시 지정기관에서 수입승인, 추천, 확인 등을 받도록 하고 있으며, 수입제한 요건이 없는 일반품목의 경우는 별도의 사전승인 절차 없이 세관에 **수입신고만 하면 수입**할 수 있다.

외국물품의 수입에 제한요건이 있는지 없는지는 산업통상자원부에서 고시하는 통합공고를 참조하면 된다. 이러한 제한품목들은 관세분류번호(HS코드)에 따라 제한 내용을 정하고 있는데, 실무적으로 일일이 이러한 고시를 찾아보기 어려우므로 품목별 제한내용을 확인하려면 관세청이나 한국무역협회 상담실에 문의하면 된다. 또한 수입에 직접적인 제한요건은 없더라고 일부 농수산물과 같이 수입관세가 수백%에 이르러 실질적으로 수입채산성이 없는 경우 또는 의약품, 식품, 의료용구, 주류, 동식물, 화학약품 등과 같이 수입자 자격요건이나 검사 및 검역절차가 까다로워서 수입이 어려운 경우가 있으므로 주의해야 한다.

수입 가능한 품목으로 확인되었다면 수입 후 각종 세금 및 부대비용을 감안하고서도 채산성이 있는 것인지 확인해야 한다. 외국의 수출자가 제시한 가격에 운송료, 보험료, 통관수수료 및 부대경비, 관세, 특소세, 교통세, 부가가치세 등을 합산하여 국내공급 가능 가격을 산출해 보고 경쟁력이 있는지 미리 조사하지 않으면 안 된다. 채산이 맞지 않으면 수출자와 가격을 다시 협의하거나 수입을 포기할 수밖에 없을 것이다.

운송료와 보험료는 품목, 거리, 가격, 수량 등에 따라 달라지므로 선박회사나 운송회사와 상담하여 견적을 미리 받아야 할 것이며, 통관수수료는 수입금액의 0.2%, 관세는 일반 공산품의 경우 3~13%이나 품목에 따라 수백%에 달하는 경우도 있다.

관세의 부과기준은 CIF 가격으로 환산한 가격이다. 일부 사치품이나 고가품의 경우 특소세가 10~30% 부과되며, 주류의 경우는 주종에 따라 5~150%의 주세가 부과된다. 이밖에 식품류를 제외한 모든 품목에 10%의 부가가치세가 부과되는데, 앞의 모든 세금을 합산한 가격에 부과하므로 실질적으로는 수입가격의 10%가 넘는 것으로 보아야 한다. FTA체결 국가와는 별도로 관세에 대한 품목을 잘 확인하여 진행하여야 할 것이다.

수입계약 체결방법

> 개요 수출/수입계약의 내용 및 조건을 기재하고 매도인·매수인 양 당사자가 서명한 문서(contract sheet)이다. 계약이행의 근거가 되고 당사자의 권리·의무를 규정한 것이다. 계약서 2통을 상대방에 보내서 이중 1통에 서명을 받고 반송받는다. 계약서 표면에 매수인이 작성하는 것은 매입계약서(주문서; purchase note ; order sheet)라고 표기하고 「다음 조건에 따라 귀사에 주문한 것을 확인한다」라고 쓰고, 매도인이 작성하는 것은 매도계약서(주문승낙서 ; sales note)라고 표기하고 「다음 조건에 따라 귀사에 판매한 것을 확인한다.

수출계약 체결과 동일한 방식으로 이루어진다. 장기적인 거래를 위해 총괄계약서를 체결할 수도 있고 **오퍼시트(Offer Sheet)**나 **구매제의서(Purchase Order : P/O)**를 통해 개별 거래계약을 체결할 수도 있다. 상호 협의된 거래조건을 수출자가 오퍼시트에 명시해 보내오면 카운터사인을 통해 계약할 수 있으며, 수입자가 먼저 구매제의서를 수출자에게 보내 카운터사인을 받음으로써 수입계약을 체결할 수도 있다. 이러한 수입계약서는 수입대금의 송금, 신용장 (L/C) 개설 또는 수입승인 등에 필요하기 때문에 대금지급조건 등 거래조건을 빠짐없이 명시하여 정확하게 작성하여야 한다.

오퍼시트는 외국 수출업체로부터 직접 받을 수도 있으나, 외국 수출업체와 대리점 계약을 체결한 국내 무역대리점(오퍼업체)으로부터 오퍼시트를 받는 것이 일반적이다. 이때 **외국**에서 직접 받은 오퍼시트는 국외발행 오퍼, **국내 오퍼업체**로부터 받은 오퍼는 국내발행 오퍼라고 한다. 국내발행 오퍼시트는 국내 오퍼업체의 헤드레터로 된 양식에 외국 수출업체의 대리인 자격으로 직접 사인을 해서 발행된다. 이러한 국내발행 오퍼시트를 받는 경우 오퍼업체는 외국 수출업체의 대리인으로서 계약을 대신 체결해 주는 것일 뿐 계약의 당사자가 아님을 유의해야 한다. 계약의 당사자는 수입자와 외국 수출업체인 것이다.

따라서 오퍼업체는 계약에 있어 아무런 책임을 지지 않는 것이 일반적이다. 나중에 클레임이 걸리거나 분쟁이 발생한 경우 오퍼업체가 이를 해결해 줄 것으로 기대하는 것은 무리이다. 실질적으로 거의 모든 협의가 오퍼업체와 이뤄지고 수입절차의 일부도 대행해 주는 경우가 많기 때문에 오퍼업체를 계약의 당사자로 오해하기 쉬우나, 클레임시 오퍼업체를 상대로 한 소송은 대부분 패소하기 마련이다.

오퍼업체란 쉽게 말해서 집을 사고 팔 때 매도자와 매수자의 중간에서 매매계약을 알선해 주고 수수료를 챙기는 부동산 중개업자와 마찬가지라고 보면 된다. 이에 반해 무역업체는 본인의 이름으로 본인의 책임 하에 직접 수출입을 하는 회사로서 오퍼업체와 구별되는 것이다.

>> Question 14 - 5
물품매도확약서(offer)의 수취, 수입추천과 수입승인

> 개요 수입이란 외국물품을 우리나라에 반입(보세구역을 경유하는 것은 보세구역으로부터 반입하는 것을 말한다) 하거나 우리나라에서 소비 또는 사용하는 것으로서 우리나라의 운송수단안에서의 소비 또는 사용하는 것을 포함하며, 관세법 제239조에 따라 수입으로 보지 아니하는 소비 또는 사용에 해당하는 물품은 제외된다.

우리나라의 수입은 점차로 자유화되고 있지만 대외무역법, 외국환관리법, 관세법, 그리고 구체적으로는 통합공고에 의거하여 관리·규제되고 있다. 수입품이 이러한 관계 법규에 의거한 금지품목이 아니고 대금결제방법이 외국환관리법에 저촉되지 않으면 수입승인신청을 한다. 수입승인을 받기 위해서는 수입상이 거래상대국 물품 공공급자와 체결한 물품매도확약서 발행에 관한 합의서 또는 계약서에 따라 발행된 물품매도확약서를 받거나 외국의 수출업자로부터 국외발행 물품매도확약서를 받아야 된다.

수입승인서(Import Licence)는 대외무역법에 의한 수입승인물품에 대하여는 발행의뢰인의 수입행위의 적법 여부와 신용장 발행신청서와의 연관성을 확인하기 위해 해당되는 경우 수입승인서를 징구하며, 신용장상의 모든 기재사항은 동 승인서가 허용하는 범위 내의 것이어야 한다. 수입자동승인제(Automatic Import(Approval)System : AA제 or AI제)는 수입승인방법의 하나로, 정부에 수입신청이 불필요하고 외국환은행에서 자동적으로 수입승인을 허용해주는 가장 자유로운 수입승인방법이다. 이외에도 IQ제(Import Quota System)와 AIQ제(Automatic Import Quota System) 등이 있다.

그리고 **연계무역(수출을 조건으로 수입을 허용하는 무역거래 방식)에 의한 수입**은 산업통상자원부장관이 직접 승인하고 그외의 수입은 외국환은행장이 승인한다. 수입품이 통합공고상 수입제한 승인 품목으로 기재되어 있는 경우에는 당해 제한조치에 합당한 수입요령에 따라 주무관서장 또는 조합의 수입추천을 받아야 한다. 동 수입품목이 통합공고에 따르도록 되어 있는 품목인 때에는 산업통상자원부장관이 정하는 통합공고에 따라야 한다.

수입승인이 필요한 품목은 반드시 관련기관에 수입승인 신청서를 제출하여 승인을 받아야 한다. 은행은 수입대금 지급을 위한 송금의뢰 또는 신용장 개설 시 외국환거래법 외에 다른 법력에서 정하는 요건을 구비했는지 확인할 의무가 있다.

수입추천은 수입품이 통합공고상의 수입제한승인품목으로 기재되어 있는 경우에는 당해 제한조치에 합당한 수입요령에 따라 주무관서장 또는 조합의 수입추천을 받아야 된다. 동 수입품목이 통합공고에 따르도록 되어 있는 품목일 때는 산업통상자원부장관이 정하는 통합공고에 따라야 한다.

수입신용장 개설, 선적 및 보험 부보, 선적 서류의 인수

> 개요 개설은행은 신용장 개설의뢰인의 요청에 의해서 수익자 앞으로 신용장을 개설하는 은행을 말한다. 개설은행은 수익자에 대하여 지급 등을 확약하는 자로 환어음 지급에 있어서 최종적인 책임을 지게 된다.

수입승인을 받은 자는 당해 수입승인 유효기간내 외국환은행을 통하여 수입신용장을 개설하여야 한다. 수입신용장은 수입승인서와 동일한 내용으로 개설되어야 한다. 신용장금액은 수입승인금액을 초과할 수 없고 표시통화는 수입승인서에 기재된 통화와 같은 지정통화이어야 한다. 또한 **은행은 신용장을 개설하게 되면** 수출상이 발행한 어음을 지급할 책임을 져야 하기 때문에 신용장개설의뢰인인 수입상과 수입신용장 개설약정을 체결하고 담보권을 확보하기 위하여 담보 차임증의 제출을 요구한다.

선적지 가격조건일 때와 도착지 가격조건일 때 수입자가 해야 할 일은 각각 달라진다. 선적지 가격조건인 경우는 수입자가 선박회사 또는 대리점과 직접 운송계약을 체결하여 선편과 선복을 확보해야 하며, **해상보험회사와 보험계약**을 체결해야 한다. 또한 수입자는 선적지시서(Shipping Order)를 수출자에게 보내 지정된 선편에 선적해 줄 것을 요청해야 한다. **도착지 가격조건이면 수입자는 수출자가 운송 및 보험계약을 체결**하여 우리나라까지 물품을 보내주므로 선박도착 통지가 올 때까지 기다리면 된다.

신용장을 받은 외국의 수출상이 신용장조건대로 물품을 선적하고 선적서류를 담보로 하여 발행한 화한어음을 자신의 거래은행에 매도한다. 화환어음을 매입한 매입은행이 선적서류를 신용장의 개설은행에 송부하면 개설은행은 선적서류가 신용장의 조건과 일치하는지의 여부를 검토 확인한 후 수입상으로 하여금 **수출상이 발행한 환어음과 선하증권**을 선박회사에 제시하고 수입화물을 찾을 수 있다. 만약 수입화물은 도착하였으나 선적서류가 도착하지 않았을 경우에는 은행으로부터 일정한 조건하의 **수입화물선취보증장(letter of guarantee ; L/G)**을 발급받아 선박회사에 제시하고 수입화물을 찾을 수 있다.

또한 수입상이 외국환은행으로부터 환어음의 만기일 이전에 선적서류를 대여 받으려면 우선 그 은행에 대하여 평소의 신용정도에 따라, 당해화물 이외에 상당한 담보를 제공하는 경우, 다른 은행 또는 신용이 충분한 제3자를 보증인으로 세우는 경우, 담보를 제공하고 보증인을 세우는 경우 등 세 가지 방법이 있다. 그 어느 경우에 있어서도 환어음담보화물 보관증이라는 일종의 서류를 은행에 제공하고 선적서류를 수취하는 것을 수입화물**대도(貸渡 : TRUST RECEIPT : T/R)**라 한다. T/R로 수입상은 어음대금을 결제하기전이라도 **수입화물을 처분**할 수 있으며 개설은행이 그 화물에 대하여 담보권을 유지하도록 하는 것이다.

>> Question 14 - 7
무역대금 결제 종류

> 개요 수출자는 물품을 선적한 후 선하증권(B/L)과 송장(Invoice), 포장명세서(Packing List)등 선적
> 서류를 수입자에게 보내온다. 물론 이밖에도 품목에 따라 수입통관 할 때 필요한 다른 서류가 있으면
> 구비하여 보내줄 것을 사전에 요청하여야 한다.

송금방식일 때는 서류를 **수입자에게 직접 보내오지만** 신용장(L/C)방식 또는 인수인도조건
(D/A), 지급인도조건(D/P)등 **추심방식인 경우**는 **거래 은행을 통해** 환어음과 함께 송부되어 온다.
서류가 도착하면 은행에 수입대금을 결제하면서 서류를 인수받는다. 물론 기한부신용장(Usance
L/C)이나 D/A등 **외상결제일 경우**는 환어음에 Accept 사인을 하고 서류를 인수 한 후 어음 만기
일에 결제하면 된다.

사전송금 방식의 경우 수입계약서를 은행에 가지고 가서 대금을 송금해 주도록 의뢰하면
된다. 이때 오퍼시트 외에 무역업고유번호 신고필증과 수입승인서(해당되는 경우)를 첨부해
야 한다. 수입이 이뤄진 후에는 수입신고필증을 은행에 제출하여 수입이 이행되었음을 신고
해야 한다. 사후송금 방식인 경우는 위의 서류 외에 수입신고필증을 첨부하여 은행에 가서
송금을 의뢰해야 한다.

신용장 방식인 경우는 오퍼시트, 무역업고유번호신고필증, 수입승인서(해당되는 경우), 수입
보증금을 첨부하여 신용장개설신청서를 은행에 제출해야 한다. 수입대금 결제를 담보하기
위한 수입보증금은 주로 현금, 자기앞수표 등을 제출한다. 신용장이 개설되면 은행은 케이블
(전신), 우편 또는 EDI 방식으로 수출업자의 거래은행 또는 제3은행을 경유하여 수출업자에게
통지된다. 신용장 내용을 변경코자 할 경우는 신용장조건변경신청서를 개설은행에 제출한다.
조건변경을 위해서는 관계 당사자 전원이 합의해야 한다. 관계 당사자란 수출자, 수입자, 개설
은행 및 확인은행을 말한다.

추심 방식의 경우 인수인도조건(D/A), 지급인도조건(D/P)등의 추심 방식은 상호 신뢰할 수
있는 오랜 거래처 내지 본사와 지사간에 많이 이루어지며, 이 경우 신용장처럼 거래은행에
담보를 제공하고 일정한 수수료 지급과 함께 은행의 대금지급 보증을 요청할 필요가 없다.
수출자가 물품을 선적하고 선하증권(B/L)등의 관련 증빙서류와 함께 은행을 통해 대금지급을
추심하면 관련 서류를 인수 후 일정 기간이 지나 대금을 지급(D/A 방식)하거나, 관련 서류를
인수하는 것과 동시에 대금 지급(D/P방식)하면 된다.

수입신고

> 개요 물품을 수입하려는 의사표시를 세관에 하는 것을 의미하며, 수입신고는 신고시점에 과세물건
> 이 확정되고 신고일에 시행되는 법령이 당해 수입물품에 적용된다는 점에서 중요한 의미를 가진다.
> 신고는 하주, 관세사, 관세사 법인 및 통관법인이 할 수 있으며, 신고시기별로 출항전 신고, 입항전
> 신고, 보세구역도착전 신고 및 보세구역장치후 신고가 있다.

선박회사는 선박이 도착하기 1주일 전 쯤 수입자에게 선박도착 예정일을 통지하여 미리 통관을 준비하도록 한다. 선박이 도착하여 보세구역에 장치되면 관세사 사무소에 EDI 방식 또는 서류제출 방식으로 수입신고를 의뢰하게 된다. 수입신고를 받은 세관에서는 물품을 검사한 후 이상이 없으면 수입신고필증(예전의 수입면장)을 교부해 준다. 수입신고가 수리되면 물품을 보세구역에서 인출하여 창고로 운반 할 수 있다. 수입물품에 대한 관세는 고지서를 받은 후 15일 이내에 은행이나 우체국에 납부한다.

긴급한 화물이나 부패하기 쉬운 화물 등 신속한 통관이 요구되는 경우에 화물이 우리나라 영토에 도착하여 하역되기 전에 입항전 수입신고를 할 수 있다. 또한 수입자는 수입화물을 선박으로부터 양륙하여 보세지역에 반입하여 놓고 세관장에게 수입신고서를 제출한다. 수입 통관 신고는 관세사를 채용한 하주(수입자), 관세사, 관세사법인 및 통관법인만이 할 수 있다. 수입신고를 받은 세관은 그 수입물품이 당해 수입승인서의 물품과 동일한지의 여부 및 구비 서류상의 기재사항의 수락여부를 검사·확인한 후, 그 수입물품에 대한 과세가격을 평가하여 관세 등을 부과 징수하고, 수입면장(import permit)을 수입신고인에게 교부한다. 수입면장을 교부받은 수입신고인은 그 수입물품을 보세구역으로부터 반출함으로써 수입절차는 완료된다.

이상에서 설명한 절차 이외에도, 만약 FOB계약이나 CFR계약으로 매매계약이 체결되었다면 수입상은 신용장을 개설한 후 해상보험계약을 체결해야 한다. 특히 FOB계약의 경우에는 원칙적으로 수입상이 해상운송계약도 체결하여야 하지만, 오늘날은 고유의미의 FOB계약이 아닌 운송계약 특약부 FOB계약을 이용하고 있기 때문에 특약에 의하여 선적지의 사정에 밝은 수출상이 수입상을 대신하여 운송계약을 체결한다.

수입상은 물품을 수령한 뒤 그 물품이 계약조건과 일치하지 않으면 클레임을 제기할 수 있고, 이러한 클레임은 화해, 조정, 중재 또는 소송 등의 방법으로 해결할 수 있으나 중재에 의한 클레임의 해결이 가장 이상적인 방법이다.

>> Question 14 − 9

수입통관

> 개요 수입하고자 하는 자가 우리나라에 수입될 물품을 선적한 선박(항공기)가 (① 출항하기 전,
> ② 입항하기 전, ③ 입항 후 물품이 보세구역에 도착하기 전, ④ 보세구역에 장치한 후) 중에 선택하여
> 세관장에게 수입신고 하고, 세관장은 수입신고가 관세법 및 기타 법령에 따라 적법하고 정당하게 이루
> 어진 경우에 이를 신고수리하고 신고인에게 수입신고필증을 교부하여 수입물품이 반출될 수 있도록
> 하는 일련의 과정을 말한다.

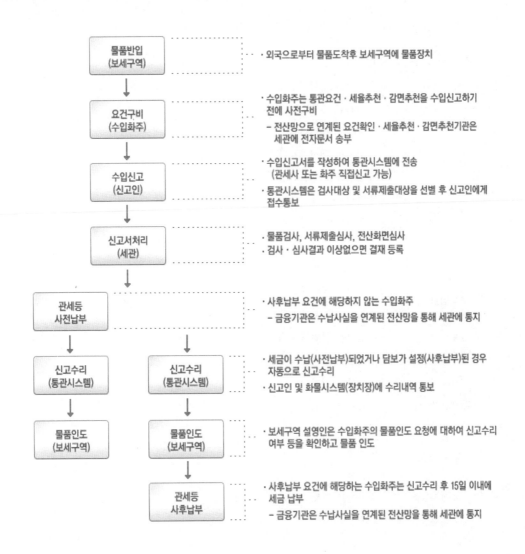

수입계약 사후관리

[개요] 수입승인품목을 외화획득용 원자재로 수입한 경우에는 기한 내에 외화획득 이행보고를 하여야 하며, 사전송금 수입의 경우는 수입신고 후 수입신고필증 사본을 은행에 제출한다. 외국인도수입 등의 경우에는 정해진 절차에 따라 산업통상자원부에 특정 거래보고서를 제출한다.

〈수입업무〉

업무별	문서별
수입계약	수입계약서
	신용장/무신용장 정보
보험	적하보험 청약신청
	적하보험 증권발급 통지
	적하보험 배서신청
	적하보험 배서발급 통지
수입신용장	수입신용장 개설신청
	수입신용장 개설응답
	수입신용장 조건변경 신청
	수입신용장 조건변경 응답
선적서류	B/L & AWB관리
L/G 발급	수입어음 할인내역 통지
	수입화물선취 보증서
대금결제	수입어음 할인내역 통지
	선적서류 도착통지
	지급확인 신청
	지급확인
	지급지시 신청
	출금통지
	계산서
통관	수입신고 필증
D/O 발급	화물정보 검색
기타	일반응답

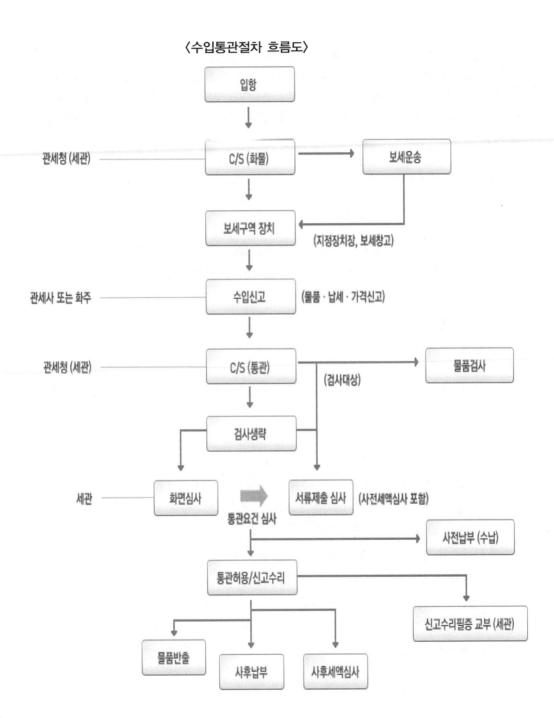

〈수입통관절차 흐름도〉

입항

관세청 (세관) ——— C/S (화물) → 보세운송

보세구역 장치 ← (지정장치장, 보세창고)

관세사 또는 화주 ——— 수입신고 (물품 · 납세 · 가격신고)

관세청 (세관) ——— C/S (통관) → 물품검사
(검사대상)

검사생략

세관 ——— 화면심사 ⇒ 서류제출 심사 (사전세액심사 포함)
통관요건 심사

사전납부 (수납)

통관허용/신고수리

신고수리필증 교부 (세관)

물품반출   사후납부   사후세액심사

297

외화획득용 원료 수입

> 개요 외화획득용 원료라 함은 외화획득에 공하여지는 물품을 생산(제조가공수리재생 또는 개조)하는 데 필요한 원자재, 부자재, 부품 및 구성품을 말한다. 우리나라는 수출물품 생산에 공여되는 원료 등에 대해서는 최대한 부담을 줄여줌으로써 우리 수출상품의 국제경쟁력을 제고시키기 위한 정책수단으로서 외화획득용 원료 등의 조달에 대하여는 내수용과 비교하여 상역, 금융, 세제상의 지원정책을 견지해 오고 있다.

외화획득용 원료 등에 대한 각종 지원제도는 대응수출 등 외화획득행위를 전제로 하여 부여하고 있는 것이므로 대응수출 등 외화획득행위가 이루어졌는지의 여부에 대하여 사후관리가 이루어지고 있다.

첫째, 물품의 수출입은 통합공고 등에 따라 수출입이 제한되고 있으나 외화획득용 원료에 대해서는 동 원료를 사용하여 제조가공되는 물품이 수출된다는 점에서 특별한 경우를 제외하고는 통합공고 등의 수입금지나 제한규정에도 불구하고 수입이 가능하다.

둘째, 무역금융의 지원으로 수출물품의 제조가공에 소요되는 자금부담을 완화시켜 주기 위하여 수출용 원자재의 수입 및 국내 구매시 필요한 자금에 대하여는 무역금융의 수혜를 받을 수 있다.

셋째, 당해 원자재를 사용하여 생산한 물품을 수출할 경우 원자재 수입시 납부한 관세 등을 환급받을 수 있다.

외화획득용 원료수입은 외화획득을 목적으로 물품을 생산(물품의 제조가공조립수리재생 또는 개조)하는 데 필요한 원자재, 부자재, 부품 및 구성품 등 외화획득 물품 생산에 직접 사용되는 물품을 의미하는 것으로서 동 물품이 외화획득 물품에 반드시 구성되어야 함을 의미하지 않고 생산과정에서 직접 투여되어 소요되는 화공약품 등도 외화획득용 원료의 범주에 포함되는데 그 범위는 다음과 같다.

① 수출실적으로 인정되는 수출물품을 생산하는 데 소요되는 원료(포장재를 포함)
② 외화가득률이 30% 이상인 군납용 물품을 생산하는 데 소요되는 원료
③ 해외에서의 건설 및 용역사업용 원료
④ 대외무역관리규정상의 규정에 의한 외화획득용 물품을 생산하는데 소요되는 원료
⑤ 상기의 원료로 생산되어 외화획득이 완료된 물품의 하자 및 유지보수용 원료 등

>> Question 14 – 12
외화획득용 원료의 수입절차

> **개요** 수출용 원자재의 수입통관절차는 일반재의 수입통관절차와 근본적인 차이는 없으나 수출용 원자재 수입 시 부여되는 혜택으로 인하여 수입통관절차상 약간의 차이가 있다.

외화획득용 원료의 수입은 통합공고 등에서 수입이 제한되는 품목이라 하더라도 그 적용이 배제되니 예외직으로 다음의 경우에는 그에 합당한 절차를 필한 경우에만 수입이 가능하다.

1. 외화획득용 수입추천품목

외화획득용 원료의 수입의 경우에도 수입대체산업의 육성 등 필요한 일부품목에 대하여는 수입을 억제하고 있는바, 그 제도적 장치로서 대외무역관리규정(제 4-2-3조)에 의거 수입추천을 받아 수입하게 하고 있다(대외무역법 관리규정 별표 4-1).

2. 농림수산물

농림수산물(생사류 제외)은 국내가격과 국제가격간의 차이가 커서 수출용 원자재로 수입하여 국내에 유출할 소지가 많다(예 : 참깨, 고추 등). 따라서 이들 품목에 대하여는 비록 수출용 원자재라 할지라도 당해품목을 관장하는 중앙행정기관의 장 또는 그가 지정하는 기관의 장 (농산물의 경우 농산물 유통공사)이 정하는 수입추천요령에 따라 수입하도록 제한하고 있다.

3. 통합공고상의 제한

외화획득용 원료라 할지라도 마약법, 약사법, 식품위생법 등 특별법에서 요건확인 품목으로 수입을 제한하고 있는 경우에는 특별법 우선적용의 원칙에 따라서 통합공고상의 규정에 의한 제한내용을 충족한 경우에만 수입이 가능하다.

4. 유통업자의 외화획득용 원료의 수입

사업자 등록증상에 도매업자(무역업자 포함), 조달청 및 중소기업 협동조합법에서 정한 중소기업협동조합인 유통업자에게 외국환은행의 장은 유통업자가 구매승인서 또는 내국신용장을 근거로 수출품 생산자에게 직접 공급하기 위하여 외화획득용 원료를 수입하고자 할 경우에는 대외무역관리 규정상 별표 4-1에 게재된 외화획득용 수입승인품목 수입요령에 의해 수입을 승인할 수 있다.

요약

- 수입업자는 해외상품을 수입하여 국내의 수요자에게 판매하는 업무를 하며, 어떤 상품을 수입하면 국내에 잘 팔릴 것인가를 파악하는 것이다.
- 수입시 유의할 것은 수입 품목이 수입제한 승인 품목인지, 수출입공고와 대조한 후 계약을 체결해야 한다.

용어

- 수입 승인
- L/G
- 환어음

- 수입면장
- 외국물품
- B/L

- T/R
- 관세

설명문제

1. 수입 절차에 대하여 설명하시오.
2. 수입 방법에 대하여 설명하시오.
3. 선적서류 인수에 대하여 설명하시오.
4. 수입 대금결제 방법에 대하여 설명하시오.
5. 수입 계약 체결에 대하여 설명하시오.

PART

15

운송서류 내도 및
수입대금 결제

수입화물 선취보증서(L/G : Letter of Guarantee)

> **개요** 수입화물이 수입지에 이미 도착하였음에도 불구하고 운송서류가 도착하지 않아 수입업자가 화물의 인수가 불가능할 때 동화물의 인수가 가능하도록 운송서류 원본을 제시하지 않고서도 화물을 인수하는 것과 관련한 모든 책임을 은행이 진다는 내용의 보증서이다. L/G의 발급은 운송서류의 원본을 인도하는 것과 동일한 효과를 가져오며 신용장조건과 일치하지 않는 서류가 내도하여도 화물이 수입업자에게 인도된 후이므로 수입업자는 매입은행에 대하여 수입어음의 인수 또는 지급을 거절할 수 없다.

수입화물 선취보증서(L/G : Letter of Guarantee)란 수입물품은 이미 도착하였으나 운송서류가 도착하지 않았을 경우 운송서류 내도 이전에 수입상과 개설은행이 연대보증한 보증서를 선박회사에 선하증권의 원본 대신 제출하고 수입화물을 인도받는 보증서이다.

이러한 수입화물 선취보증서는 형식적으로는 수입업자가 선박회사 앞으로 발행하는 것으로서 인도받을 화물의 명세를 기재하고 화물선취에 관한 약정을 하며 개설은행은 보증인으로 서명하는 데 불과하나, L/G의 특징은 다른 약정증서와 같이 보증인의 의무가 그 증서의 성격을 좌우하는 정도가 아니라, 오히려 보증인의 존재가 본질적인 효력발생요건이 됨에 따라 실질적으로는 개설은행이 발행하는 증서로 간주되고 있다.

수입화물 선취보증서를 발급신청하고자 할 때는 일반적으로 다음의 서류를 개설은행에 제출해야 하며 개설은행은 제출된 각 서류의 기재내용과 신용장과의 일치 여부를 확인한 후 보증서를 발급하게 된다.

- 수입화물 선취보증서 발급신청서
- 화물도착통지서(Arrival Notice)
- 선하증권 사본
- 상업송장 사본
- 포장명세서 사본
- 기타 개설은행이 필요하다고 인정하는 서류

그러나 매입은행으로부터 운송서류의 매입사실을 확인하는 통지가 있는 경우에는 개설은행은 수입화물 선취보증서 발급신청서, 화물도착통지서만을 받고서 L/G를 발급할 수 있다.

>> Question 15-2

운송서류의 대도(Trust Receipt : T/R)는 무엇인가?

개요 수입화물의 대도(Trust Receipt : T/R)란 수입상이 어음대금을 결제하기 전이라도 수입화물을 처분할 수 있도록 하는 동시에 개설은행이 그 화물에 대한 담보권을 상실하지 않도록 하는 제도이다. 즉 일람출급어음조건인 경우 개설의뢰인이 개설은행에 대해 수입화물을 대도하여 줄 것을 신청하고 개설은행은 자기 소유하에 있는 수입화물을 수입상에게 대도하여 그 화물을 적기에 처분하도록 함으로써 그 판매대금으로 수입대금을 결제할 수 있도록 하는 제도이다.

신용장거래가 기한부어음조건인 경우는 개설은행이 환어음을 인수함으로써 수입상이 운송서류를 인도받아 수입화물을 처분하여 그 판매대금으로 만기일에 어음을 결제할 수 있으나 일람출급어음조건인 경우는 수입상이 어음대금을 결제하지 않으면 운송서류를 인도받을 수 없다. 또한 개설은행 측으로 보면 수입대금결제가 지연될 경우 화물 자체를 소유하고 있다 하더라도 큰 실익이 없기 때문에 수입상이 화물을 빨리 인도하고자 할 때 은행은 그 화물에 대한 담보권을 상실하지 않고 수입상에게 화물을 인도할 수 있도록 편의를 제공하는 것이다. T/R에 의해 개설은행이 수입상에게 대도할 경우 수입화물의 점유는 개설은행으로부터 수입상으로 이전되지만, 이러한 사실을 알지 못하는 선의의 제3자는 보호된다. 즉 개설은행이 T/R을 내세워 선의의 제3자에게 대항할 수 없기 때문에 은행은 T/R을 취급함에 있어 신중을 가해야 한다.

따라서 이러한 대도행위가 이루어지려면 위탁자인 은행은 수탁자인 수입업자를 전적으로 신용하는 경우라야 가능하게 된다. 화물의 인수를 받는 수입업자는 그 화물을 신속하게 처분하여 대금을 은행에 변제해야 하므로 그 화물을 타인에게 판매할 수 있는 자이어야 하며 그 화물을 다시 다른 사람에게 담보로 제공해서는 안된다.

수입자는 선적서류가 없이는 수입통관신고를 할 수가 없고 또한 운송인으로부터 수입화물을 인도 받을 수 없어 거래상 불편이 많다. 따라서 선적서류의 소유권은 담보물로서 그것을 보유하고 있는 은행에 있다는 것을 인정하고 그 선적서류를 대도(貸渡)받기 위하여 은행소정의 수입화물대도(T/R)신청서에 필요사항을 기재하고 은행에 제출한다. 은행은 수입화물대도와 상환으로 선적서류를 수입자에게 대도(貸渡)한다. 즉 수입화물대도는 은행은 담보권을 확보한 채로 수입자에게 담보화물을 대도하고 수입자는 화물매각대금으로 대금결제 또는 차입금을 상환하는 제도이다.

>> Question 15-3

보세제도

> 개요 **보세구역**은 효율적인 화물관리와 관세행정의 필요에 따라 세관장이 지정하거나 특허한 장소로서 수출입 및 반송 등 통관을 하고자 하는 외국물품을 장치하거나, 외국물품 또는 외국물품과 내국물품을 원재료로 한 제조, 가공, 기타 유사한 작업, 외국물품의 전시, 외국물품을 사용하는 건설, 외국물품의 판매, 수출입 물품의 검사 등을 하는 곳이다.

지정보세구역이란 국가, 지방자치단체, 공항시설 또는 항만시설을 관리하는 법인이 소유 또는 관리하는 토지·건물 기타의 시설을 세관장이 보세구역으로 지정한 것을 말한다.

세관장이 관리하는 지역은 직권에 의하여 지정할 수 있으며 세관장이 관리하는 지역이 아닌 곳은 해당 지역의 소유자 또는 관리자의 동의를 얻어 지정을 할 수 있다. 지정보세구역은 지정장치장과 세관검사장 2가지가 있다.

지정장치장은 통관을 하고자 하는 물품을 일시장치 하기 위한 장소로서 세관장이 지정하는 구역을 말한다. **지정장치장**은 세관구내창고나 항만부두의 야적장 및 창고 등으로 물품의 검사에 있어서도 파출검사 수수료가 면제되며, 부대비용도 저렴할 뿐 아니라 세관인근에 위치하고 있어 통관에 신속을 기할 수 있는 이점이 있다.

세관검사장은 통관을 하고자 하는 물품을 검사하기 위한 장소로서 세관장이 지정하는 지정보세구역을 말한다. 일반적으로 세관검사장은 세관구내이거나 세관인근에 장치하고 있어 물품검사에 따른 시간 및 교통비 등의 부대경비를 절감할 수 있으며 통관절차의 신속한 진행으로 화주에게 많은 이점이 있다.

특허보세구역이란 보세상태에서 외국물품을 장치·전시·판매하거나 제조·가공·건설 등의 경제활동을 할 수 있도록 특허된 보세구역을 말한다.

따라서, 특허보세구역을 설치 운영하고자 하는 자는 세관장의 특허를 받아야 하며, 이러한 **특허보세구역**은 **보세창고, 보세공장, 보세전시장, 보세건설장, 보세판매장**이 있다.

종합보세구역은 동일 장소에서 기존 특허보세구역의 기능(장치, 보관, 제조. 가공, 전시, 건설, 판매)을 복합적으로 수행할 수 있는 제도로서 외국인투자유치를 촉진하기 위한 목적으로 도입되었다.

종합보세구역은 **지정보세구역**이나 **특허보세구역**과는 달리 관세청장이 지정하며, 일반기업이 종합 보세구역 제도를 이용하기 위해서는 종합보세구역에 입주하여 세관장에게 종합사업장 설치·운영신고를 하여야 한다.

>> Question 15-4
통합공고 및 수입승인

> [개요] 산업통상자원부 장관이 대외무역법 이외의 다른 법령(예를 들면 약사법, 마약법, 식품위생법, 검역법 등 개별법)에 물품의 수출입요령을 정하고 있는 경우, 이들 법령에서 정한 수출입요령을 통합한 공고로서 각종 개별법에 의한 제한내용을 취합해서 공고하는 것을 말한다.

1. 통합공고

대외무역법 제12조(통합 공고) ① 관계 행정기관의 장은 수출·수입요령을 제정하거나 개정하는 경우에는 그 수출·수입요령이 그 시행일 전에 제2항에 따라 공고될 수 있도록 이를 산업통상자원부장관에게 제출하여야 한다. 〈개정 2008.2.29, 2013.3.23〉

② 산업통상자원부장관은 제1항에 따라 제출받은 수출·수입요령을 통합하여 공고하여야 한다.

2. 수입승인

수출입승인이라 함은 통합공고에 의해 수출입이 제한되는 물품을 수출입이 가능하게 하는 절차이다. 즉, 과거에는 모든 수출입행위에 대해 매 계약건별로 물품의 이동과 대금결제를 결부시켜 수출입승인을 받도록 함으로서 물품에 대한 규제는 물론 외환의 지급이나 영수까지도 그 관리의 대상으로 하였으나, 97년 1월 1일부터 발효되고 있는 대외무역법에서는 대금결제사항은 외국환거래법에 일임하고 오직 물품에 대한 관리만을 하는 것을 원칙으로 함에 따라 수출입승인의 개념이 물품의 이동만을 관리하는 종전의 추천과 같은 성격으로 변모되었다.

다시 말해서 수출입승인이라는 것은 대금결제사항이 배제된 상태로 단지 국내외의 이동이 제한되는 물품을 이동될 수 있도록 인가하여 주는 절차이다.

보세운송

> [개요] 수입화물이 양륙 항에서 바로 통관되지 않고 보세지역에 수송하여 그곳에서 통관절차를 받을 경우 이러한 수송을 말한다.

보세운송이란 외국으로부터 수입하는 화물을 입항지에서 통관하지 아니하고 세관장에게 신고하거나 승인을 얻어 외국 물품 상태 그대로 다른 보세구역으로 운송하는 것이다.

이러한 보세운송은 수입화물에 대한 관세가 유보된 상태에서 운송되는 것이므로 운송에 제약이 따른다. 예를 들면, 서울에 공장을 가진 화주가 부산항에 도착된 화물을 통관하는 데에는 두 가지 방법이 있다.

부산에서 통관을 한 후 내국화물상태로 서울로 운송하는 경우와 보세운송신고 또는 승인신청을 하여 부산에서 서울로 보세운송을 한 후 통관을 하는 것이다.

이에 보세운송을 하여 서울에 물품을 옮겨 놓은 후에 통관을 하게 되면 화주에게 편리한 면이 있지만, 보세운송 할 물품을 세관에 신고(승인신청)를 한 후 **보세운송**하여 목적지 세관의 보세구역 등에 반입한 후에 관할 세관장에게 도착보고를 하여야 한다.

보세운송신고 또는 승인신청 시점은 수입물품의 적하목록을 제출하고 하선(기)장소에 물품이 반입된 이후에 보세운송신고(승인신청)하는 것이 원칙이나 선박이나 **항공기가 입항하기 전**이라도 할 수 있다. 국내에서 운송되는 모든 외국물품은 보세운송에 의해서만 운송이 가능한 것이 원칙이다.

수입화물을 보세운송하고자 하는 경우 보세운송업자는 자기보유 운송수단이나 다른 보세운송업자의 운송수단을 이용할 수 있다.

보세운송신고인· 승인신청인	화주, 관세사, 보세운송업자
보세운송 신고 (원칙)	보세운송을 하고자 하는 자는 관세청장이 정하는 바에 의하여 세관장에게 보세운송의 신고를 하여야 한다.
보세운송 승인	물품의 감시 등을 위하여 필요하다고 인정되는 다음의 경우에는 세관장의 승인을 얻어야 한다. 다만, 다음의 물품 중 관세청장이 보세운송승인대상으로 하지 아니하여도 화물관리 및 불법 수출입이 방지에 지장이 없다고 편단하여 징하는 물품에 대하여는 신고만으로 보세 운송할 수 있다. 1) 보세운송된 물품중 다른 보세구역 등으로 재보세운송하고자 하는 물품 2) 「검역법」·「식물방역법」·「가축전염병예방법」 등의 규정에 의하여 검역을 요하는 물품 3) 「위험물안전관리법」에 따른 위험물과 「유해화학물질관리법」에 따른 유해화학물질 4) 비금속설 5) 화물이 국내에 도착된 후 최초로 보세구역에 반입된 날부터 30일이 경과한 물품 6) 통관이 보류되거나 수입신고수리가 불가능한 물품 7) 「관세법」 제156조의 규정에 의한 보세구역외 장치허가를 받은 장소로 운송하는 물품 8) 귀석·반귀석·귀금속·한약재·의약품·향료 등과 같이 부피가 작고 고가인 물품 9) 화주 또는 화물에 대한 권리를 가진 자가 직접 보세운송하는 물품 10) 「관세법」 제236조의 규정에 의하여 통관지가 제한되는 물품 11) 적하목록상 동일한 화주의 선하증권 단위의 물품을 분할하여 보세운송하는 경우 그 물품 12) 불법 수출입의 방지 등을 위하여 세관장이 지정한 물품 13) 관세법 및 관세법에 의한 세관장의 명령을 위반하여 관세범으로 조사를 받고 있거나 기소되어 확정판결을 기다리고 있는 보세운송업자 등이 운송하는 물품

수입물품의 원산지 표시

> 개요 수입물품 원산지 표시제도란 공정한 무역거래질서를 확립하고 소비자보호를 위하여 수입하는 물품에 대해 원산지 표시를 의무화한 제도로서 원산지표시대상물품과 원산지 판정 및 확인으로 나누어져 있다.

1. 원산지 표시의 요건

수입물품의 원산지 표시는 다음 각호의 요건을 구비하여야 한다.

① 한글, 한문 또는 영문으로 표시할 것

② 최종구매자가 용이하게 판독할 수 있는 크기의 활자체로 표시할 것

③ 식별하기 용이한 위치에 표시할 것

④ 표시된 원산지는 쉽게 지워지지 않으며 물품(또는 용기포장)에서 쉽게 떨어지지 않아야 한다.

2. 원산지 표시대상물품 등

1) 영 제52조의 규정에 의한 원산지표시 대상물품은 별표 6-1에 게기된 수입물품이며 원산지 표시 대상물품은 당해 물품에 원산지를 표시하여야 한다.

2) 제1항의 규정에도 불구하고 원산지표시 대상물품이 다음 각호의 1에 해당되는 경우에는 영 제53조 제2항의 규정에 의하여 당해 물품에 원산지를 표시하지 않고 당해 물품의 포장, 용기 등에 수입물품의 원산지표시를 할 수 있다.

① 당해 물품에 원산지를 표시하는 것이 불가능한 경우

② 원산지표시로 인하여 당해 물품이 크게 훼손되는 경우(예 : 당구공, 콘택즈렌즈, 집적회로 등)

③ 원산지표시로 인하여 당해 물품의 가치가 실질적으로 저하되는 경우

④ 원산지표시의 비용이 당해 물품의 수입을 막을 정도로 과도한 경우(예 : 물품값보다 표시비용이 더 많이 드는 경우 등)

⑤ 상거래 관행상 최종 구매자에게 포장, 용기에 봉인되어 판매되는 물품 또는 봉인되지는 않았으나 포장, 용기를 뜯지 않고 판매되는 물품(예 : 비누, 칫솔, VIDEO TAPE 등)

⑥ 실질적 변형을 일으키는 제조공정에 투입되는 부품 및 원재료를 수입후 실수요자에게 직접 공급하는 경우

>> Question 15-7
수입물품의 원산지 표시

> **개요** 원산지 표시 단위는 최소 포장단위로 당해 수입물품의 현품에 표시하는 것이 원칙이나 당해 물품에 원산지를 표시하는 것이 불가능한 품목(예 : 밀가루등)이나 원산지표시로 인해 당해물품이 크게 훼손되는 품목(예 : IC), 수입후 실질적 변형을 일으키는 제조공정에 투입되는 물품, 기타 상거래관행상 최종구매자에게 포장된 상태 또는 용기 등에 담아 봉인한 상태로 진열 또는 판매되는 물품으로서 세관장이 타당하다고 인정하는 품목(예 : 비누 등)은 포장, 용기 등에 원산지를 표시할 수 있다.

1) 수입물품의 원산지는 다음에 해당되는 방식으로 한글, 한자 또는 영문으로 표시할 수 있다.
   ① "원산지 : 국명" 또는 "국명 산(産)"
   ② "Made in 국명" 또는 "Product of 국명"
   ③ "물품 제조자의 회사명, 주소, 국명"
   ④ 수입물품의 크기가 작아 1호 내지 3호의 방식으로 당해 물품의 원산지를 표시할 수 없을 경우에는 국명만을 표시할 수 있음
   ⑤ "Brewed in 국명" 또는 "Distilled in 국명" 등 기타 최종구매자가 원산지를 오인할 우려가 없는 방식

2) 수입물품의 원산지는 최종구매자가 당해 물품의 원산지를 용이하게 판독할 수 있는 크기의 활자체로 표시하여야 한다.

3) 수입물품의 원산지는 최종구매자가 식별하기 용이한 곳에 표시하여야 한다. 식별하기 용이한 곳이라 함은 최종구매자가 정상적인 물품구매과정에서 표시된 원산지를 용이하게 발견할 수 있는 곳을 의미한다.

4) 표시된 원산지는 쉽게 지워지지 않으며 물품(또는 포장용기)에서 쉽게 떨어지지 않아야 한다. 고의적인 행위로 원산지표시를 제거하지 않는 한 물품의 정상적인 유통보관 과정에서 표시된 원산지가 손상되지 아니하고 최종구매자에게 전달될 수 있으면 쉽게 떨어지지 않는 상태로 본다.

5) 수입물품의 원산지는 제조단계에서 인쇄(printing), 등사(stenciling), 낙인(branding), 주조(molding), 식각(etching), 박음질(stitching) 또는 이와 유사한 방법으로 원산지를 표시하는 것을 원칙으로 한다. 다만, 물품의 특성상 위와 같은 방식으로 표시하는 것이 부적합하거나 물품을 훼손할 우려가 있는 경우에는 날인(stamping), 라벨(label), 스티커(sticker), 꼬리표(tag)를 사용하여 표시할 수 있다.

요약

- 수입신용장은 수입자 입장에서 바라보는 수출신용장을 말한다.
- 적하보험은 해상, 항공, 육상운송 중에 외부의 우연한 사고의 결과로 인해 화주가 입게 되는 화물의 손실을 소정의 보험료를 대가로 보험자가 피보험자에 대하여 계약당시 합의한 방법과 범위에 따라 보상하는 보험을 말한다.

> ▶ 대외무역법 시행령
>
> 제17조(수출입승인 물품) 법 제11조제2항 본문에서 "헌법에 따라 체결·공포된 조약과 일반적으로 승인된 국제법규에 따른 의무의 이행, 생물자원의 보호 등을 위하여 지정하는 물품등" 이란 제16조 각 호의 물품등으로서 산업통상자원부장관이 수출 또는 수입승인 대상으로 지정·고시한 물품등을 말한다. 〈개정 2008.2.29, 2013.3.23〉
>
> 제18조(수출입의 승인 절차 등) ① 법 제11조제2항 본문에 따라 물품등의 수출 또는 수입의 승인을 신청하려는 자는 신청서에 산업통상자원부장관이 정하는 서류를 첨부하여 산업통상자원부장관에게 제출하여야 한다. 변경승인을 받으려는 경우에도 같다. 〈개정 2008.2.29, 2013. 3.23〉
> ② 법 제11조제2항 본문에 따른 수출 또는 수입 승인의 유효기간은 1년으로 한다. 다만, 산업통상자원부장관은 국내의 물가 안정, 수급 조정, 물품등의 인도 조건, 그 밖에 거래의 특성에 따라 필요하다고 인정하면 유효기간을 달리 정할 수 있다. 〈개정 2008.2.29., 2013.3.23〉
> ③ 법 제11조제3항에서 "대통령령으로 정하는 중요한 사항" 이란 다음 각 호를 말한다.
>   1. 물품등의 수량·가격
>   2. 승인의 유효기간
>   3. 수출 또는 수입의 당사자에 관한 사항

용어

- L/G
- 수입신용장
- 요건확인
- D/O
- 적하보험
- 추심

설명문제

1. 수입신용장의 발급 기준에 대하여 설명하시오.
2. 적하보험의 부보 범위에 대하여 설명하시오.
3. L/G의 업무영역에 대하여 설명하시오.
4. 요건확인 사항에 대하여 설명하시오.

수입통관업무

수입통관업무

> **개요** 수입통관이란 수입신고를 받은 세관장이 신고사항을 확인하여 일정한 요건을 갖추었을 때 신고인에게 수입을 허용하는 것으로 사항과 현품이 부합한지 여부와 수입과 관련하여 제반법규정을 충족하였는지 여부를 확인한 후 외국물품을 내국물품화 하는 행정행위이다.

수입통관은 수입하고자 하는 자가 우리나라에 수입될 물품을 선적한 선박(항공기)가 (① **출항하기 전**, ② **입항하기 전**, ③ **입항 후 물품이 보세구역에 도착하기 전**, ④ **보세구역에 장치한 후**) 중에 선택하여 세관장에게 수입신고 하고, 세관장은 수입신고가 관세법 및 기타 법령에 따라 적법하고 정당하게 이루어진 경우에 이를 신고수리하고 신고인에게 수입신고필증을 교부하여 수입물품이 반출될 수 있도록 하는 일련의 과정을 말한다.

따라서 모든 수입물품은 세관에 수입신고를 하여야 하며, 세관에서 수입신고를 수리하여야 물품을 국내로 반출할 수 있으며, 우리나라에 물품이 도착되기 전 수입신고를 출항 전 수입신고, 입항 전 수입신고라 한다. 수입을 하고자 할 때에는 해당하는 물품이 관련법령에 의해 수입요건(검사, 검역, 허가, 추천 등)을 구비하여야 하는지를 우선 확인해야 한다.

〈수입통관 방법〉

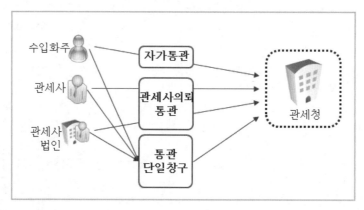

수입통관 업무는 첫째, 대외무역법·약사법·가축전염병예방법등 각종 수입관련 법령상의 수입요건 이행여부를 확인하고, 둘째, 할당·양허세율 적용을 위한 수입물량 추천여부를 확인하고, 셋째, 관세, 부가가치세 등 각종 세법에서 정한 세금의 납부를 확인하여 외국물품이 국내로 반입되는 것을 허용하는 업무이다.

>> Question 16-2
수입통관 시기 및 요건

> **개요** 수입신고를 하는 시점은 물품을 어디에 두고 하느냐에 따라 구분한다. 또한 출항전 신고 또는 입항전 신고하는 물품으로서 다음에 해당하는 물품은 당해 선박 또는 항공기가 우리나라에 도착된 후에 신고하여야 한다.

첫째, 당해 물품이 우리나라에 도착하는 날부터 높은 세율이 적용되므로 입법 예고된 물품, 둘째, 수입 신고하는 때와 입항하는 때의 물품의 관세율표 번호 10단위 가 변경되는 물품(농·수·축산물 등), 셋째, 수입 신고하는 때와 입항하는 때의 과세단위(수량 또는 중량)가 변경되는 물품을 말한다.

〈수입통관 시기 및 요건〉

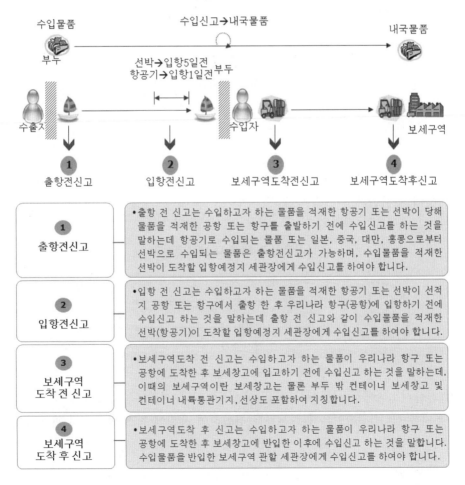

1 출항전신고	• 출항 전 신고는 수입하고자 하는 물품을 적재한 항공기 또는 선박이 당해 물품을 적재한 공항 또는 항구를 출발하기 전에 수입신고를 하는 것을 말하는데 항공기로 수입되는 물품 또는 일본, 중국, 대만, 홍콩으로부터 선박으로 수입되는 물품은 출항전신고가 가능하며, 수입물품을 적재한 선박이 도착할 입항예정지 세관장에게 수입신고를 하여야 합니다.
2 입항전신고	• 입항 전 신고는 수입하고자 하는 물품을 적재한 항공기 또는 선박이 선적지 공항 또는 항구에서 출항 한 후 우리나라 항구(공항)에 입항하기 전에 수입신고 하는 것을 말하는데 출항 전 신고와 같이 수입물품을 적재한 선박(항공기)이 도착할 입항예정지 세관장에게 수입신고를 하여야 합니다.
3 보세구역 도착 전 신고	• 보세구역도착 전 신고는 수입하고자 하는 물품이 우리나라 항구 또는 공항에 도착한 후 보세창고에 입고하기 전에 수입신고 하는 것을 말하는데, 이때의 보세구역이란 보세창고는 물론 부두 밖 컨테이너 보세창고 및 컨테이너 내륙통관기지, 선상도 포함하여 지칭합니다.
4 보세구역 도착 후 신고	• 보세구역도착 후 신고는 수입하고자 하는 물품이 우리나라 항구 또는 공항에 도착한 후 보세창고에 반입한 이후에 수입신고 하는 것을 말합니다. 수입물품을 반입한 보세구역 관할 세관장에게 수입신고를 하여야 합니다.

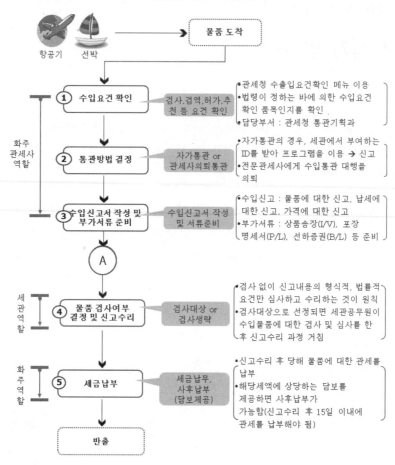

〈수입통관 업무 흐름도〉

수입신고서 작성 시 가격신고서 제출대상일 경우에는 가격신고서를 작성하여 수입신고서와 함께 관세청에 송신한다.

〈가격신고 제출 대상일 경우〉

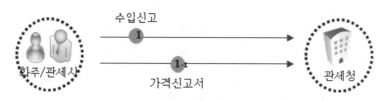

관세청 전산시스템에서 서류심사 건을 선별하여 서류제출대상으로 확정하면 신고인에게 서류제출통지를 한다. 신고인은 관련서류를 취합하여 세관에 직접 방문해서 관련서류에 대한 확인을 받는다.

〈서류심사 건일 경우〉

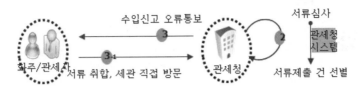

특정한 국가정책 목적을 달성하기 위하여 일정한 요건을 갖춘 특별한 경우에 관세의 일부 또는 전부를 면제, 분할납부, 용도에 따라 세율을 적용하는 건인 경우 감면/분납/용도세율적용 신청서를 작성하여 세관에 제출한다. **감면/분납/용도세율적용 신청서**를 보내는 시점은 수입신고에 대하 접수통보를 받은 이후 시점에 송신하여야 한다.

〈면제, 분할납부 등의 서류심사일 경우〉

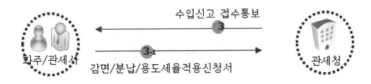

〈표〉 수입신고

구 분		출항전 신고	입항전 신고	보세구역 도착전 신고	보세구역 장치후 신고
신고시기		우리나라 입항 5일전(항공기는 1일전)으로 물품을 적재한 선박(항공기)이 적재항 출항전	우리나라 입항 5일전(항공기의 경우 1일전)으로 선박(항공기) 출항후 입항(하선[기]신고)전	입항후 당해물품이 반입될 보세구역 도착 전	당해물품의 보세구역 장치 후
신고대상 물품		항공기로 수입되는물품 일본·중국·대만·홍콩으로부터 선박으로 수입되는 물품	제한없음	제한없음	제한없음
신고세관		입항예정지 세관	입항예정지세관	도착예정보세구역 관할세관	장치물품보세구역 관할세관
검사대상 여부 통보시기		선박(항공기)이 출항하였음을 입증하는 자료제출(출항신고서 및 적하목록)하는 시점	수입신고일	수입신고일	수입신고일
신고 수리 시기	검사 생략	적하목록 제출후	적하목록 제출 후	보세구역 도착보고 후	수입신고 후
	검사 대상	물품검사 종료후	물품검사 종료 후	물품검사 종료 후	물품검사 종료 후

>> Question 16−3
수입물류 업무

개요 수입물류는 외국화물을 적재한 선박이나 항공기가 국내에 입항하여 하선 또는 하기, 보세운송, 보관, 통관 등의 절차를 거치면서 최초의 수입화물이 중간과정에서 불법 유출됨이 없이 적법하게 통관되어 화주에게 인도될 수 있도록 하는 과정이다.

　수입화물 내륙운송은 수입되는 화물이 양하지(부산지역)개항에 도착하게 되면 선사는 해당 화주에게 화물도착통지(Arrival Notice)를 하게 되며 화주는 선적서류를 은행으로부터 인수받아 수입통관절차를 거치게 된다. 이 경우 부두에서 양하되어 화주의 문전까지 화물이 도착되는 일련의 과정을 살펴보면 FCL인 경우 부두 직반출인 경우와 ODCY등을 거친 후 수입통관되는 경우로 구분된다. 따라서 수입물류는 일반적으로 입항, 하선(하기), 입항지 보세구역 반입, 보세운송, 내륙지 보세구역 반입 등 5단계를 거치면서 진행된다.

첫째, **수입화물을 적재한 외국무역선(기)이 입항하는 단계**
둘째, **선박으로부터 물품을 하선하는 단계**
셋째, **하선 완료된 물품이 입항지 보세구역에 반입되는 단계**
넷째, **내륙지 보세구역으로 보세운송 하는 단계**
다섯째, **내륙지 보세구역에 반입되는 단계**

〈수입물류 단계〉

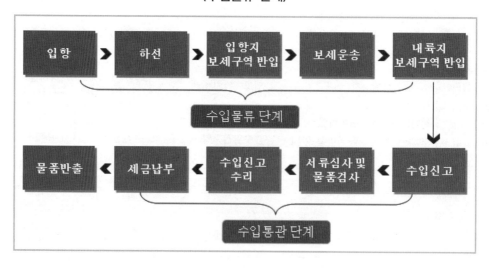

〈수입물류 흐름도〉

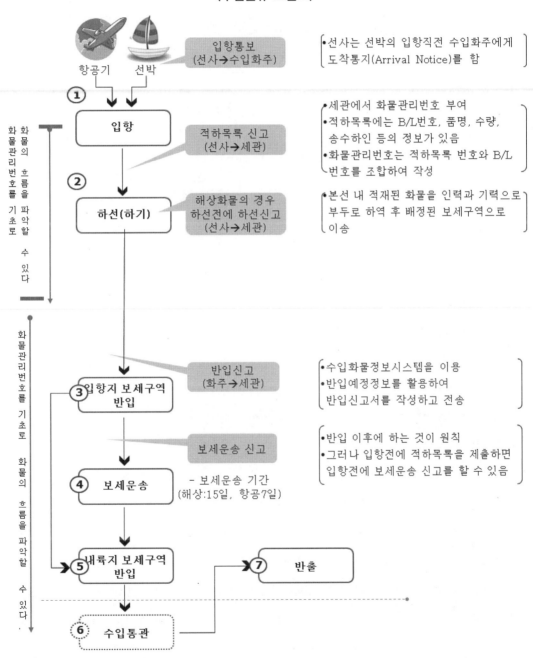

항공기　선박

입항통보
(선사➔수입화주)

•선사는 선박의 입항직전 수입화주에게
　도착통지(Arrival Notice)를 함

① 입항

적하목록 신고
(선사➔세관)

•세관에서 화물관리번호 부여
•적하목록에는 B/L번호, 품명, 수량,
　송수하인 등의 정보가 있음
•화물관리번호는 적하목록 번호와 B/L
　번호를 조합하여 작성

② 하선(하기)

해상화물의 경우
하선전에 하선신고
(선사➔세관)

•본선 내 적재된 화물을 인력과 기력으로
　부두로 하역 후 배정된 보세구역으로
　이송

화물의 흐름을 화물관리번호를 기초로 파악할 수 있다

③ 입항지 보세구역
반입

반입신고
(화주➔세관)

•수입화물정보시스템을 이용
•반입예정정보를 활용하여
　반입신고서를 작성하고 전송

보세운송 신고

•반입 이후에 하는 것이 원칙
•그러나 입항전에 적하목록을 제출하면
　입항전에 보세운송 신고를 할 수 있음

④ 보세운송

- 보세운송 기간
(해상:15일, 항공7일)

⑤ 내륙지 보세구역
반입

⑦ 반출

⑥ 수입통관

화물관리번호를 기초로 화물의 흐름을 파악할 수 있다.

⟨수입물류 전체 흐름도⟩

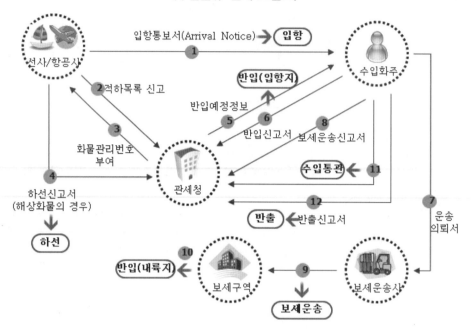

⟨표⟩ 수입물류업무 내용

프로세스	설 명
1. 입항통보서 작성	선사/항공사는 입항직전 수입화주에게 입항통보서를 통지
2. 적하목록 신고	국내에 입항 후 세관에 적하목록(B/L번호, 품명, 수량 정보 등)을 제출
3. 화물관리번호 부여	적하목록번호와 B/L번호를 조합하여 화물관리번호 자동부여
4. 하선신고서(해상화물)제출	해상화물의 경우는 하역 전에 하선신고서를 세관에 제출
5. 반입예정정보 통지	선사/항공사는 입항직전 수입화주에게 입항통보서를 통지
6. 반입신고서 작성(입항지)	보세구역에 수입화물을 반입 시 반입신고서를 작성 송신
7. 운송의뢰서 작성	보세운송을 위해 보세운송사에게 운송의뢰서를 작성 통지
8. 보세운송 신고서 작성	화물을 통관하지 않은 상태에서 다른 장소로 운송할 때 사용
9. 보세운송	보세운송사는 수입화물을 보세구역으로 보세운송 함
10. 반입신고서 작성(내륙지)	보세구역에 수입화물을 반입 시 반입신고서를 작성 송신
11. 수입통관	모든 수입물품은 수입신고를 해야 하며, 신고수리가 되어야 국내로 반출할 수 있음
12. 반출신고서 작성	보세구역에 보관하던 보세화물에 대한 반출사실을 세관에 통보

>> Question 16 − 4
수입통관업무 중 보세업무

> **개요** **보세**는 관세제도의 특전으로써 행해지는 과세의 유보를 말하고, 사실상으로는 외국화물의 수입면허 미필상태에 놓여 있는 것을 말한다. 이러한 상태에 있는 외국화물을 보세화물이라고 한다. 여기에는 보세구역에 장치된 상태의 보세와 보세운송에 의한 이동상태의 보세가 있다.

1. 보세업무의 의의

외국물품을 세금을 납부하지 않은 상태에서 **장치, 제조·가공, 건설, 판매, 전시**할 수 있도록 허용한 관세법상의 제도를 말한다. 이 제도를 통하여 중계무역과 가공무역 등 수출진흥에 기여하고 수입물품에 대해서는 보다 안전하고 효율적으로 화물을 관리할 수 있을 뿐 아니라 화주가 본인의 화물을 손쉽고 원활하게 통관해 갈 수 있도록 하고 있다.

2. 보세구역의 종류

보세구역의 종류는 크게 **지정보세구역과 특혜보세구역, 종합보세구역**이 있다.

지정보세구역은 국가 또는 지방자치단체 등의 공공시설이나 장소 등 일정구역을 세관장이 보세구역으로 지정한 지역을 말한다.

지정장치장	세관검사장
• 지정장치장은 통관을 하고자 하는 물품을 일시 장치하기 위한 장소	• 세관검사장은 통관하고자 하는 물품을 반입하여 세관의 검사만을 받도록 한 장소

특허보세구역은 일반개인이 신청을 하면 세관장이 특허해 주는 보세구역을 말한다.

보세창고	보세공장	보세건설장	보세전시장	보세판매장
물품을 장치하기 위한 장소	가공무역의 진흥, 관세행정 목적을 위해 설치된 장소	기계류, 설비품 또는 공사용 장비를 장치	박람회, 전람회 등을 위해 반입되는 외국물품 장치	면세권자에게 판매할 목적으로 설치된 판매장

종합보세구역은 특허보세구역의 모든 기능(보관, 제조·가공, 건설, 전시, 판매)을 복합적으로 수행 할 수 있는 보세구역으로, 지정보세구역 이나 특허보세구역과는 달리 관세청장이 지정한다.

수입통관업무 중 보세운송방법

개요 보세운송이란 외국으로부터 수입하는 화물을 입항지에서 통관하지 아니하고 세관장에게 신고하거나 승인을 얻어 외국 물품상태 그대로 다른 보세구역으로 운송하는 것을 말한다. 그리고 외국물품을 보세상태로 국내에서 운송하는 보세운송을 신고할 때 특정요건을 갖춘 경우에 한하여 신고절차의 간소화, 검사생략, 담보제공 면제 등을 허용하는데 이를 '간이보세운송'이라고 한다.

보세운송은 수입화물에 대한 관세가 유보된 상태에서 운송되는 것이므로 운송에 제약이 따른다. 즉, 보세운송을 하여 서울에 물품을 옮겨 놓은 후에 통관을 하게 되면 화주에게 편리한 면이 있지만, 보세운송 할 물품을 세관에 신고(승인신청)를 한 후 **보세운송**하여 목적지 세관의 보세구역 등에 반입한 후에 관할세관장에게 도착보고를 해야 하는 번거로움이 있다.

〈포항에서 통관을 한 후 내국화물상태로 서울로 운송하는 경우〉

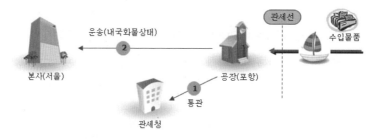

따라서 수입화물의 보세운송은 화주에게 경비의 절감, 절차의 간소화, 자금부담의 완화 등 편의를 주는 목적으로 외국물품을 보세상태로 개항, 보세구역, 보세구역외 장치 허가를 받는 장소, 세관관서, 통관역, 통관장 등의 장소 간에 국내에서 운송하는 제도이다.

보세운송업자가 보세운송신고 및 보세운송승인을 받기위해 출발지 또는 도착지 세관에 EDI방식으로 전송하고. 세관시스템은 보세운송신고 건은 자동수리, 보세운송 승인 건은 첨부서류를 제출받아 별도 심사 후 승인하는 업무이다.

〈보세운송신고를 하고 포항에서 서울로 보세운송을 한 후 통관하는 경우〉

요약

- 수입통관이란 수입신고를 받은 세관장이 신고사항을 확인하여 일정한 요건을 갖추었을 때 신고인에게 수입을 허용하는 것으로 사항과 현품이 부합한지 여부와 수입과 관련하여 제반법규정을 충족하였는지 여부를 확인한 후 외국물품을 내국물품화 하는 행정행위이다.
- 수입물류는 외국화물을 적재한 선박이나 항공기가 국내에 입항하여 하선 또는 하기, 보세운송, 보관, 통관 등의 절차를 거치면서 최초의 수입화물이 중간과정에서 불법 유출됨이 없이 적법하게 통관되어 화주에게 인도될 수 있도록 하는 과정으로, 일반적으로 입항, 하선(하기), 입항지 보세구역 반입, 보세운송, 내륙지 보세구역 반입 등 5단계를 거치면서 진행된다.

 용어

- 수입통관
- 수입통관 시점 및 요건
- 수입물류
- 보세구역
- 보세운송
- 적하목록
- 화물도착통지

 설명문제

1. 수입통관의 개요와 절차에 대해 설명하시오.
2. 보세업무의 개념과 보세운송에 대해 설명하시오.

PART
17

관세환급 및 관세평가

관세환급

> 개요 관세환급은 일반적으로 관세환급이라 지칭되고 있는 환급특례법에 의한 관세환급은 수출용원재료를 수입하는 때에 납부하였거나 납부할 관세 등을 관세법등에 불구하고 수출 등에 제공하였을 경우 수출자 또는 수출물품의 생산자에게 되돌려 주는 제도를 말한다.

관세환급은 외국에서 원재료를 수입 할 때 내수용 및 수출용을 불문하고 일단 관세 등을 징수하고 수입한 원재료로 생산한 제품을 수출한 경우, 그 원재료를 수입 할 때 납부한 관세 등을 되돌려 주는 제도이다. 즉, 관세환급이라 함은 세관에서 일단 징수한 관세 등을 특정한 요건에 해당하는 경우에 그 전부 또는 일부를 되돌려 주는 것이다.

현행 관세법상에는 납세의무의 형평과 징수행정의 공평을 기하기 위한 관세, 가산금 또는 체납처분비의 과오납금을 납세의무자에게 환급하는 제도(과오납 환급 : 관세법 제24조)와 위약물품을 재수출한 경우 수입시 납부한 관세를 환급하는 제도(위약물품의 관세환급 : 관세법 제35조)가 있으며, 수출용원자재에대한관세등환급에관한특례법(환급특례법)에 의거 원재료를 수입할 때에 일단 관세 등을 납부하였거나 징수유예 받은 물품 또는 이를 원료로 하여 제조·가공한 물품을 수출의 용도에 공한 때에 이미 납부한 관세를 환급해 주는 제도가 있는데, 일반적으로 관세환급이라 하면 **환급특례법상의 환급**을 말한다.

수출물품에 대하여 관세 등 환급을 받고자 하는 자는 대통령령이 정하는 바에 따라 물품을 수출 등에 제공한 날로부터 2년 이내에 관세청장이 지정한 세관에 환급신청을 하여야 한다(법 제14조 제1항).

관세환급 요건은 관세 등을 납부하고 수입한 원재료가 수출용원재료에 해당되고(법제3조), 수출이행기간(2년) 이내에(법 제9조), 환급대상수출(법 제4조)에 제공하여야 하며, 수출신고수리일로부터 2년 이내에 환급신청해야 환급이 가능하다.

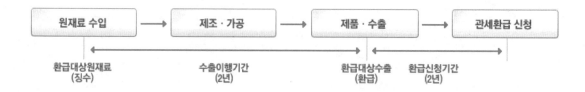

>> Question 17 - 2
관세환급 신청인

> **개요** 수출물품 제조에 소요된 원재료의 수입 시에 납부한 관세 등을 수출 등에 제공한 때에 수출업자에게 되돌려 주는 것을 의미하며 현행법상 납세의무의 형평과 징수행정의 공정을 위한 관세법상의 환급(과오납 환급과 위약물품 환급)과 수출지원을 위한 환급특례법상의 환급으로 구분하고 있으며, 일반적으로 관세 환급은 후자를 의미한다.
> 이에 따라 관세 환급 신청인은 일반유상수출과 무상수출, 외화를 받는 판매공사, 부세공장에 물품을 공급한 것이나 선박이나 항공기에 공급한 선용품, 기용품의 경우에 따라 정해진다.

1. 일반 유상수출의 경우(법 제4조 제1호)

관세법 제137조의 규정에 의하여 수출신고하고 신고가 수리된 일반 유상수출의 경우 관세 등의 환급을 신청할 수 있는 자는 수출자 또는 **수출물품의 제조자가 환급신청인**이 된다.

일반 **유상수출**의 경우 **수출자와 제조자에게 환급신청권**이 있으므로 누가 환급신청 할 것인지는 수출신고 할 때 수출신고서에 환급신청인을 기재하여야 한다.

2. 총리령으로 정한 무상수출의 경우(법 제4조 제1호 단서)

총리령으로 정한 무상수출의 경우 **수출자가 환급신청인**이 된다.

3. 우리나라 안에서 외화를 받는 판매 공사(법 제4조 제2호)

총리령(규칙 제 2조 제2항)에서 정하는 국내외화 판매 또는 **외화공사에 속한 물품의 경우 당해 용도에 속한 자**가 환급신청인이 된다.

4. 보세공장 등에 물품의 공급시(법 제 4조 제3조)

관세법에 의한 보세구역 중 총리령이 정하는 구역 또는 수출자유지역 입주업체에 대한 물품 공급시에는 **물품공급자가 환급신청인**이 된다.

5. 기타 수출행위로 인정되어 총리령이 정하는 것(법 제4조 제4호)

외항선(기)에 선(기)용품의 공급 및 원양어선에 공급하는 선수품의 경우 **물품 판매자 또는 공급자가 환급신청인**이 된다.

관세 환급의 종류

개요　환급금의 산출방법에는 개별환급제도와 간이정액환급제도가 있다. 개별환급제도는 수출물품 제조에 소요된 원재료의 품명·규격·수량과 동원재료의 수입시 납부세액을 원재료별로 개별적으로 확인하여 환급금을 산출하는 방법이며, 간이정액환급제도는 개별환급을 받을 능력이 없는 중소기업의 수출을 지원하고 환급절차를 간소화하기 위하여 도입된 제도이다.

1. 개별환급

환급신청시 환급신청서 갑/을/병/지를 작성하고, 부산물이 있는 경우에는 정지도 작성하여야 한다. 소요량산정내역을 제조장별, 세 번별로 세관에 등록한 후 환급신청을 하여야 한다. 개별환급은 수입시 납부한 관세액을 전액환급 받을 수 있는 장점이 있는 반면, 소요량계산 등 업무처리가 다소 복잡하다. 즉 소요량증명서, 조견표, 수입면장 잔량관리 등 적용, 관리하는 업무가 많다. 환급신청시 월별, HS별로 묶어서 각각의 환급신청서 EDI로 신청한다. 부산물의 경우 별도 환급을 신청한다.

2. 간이정액환급

환급신청시 갑/을지만 작성하면 되고 환급액은 매년 관세청에서 고시하는 간이정액 환급율표에 따라 신청하면 되므로 환급신청이 매우 간편하다. 환급액은 수출금액 10,000원당 세번별로 고시된 일정금액을 곱하여 계산한다. 간이정액환급은 수출신고서만 있으면 환급이 가능하므로 매우 간편하나, 제조자만 환급이 가능하고, 직전 2개년도 환급액이 3억원 미만이고 대기업 계열사가 아니어야 한다는 제약이 있다. 간이정액율 산정시 세번별 평균환급액을 기준으로 하므로 수입시 납부한 관세를 전액환급을 받지 못하는 경우도 발생한다.

정액환급의 경우 정부가 정한 정액환급율표에 의해 환급금을 계산하므로 소요량 계산서류 및 원재료납부세액을 확인할 수 있는 서류의 제출은 필요하지 아니하며 수출신고필증 등 수출사실증명서류만 제출한다.

3. 소요량

소요량이란 수출물품을 생산하는 데 소요되는 원재료의 종류별 양을 말한다. 소요량은 수출물품 생산에 소요되는 원재료의 수입시 납부관세를 수출자(또는 생산자)에게 되돌려 주는 관세환급금을 산출하는 데 있어 가장 기본적인 요소이다. 현재 환급에 사용되는 소요량은 관세청장이 정한 소요량의 산정 및 관리에 대한 기준과 그 절차에 따라 환급신청자(수출자 또는 생산자)가 수출물품 생산에 소요되는 원재료의 양을 스스로 산정하는 자율소요량이 있다.

>> Question **17 - 4**

관세환급 납부세액증명방법

개요 납부세액증명방법은 크게 기초원재료 납세증명제도와 분할증명제도, 평균세액증명제도가 있으며, 분할증명제도에는 수입신고필증 분할증명서와 기초원재료 분할 증명서가 있다.

1. 기초원재료 납세증명제도

외국으로부터 수입한 원재료를 제조·가공한 후 이를 수출물품 제조업체에 수출용원재료로 공급하는 때(중간원재료를 제조·가공하여 공급하는 경우 포함)에 국내거래공급자의 신청에 의거 동 공급물품에 포함되어 있는 기초원재료의 수입시 납부세액과 동 물품의 공급사실을 증명하는 제도로서 양수자가 개별환급방법에 의하여 관세환급 또는 기초원재료납세증명서를 발급신청시 납부세액증빙서류로 사용하는 서류이다.

2. 분할증명제도

1) 수입신고필증분할증명서

외국으로부터 수입한 원재료를 제조·가공하지 않고 수입한 원상태대로 수출용원재료로 국내공급하는 경우에 공급자의 신청에 의거 세관장이 증명하는 제도이다. 원상태국내거래는 수출물품의 외화가득율 제고에 전혀 도움이 되지 아니하므로 수출이행기간의 연장 등 각종 지원조치의 대상이 되지 아니함이 원칙이다.

2) 기초원재료납세증명분할증명서

내국신용장등으로 구매하여 기납증이 발급된 물품을 제조, 가공하지 않고 매입한 상태대로 수출용 원재료로 공급하는 경우에 공급자의 신청에 의거 세관장이 증명하는 서류이다.

3. 평균세액증명제도

평균세액증명제도는 기초원재료납세증명서나 분할증명서와 같이 국내 거래된 수출용원자재에 대한 관세 등의 납세를 증명하는 서류가 아니라 당해 수출업체에서 그 달에 외국으로부터 수입하거나 국내에서 매입한 수출용원재료를 HS10단위별로 통합함으로써 규격 확인을 생략하고, 전체물량의 단위당 평균세액을 산출하여 환급함으로써 개별환급 절차를 간소화하는 제도입니다. 이는 개별환급방법에 의한 환급액산출에 있어서 규격 확인 때문에 구비서류와 환급절차가 복잡해짐을 개선하기 위하여 마련된 제도이다.

>> Question **17 – 5**

관세 평가

[개요] 평가의 사전적 정의는 '어떤 물건의 가치를 규명하는 것' 또는 '어떤 물건의 가치를 다른 물건으로 나타내는 것'을 말한다. 관세평가란 관세부과를 위한 평가를 말하며, '수입물품에 대한 관세의 과세표준, 즉 과세가격을 결정하는 것'을 말한다. 흔히 과세가격을 '제2의 관세율'이라 합니다. 이유는 세율과 더불어 과세가격의 크기에 따라 관세액이 달라지기 때문이다.

1. 관세평가의 의의

세율은 품목분류에 의하여 HS코드가 정하여지면 자동적으로 결정되므로, 다음으로 과세가격을 어떠한 가격으로 할 것인지 또는 어떠한 방법으로 결정할 것인지에 따라 실제 납부할 관세액이 좌우되는 것이다. 이와 같이 어떠한 가격을 또는 어떠한 방법으로 과세가격을 결정할 것인지에 대해 우리나라 관세법에서는 제30조(과세가격 결정의 원칙)부터 제35조(합리적 기준에 의한 과세가격 결정)에서 제1방법부터 제6방법까지를 규정하고 있다

2. 과세가격 결정방법

수입물품의 과세가격은 **실제가격(Actual Value)**에 기초해야 한다'는 GATT 제7조에 따라 WTO관세평가협정은 '관세 과세가격은 최대한 수입물품의 거래가격에 기초하여야 한다'는 것이 **관세평가의 기본원칙**이다. 이는 무역 당사자간의 상관습을 최대한 존중한다는 의미가 있다.

그러나 실제적 개념의 거래가격을 모든 수입물품의 과세가격으로 수용할 수는 없다. 무상수입 물품처럼 실제 수출판매가 이루어지지 않아 거래가격이 존재하지 않거나, 거래가격이 어떠한 조건 또는 사정이나 구매자와 판매자의 특수관계에 영향을 받는 등 거래가격 배제요건에 해당되는 경우가 있기 때문이다.

따라서 수입물품의 거래가격을 과세가격으로 하는 관세법 제30조(제1방법)에 동종·동질물품의 거래가격(제2방법), 유사물품의 거래가격(제3방법), 국내판매가격(제4방법), 산정가격(제5방법)을 기초로 한 과세가격 결정방법, 그리고 합리적인 기준에 따른 과세가격 결정방법(제6방법)을 관세법 제31조부터 제35조까지에 규정하여 순차적으로 적용하도록 하고 있다. 또한, 거래가격을 기초로 과세가격을 결정하는 경우에도 구매자가 부담하는 수수료·중개료, 용기 및 포장비용, 생산지원 비용, 권리사용료, 사후귀속이익, 수입항까지의 운임·보험료 등이 거래가격에 포함되어 있지 않은 경우 과세가격에 포함하도록 하고 있다. 과세가격 결정방법에 사전에 심사를 신청하고자 하는 경우에 '과세가격 결정방법의 사전심사'를 신청하실 수 있다.

>> Question 17 − 6
과세가격 사전심사(ACVA)

개요 납세자에게 경영안정성과 조세예측가능성을 제공하고 과세당국은 안정적 세수화보 및 조세마찰 방지를 목적으로 만들어진 제도이다. 해외 모회사와 국내 지사 등 특수관계자간에 거래되는 수입물품의 과세가격결정방법을 납세자의 신청에 따라 과세당국과 납세자의 상호합의를 통해 사전에 결정하여 주는 제도(ACVA : Advance Customs Valuation Arrangement for transactions between related parties)이다

　ACVA는 ACVA 신청물품의 과세가격에 대하여 신청시점부터 승인 시점까지 관세조사 유예 승인물품의 과세가격에 대하여 향후 3년간 관세조사가 면제된다. 그리고 기업 신뢰성 측면에서 물품의 수입가격에 대하여 소비자와 과세관청이 신뢰하는 구조가 만들어 진다. 또한 ACVA는 신청부터 잠정가격신고 제도를 이용할 수 있어 향후 ACVA 승인가격으로 수정하는 경우에 가산세가 면제된다.

특수관계자간 수입거래에 대한 과세가격 사후심사

납세자

- 사후심사 위험에 노출
- 내부가격결정방법 부인
- 적정한 가격판매전략 수립 곤란
- 재무부담 증가

과세당국

- ※ 납세자의 자발적 협력이 없을 경우
- 심사기간 장기화
- 정확한 과세가격 산정 곤란
- 납세자와의 견해 차이로 조세마찰(심사 및 심판청구) 발생

ACVA를 통한 납세자와 사전 의견교환 및 자발적 협력

납세자

- 불확실성 제거로 경영안정성 확보
- 조세예측가능성 및 합리적 가격결정정책 수립 가능
- 납세권익 보호
- 심사 및 불복에 따른 시간과 비용절감
- 경쟁력있는 가격판매전략 수립
- 기업의 이미지 제고

과세당국

- 심사행정력 절감 및 고위험분야 집중 심사
- 안정적 세수확보
- 납세순응도 제고로 조세마찰 최소화
- 관세평가 정확도 제고

일반 과세가격 사전심사와 차이

> 개요 특수관계자간 거래에 있지 않은 물품(일반 수입물품)의 과세가격결정방법을 사전심사하는 경우(일반 사전심사)와 특수관계자간 거래되는 물품(특수관계자간 수입물품)의 과세가격결정방법을 심사하는 경우(ACVA)로 구분한다.

관세법 제37조에 따라 관세평가분류원에 과세가격 결정방법의 사점심사를 신청할 수 있다. 일반사전심사 APR(Advance Pricing Rule)는 특수관계가 아닌 자들간의 거래로 국외수출자와 거래관계가 있는 모든 납세자가 신청할 수 있다. 특수관계 사전심사 ACVA(Advance Customs Valuation Arrangement)는 특수관계가 있는 본사 지사간 거래관계에 있는 납세자 신분이 신청 자격을 갖는다.

〈일반 사전심사와 ACVA 비교〉

구 분	일반 사전심사(APR)	특수관계 사전심사(ACVA)
심사대상	일반 수입물품	특수관계자간 수입물품
심사기간	30일	1년
시행시기	'90.12.31	'08.1.1
신청자격	국외 수출자와 거래관계가 있는 모든 납세자	한국 소재 수입업체가 특수관계에 있는 해외 수출업체로부터 물품을 지속적으로 수입하는 납세자
심사절차	일방 결정	- 납세자와 협의 - 납세자의 동의
심사담당	관세평가분류원	관세평가분류원 ※ ACVA 사전심사반 별도 구성
주요 심사사항	- 실제지급금액 및 가산 공제요소의 확인 - 거래가격 성립요건 확인(조건이나 사정, 처분이나 사용 제한, 사후귀속이익, 특수관계 영향여부 확인) ※ WTO 관세평가협정 제1조 및 제8조에서 정한 사항을 사전심사	- 특수관계가 거래가격에 영향을 미쳤는지 여부 - 신청 과세가격 결정방법(제1-6방법)의 타당성 여부 - 가산 또는 공제요소 해당 여부 - 과세가격 적정성 여부 ※ APA 승인 또는 신청내역에 대한 과세가격 결정방법 및 과세가격
사후관리	보고의무 없음	- 연례보고서 제출

>> Question **17 – 8**
관세(Customs Duties ; Tariffs)

> [개요] 한 나라의 관세선(customs line)을 통과하는 물품, 즉 외국에서 수입되고 외국으로 수출되는 물품에 대하여 국가가 법률에 의하여 부과하는 조세이다. 관세의 목적은 최초에는 재정수입을 목적으로 하는 가장 손쉬운 세원으로서 활용되었고 통과세가 주종이었으나 근래에는 수출입물품의 수급조절을 통한 자국경제의 보호와 발전을 목적으로 하는 중요한 정책수단이 되고 있다.

관세의 종류는 일반적으로 (1) **과세의 대상에 따라** ① 수입세(import duty)는 물품의 이동방향에 따라 일정 관세영역 안으로 이동할 때 부과하는 관세이다. ② 수출세(export duty)는 일정 관세영역 밖으로 물품이 이동할 때(수출) 부과하는 관세이다. ③ 통과세(transit duty)는 관세영역을 단순히 통과하는 물품에 대하여 부과하는 관세이다. (2) **과세의 목적에 따라** ① 재정관세(revenue duty)는 주된 목적이 국고수입의 확보에 있는 관세이다. ② 보호관세(protective duty)는 국내의 유치산업을 보호·육성하고 기존산업을 유지·발전시키기 위해 부과되는 관세이다. (3) **과세의 근거에 따라** ① 국정관세(general duty)는 한 나라의 법률에 의해 자주적으로 정하는 관세율이다. ② 협정관세(conventional duty)는 통상조약 또는 관세조약에 의하여 특정 물품에 대하여 관세율을 협정하고 유효기간 중에는 변경하지 아니할 의무를 지는 관세이다. (4) **과세의 방법에 따라** ① 종가세(ad valorem duty)는 가격에 따라 부과하는 관세이다. ② 종량세(specific duty)는 상품의 수량을 기준으로 부과하는 관세이다. ③ 혼합세(combined duty)는 ⓐ 선택세(alternative duty)는 종가세율과 종량세액을 동시에 정하고 그 중 높게(또는 낮게) 산출되는 세액을 선택하여 부과하는 관세이다. ⓑ 복합세(compound duty)는 종가세율 및 종량세액을 동시에 정하고 산출된 세액을 합하여 부과하는 관세이다.

또한 비관세장벽(Non-Tariff Barrier)은 관세외의 형태로 수입을 억제하는 수단을 말하며, 수입수량의 할당, 국내산업 보호정책, 수출에 대한 금융지원, 각국의 고유 인증제도, 수입절차상 관세 등이 그 구체적인 사례들이다. **비관세장벽**은 주로 중앙정부가 수입을 실질적으로 억제하고 국내 생산을 촉진하기 위하여 수입품을 국산품과 차별적으로 취급하는 경우를 말하는데, 그 수단은 국가가 수출입에 수반하는 구매 및 판매에 대하여 특권을 행사하는 국가무역, 국가 또는 정부기관으로 하여금 국산품을 우선적으로 구매하도록 하는 정부조달제도, 관세평가제도, 수입할당제, 수입과징금, 수입예치금, 무역금융제도 등이다.

>> Question 17 – 9

관세율

> 개요 수입물품에 대하여 적용되는 세율을 말하며 수입물품에 대한 관세는 『과세표준 × 관세율 = 관세액』에 의하여 계산된다. 종가세인 경우 과세표준은 물품의 과세가격, 관세율은 백분율(%)이 되고, 종량세인 경우 과세표준은 물품의 과세수량, 관세율은 1단위 수량당 금액으로 나타난다.

관세율을 크게 나누면 **기본관세율, 탄력관세율, 양허관세율**이 있다. **기본관세율**은 우리나라 국회에서 법률의 형식으로 제정한 세율을 말하며, 관세법별표 관세율표에 품목별 세율이 기재되어 있다.

탄력관세율, 탄력관세제도(Flexible Tariff System)는 법률에 의하여 일정한 범위 안에서 관세율의 변경권을 행정부에 위임하여 관세율을 탄력적으로 변경할 수 있도록 함으로써 급격하게 변동하는 국내외적 경제여건 변화에 신축성 있게 대응하여 관세정책을 보다 효과적으로 수행하는 제도이다.

양허관세율은 우리나라의 통상과 대외무역증진을 위하여 특정국가 또는 국제기구와 조약 또는 행정협정 등으로 정한 세율이다. **협정주체별**로 양국간 협정에 의한 세율과 다국간 협정에 의한 세율이 있다.

협정종류별로는 WTO협정 일반 양허관세율, WTO협정 개도국간의 양허관세율, 방콕협정 양허관세율, 개발도상국간 무역특혜제도(GSTP)양허관세율, 특정국가와의 관세협상에 따른 국제협력관세율이 있다. **양허세율**의 적용은 기본세율·잠정세율·조정관세율·계절관세율·할당 관세율에 우선하여 적용(단, 양허세율이 낮은 경우에만 우선 적용된다).

관세율 적용순서는 다음과 같다.

1순위 : 덤핑, 보복, 긴급, 특별긴급, 상계관세,

2순위 : 편익, 국제협력관세,

3순위 : 조정, 계절, 할당관세,

4순위 : 잠정관세,

5순위 : 기본관세

덤핑방지관세	외국의 덤핑판매에 대하여 국내산업을 보호할 필요가 있을 경우 부과
상계관세	외국에서 보조금 또는 장려금을 받은 물품의 수입으로 인한 국내산업의 피해방지를 위하여 부과
보복관세	우리나라의 무역이익을 침해하는 나라로부터 수입되는 물품에 대하여 피해상당액의 범위 안에서 관세부과
긴급관세	특정물품의 수입증가로 인하여 국내산업이 피해를 받거나 받을 우려가 있을 때 부과
농림축산물에 대한 특별긴급관세	국내외가격차에 상당한 율로 양허한 농림축산물의 수입물량이 급증 하거나 수입가격이 하락하는 경우 양허한 세율을 초과하여 부과
조정관세	물품간 세율불균형 해소, 국민보건, 환경보전, 소비자 보호, 국내 시장 및 산업기반 보호 등을 목적으로 부과
할당관세	특정물품의 수입촉진, 수입가격이 급등한 물품의 국내가격 안정, 유사물품 간의 세율불균형 해소를 목적으로 특정물품의 수입에 대하여 일정한 수량의 쿼터를 설정하여 놓고 그 수량 또는 금액만큼 수입되는 분에 대하여는 무세 내지 저세율을 적용하고 그 이상 수입되는 분에 대하여는 고세율 적용
계절관세	가격이 계절에 따라 현저하게 차이가 있는 물품으로서 동종물품, 유사물품, 대체물품의 수입으로 인해 국내시장 및 산업이 피해를 받거나 받을 우려가 있을 때 부과
편익관세	관세에 관한 조약에 의해 관세상의 편익을 받지 아니 하는 특정 국가에서 생산된 특정물품이 수입될 때 기존 외국과의 조약에 의해 부과하고 있는 편익의 한도 내에서 관세에 관한 편익을 부여하는 것

요약

- 수입통관이란 수입신고를 받은 세관장이 신고사항을 확인하여 일정한 요건을 갖추었을 때 신고인에게 수입을 허용하는 것으로 사항과 현품이 부합한지 여부와 수입과 관련하여 제반법규정을 충족하였는지 여부를 확인한 후 외국물품을 내국물품화 하는 행정행위이다.
- 보세운송이란 외국으로부터 수입하는 화물을 입항지에서 통관하지 아니하고 세관장에게 신고하거나 승인을 얻어 외국 물품 상태 그대로 다른 보세구역으로 운송하는 것이다.
- 관세환급은 외국에서 원재료를 수입 할 때 내수용 및 수출용을 불문하고 일단 관세 등을 징수하고 수입한 원재료로 생산한 제품을 수출한 경우, 그 원재료를 수입 할 때 납부한 관세 등을 되돌려 주는 제도를 말한다.
- 관세율에는 국정세율과 협정세율이 있다. 국정세율에는 기본세율, 잠정세율, 특혜관세가 있다. 적용되는 우선순위는 특혜관세, 협정세율, 잠정세율, 기본세율의 순이다.
- 기본세율 : 정상적인 상태에서 가장 기본적인 세율이다.
- 잠정세율 : 대내외 경제정세에 의해 일시적으로 기본세율을 수정한 세율이다.
- 특혜관세 : 개발도상국을 원산지로 하는 수입품에 적용하는 세율이다.
- 협정세율 : WTO 가맹국과 2국간 협정을 체결한 국가에 적용되는 세율이다. 실행관세율표에 기재되어 있으며 세관의 홈페이지에서도 확인할 수 있다.

 용어

- 수입물류
- 관세환급
- HS

- 보세구역
- 간이정액환급
- 보세업무

- 장치장
- 수입요건

 설명문제

1. 수입물류의 5단계를 설명하시오.
2. 보세구역의 종류에 대하여 설명하시오.
3. 관세환급에 대하여 설명하시오.
4. 관세율에 대하여 설명하시오.
5. 수입통관에 대하여 설명하시오.

INDEX

INDEX

저자약력

조원길(趙元吉)

조원길 교수는 현재 "남서울대학교 글로벌무역학과"에 재직하고 있으며, 현재 남서울대학교 부설 국제무역연구소 소장과 산업통상자원부 지원 남서울대학교 GTEP(지역특화청년무역전문가양성사업단)의 사업단장, 고용노동부 지원 IPP사업단장을 맡고 있다. 저자는 건국대학교 무역학과에서 상학사와 동 대학원 무역학과에서 경제학 석사를 취득하였고, 동국대학교 대학원 무역학과에서 무역실무전공으로 경영학 박사 학위를 취득 하였으며, (미국)University of North Carolina at Chapelhill, Economics (2009-2010) 방문교수, 산업부 산하 기관인 한국전자거래진흥원 근무, 한국무역협회 무역 아카데미 강사역임, FTA전문가포럼, 공무원 출제 선정위원, 원산지관리사 출제위원, 품목분류 산학관 협의회 위원으로 활동하고 있다. 또한 (사)한국무역학회 이사 (사)한국통상정보학회, (사)한국관세학회, (사)국제e-비즈니스학회의 부회장을 역임하고 있으며, 현재 관심 있는 연구 분야는 무역실무, 원산지, 관세, 상품학, 전자상거래, 지역연구(FTA), 무역마케팅 등이다.

▶ 주요저서
   국제무역분쟁사례연구, 인텔에듀케이션(공저), 2002
   전자무역시대를 대비한 국제상무론, 인텔에듀케이션(공저), 2002
   무역학개론, 보명Books, 2006
   PREMIUM 전자무역마케팅실무, 보명Books, 2007
   전자무역실무, 보명Books, 2007
   e-Shop실무, 보명Books, 2009
   e쇼핑몰 창업이론과 실무, 보명Books, 2010
   e비즈니스 개론, 보명Books, 2011 등 다수

스마트무역 입문

2019년 2월 22 초판 인쇄
2019년 2월 28 초판 발행

저   자 | 조원길
발행인 | 최익영
펴낸곳 | 도서출판 책연
주   소 | 인천광역시 부평구 부영로 196
Tel (02) 2274-4540 | Fax (02) 2274-4542

ISBN 979-11-965715-3-5   03320   정가 26,000원